交通版高等学校交通工程专业规划教材

JIAOTONG GUIHUA
交通规划

刘博航　杜胜品　主　编
马昌喜　徐慧智　副主编
　　　　邵春福　主　审

人民交通出版社股份有限公司
China Communications Press Co.,Ltd.

内 容 提 要

本书内容分为城市交通规划和区域交通规划两部分，以城市交通规划为主。在城市交通规划部分，以《城市综合交通体系规划编制导则》为主要依据，讲解城市综合交通体系规划的总体要求、交通调研与调查、交通发展战略规划、综合交通体系规划、对外交通规划、交通需求预测、城市道路网规划、公交规划和停车规划等内容。在区域交通规划部分，讲解区域综合交通运输体系规划的原理和基本流程。两部分都通过案例对理论进行了进一步说明。

本书适用于以"应用型"和"应用研究复合型"人才培养为主要目标的交通工程专业本科学生，以及交通运输工程领域的专业型硕士研究生，也可作为其他相关专业学生和交通规划设计人员的参考用书。

图书在版编目(CIP)数据

交通规划／刘博航，杜胜品主编. —— 北京：人民交通出版社股份有限公司，2018.5 (2024.12重印)
 ISBN 978-7-114-14599-5

Ⅰ.①交… Ⅱ.①刘… ②杜… Ⅲ.①交通规划—高等学校—教材 Ⅳ.①U491.1

中国版本图书馆 CIP 数据核字(2018)第 056354 号

交通版高等学校交通工程专业规划教材

书　　名：	交通规划
著 作 者：	刘博航　杜胜品
责任编辑：	郭红蕊　富砚博
责任校对：	尹　静
责任印制：	刘高彤
出版发行：	人民交通出版社股份有限公司
地　　址：	(100011)北京市朝阳区安定门外外馆斜街 3 号
网　　址：	http://www.ccpcl.com.cn
销售电话：	(010)85285911
总 经 销：	人民交通出版社股份有限公司发行部
经　　销：	各地新华书店
印　　刷：	北京科印技术咨询服务有限公司数码印刷分部
开　　本：	787×1092　1/16
印　　张：	19
字　　数：	434 千
版　　次：	2018 年 5 月　第 1 版
印　　次：	2024 年 12 月　第 4 次印刷
书　　号：	ISBN 978-7-114-14599-5
印　　数：	4001—4500 册
定　　价：	39.00 元

(有印刷、装订质量问题的图书由本公司负责调换)

交通版高等学校交通工程专业规划教材编审委员会

主 任 委 员：徐建闽(华南理工大学)
副主任委员：马健霄(南京林业大学)
　　　　　　　王明生(石家庄铁道大学)
　　　　　　　王建军(长安大学)
　　　　　　　吴　芳(兰州交通大学)
　　　　　　　李淑庆(重庆交通大学)
　　　　　　　张卫华(合肥工业大学)
　　　　　　　陈　峻(东南大学)
委　　　员：马昌喜(兰州交通大学)
　　　　　　　王卫杰(南京工业大学)
　　　　　　　龙科军(长沙理工大学)
　　　　　　　朱成明(河南理工大学)
　　　　　　　刘廷新(山东交通学院)
　　　　　　　刘博航(石家庄铁道大学)
　　　　　　　杜胜品(武汉科技大学)
　　　　　　　郑长江(河海大学)
　　　　　　　胡启洲(南京理工大学)
　　　　　　　常玉林(江苏大学)
　　　　　　　梁国华(长安大学)
　　　　　　　蒋阳升(西南交通大学)
　　　　　　　蒋惠园(武汉理工大学)
　　　　　　　韩宝睿(南京林业大学)
　　　　　　　靳　露(山东科技大学)
秘　书　长：张征宇(人民交通出版社股份有限公司)

(按姓氏笔画排序)

序

  我国自 20 世纪 80 年代创建交通工程专业以来,交通规划课程就一直是本科生的核心课程之一,交通规划技术也是交通工程专业技术人员需要掌握的核心技术之一。经过三十余年的发展,交通工程专业逐渐发展壮大,目前已经有百余所高校开设该专业。源于交通工程专业的学科交叉性质,我国各高校交通工程办学的切入点不同,办学层次、特色和目的、培养过程和就业方向等也有差异,因此需要与之相匹配的教材。

  刘博航等编写的这本《交通规划》,以其多年的教学、科研和技术服务经验为基础,结合我国的实际情况,重点讲解交通规划的具体应用,由于对知识点的体量和深度都进行了严格控制,在有限的篇幅内,知识体系具有较好的连贯性,比较贴近我国交通规划的实操,与其他交通规划方面的教材有较明显的区别。因此,该书适合以"应用型"和"应用研究复合型"为培养目标的学校选用,也可以作为交通规划学习的入门参考书。该书的出版有益于丰富交通规划的教材体系。

  同时,考虑到交通规划的知识体系深度和广度,难以由一本教材全部涵盖,希望有志于交通规划工作的同学们,结合其他参考书继续深入学习交通规划的相关知识。

邵春福
2018 年 3 月 15 日于北京交通大学

前言

　　交通运输系统是一个复杂的巨系统,交通基础设施建设投资大、建设周期长,并且与社会经济的发展情况高度耦合,情况十分复杂。如何能最优化地进行合理建设,是交通从业者面临的一个重要问题。交通规划是解决这个问题的根本措施,是获得最佳交通运输效益的有效途径。

　　现有有关交通规划的经典书籍。目前有一批经典书籍可以学习参考,大体上可以分为交通规划理论书籍和交通规划实验书籍两部分。在交通规划理论方面:王炜教授主编的《交通规划》,堪称介绍交通规划理论的经典之作;邵春福教授主编的《交通规划原理》,较为详细地讲解了交通规划理论及其推导过程;陆化普教授主编的《交通规划理论研究前沿》,介绍了交通规划理论的最新研究成果和发展方向;刘灿齐教授主编的《现代交通规划学》,较为透彻地讲解了交通产生吸引需求预测;裴玉龙教授主编的《公路网规划》,系统地讲解了公路网规划的基本理论;过秀成教授主编的《交通工程案例分析》,为交通规划的实践工作提供了宝贵的案例;由 Michael D. Meyer 等编写的 *Urban Transportation Planning*: *A Decision-Oriented Approach* 和 *Urban Transportation Planning*(Second Edition),由 C. S. Papacostas 等编写的 *Transportation Engineering and Planning*(Third Edition),由 Juan de Dios Ortúzar 等编写的 *MODELLING TRANSPORT*(4th Edition),均堪称美国交通规划领域的经典之作。在交通规划实验方面:闫小勇副教授主编的《交通规划软件实验教程(TransCAD 4.x)》,章玉副教授主编的《交通规划模型》,邓建华副教授主编的《道路交通系统仿真技术与应用》,是交通规划实验方面的经典教材。本书的编写也大量参考了这些经典书籍,在此向这些经典书籍的作者致以真诚的敬意和谢意。

　　对现有书籍情况的分析。现有的交通规划理论教材,大多数知识体系较为庞大,涉及的内容较多且层次较深。在有限的篇幅内,内容上必然有所省略,在知识体系的连贯性上尚有较大的提升空间,并且没有一个团队同时编写交通规划理论教材与实验教材,导致目前理论教材与实验教材耦合性不强。基于以上原因,许多初次接触交通规划的学生,虽然通过上述学习掌握了交通规划的基本理论,但在实施具体的交通规划任务中,往往会卡在很多细节上。我本人也是经历了多个交通规划的横向课题实践之后,才逐渐理清了其中的脉络,解决了心中的疑问。

　　本书写作的主要思路。本书根据交通规划知识体系特别庞大的实际情况,希望侧重于应用来进行分析和讲解。为了尽量保持知识体系在细节上的连贯性,选取一个县级市的综合交通规划作为本书的写作基础,在体量上和深度上都进行严格控制。力求依托一个轻量级的案例,系统连贯地讲解交通规划的基本应用。在介绍常用方法的同时,也尽量给出参数的经验取值。本书还将配套出版一本《交通规划实验教程》,与《交通规划》这本书采用同一套数据,以实现交通规划理论课程与实验、课程设计的无缝对接。本书面向的读者主要是以"应用型"和"应用研究复合型"人才培养为主要目标的交通工程专业本科学生,以及交通运输工程领域的专业型硕士研究生,也可作为其他相关专业学生和交通规划设计人员的参考用书。

本书的主要内容。本书内容分为城市交通规划和区域交通规划两部分,以城市交通规划为主。在城市交通规划部分,以《城市综合交通体系规划编制导则》为主要依据,讲解城市综合交通体系规划的总体要求、交通调研与调查、交通发展战略规划、综合交通体系规划、对外交通规划、交通需求预测、城市道路网规划、公交规划和停车规划等内容。在区域交通规划部分,讲解区域综合交通运输体系规划的原理和基本流程。两部分都通过案例对理论进行了进一步说明。

本书特色。①由国内交通规划专家、北京交通大学邵春福教授担任本书的主审。②轻量级案例教学,知识体系连贯,细节清晰,实用性强。在城市规划方面,以一个县级市的综合交通体系规划为依托,每一章在讲述原理后,基本都会有案例分析,用一个完整的城市综合交通体系规划案例,贯穿《交通规划》和《交通规划实验教程》的主要章节。在区域规划方面,也依托了一个完整的区域综合交通运输体系规划案例。③理论与实验相结合。《交通规划》和《交通规划实验教程》两本书共用一套案例和数据,一本讲理论,一本讲操作,由同一个团队编写。两本书以案例数据为核心,从不同角度进行说明。同时两本书的编写都较多地参考了 TransCAD 操作手册,尽力做到交通规划理论讲解与实验操作的无缝结合。④重应用,轻推导;重方法,轻原则。本书重点讲解各种情况下公式的应用方法,简化了各种公式推导流程,进一步加强了实用性,使初学者可较为快速地进入工作状态。这些公式的推导过程和深层机理,读者可通过学习本书对交通规划工作有了基本了解之后,再阅读相关书籍进行深入学习。本书不再重点讲解各种原则和系统论述各种方法,而是与实际案例相结合,重点讲解某一种或两种最为常用的方法及其具体应用流程,对原则和其他方法仅作简要介绍,进一步加强实用性。⑤重视与现行标准相结合。由于定位于应用方向,本书特别重视对现行的各种标准进行梳理,并在书中对重要标准进行大篇幅的引用和介绍,主要包括《城市综合交通体系规划编制导则》《城市综合交通体系规划交通调查导则》和 2016 年发布的《城市停车规划规范》等。⑥注意了工程认证和"双一流"建设工作在教材中的体现。结合石家庄铁道大学近年来正在进行的工程认证和"双一流"建设工作,交通规划课程的教学大纲也进行了系统的修订。在教材的写作中,尽可能贯彻了工程教育专业认证遵循的三个基本理念:成果导向、以学生为中心和持续改进,并以支撑创新驱动发展战略、服务经济社会发展为导向进行教学内容组织。⑦数字化建设,配套资料完备。本书内容同步进行数字化建设,例题和案例的各种细节数据会公开,数据具有连续性、可操作性和可重复性。读者可打开工程文件进行查看,与自己的操作进行比对,也可在此文件的基础上直接进行有针对性的练习。同时提供丰富的多媒体课件、教案等基础教学资料。目前面对同一门课程,不同学校的教师基本都需要制作多媒体课件进行教学,造成大量的低等级重复性劳动,占用教师宝贵的教学和科研时间。在"互联网+"时代,技术上已经能够做到信息的快速共享,因此本书目前正在进行数字化建设工作,包括PPT课件、教学计划模板、教案模板、网络示范课和课后习题等,为进行有效教学打下良好基础。⑧依托较好平台。石家庄铁道大学是河北省重点骨干大学,其交通运输学科拥有一级学科博士学位授予权和博士后流动站,其交通运输工程实验中心是省级教学示范中心,依托其建立的河北省交通安全与控制重点实验室是省级重点实验室,石家庄铁道大学的"交通规划"课程是河北省精品课程,这些条件均为本书的出版提供了强有力的支撑。

本书的资料与交流。本书的相关数字化资料可在人民交通出版社股份有限公司网站http://www.ccpress.com.cn下载;为方便管理和交流,本书与刘博航老师主编的《交通仿真实验教程》共用一个读者QQ群(交通仿真实验教程群号:261698548)。

本书的编写人员。本书由邵春福担任主审,刘博航、杜胜品担任主编,马昌喜、徐慧智担任副主编。编者为刘博航、杜胜品、马昌喜、徐慧智、牛学勤、王兴举、杨光、薛丹丹、闫广强和李健慧。分工为:第一章由刘博航(石家庄铁道大学)编写,第二章由杜胜品(武汉科技大学)编写,第三章由徐慧智(东北林业大学)编写,第四章由刘博航(石家庄铁道大学)编写,第五章由刘博航(石家庄铁道大学)编写,第六章由王兴举(石家庄铁道大学)编写,第七章由牛学勤(石家庄铁道大学)编写,第八章由薛丹丹(石家庄铁道大学)编写,第九章由闫广强(石家庄铁道大学)编写,第十章由李健慧(石家庄铁道大学)编写,第十一章由马昌喜(兰州交通大学)编写,第十二章由刘博航(石家庄铁道大学)编写,第十三章由杨光(交通运输部科学研究院)编写。

参加本书其他工作的人员。参加校对、插图和多媒体课件制作等工作的研究生有王桐、邢晓静、郭意、张世杰、臧同义、朱庆瑞、叶洁、朱宏扬、刘永淼、邢士超和周愿,本科生有何鑫昊、王宏策、洪康、苏艺、赵岚、王兆发、李旭、鲁东旭、宋春丽和李萧扬。石家庄铁道大学交通工程专业2014级全体同学参加了可读性测试。

《交通规划实验教程》一书正在紧张地编写中。为与本书配套,受人民交通出版社股份有限公司委托,本系列教材中的《交通规划实验教程》也由本团队主持,正在编写进程之中。《交通规划实验教程》与《交通规划》共用一套案例数据,尽可能做到无缝结合,同时将沿袭《交通仿真实验教程》细致、详尽和配套资料丰富的风格,特别重视和突出实用性,以D县综合交通体系规划资料为主要依托,为读者提供完整的规划流程和数据链条,同时提供可重复、可操作和连续的TransCAD工程文件,尽可能为读者提供接近规划实战的体验。同时考虑到实际教学需要,提供PPT、教学实施计划和教案等模板,尽编者最大的能力减少教师共性的重复性工作。

感谢在本书编写过程中给予帮助的相关人员。感谢石家庄铁道大学杨绍普校长、陈进杰副校长在本书写作过程中给予的指导,感谢交通运输学院杨春燕书记、王兴举副院长和崔亮副院长给予的帮助和宝贵建议。感谢以牛学勤教授为首的石家庄铁道大学交通规划课程组各位老师的理解和支持。感谢石家庄铁道大学交通规划课程原主讲教师闫小勇副教授,虽然闫老师已经调入北京交通大学继续工作,但他为交通规划课程留下的系列教学资料仍然在石家庄铁道大学发挥着重要的作用。感谢石家庄市政设计研究院有限责任公司、中国建筑科学研究院、中铁隧道勘测设计院有限公司和河北天宇城市规划设计院有限公司等多年的合作伙伴,为我们提供了实践的机会和宝贵的数据。感谢河北电视台、石家庄电视台等多家媒体多年来邀请我就一些交通规划的热点问题进行分析,这些采访素材也丰富了本书的实际案例资源。感谢人民交通出版社股份有限公司张征宇主任和郭红蕊编辑请到了邵春福教授担任本书的主审,也谢谢他们多年来的支持和信任,给我们充分的时间打磨本书。感谢本书主审邵春福教授提出的宝贵修改意见,我们已经根据邵老师的意见对相关内容进行了全面修改。感谢我的导师裴玉龙教授,他七年的教诲和严谨的治学态度将让我受益终生。

刘博航

2018 年 1 月

目 录

第一章 绪论 ··· 1
- 第一节 交通规划概述 ··· 1
- 第二节 交通规划的指导思想与分类 ··· 4
- 第三节 城市综合交通体系规划 ··· 6
- 第四节 区域交通系统规划 ··· 8
- 第五节 交通流密度与交通规划 ··· 9
- 第六节 交通规划的发展与趋势 ··· 11
- 本章习题 ··· 15

第二章 城市综合交通体系规划总体要求 ··· 16
- 第一节 总则 ··· 16
- 第二节 工作阶段与要求 ··· 17
- 第三节 规划内容 ··· 17
- 第四节 技术要点 ··· 19
- 第五节 成果要求 ··· 20
- 第六节 案例 ··· 22
- 本章习题 ··· 25

第三章 交通调研与交通小区划分 ··· 26
- 第一节 交通规划所需数据及其相互关系分析 ··· 26
- 第二节 交通需求产生原理 ··· 28
- 第三节 《导则》中交通调研与调查的基本要求 ··· 35
- 第四节 交通调研的基本流程 ··· 37
- 第五节 交通小区划分 ··· 38
- 第六节 案例 ··· 40
- 本章习题 ··· 43

第四章 城市综合交通调查 ··· 44
- 第一节 总则 ··· 44
- 第二节 居民出行调查 ··· 48
- 第三节 城市道路交通调查 ··· 55

第四节　出入境交通调查 ··· 57
　　第五节　公交调查 ··· 59
　　第六节　商用车辆调查 ·· 62
　　第七节　交通生成源调查 ··· 64
　　第八节　停车调查 ··· 65
　　第九节　流动人口出行调查 ·· 67
　　第十节　案例 ··· 68
　　本章习题 ··· 75

第五章　战略与综合交通体系等规划 ·· 76
　　第一节　城市远期宏观交通供需分析 ·· 76
　　第二节　交通发展战略规划 ·· 78
　　第三节　综合交通体系组织规划 ·· 81
　　第四节　对外交通系统规划 ·· 83
　　本章习题 ··· 84

第六章　出行发生预测 ·· 85
　　第一节　基本原理分析 ·· 85
　　第二节　主要预测方法 ·· 91
　　第三节　类型分析法 ··· 93
　　第四节　回归分析法 ··· 104
　　第五节　出行产生量和出行吸引量的平衡 ·· 106
　　第六节　出行发生预测应用流程 ·· 108
　　第七节　案例 ··· 109
　　本章习题 ··· 111

第七章　出行分布预测 ·· 112
　　第一节　概述 ··· 112
　　第二节　增长率法 ··· 115
　　第三节　重力模型法 ··· 124
　　第四节　出行分布预测应用流程 ·· 133
　　第五节　案例 ··· 141
　　本章习题 ··· 145

第八章　交通方式划分与矩阵转换 ·· 146
　　第一节　交通方式划分的基本原理 ··· 146
　　第二节　集计方法 ··· 149
　　第三节　非集计方法 ··· 162
　　第四节　矩阵转换 ··· 164
　　第五节　交通方式划分与矩阵转换的应用流程 ···································· 175
　　第六节　案例 ··· 176
　　本章习题 ··· 182

第九章 城市道路网规划与交通分配 ... 183
- 第一节 城市初始道路网布局 ... 183
- 第二节 道路网络信息化 ... 193
- 第三节 非平衡分配方法 ... 197
- 第四节 平衡分配方法 ... 205
- 第五节 城市初始道路网调整方法 ... 207
- 第六节 OD 反推 ... 207
- 第七节 城市道路网规划与交通分配的应用流程 ... 208
- 第八节 案例 ... 209
- 本章习题 ... 210

第十章 公共交通系统规划 ... 211
- 第一节 城市公共交通系统规划概述 ... 211
- 第二节 城市公共交通系统总体布局 ... 212
- 第三节 城市轨道交通 ... 214
- 第四节 大运量快速公共汽车系统 ... 215
- 第五节 常规公交场站 ... 216
- 第六节 公共交通专用道与港湾式公交站点 ... 220
- 第七节 出租汽车的发展策略与驻车站规划布局原则 ... 221
- 第八节 城市公共交通线网规划方法 ... 222
- 第九节 其他 ... 223
- 第十节 案例 ... 223
- 本章习题 ... 226

第十一章 停车规划 ... 227
- 第一节 停车规划概述 ... 227
- 第二节 停车规划基本原则与发展策略 ... 229
- 第三节 停车需求预测 ... 230
- 第四节 配建停车设施规划 ... 232
- 第五节 公共停车设施规划 ... 235
- 第六节 管理措施 ... 239
- 第七节 案例 ... 241
- 本章习题 ... 246

第十二章 城市交通规划的其他部分 ... 247
- 第一节 步行与自行车交通系统规划 ... 247
- 第二节 客运枢纽规划 ... 252
- 第三节 货运系统规划 ... 253
- 第四节 交通管理与交通信息化 ... 255
- 第五节 近期规划 ... 257
- 第六节 规划实施保障措施 ... 258

第七节　规划方案评价 ·· 259
　本章习题 ·· 261
第十三章　区域综合交通运输体系规划　　　　　　　　　　　　　　**262**
　第一节　区域综合交通运输体系规划概述 ·· 262
　第二节　区域综合交通运输体系规划的各种专项规划 ·························· 265
　第三节　区域综合交通运输体系规划流程 ·· 271
　第四节　Q市综合交通运输体系规划案例 ·· 273
　本章习题 ·· 278

参考文献　　　　　　　　　　　　　　　　　　　　　　　　　　　**280**

附录　本书配套数字教学资源　　　　　　　　　　　　　　　　　　**284**

第一章 绪 论

本章主要介绍交通规划的基本概念。内容包括交通规划的意义和定义、城市交通规划的相关基本问题分析、交通规划的指导思想和分类、城市交通规划、区域交通规划、交通流密度与交通规划之间的关系、交通规划的发展阶段与发展趋势等。

第一节 交通规划概述

本节首先介绍交通规划的意义、交通规划的定义,通过简单案例对定义进行形象解释,并针对城市交通规划的几个基本相关问题进行简单分析和说明。

一、交通规划的意义

交通运输业把社会生产、分配、交换和消费各个环节结合起来,是保证社会经济活动得以正常运行的基础产业。交通行业的基本任务就是通过提高交通运输系统的作业能力和工作质量,改善城市内各片区和区域内各地点之间的运输联系,安全、经济和快速地组织旅客和货物运输,保证最大限度地满足社会经济、国防建设等要求。同时,交通也会引领和推动某一地区的社会经济发展,甚至有时起到决定性的作用。

在城市方面,交通拥堵是目前国内公认的城市主要问题之一,因此交通方面的科学规划必不可少。据高德地图每季度发布的交通拥堵报告,2017年我国有4座城市高峰拥堵延时指数长期保持在1.9以上(高峰拥堵延时指数是指居民在出行高峰时段平均一次出行实际旅行时间与自由流状态下旅行时间的比值)。随着人口进一步向城市集中,机动车数量不断增长,解决交通拥堵问题的形势将更加严峻。具体体现在:①城市化率不断增长,人口进一步向城市集中。1978年我国人口的城市化率为17.90%,1990年为26.4%,2000年为36.2%,2014年达到54.8%。美国2014年的城市化率为85%,其他发达国家也有很多在70%以上。与发达国家相比,我国人口的城市化率尚有较大的上升空间,人口有进一步向城市集中的趋势。②机动车数量不断增长,且增速逐渐提高。根据《中国统计年鉴》得知,截至2016年末,我国私人汽车保有量达到16330.22万辆,比2015年增长2231.12万辆,千人保有量达到118.1辆。随着我国社会经济持续快速发展,群众购车需求旺盛,汽车保有量继续呈快速增长趋势。交通问题与社会经济高度耦合,错综复杂,是无法通过几项单一的措施就能解决的。如果希望解决或缓解城市交通问题,就必须具有战略高度,基于实际的交通调查数据,采取系统、全面和科学的方法,进行交通规划的编制和实施,并根据城市发展不断滚动修改。

在区域方面,我国国土面积辽阔,人口众多,交通基础设施投资巨大,需要进行科学、系统和分层次的交通规划。我国拥有 34 个省级行政区,截至 2016 年年底,公路总里程 469.63 万 km,其中高速公路里程 13.10 万 km;全国铁路营运里程 12.40 万 km;内河航道通航里程 12.71 万 km;定期航班航线里程 634.81 万 km。大规模交通基础设施建设的投资是非常巨大的,如港珠澳大桥投资达到 1000 多亿元;京沪高速铁路,全长 1318km,总投资约 2209 亿元。因此,我们需要谨慎和科学的决策,根据交通需求的实际情况,进行科学系统的规划。

交通规划的意义表现在:

(1)交通规划是进行交通设施建设不可或缺的前提工作。如果没有科学细致的规划,交通建设就很可能盲目进行,往往出现所谓"头痛医头"和"足痛医足"的情况,容易产生重复工程和废弃工程,造成巨大的经济浪费。

(2)交通规划是解决交通问题的根本措施。交通问题其实是一个整体的、综合性的问题。首先,交通系统本身是由多个要素组成,包括车、路、人和货等,交通方式又多种多样,相互之间既有竞争又有补充;另外,交通系统还与其他系统存在着密切的联系和相互作用,如交通与用地、交通与社会经济都是如此。所以,单从增加交通建设投资或提高交通管理水平方面,都不能很好地解决交通问题,只有从系统的、综合的观点出发,制定全面、有科学依据的交通规划才是解决交通问题的根本措施。

(3)交通规划是获得交通运输工作最佳效益的有效手段。交通建设投资的大小,车辆运营成本的高低,以及交通管理质量的好坏都与交通规划密切相关,只有制定合理的规划才能获得交通运输工作的最佳效益。

(4)交通规划能为交通建设的决策者提供决策的科学依据,减少决策的盲目性、短视性和狭隘性,最大限度地减少交通投资的浪费。

二、交通规划的定义

交通规划(Transportation Planning 或 Traffic Planning[①])是交通工程学的组成部分,旨在确定区域交通网络和城市交通网络的发展目标,并设计达到这些目标所需的策略、过程和方案。具体地说,是指根据特定交通系统的现状与特征,用科学的方法预测交通系统中交通需求(Transportation Demand 或者 Traffic Demand)的发展趋势,及交通需求对交通系统中交通供给(Transportation Supply 或 Traffic Supply)的要求,确定特定时期交通供给的建设任务、建设规模及交通系统的管理模式、控制方法,以实现交通系统中需求与供给之间的平衡,达到交通系统的安全、畅通、节能、环保的目的。

三、简单城市交通规划问题示意

通过简单案例对交通规划的定义进行形象解释。如图 1-1 所示,A 是一个居住区;B 是

[①] Transportation Planning 一般指区域性的、综合性的交通网络规划;Traffic Planning 一般主要指城市道路交通规划,交通需求和交通供给的情况相同。

一个工厂区;C 是一条双向 2 车道、连接 A 和 B 的道路。每天早上居住在 A 处的人们要去 B 处上班,晚上要从 B 处回到 A 处居住,这样就产生了交通需求,C 就是满足这种需求的交通供给。假设 C 现状目前能够满足居住在 A 处的人们到 B 处的出行需求,那么 15 年以后,随着 A 处居住人口的增加,B 处就业岗位的增加,以及生活水平的提高导致汽车数量的增加,人们的出行数量就会增加,各种出行工具所占的比例也会发生变化。在此情况下,C 是否能满足未来交通需求?如果不能满足,应扩建为双向 4 车道还是双向 6 车道?如何与何时建设这些道路?这就是一个简单的城市交通规划问题。

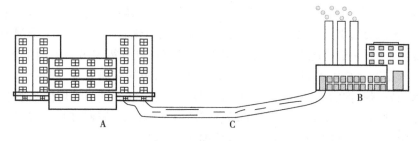

图 1-1 简单城市交通规划示意图

四、城市交通规划的相关基本问题分析

通过以上的定义和案例,我们就城市交通规划的几个基本相关问题进行简单分析:

(1)交通系统是为社会经济服务的。有了人类的社会经济活动,才有了出行需求,从而需要交通供给来满足这种需求。各地的交通问题虽然有很多的共同点,但也随着社会经济的发展而有所不同。如美国与中国相比,人口密度低,社会经济发展水平高,在中长距离出行中,航空在各种交通方式中占有很大的比例;而我国人口密度高,社会经济发展水平有待进一步提高,所以提倡大力发展轨道交通,来解决人们的长距离出行问题。

(2)交通的发生与土地利用性质密切相关。在交通规划里,把 1 个端点是家庭(既可以是起点,也可以是讫点)的出行称作由家出行。交通规划方案一般针对早晚高峰交通流量最大的情况进行交通供给的设计。而在早晚高峰时,大部分出行是由家出行。在早高峰时,大部分人是由家出发到工作或学习的场所;在晚高峰时,大部分人是由工作或学习的场所回家。我们通常认为家庭(居住用地)是交通的产生区域(Producing Zone),而工作、学习、就医等场所(分别对应工业用地、教育用地、医疗用地等)是吸引区域(Absorbing Zone)。就早晚高峰而言,城市交通产生的实质是人们从居住用地区域到工业、商业等用地区域从事工作、学习等活动并返回的过程,也可以将其看成是不同土地利用性质(P 和 A)相互作用的结果。同质用地之间发生的产生和吸引很少,如居住用地和居住用地之间发生的产生和吸引很少,工业用地和工业用地之间发生的产生和吸引也很少。

(3)交通规划是在寻求交通需求和交通供给之间的平衡,以便更好地为社会经济发展服务。一般情况下,用 O(Origin)和 D(Destination)来体现交通需求,O 是一次交通出行的起点,D 是一次交通出行的终点,一天内所有的 OD 量代表了这一天内实际产生的交通需求,针对这些交通需求,我们就进行相应的交通供给系统设计。PA 与 OD 的概念是不同的,在由家出行情况下,在早高峰时,居住用地是交通产生区域(P),同时也是出行起点(O),而工业、商业用地则是吸引区域(A),同时也是出行的讫点(D);晚高峰时,居住用地是交通产生区域

(P),同时也是出行讫点(D),而工业、商业用地性质则是吸引区域(A),同时也是出行的起点(O)。PA 是面向宏观的,它与土地性质密切相关,不会随着某一次的出行而改变,用来说明交通产生的本质根源;OD 是面向具体每一次出行的,所有 OD 的叠加代表了真实的交通压力。一般情况下应该根据交通需求,确定相应的交通供给来达到平衡。有些时候,也通过先发展交通供给和改善交通环境来拉动交通需求,从而促进社会经济的发展,如一些城市的新城区建设。

(4)交通规划是对未来交通问题的分析。交通规划从时间上可分为近期规划、中期规划和远期规划。它是根据未来的社会经济发展情况,预测未来的交通需求,并基于未来的交通需求,确定未来的交通供给。我国目前正处于快速的城市化时期,很多城市的规模和形态都在快速地变化,所以一般情况下,现状交通状况只是交通规划需要考虑的因素之一,较为重要的环节是根据城市总体规划的具体情况,合理确定未来的交通需求。如哈尔滨市制定了城市向北跨河发展延伸的发展战略,经过 10 多年的发展,整个城市的规模和形态都发生了较大的变化,交通需求也发生了根本性的转变。所以在制定交通规划时,应根据未来具体的交通需求确定交通设施供给策略,而不要过分拘泥于现状。

(5)交通规划工作是对各种问题的高度抽象。交通问题规模庞大,与社会经济和人文地理等因素均高度耦合。在进行交通规划工作时,一般是采用数学方法对交通问题进行高度抽象,并且在工作量、数据精度和计算复杂程度等方面进行折中处理。如业界经典的四阶段预测方法,就对业务员等一天多次出行人员的交通问题处理得并不是很好,而出行链方法虽然解决了上述问题,但却存在调查工作量大等其他问题。因此,每一种方法都不可能反映所有的交通现象,都是为达到一定目标而采取的折中近似的方法。

第二节　交通规划的指导思想与分类

本节说明交通规划的指导思想,并对交通规划分类进行说明。

一、交通规划的指导思想

要做好交通规划,必须要有正确的指导思想。现代交通规划的指导思想包括以下几点:

1. 要持系统的观点

交通是一个复杂的系统,在编制交通规划时,规划者应该将交通视为一个有机整体进行综合分析,局部服从全局、个别服从整体、子系统服从大系统。只有重视了整体的和大系统的要求,使系统整体上合理、经济、最优,才能达到标本兼治的目的,提高交通规划的综合效益和整体质量。省级交通规划服从国家级交通规划,地市级交通规划服从省级交通规划,专项交通规划服从区域或城市总体规划等。如中共中央政治局 2015 年 4 月审议通过《京津冀协同发展规划纲要》(以下简称《纲要》)。《纲要》指出,推动京津冀协同发展是一个重大国家战略,核心是有序疏解北京非首都功能,要在京津冀交通一体化、生态环境保护、产业升级转移等重点领域率先取得突破。那么,该地区的交通发展就应该服从该地区总体发展的战略部署,以服务京津冀地区协同发展为核心任务进行开展。

2. 要有战略和全局的目光

交通规划必须从战略的角度出发，即使是中观层面的交通规划，也应该依据对象区域宏观层面的战略规划；同时，规划者必须考虑对象区域的性质和功能定位，考虑对象区域本身的地理环境、布局特点和历史发展历程；另外，规划者还应把眼光放到一个比对象区域更大的地域范围，将对象区域的交通规划放到包含它的更大的区域的交通规划中去考虑，使它的交通能与其外部交通实现很好的衔接。总之，交通规划应该重视历史、放眼未来并着眼全局，才能提出科学的和可持续发展的规划方案。如在京津冀一体化发展的国家战略大背景下，京津冀城市群综合交通规划的指导思想是坚持以科学发展观为统领，以转变交通运输发展方式为主线，增强能力、优化结构、提升水平和提高效率并重，拓延通道、健全网络和完善枢纽并举，加快构建以京津冀为核心，覆盖河北省，东出西联，便捷、安全、高效的现代城市群综合交通运输体系，有力支撑、引领河北省新型城镇化建设进程和"两群一带"城市群的形成。

3. 应与社会、经济和人民生活水平协调

交通直接为社会、经济和人民的生活服务，一方面交通质量影响社会和经济的发展；另一方面，交通作为人民的衣食住行中一个主要的生活内容和消费对象，还要考虑人民的生活水平和消费实力。交通的发展依赖于社会经济的发展水平，需要经济和物质资源作后盾。因此，只有考虑交通规划与社会、经济、人民生活水平的关系，才能使之协调发展、彼此促进。比如，美国经济较为发达，城市人口密度较低，千人汽车拥有率达到800辆以上，其交通系统规划是以小汽车为主体进行的，公共交通在一定程度上是弱势群体的社会福利；而我国经济正在飞速发展的过程中，城市人口密度较高，千人汽车拥有率在2014年刚刚超过100辆，所以应大力打造"公交都市"，发展以轨道交通为骨干的城市公共交通。

4. 应该遵循可持续发展理念

我国人口在2014年末约达13.68亿，人均土地资源、能源等均较少，且近年来环境污染形势较为严峻。因此，交通的发展应该尽量节约土地资源，优先发展低能耗、低污染的交通方式，促进交通系统的可持续发展。比如在区域交通方面，以高速铁路为代表的轨道交通与以高速公路为代表的道路交通相比，轨道交通运量大，能耗低，因此在完成长距离、大运量的交通任务时，应优先发展轨道交通。

二、交通规划的分类

根据交通规划涉及的交通系统性质及行业特征，往往可将交通规划分为两大类型：区域交通系统规划与城市交通系统规划。

1. *区域交通系统规划*

区域交通系统规划主要是指五大运输方式的发展规划，包括公路交通系统规划、铁路运输系统规划、航空运输系统规划、水路运输系统规划与管道运输系统规划。除此以外，往往还需要进行五大运输方式发展规划下的各种专项规划。随着交通一体化的发展、我国大部制改革的推进，将来还有可能进行多种交通方式的综合规划。

2. *城市交通系统规划*

城市交通系统规划一般指城市综合交通系统规划（重点是道路交通系统规划）。中小城市只要完成了城市综合交通系统规划,就能基本满足城市发展的要求;特大城市、大城市除了需要进行城市综合交通系统规划外,往往还要进行各种专项交通规划,如城市道路交通系统规划、城市公共交通系统规划、城市轨道交通系统规划、城市道路交通系统管理规划、城市智能交通系统发展规划等。

第三节　城市综合交通体系规划

一、城市综合交通体系规划的依据

目前,我国在进行城市综合交通规划时,主要指导性文件是住房和城乡建设部编制的《城市综合交通体系规划编制导则》,以及相关的法律法规。具体内容如下:

(1)《中华人民共和国城乡规划法》(2015年)。
(2)《中华人民共和国城市规划法》(1990年)。
(3)《中华人民共和国土地管理法》(2004年)。
(4)《中华人民共和国环境保护法》(2015年)。
(5)《中华人民共和国道路交通安全法》(2011年)。
(6)《中共中央国务院关于进一步加强城市规划建设管理工作的若干意见》(2016年)。
(7)《××省级县(市)城乡总体规划编制办法》。
(8)《××省级城乡规划条例》。
(9)《××省级城镇体系规划》。
(10)《××县市级土地利用总体规划》。
(11)《××县市级城乡总体规划》。
(12)《××县市级总体城市设计》。
(13)《城市综合交通体系规划编制导则》(2010年)。
(14)《城市步行和自行车交通系统规划设计导则》(2013年)。
(15)《城市居住区规划设计规范》(GB 50180—93)(2016年)。
(16)《城市道路交通标志和标线设置规范》(GB 51038—2015)。
(17)《城市道路交通规划设计规范》(GB 50220—95)。
(18)《城市道路公共交通站、场、厂工程设计规范》(CJJ/T 15—2011)。
(19)《城市公共设施规划规范》(GB 50442—2008)。
(20)《城市道路工程设计规范》(CJJ 37—2012)。
(21)《城市停车规划规范》(GB/T 51149—2016)。
(22)《城市规划编制办法》(建设部令第146号)。
(23)《城市综合交通体系规划编制办法》(建城〔2010〕13号)。
(24)《城市用地分类与规划建设用地标准》(GBJ 50137—2011)。
(25)《城市公共汽车和无轨电车工程项目建设标准》(JB 99—104)。
(26)《汽车客运站级别划分和建设要求》(JT 200—2004)。
(27)《关于进一步完善机动车停放服务收费政策的实施意见》(发改价格〔2015〕

2975号)。

(28) 国家和省部级其他有关法规和规范。

二、城市综合交通规划与城市其他规划的关系

1. 城市综合交通规划与城市总体规划

城市综合交通规划(或称城市交通系统规划、城市总体交通规划)的上位规划是城市总体规划。城市总体规划是以法律形式执行的强制性规划,必须经过所在城市的人民代表大会通过,特大城市、大中城市的总体规划必须报请国务院批准才能实施。城市综合交通规划是城市总体规划在城市交通领域的深化(即专业规划),必须以总体规划为前提。

2. 城市综合交通规划与其他专业规划

城市综合交通规划与其他专业规划,包括防洪规划、雨水工程规划和污水工程规划等,都是城市总体规划的下位专项规划,是并列关系。专项规划是针对国民经济和社会发展的重点领域和薄弱环节、关系全局的重大问题编制的规划。它是总体规划的若干主要方面、重点领域的展开、深化和具体化,必须符合总体规划的总体要求,并与总体规划相衔接。常见其他专业规划如表1-1所示。

其他专业规划　　　　　　　　　　表1-1

序号	专业规划名称	序号	专业规划名称
1	防洪规划	11	环境卫生专项规划
2	雨水工程规划	12	抗震防灾专项规划
3	污水工程规划	13	供热工程规划
4	给水工程规划	14	竖向规划
5	燃气工程规划	15	医疗卫生专项规划
6	消防规划	16	体育设施专项规划
7	绿地系统规划	17	商业网点专项规划
8	住房建设规划	18	教育设施专项规划
9	人民防空工程规划	19	电力专项规划
10	通信工程规划		

3. 城市综合交通规划与控制性规划

控制性详细规划是编制城市规划体系的一个阶段。控制性详细规划是以城市总体规划或分区规划为依据,确定建设地区土地使用性质和使用强度的控制指标、道路和工程管线控制性位置以及空间环境的控制性规划要求。交通规划的强制性内容应与控制性规划一致。

三、城市综合交通规划的下位规划

城市综合交通系统规划是城市总体规划中的下位规划。根据情况需要,也可以编制城市综合交通系统规划的各种下位规划,包括对外交通系统规划、城市道路网络规划和轨道交通规划等。城市综合交通系统规划的深度按《城市综合交通体系规划编制导则》(以下简称《导则》)要求控制,下位规划的深度应该比《导则》要求的深度更深,更具操作性,有明确国家法律法规的应按要求进行。如城市道路网络规划,国家就有《城市道路交通规划设计规范》与之对应。

一般来说,小城市只需要进行城市综合交通系统规划,其他专项规划全部包含在该规划中;中等城市也只需要进行城市综合交通系统规划,特别重要的中等城市,在条件许可时可进行专项规划;大城市一般需要进行城市交通系统规划及各专项规划,特别重要的大城市,在条件许可时可进行深化专项规划的各专题或主题规划;特大城市应进行各项专业规划、专项规划及专题或主题规划。

城市综合交通系统规划的层次划分是相对的,取决于城市的规模、性质及城市的重要度。有些特色城市,可以根据自身特点进行相应的特色交通规划,如旅游城市可以进行旅游交通规划。

城市综合交通系统规划的主要下位规划如表1-2所示。

城市综合交通系统规划的主要下位规划　　　表1-2

序号	规划名称	序号	规划名称
1	综合交通体系组织	7	客运枢纽规划
2	对外交通系统规划	8	城市停车系统规划
3	城市道路网络规划	9	货运系统规划
4	轨道交通规划	10	交通管理与交通信息化规划
5	公共交通系统规划	11	近期规划
6	步行与自行车交通规划	12	交通发展战略规划

第四节　区域交通系统规划

区域交通系统规划(或称区域综合交通运输规划)的前提是国家土地规划(即国土规划)。国土规划是以法律形式执行的强制性规划,必须经过所在地(省、市、县等)的人民代表大会通过,县级以上国土规划必须报请国务院批准才能实施。区域交通系统规划是国土规划在交通领域的深化(即专业规划),必须以国土规划为前提。

区域交通系统规划一般按表1-3所示的方法划分层次。近年来,随着社会经济的发展,越来越多的区域综合交通规划被编制。

绪　论　第一章

区域交通系统规划划分层次图　　　　　　　表1-3

专 业 规 划	专 项 规 划	专 题 或 主 题 规 划	
区域交通系统规划	公路交通系统规划	公路网络系统规划	高速公路网络系统规划(省域以上)
			公路主骨架网络规划(地市域以上)
			县乡公路网络计划
			农村公路网络计划
			专用公路网络计划(战备公路、旅游公路、林业公路等)
		公路枢纽规划	—
		运输物流规划	—
	铁路交通系统规划	区域高速铁路系统规划(经济发达的沿海地区)	—
		快速铁路网络系统规划	—
		干线铁路网络系统规划	—
		专用铁路网络系统规划	—
		铁路场站规划	—
		铁路场站运输组织规划	—
	水运交通系统规划	内河航道网络系统规划	—
		远洋航线网络规划	—
		港口码头发展规划	—
	航空运输系统规划	航空线路网络规划	—
		机场布局发展规划	—
	管道运输系统规划	—	—

区域交通系统规划的层次划分取决于规划区域的规模、行业特征和规划期限等,因此,区域交通系统规划的层次划分是相对的。如铁路交通系统规划,若按照国家特定的行业规划,可以划分为国家铁路规划、地方铁路规划和合资铁路规划;若按照规划期限,可以划分为远景规划、长期规划和中期规划。

第五节　交通流密度与交通规划

本节主要介绍速度—密度线性关系、流量—密度线性关系,并对其进行分析来说明降低交通流密度是解决交通拥堵,进行交通规划工作的本质核心问题之一。交通流三参数之间的关系是交通工程学的理论基础之一。在三参数关系中,速度与密度、流量与密度均有公式和曲线图来证明,下面我们回顾一下。

一、速度与密度

1934年,格林希尔兹(Greenshields)提出了速度—密度线性关系模型:

$$v = v_f\left(1 - \frac{K}{K_j}\right) \tag{1-1}$$

式中：v ——区间平均车速(km/h)；

　　　v_f ——畅行速度(km/h)，车流密度趋于零，车辆可以畅行无阻时的平均速度；

　　　K ——平均密度(辆/km)；

　　　K_j ——阻塞密度(辆/km)，车流密集到所有车辆无法移动($v=0$)时的速度。

图1-2中，v_m 为临界速度，即流量达到极大时的速度；K_m 为临界密度，也称为最佳密度，即流量达到极大时的密度。

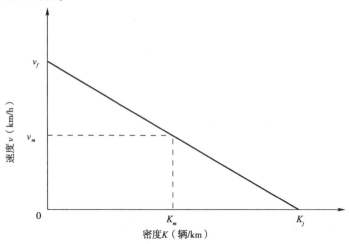

图1-2　速度—密度关系图

从交通参与者个体的角度来看，交通拥堵往往意味着车辆速度降低。式(1-1)和图1-2说明，交通流的密度越低，车流的平均速度越大。可见，如果想提高车速就必须降低车流密度。如有重要事件发生时，我们就将其需要通过道路进行交通管制，以达到较高的通行速度。

二、流量与密度

交通流的流量—密度关系是交通流的基本关系，其数学模型为：

$$Q = Kv_f\left(1 - \frac{K}{K_j}\right) \tag{1-2}$$

式中：Q ——平均流量(辆/h)；

　　　K ——平均密度(辆/km)；

　　　v_f ——畅行速度(km/h)，车流密度趋于零，车辆可以畅行无阻时的平均速度；

　　　K_j ——阻塞密度(辆/km)，车流密集到所有车辆无法移动($v=0$)时的速度。

图1-3中，Q_m 为极大流量，也称为最大流量，即流量—密度曲线上的峰值。K_m 含义与图1-2中所示含义相同。

从交通管理者的角度，往往希望道路能够通过比较大的交通流量，从而提高道路的利用效率。如图1-3所示，如果想让流量达到理想状态，就应该让车流状态保持在"不拥挤区"。在该区域内，随着密度的增加，流量在逐步增加，流量在抛物线的顶端达到最大，随后在进入"拥挤区"后，流量随着密度的增加而降低。

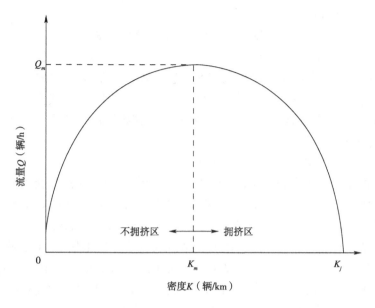

图1-3 流量—密度曲线图

三、交通流密度对交通规划的影响

通过以上分析可见,对于交通参与者和交通管理者,只要将交通流密度控制在合理范围内,使交通流不在"拥挤状态",即可避免交通拥堵。因此,控制交通流密度,是解决交通拥堵问题的主要方法之一,也是交通规划工作的本质核心问题之一。后续章节陆续提到的土地混合利用、大力发展公共交通、通过信息化建设保障车流在路网上的均衡分布等解决交通拥堵问题的方法和手段,其本质都可以归结为降低交通流密度,使交通流运行在"非拥挤状态"。

第六节 交通规划的发展与趋势

本节从古代、近代国外和近代我国三个角度介绍交通规划的发展阶段,并说明交通规划的发展趋势。

一、交通规划的发展阶段

1. 古代的交通规划

交通规划是伴随着人类的社会经济进步而发展起来的,古代时虽然没有成熟的交通规划理论,但人们已经开始进行交通规划工作。如《考工记》(约在西周时期)就提出了"匠人营国,方九里,旁三门,国中九经九纬",还提出了"经涂九轨,环涂七轨,野涂五轨"。这里就包含了基本的交通规划理念,说明中心区道路为棋盘式布局,并将道路分为经纬、环和野三个等级。一轨约1.65m,说明经纬道路约14.85m宽,环路约11.55m宽,郊区道路约8.25m宽。

2. 近代国外的交通规划

交通规划工作是随着汽车的发展而逐步发展起来的。1886年,卡尔·本茨发明了汽车,亨利·福特于1908年将自己设计的T型车实行流水线批量生产,之后轿车很快进入家庭,实现了福特使每个工薪家庭能买得起汽车的构想。城市内部道路拥挤问题也随之出现,合理规划和建设道路的必要性被逐渐提上了议事日程。总体来看,近代交通规划的发展可以大致分为初期阶段、四步骤形成阶段与四步骤发展和完善阶段3个主要的大阶段。如果进行细分,可分为如下6个阶段。

1)第一阶段,萌芽阶段(1930—1950年)

该阶段交通规划的目的是通过规划建设新的道路,来缓和或消除交通拥挤的问题。采用的技术方法是道路交通量调查、以机动车保有量为基础的交通量成长预测、基于经验方法的交通量分配。1936年,美国哈佛大学首先创建了道路交通专业;1938年,耶鲁大学也创建了该专业。1942年伦敦警察局交通专家屈普结合战后伦敦的重建,提出了城市主次干道与支路分开,干道以交通功能为主,支路以生活和商业为主的观点。美国于1944年针对交通出行进行了家庭访问调查。1944年,美国公共道路管理局研究发布了《家庭访问式交通研究程序手册》,由此OD调查逐渐展开。1950年,美国还借用系统分析方法对城市道路网的布局进行了分析。但这些都只是局部的尝试性探索,作为系统的交通规划理论尚未形成,这是交通规划理论的萌芽阶段。

2)第二阶段,发展阶段(1950—1960年)

该阶段交通规划的主要目的是解决市内汽车数量急剧增加带来的交通阻塞问题,为汽车交通的道路交通规划。其特点是以高通行能力道路为对象的长期性道路规划。1953年,底特律交通研究报告中采用了交通生成、交通分布和交通分配三阶段对调查数据进行交通需求预测分析,使用的社会经济技术参数为个人收入、社会人口结构、汽车保有量等。这标志着近代交通规划理论雏形初步显现。

3)第三阶段,四步骤法形成阶段(1960—1970年)

在美国,该阶段的道路交通状况是汽车保有量激增,市中心高峰时必须进行汽车通行限制。本阶段交通规划的目的是通过综合交通规划,合理分配交通投资(私人交通对公共交通)、征收停车费和进行长期性交通规划。采用的技术方法特征为四阶段预测法,分析单位由车辆至人,交通方式划分阶段被导入到了交通需求预测之中,一般化费用的开始使用和个人选择模型的提出也是其特征。1962年美国芝加哥市发表的 *Chicago Area Transportation Study*,标志着交通规划理论的诞生。1962年美国制定的联邦公路法规定,凡5万人口以上城市必须制定以城市综合交通调查为基础的都市圈交通规划,方可得到联邦政府的公路建设财政补贴。该项法律直接促成交通规划理论的形成和发展。1960年后,日本广岛都市圈的交通规划首次提出了对不同交通方式进行划分这一新的预测内容。从此,交通规划变成了交通发生、交通分布、交通方式划分和交通分配四个步骤,这就是交通规划的四步骤法(也叫四阶段法)理论。后来人们将交通方式划分与其他三个步骤做了不同形式的结合,相应地得出各类预测方法,这些都归入四步骤法。

4)第四阶段,交通规划全面发展阶段(1970—1980年)

该阶段交通规划的背景是交通问题开始多样化,例如大气污染、噪声、拥挤、停车难、交通事故、交通弱者问题和公共交通问题等。采用的技术方法特征是研究趋于多样化,主要表现在集计模型的精炼化、非集计模型的出台和应用等。

5)第五阶段,社会经济深刻变革阶段(1980—2000 年)

随着社会经济、科学技术的高速发展,人们的生活水平和生活方式都发生了较大的变化。建筑技术的成熟使城市里出现了越来越多的摩天大楼,人口的聚集度也进一步提高。社会经济的飞速发展,使汽车拥有量和民用飞机的数量迅速上升,人们出行的方式和结构发生着深刻的变化。计算机技术的快速发展,使人们高效地存储和处理大量数据成为可能,从而促进了非集计模型的大量使用。各种 ITS 概念的提出和产品的应用,改善了人们的出行质量。四阶段法的静态问题向动态方向发展。人们在考虑交通问题时,开始重视老年人与残疾人员等弱势群体,重视交通环境,重视研究旅游交通。

6)第六阶段,信息化社会阶段(2000 年至今)

随着 GIS 技术的发展,专业的交通规划软件越来越成熟,大大减轻了人们进行交通规划的工作强度。互联网技术和 GPS 技术的发展,使实时的路况发布和车辆导航越来越普及。数据库技术、检测技术和通信技术的发展,使交通规划所需要数据的获得成本大大降低,大数据技术在交通规划中的作用越来越重要。信息实时准确的传输,使各交通方式的紧密联动成为可能。社会经济的发展,使越来越多的城市能够有资金进行轨道交通建设。在规划中,越来越重视应用弹性工作制、时差出勤、停车换乘、道路拥挤收费、高乘坐率车辆(Hight Occupancy Vehicle,HOV)专用车道以及大容量快速公交(Bus Rapid Transit,BRT)等多样化手段来缓解交通拥挤。随着生活水平的提高,人们越来越重视交通环境等问题。

3. 近代我国的交通规划发展

1)城市交通规划的探索

发展到 20 世纪 50 年代,为配合重点工程项目的建设,在一些城市进行了大规模的基础设施建设,道路条件明显改善。此时,公共汽车及电车是城市公共客运的主要方式,道路交通比较通畅。改革开放以前,交通设施的规划、投资、建设和工业企业、住宅、公共建筑等其他设施一样,归属于国民经济发展的计划,城市各类交通设施的投资决策、年度计划的编制、建设资金的筹措等基本上都由国家统一决定。城市交通规划主要局限于道路基础设施的布局规划,还没有"城市综合交通体系"的概念,不清楚城市交通需求总量、时空分布特征及方式构成,也不了解综合交通体系内部结构以及组成要素之间的相互制约关系,对城市综合交通体系与外部环境的相关关系知之甚少。这一时期的城市道路网规划基本采用定性分析来确定道路网的结构、形态和功能,以及主要道路建设时序等内容。

2)城市交通规划的兴起

20 世纪 80 年代,以北京为首的一批特大城市开始步入机动化萌芽期,城市交通拥堵加剧,交通事故率上升,交通问题开始成为社会关注的热点。同时,基于系统规划理论的交通建模技术逐步得到推广应用。在理论方面,我国学者在应用国外的交通规划理论和方法时,注重针对我国城市的实际情况(如大量的自行车出行)进行完善,创造了具有中国特色的交通规划理论。另外,我国学者也参与了国际前沿的研究,推出了许多研究成果。在应用方面,我国大多数大城市和一部分中等城市进行了交通调查,并在此基础上进行了交通规划。1981 年天津市组织了居民出行调查和货物流动调查,于 1985 年完成了《天津市居民出行调查综合研究》的编制,为城市交通规划工作从定性分析走向定量研究奠定了良好基础。1985年,全国第一届城市交通规划学术委员会在深圳成立,并开展了深圳市交通规划。20 世纪 80 年代中期开展的《北京市城市交通综合体系规划研究》初步建立了"城市综合交通体系"的理念,并明确指出交通规划应当从城市交通系统的内在机制及其与外部环境之间的交互作用出发,分析交通症结与制定对策。从规划方法上来说,这一时期已逐步摒弃了经验判断和"只见局部,不见全局"的传统规划模式,开始运用综合交通系统理论与现代交通规划方法研究和编制城市交通规划。1987 年,北京市结合 1986 年的交通调查数据开始在 TRIPS 软件基础上构建北京交通规划模型,上海开始与加拿大合作建立基于 EMME/2 应用软件的上海交通规划模型,到 20 世纪 90 年代初已初步形成了由交通生成、交通分布、交通方式划分、交通分配组成的"四阶段"模型架构,并以模型为基础进行交通定量评价分析,对交通规划进行多目标、多方案的比选。在立法上,1990 年 4 月起施行的《中华人民共和国城市规划法》明确提出城市总体规划应包括城市综合交通规划体系以及各项专业规划。

3)城市交通规划跨越式发展

20 世纪 90 年代中期,北京、上海、广州等一批特大城市开始进入机动化的快速发展期,南京、深圳、沈阳等中心城市也步入机动化成长期。同时,伴随城市社会经济的快速发展,人与物的流动距离和范围都有了明显变化,交通需求总量激增,需求构成更为复杂。城市交通规划的研究已不再局限于作为运输载体的道路基础设施,开始认识到城市综合交通体系是一个高度开放的复杂巨系统,城市交通发展战略与政策研究被置于城市综合交通规划的前导位置,开始关注交通发展战略、交通政策、交通发展模式等重大问题。1995 年,国家标准《城市道路交通规划设计规范》(GB 50220—95)发布,从技术层面明确了城市交通规划的目标、任务、内容及相关规划设计标准,城市交通规划正式步入科学化与规范化的发展轨道。20 世纪 90 年代末,在小汽车交通需求持续膨胀的背景下,"公交优先"的发展理念在交通规划领域基本达成共识,优化调整出行结构成为交通规划重要目标之一。随着对公交主体地位的认识,轨道交通建设开始全面提速。1999 年底,北京、上海及广州已建成 120km 地铁,同时对轨道交通系统规划的理论方法进行了一系列探索,逐步建立了一套适应我国发展阶段的城市轨道交通规划理论与方法体系。

4)城市交通规划与时俱进

城市化、机动化进程步入高速发展期,在城市快速扩张与空间结构调整、机动化与交通设施水平不断完善的共同作用下,城市交通规划开始转向人性化、集约化、信息化和一体化的可持续发展模式,从而提高了交通系统与城市空间结构拓展的协调力度。上海、北京、南京、杭州等城市陆续开展了交通模式与发展战略研究,并结合自身情况出台了交通纲领性文件指导城市交通规划与建设。在探索和创新城市交通规划理论与方法的同时,也对城市交通规划编制体系进行相应改进。多数城市在《中华人民共和国城乡规划法》和《城市规划编制办法》的指导下,将城市总体规划与综合交通规划、轨道交通规划统一编制。同时,在城市总体规划编制中把干道网络、轨道交通、交通枢纽作为规划的强制性内容。2010 年,住房和城乡建设部颁布的《城市综合交通体系规划编制办法》将城市综合交通体系规划明确纳入到法定的城市总体规划内容之中,强化了城市交通规划的法定地位。随即《城市综合交通体系规划编制导则》出台,指导了城市交通规划编制工作的具体开展。同年颁布的《城市轨道交通线网规划编制标准》也明确指出城市轨道交通线网规划宜与城市总体规划同步编制。这一时期，交通规划体系的自身构成也得到了相应发展，在以往比较单一的城市综合交通规划基础上向战略研究与交通专项规划延伸，有效地促进了交通系统与土地利用的协调发展。

二、交通规划的发展趋势

我国正处于城市化、机动化和社会经济现代化快速发展的关键时期。在过去短短30多年的时间内，交通问题的概念从无到有，研究的领域、范围和层次也越来越广泛、深入，在规划具体编制过程中不可避免会存在一些问题。

1. 交通规划与城市土地利用协同耦合将进一步加强

人类的出行产生了交通，而用地布局很大程度上决定了人们出行的起终点等特性，因此，土地利用是城市交通规划的前提。严格控制土地性质的规划，坚持土地的混合利用，建设"10分钟生活圈"，将对缓解交通拥堵，科学进行交通规划起到非常重要的作用。

2. 调整出行结构成为解决交通问题的重要手段

我国大部分大中城市，居住与就业都高度密集。因此，建设以轨道交通为骨架的城市公共交通网络，提倡大运量、高效率的交通方式，已经成为很多城市的共识。

3. 大数据技术的应用越来越重要

随着交通信息化应用的不断深入，数据交换与数据共享的需求越来越强烈。研究和建设跨部门、跨行业的集数据采集、处理、共享交换和综合利用多种功能为一体的交通数据共享平台，对交通规划的制定将具有十分重要的战略意义。

4. 进一步对交通规划的需求预测与评价分析方法进行改善

虽然四阶段法被广泛采用，但其依赖的诸多前提条件在实际应用中大多存在不确定性，这无疑会影响其预测的准确性。同时，四个阶段之间缺乏相互反馈调节机制，与实际出行规律可能不符。因此，改进四阶段方法，并发展完善新的方法将成为未来交通规划的重要任务。

5. 综合性交通运输规划越来越重要

经典的城市交通规划主要是指道路网规划，然而近年来国内轨道交通建设方兴未艾，轨道交通与道路交通已经密不可分。在区域上，公路、铁路和水运的协同越来越重要。如何合理配置有限的资源以及协调组织多元化的出行方式是交通规划必须思考的问题。

本章习题

1. 交通规划的定义是什么？
2. 交通规划的指导思想有哪些？
3. 简述城市综合交通规划与城市其他规划的关系。
4. 结合日常知识，谈谈你对交通规划未来发展趋势的认识。
5. 针对交通拥堵问题，谈谈你能想到的解决措施。

第二章 城市综合交通体系规划总体要求

本章主要介绍城市综合交通体系规划的总体要求。2010年住房和城乡建设部印发了《城市综合交通体系规划编制导则》,其中包括总则、工作阶段与要求、规划内容、技术要点和成果要求这5方面内容。本章将介绍这些内容,并采用D县的情况进行案例说明。

第一节 总 则

一、目的

城市综合交通体系规划旨在科学配置交通资源,发展绿色交通,合理安排城市交通各子系统关系,统筹城市内外、客货、近远期交通发展,形成支撑城市可持续发展的综合交通体系。

二、作用

(1)城市综合交通体系规划是城市总体规划的重要组成部分,是指导城市综合交通发展的战略性规划。

(2)城市综合交通体系规划是编制城市交通各子系统规划的依据,对外交通、道路、公共交通、步行与自行车交通、交通枢纽、停车、交通管理、交通信息化建设等子系统规划及近期规划应符合城市综合交通体系规划。

三、编制原则

(1)应以建设集约化城市和节约型社会为目标,贯彻科学发展观,促进资源节约、环境友好、社会公平和城乡协调发展,保护自然与文化资源。

(2)应贯彻落实优先发展城市公共交通的战略,优化交通模式与土地使用的关系,统筹各交通子系统的协调发展。

(3)应遵循定量分析与定性分析相结合的原则,在交通需求分析的基础上,科学判断城市交通的发展趋势,合理制定城市综合交通体系规划方案。

(4)应统筹兼顾城市规模和发展阶段,结合主要交通问题和发展需求,处理好长远发展与近期建设的关系。规划方案应有针对性、前瞻性和可实施性,且满足城市防灾减灾、应急救援的交通要求。

四、规划范围与期限

(1) 城市综合交通体系规划范围应当与城市总体规划相一致。

(2) 城市综合交通体系规划期限应当与城市总体规划相一致。

(3) 城市重大交通基础设施规划布局应考虑城市远景发展要求。

第二节 工作阶段与要求

一、工作阶段

(1) 编制城市综合交通体系规划的工作过程,一般可划分为现状调研、专题研究、纲要成果、规划成果四个阶段。

(2) 纲要成果编制应与城市总体规划纲要成果编制相衔接。

(3) 规划成果编制应与城市总体规划成果编制相衔接。

二、工作要求

(1) 现状调研阶段。通过多种方式收集城市经济社会发展的现状和规划资料,听取相关部门规划设想和建议;分析城市发展中存在的主要交通问题;根据规划需要开展相应的交通调查。

(2) 专题研究阶段。在现状调研基础上,对影响城市综合交通体系发展的重大问题组织开展专题研究,一般应包括交通发展趋势、城市交通发展战略与政策、重大交通基础设施布局等。

(3) 纲要成果阶段。重点分析和评价城市综合交通体系现状存在的主要问题;论证城市综合交通发展趋势和需求、交通发展战略和交通资源配置策略,提出城市综合交通体系框架;确定城市综合交通体系总体发展目标和交通各子系统规划目标;提出城市综合交通体系的布局原则。

(4) 规划成果阶段。确定城市综合交通发展战略、政策和保障措施;确定城市交通设施布局方案、控制性规划指标和强制性内容;提出对城市交通各子系统规划的指导性技术要求;提出近期规划的策略与方案。

第三节 规 划 内 容

一、交通发展战略

根据城市社会经济发展和城市发展目标,优化交通发展模式,确定交通发展与市域城镇布局、城市土地使用的关系,制定综合交通体系发展目标、分区发展目标、交通方式结构,提出交通发展政策和策略。

二、综合交通体系组织

依据城市综合交通体系总体发展目标和交通资源配置策略，统筹城市综合交通体系功能组织，提出规划布局原则和要求。

三、对外交通系统规划

依据城市具体情况研究对外交通系统网络和区域交通设施布局，处理好与相关专业规划的关系。

四、城市道路系统

按照与道路交通需求基本适应、与城市空间形态和土地使用布局相互协调、有利公共交通发展、内外交通系统有机衔接的要求，合理规划道路功能、等级与布局。

五、公共交通系统

依据城市公共交通系统构成和客运系统总体布局框架，统筹规划公共交通系统设施安排和网络布局。

六、步行与自行车系统

按照安全、方便、通畅的原则，结合城市功能布局，合理规划步行与自行车系统。

七、客运枢纽

按照人性化、一体化和节约用地的原则，优化布局客运枢纽，统筹各种交通方式的衔接。

八、城市停车系统

遵循城市停车设施的供给策略，综合利用城市土地资源和地下空间，确定各类机动车停车设施规划建设基本要求。

九、货运系统

依据城市功能布局，合理规划货运交通系统。

十、交通管理与交通信息化

按照人性化管理、信息资源共享的要求，合理确定交通管理和交通信息化发展对策及设施规划原则。

十一、近期规划

依据城市近期发展目标和城市财政能力，制定近期交通发展策略，提出近期交通基础设施安排和实施措施。

十二、规划实施保障措施

遵循有利于促进规划实施和管理的原则,提出规划的实施策略和措施。

第四节 技术要点

一、现状调研

现状调研主要是资料的收集。收集的基础资料应包括统计数据、政府文件、调查成果、相关规划文本与图纸等。

二、交通调查

交通调查一般包括:居民出行、车辆出行、道路交通运行、公交运行、出入境交通、停车、吸引点、货运等调查项目。按照交通调查项目不同以及拟获取的调查信息内容和精度要求,可以采用全样调查、抽样调查、典型调查等方式。

三、现状分析

现状分析主要包括:城市概况、城市经济与产业、城市空间结构与土地使用、城市交通需求、城市对外交通、城市道路交通、公共交通、步行与自行车交通、城市停车、交通管理、交通信息化、城市综合交通体系总体评价等方面。现状分析以调查数据和相关资料为基础,切实反映城市综合交通体系的现状特征和存在问题,提出发展思路。

四、需求分析

城市交通需求分析应综合运用交通调查数据、统计数据、相关规划定量指标,建立交通分析模型,形成科学的交通需求分析方法。目前交通需求预测普遍采用"四阶段法",此外还有出行链法等其他方法。"四阶段法"把交通需求预测分解为出行发生(又称为交通生成、交通的发生与吸引、出行生成等)、出行分布(又称为交通分布等)、交通方式划分和交通分配四步骤的交通预测程序。出行发生预测一般可采用回归分析模型、生成率模型、聚类分析模型等进行测算。出行分布预测一般可采用增长率模型、重力模型、介入机会模型等进行测算。交通方式划分预测一般可采用转移曲线模型、Logit 模型、重力模型转换模型等进行测算。交通分配一般可采用平衡分配模型、最短路分配模型、多路径概率模型、容量限制模型等进行测算。出行链是人们为完成一项或多项活动(多目的出行),按一定时间顺序排列的出行目的所组成的往返行程,包含了大量的时间、空间、方式和活动类型信息。出行链分析法运用非集计的思想,将个体一天的出行按发生顺序连接起来形成若干闭合链,分析各种闭合链如何随人们的内在属性和外部约束而变化。此法有利于揭示影响个体一日出行模式的主要因素,最终对后期的分类集计有直接的指导意义。

五、方案制定

规划方案应以交通发展需求预测为基础,结合城市地形、地貌和规划的城市空间形态及功能布局进行编制,同时规划方案应体现城市综合交通体系发展的总体目标和相关要求。方案形成过程中,应采取多种方式征求相关部门和公众意见。

六、方案评价

规划方案评价应采用定量与定性相结合的方法,评价内容需包括经济、社会、环境、交通运行效果等方面。方案评价应包括以下主要要素:

(1)交通运行预期效果及与规划目标的吻合程度。
(2)对城市规划布局的引导和支撑作用。
(3)对城市用地资源的占用程度。
(4)对城市生态和环境的影响程度。
(5)对城市历史文化、文物古迹和各类保护区的影响。
(6)地质灾害影响程度。
(7)规划的工程规模与投资。

七、强制性内容

强制性内容主要包括三个方面。
(1)城市总体规划的强制性内容:城市干路系统网络、城市轨道交通网络、交通枢纽布局。
(2)指导各交通子系统规划的控制性指标应列入强制性内容。
(3)可以根据城市的具体情况,增加强制性规划内容。一般情况下,对外交通设施和交通场站规划宜列为强制性内容。

第五节 成果要求

一、成果形式

(1)规划成果由规划文本、规划说明书、规划图纸、基础资料汇编组成。
(2)成果形式为纸质文档和电子文档。
①纸质文档采用 A4 幅面竖开本装订,其中规划图集宜采用 A3 幅面印制并折页装订。
②电子文档采用通用的文件存储格式。其中文本可采用 WPS、DOC、PDF 等文本格式或图形格式,图纸文件应采用 CAD、GIS 等矢量文件格式存储。
③电子文档应包括交通调查原始数据、模型数据等数据文件,采用数据库格式存储。

二、规划文本

(1)规划文本应当以条文方式表述规划结论,内容明确简练,具有指导性和可操作性。
(2)强制性规划内容采用与其他规划内容有明显区别的字体或格式进行表述。
(3)规划成果文本编写大纲如下:

①总则。主要包括：编制依据、指导思想、规划原则、规划范围、规划期限等。

②规划目标。主要包括：近远期综合交通体系总体发展目标、城市交通方式结构、各交通子系统的发展目标等。

③交通发展战略。主要包括：城市综合交通体系发展与城市发展的关系，交通资源配置的原则和策略，各交通子系统的功能定位、相互关系和发展策略，重大交通发展政策等。

④综合交通体系组织。主要包括：城市综合交通体系构成，城市内外交通衔接关系，客货交通组织模式和总体布局框架，城市干路系统组成，城市应急救援、防灾减灾道路规划布局原则，城市客运枢纽结构，自行车、步行交通系统总体布局框架，城市停车供给策略，交通信息化建设与交通管理的基本策略等。

⑤对外交通系统规划。主要包括：各种对外交通方式的网络布局，场站功能、等级和用地规模控制指标等。

⑥城市道路网络规划。主要包括：城市干道网络布局，各级道路规划指标，城市应急救援、防灾减灾、大型装备运输道路组织等，规划道路、交叉口、广场列表。

⑦公共交通系统规划。主要包括：公共交通系统构成，各种公共交通方式的场站设施功能、布局和用地控制指标，公共交通网络重要控制点规划布局，公共交通专用道布局，公共交通线网和站点规划建设要求等，规划城市轨道交通线网和公共交通场站列表。

⑧步行与自行车交通规划。主要包括：步行、自行车交通系统网络规划指标，行人、自行车过街设施布局基本要求，步行街区布局和范围，自行车停车设施布局原则等。

⑨客运枢纽规划。主要包括：客运枢纽规划的布局、功能、等级和用地规模控制标准，配套设施安排等。

⑩城市停车系统规划。主要包括：停车分区和规划供给指标、城市配建停车标准、机动车公共停车场设施规模和布局原则、设置路内停车位的基本原则和控制标准等。

⑪货运系统规划。主要包括：城市货运枢纽、场站规划布局、规模和用地控制指标，货运道路安排等。

⑫交通管理与交通信息化规划。主要包括：交通管理设施布局原则和要求、交通需求管理系统框架、城市交通信息化发展模式、交通信息化系统框架、交通信息共享机制和共享信息类别等。

⑬近期规划。主要包括：近期建设目标和建设策略，交通设施建设安排与投资规模、重点地区交通改善对策与方案等。

⑭规划实施保障措施。主要包括：规划实施的管理机制，技术经济政策、对城市交通各子系统规划的指导性技术要求等。

三、规划说明书

(1)规划说明书由正文和附录两部分组成。
(2)规划说明书正文应当与规划文本的条文相对应，对规划文本条文做出详细说明。
(3)规划说明书附录主要包括以下主要内容：
①现状分析评价报告；
②交通调查分析报告；

③交通模型报告；
④其他专题研究报告；
⑤相关部门建议；
⑥公众意见。

四、规划图纸

(1) 规划图纸所表达的内容应当清晰、准确,与规划文本内容相符。
(2) 现状图、规划图和分析图应保持图例一致。
(3) 规划图集应按现状图、规划图、分析图的顺序排列。
(4) 规划图纸比例一般采用:大中城市为 1/25000～1/10000,小城市为 1/10000～1/5000。
(5) 主要现状图、规划图如下:
①市域交通现状图；
②城市综合交通体系现状图；
③市域交通规划图；
④城市综合交通体系规划图；
⑤对外交通规划图；
⑥城市道路系统规划图；
⑦城市公共交通系统规划图；
⑧自行车、步行系统规划图；
⑨城市客运枢纽规划图；
⑩停车系统规划图；
⑪货运系统规划图；
⑫近期规划图。
(6) 分析图视需要进行绘制。

五、基础资料汇编

(1) 基础资料汇编应当包括规划涉及的相关基础资料、参考资料及文件。
(2) 基础资料汇编按下列顺序进行编排:
①文件；
②基础资料；
③参考资料。

第六节 案 例

一、D县综合交通规划总体情况

D县综合交通体系规划总体情况主要涉及进行D县综合交通规划的目的、原则、工作阶段与要求、主要内容、技术要点,并明确了规划成果形式和要求。

1. 总则

依据《城市综合交通体系规划编制导则》及相关文件,D县综合交通规划文本"总则"部分主要包括进行D县综合交通规划的目的、作用、规划原则及规划范围与期限等内容。

2. 工作阶段与要求

根据《D县城乡总体规划》和《D县控制性详细规划》的要求,对D县研究范围内进行综合交通专项规划,该工作过程共经历四个阶段,对每个工作阶段的要求是严格按照《城市综合交通体系规划编制导则》相关内容的要求实施的。该工作过程共分为以下四个阶段:

2016年1月—2016年3月,进行现状调研阶段;

2016年4月—2016年6月,进行专题研究阶段;

2016年7月—2016年9月,进行纲要成果阶段;

2016年10月—2016年12月,进行规划成果阶段。

3. 规划内容

根据《D县控制性详细规划》《D县城乡总体规划》及《城市综合交通体系规划编制导则》,进行D县综合交通体系规划,规划的主要内容见表2-1。

城市综合交通体系规划内容　　表2-1

序号	规划内容	序号	规划内容
1	总则	8	客运枢纽
2	交通发展战略	9	城市停车系统
3	综合交通体系组织	10	货运系统
4	对外交通系统	11	交通管理与交通信息化
5	城市道路系统	12	近期规划
6	公共交通系统	13	规划实施保障措施
7	步行与自行车系统	14	附则

4. 技术要点

在进行D县综合交通规划过程中,主要技术要点为D县的现状调研、交通调查、现状分析、需求分析、方案制定、方案评价及强制性内容。

5. 成果要求

D县综合交通规划成果由规划文本、规划说明书、规划图纸、基础资料汇编组成,成果形式为纸质文档和电子文档。

二、D县交通规划文本"总则"部分

该部分以D县综合交通体系规划中的总则章节为案例进行介绍。主要涉及规划目的、规划作用、规划原则、指导思想、规划范围、规划期限、编制依据及规划强制性内容。

【第01条】 规划目的

D县综合交通体系规划旨在科学配置交通资源,发展绿色交通,合理安排城市交通各子系统关系,统筹城市内外、客货、近远期交通发展,形成支撑城市可持续发展的综合交通体系。

【第02条】 规划作用

(1)D县综合交通体系规划是城市总体规划的重要组成部分,是指导城市综合交通发展的战略性规划。

(2)D县综合交通体系规划是编制城市交通各子系统规划的依据,对外交通、道路、公共交通、步行与自行车交通、交通枢纽、停车、交通管理、交通信息化建设等子系统规划及近期规划应符合城市道路交通专项规划。

【第03条】 规划原则

(1)应以建设集约化城市和节约型社会为目标,贯彻科学发展观,促进资源节约、环境友好、社会公平、城乡协调发展、保护自然与文化资源,积极推动低碳绿色交通发展的原则。

(2)应坚持"以人为本"的原则,为人和物的流动提供经济、安全、有效的服务。

(3)应贯彻落实优先发展城市公共交通的战略,优化交通模式与土地使用的关系,统筹各交通子系统协调发展。

(4)应遵循定量分析与定性分析相结合的原则,在交通需求分析的基础上,科学判断城市交通的发展趋势,合理制定城市道路交通专项规划方案。

(5)应统筹兼顾城市规模和发展阶段,结合主要交通问题和发展需求,处理好长远发展与近期建设的关系。规划方案应有针对性、前瞻性和可实施性,且满足城市防灾减灾、应急救援的交通要求。

【第04条】 指导思想

贯彻落实科学发展观、以人为本和构建"资源节约型、环境友好型"社会的总体要求,符合城市交通现代化发展的基本规律,反映城市自身的特色和要求。

【第05条】 规划范围

1. 县域

D县县域行政辖区范围,包括8镇1乡,共9个乡镇,总面积709.6km²。

2. 城市规划区

D县城市规划区范围确定为:东至京沪高速铁路,南至邯港高速公路,西至南运河边界,北至仓上村南侧,包括东光镇、省级经济开发区(城南工业园区、包装机械园区)、观州湖水库保护范围、连镇镇邯港高速公路以北村庄的部分用地,总面积98.0km²。

3. 中心城区

D县综合交通体系规划的重点规划范围是中心城区(不包括工业区),具体范围:南起纬四街,北至纬一街,西起棉纺西路,东至京沪高速铁路,总用地面积19.07km²。

【第06条】 规划期限

本次D县综合交通体系规划期限如下:

近期:2016—2020年;

远期:2021—2030年;

远景:2030年以后。

【第07条】 编制依据

(1)《中华人民共和国城乡规划法》(2015年);

(2)《中华人民共和国城市规划法》(1990年);

(3)《中华人民共和国土地管理法》(2004年);

(4)《中华人民共和国环境保护法》(2015年);

(5)《中华人民共和国道路交通安全法》(2011年);
(6)《中共中央国务院关于进一步加强城市规划建设管理工作的若干意见》(2016年);
(7)《河北省县(市)城乡总体规划编制办法》;
(8)《河北省城乡规划条例》(2011年);
(9)《河北省城镇体系规划(2007—2020年)》;
(10)《D县土地利用总体规划(2010—2020年)》;
(11)《D县城乡总体规划(2013—2030年)》;
(12)《沧州市D县县城总体城市设计》;
(13)《城市综合交通体系规划编制导则》(2010年);
(14)《城市步行和自行车交通系统规划设计导则》(2013年);
(15)《城市居住区规划设计规范》(GB 50180—93)(2016年);
(16)《城市道路交通标志和标线设置规范》(GB 51038—2015);
(17)《城市道路交通规划设计规范》(GB 50220—95);
(18)《城市道路公共交通站、场、厂工程设计规范》(CJJ/T 15—2011);
(19)《城市公共设施规划规范》(GB 50442—2008);
(20)《城市道路工程设计规范》(CJJ 37—2012);
(21)《城市停车规划规范》(GB/T 51149—2016);
(22)《城市规划编制办法》(建设部令第146号);
(23)《城市综合交通体系规划编制办法》(建城〔2010〕13号);
(24)《城市用地分类与规划建设用地标准》(GBJ 50137—2011);
(25)《城市公共汽车和无轨电车工程项目建设标准》(JB 99—104);
(26)《汽车客运站级别划分和建设要求》(JT 200—2004);
(27)《关于进一步完善机动车停放服务收费政策的实施意见》(冀发改价格〔2016〕1424号);
(28)国家和河北省其他有关法规和规范。

【第08条】 规划强制性内容

文本条文中下划线的内容为强制性内容。强制性内容具有法定的强制力,必须严格执行,任何个人和组织都不得违反。若涉及规划强制性内容的修改,必须按照法定的程序进行。

本章习题

1. 城市综合交通体系规划的目的是什么?
2. 城市综合交通体系规划的主要内容有哪些?
3. 编制城市综合交通体系规划时,各工作阶段的主要要求是什么?
4. 城市综合交通体系规划的强制性内容包括哪些方面?
5. 结合你对城市建设和发展的认识,谈谈你认为编制城市综合交通体系规划的难点有哪些?

第三章 交通调研与交通小区划分

本章根据交通规划的基本原理,分析交通规划所需要调研和调查的数据及其之间的相互关系,城市基本情况、土地利用与交通需求之间的关系,明确说明《城市综合交通体系规划编制导则》(以下简称《导则》)中交通调研与调查的基本要求,对交通调研的基本流程和交通小区划分的相关内容进行阐述,并运用案例对相关内容进行说明。

第一节 交通规划所需数据及其相互关系分析

一、交通规划所需数据

交通规划所需数据可分为:近远期交通规划所需要的重点数据、城市总体概况及土地利用数据、专项数据和其他有关数据,如表3-1所示。

交通调研与调查数据　　　　表3-1

序　号	内　　容	一般获取方式
1	规划年城市总体概况及土地利用数据	调研
2	规划年初步确定的交通供给数据	调研
3	规划年计算交通需求的基础数据	调研
4	现状年城市总体概况及土地利用数据	调研
5	现状年交通供给数据	调研
6	现状年交通需求数据	调查
7	现状年交通实况数据	调查
8	专项数据	调研与调查
9	其他有关数据	调研与调查

1. 近远期交通规划所需要的重点数据

交通规划工作分为近期、中期和远期规划。中远期规划是根据"规划年计算交通需求的基础数据"计算交通需求,再根据交通需求确定规划年交通供给的过程。近期规划是在中远期规划大方针的指导下,来重点解决近期比较急迫的问题,因此"现状年交通供给数据"、"现状年交通需求数据"和"现状年交通实况数据"对近期规划的影响较大。

2. 城市总体概况及土地利用数据

城市总体概况包括城市地理位置、总面积和总人口数等,其中城市总人口数决定出行总量。土地利用数据充分反映了土地的空间位置、分布格局、利用类型、权属和界线等信息。"现状年城市总体概况及土地利用数据"对近期交通规划影响较大,"规划年城市总体概况及土地利用数据"对中远期交通规划影响较大。

3. 专项数据和其他有关数据

"专项数据"主要包括停车、公共交通和智能交通等相关数据,这些数据反映了交通供给与交通需求关系的某个特定部分,对于后续交通规划发挥重要的作用。"其他有关数据"包括图件及报告资料等。

二、数据间的相互关系

规划年数据间的相互关系情况,如图3-1所示。交通规划是通过确定规划年交通供给与交通需求,使得交通供给与交通需求达到平衡,最终实现交通系统的安全畅通。在计算规划年交通需求的过程中,通过"规划年计算交通需求的基础数据",可以推导出规划年出行产生与出行吸引、规划年交通分布和规划年交通方式划分的相关数据。在推导的过程中,函数的参数标定可以参考现状年相应函数的参数值,一般情况下可以直接使用现状年相应函数的参数值。规划年交通供给是交通规划工作的结果,但是在城市总体规划中一般会给出"规划年初步确定的交通供给数据",包括初始路网和停车总规模等,这些数据可以作为得到规划年最终交通供给的调整基础,并应得到充分尊重。

现状年数据间的相互关系情况,如图3-2所示。"现状年交通实况数据"是"现状年交通供给数据"与"现状年交通需求数据"平衡的结果。"现状年交通需求数据"是由"现状年影响交通需求的基础数据"决定的。现状年出行产生与出行吸引、现状年出行分布、现状年交通方式划分、现状年交通供给数据、现状年交通需求数据和现状年交通实况数据等数据均可以通过调研或调查得知,通过这些数据确定它们之间的计算方法并进行参数标定。

三、几点需要注意的问题

(1) 现状年交通需求与规划年交通需求的关系。现状年交通需求是由现状年社会经济情况和现状年土地利用情况共同作用产生的,规划年交通需求是由规划年社会经济情况和规划年土地利用情况共同作用产生的。虽然现状年交通需求在一定程度上会影响规划年交通需求,但一般情况下不可以从现状年交通需求直接推导出规划年交通需求,特别是在城市形态和面积发生较大变动时,两者之间的关联更加薄弱。

(2) 现状年社会经济、土地利用和交通供给数据的作用。一方面可以为近期规划提供较为确切的依据,另一方面通过现状年数据确定的计算方法和参数为确定规划年的计算方法和参数提供依据。

(3) 规划年社会经济和土地利用情况的获取。规划年社会经济和土地利用情况一般可以从城市总体规划中获得,在个别城市没有城市总体规划的情况下,则需要进行预测。进行预测的过程中可使用经典的时间序列法或回归模型法,也可参考城市规划相关书籍中介绍的方法进行预测。

(4)交通系统的反作用。交通系统的发展对社会经济和土地利用都有反作用,但在经典的交通规划工作中,一般重点考虑社会经济和土地利用对交通系统的作用,对于交通系统的反作用当作次要因素进行考虑。

图 3-1　规划年数据关系　　　　图 3-2　现状年数据关系

第二节　交通需求产生原理

一、城市基本情况与交通需求之间的关系

城市基本情况包括经济、人口和面积等。一个城市的基本情况决定了交通系统运行的主要基本参数。如城市人口每天总出行量约为该城市总人口数的 2.5~3.0 倍;带状形态的城市比一般城市人均出行距离长,同等人口规模条件下,城市面积越大,人均出行距离越长。

二、土地利用与交通需求之间的关系

土地利用对交通状况会产生较大影响,在相同的人口和经济条件下,不同的土地利用情况会产生不同的交通出行状况。例如,一个城市商业用地过于集中会造成该地区人流密度过大,从而造成交通拥堵。所以,土地混合利用一直是交通规划从业者倡导的土地利用

方式。

1. 简单案例

下面用两个简单的案例来说明土地利用布局对交通的影响。

单中心城市交通运行情况。图 3-3 是一个典型的单中心城市交通运行示意图,波浪线填充的矩形代表中心商业区,竖线填充的椭圆形代表居住区。如果城市的商业过于集中,居民从各个方向向商业区的出行会较多相互叠加,就会使中心城区交通压力较大,交通流的密度较高。

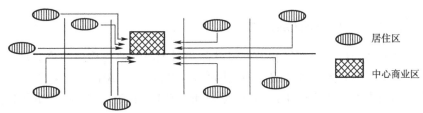

图 3-3 单中心城市交通运行示意

多中心城市交通运行情况。图 3-4 是一个典型的多中心城市交通运行示意图,波浪线填充的矩形代表一般商业区,竖线填充的椭圆形代表居住区。如果城市的商业分散在居住区附近,居民通过较短的出行距离即可满足购物需求,则在相同的出行次数条件下,由于出行距离短,各出行基本没有相互叠加,从而路网上的交通压力较小,交通流的密度也不会很高。

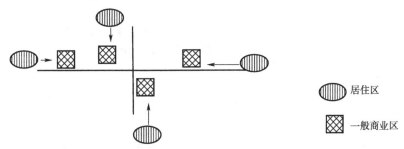

图 3-4 多中心城市交通运行示意

2. 土地混合利用基本原理分析

土地的混合利用能在相同出行次数的条件下,通过缩短出行距离来减小交通流密度,从而减轻道路网络的拥挤程度。早在 20 世纪初,芬兰建筑师沙里宁为缓解由于城市过分集中所产生的弊病提出了"有机疏散理论",认为日常活动应该尽可能的集中在一定范围内,使活动产生的交通出行距离短和叠加度小。建立多中心城市,建立包含居住、工作、上学、购物、就医和娱乐的"10 分钟生活圈",保证人们的绝大部分需求都可以在较短的出行距离内满足,避免人们的出行相互叠加,可以有效地降低交通流密度,缓解城市的交通拥堵情况。

在土地利用布局上,应该尽量在一定范围内保持各种土地利用性质的合理配比,避免出现任何单一土地性质的地块因面积过大,而导致较大的出行产生或出行吸引。例如,功能单一,配套设施不完善的大面积单纯住宅区(有的城市称之为睡城)的出现,会造成大量出行产生;过大的中心商业区的出现,会产生大量出行吸引。

从交通规划的角度考虑,应尽量建设多中心城市。目前我国很多城市仍然是较为典型的单中心城市,大型商业大多集中在一环以内,住宅却在一环与二环之间甚至更远。这和城市发展的历史过程、土地价值的变化和各种设施的便利程度等因素都密不可分,涉及各种利益主体和方方面面的问题。城市中心的形成,是一个漫长的过程,不可能一朝一夕而改变。虽然要将一个单中心城市转变为多中心城市,对交通规划者来说是一个困难且漫长的过程,但是在进行交通规划工作时,应该始终坚持建设多中心城市的理念,从出行产生和出行吸引的根源上,缩短人们的出行距离,减少出行叠加,降低道路交通流密度,将交通流状态控制在"不拥挤区",避免或缓解交通拥堵。

三、我国土地利用分类性质规定

2010年12月24日,我国住房和城乡建设部和国家质量监督检验检疫总局联合发布新的国家标准《城市用地分类与规划建设用地标准》(GB 50137—2011),并要求从2012年1月1日起严格执行,同时废除了 GBJ 137—1990 标准。GB 50137—2011 将城市用地进行重新分类。

1. 城乡用地分类

《城市用地分类与规划建设用地标准》(GB 50137—2011)将城乡用地共分为2大类、9中类、14小类。城乡用地分类和代码应符合表3-2的规定。

城乡用地分类和代码 表3-2

类别代码			类别名称	内　　容
大类	中类	小类		
H			建设用地	包括城乡居民点建设用地、区域交通设施用地、区域公用设施用地、特殊用地、采矿用地及其他建设用地等
	H1		城乡居民点建设用地	城市、镇、乡、村庄建设用地
		H11	城市建设用地	城市内的居住用地、公共管理与公共服务设施用地、商业服务业设施用地、工业用地、物流仓储用地、道路与交通设施用地、公用设施用地、绿地与广场用地
		H12	镇建设用地	镇人民政府驻地的建设用地
		H13	乡建设用地	乡人民政府驻地的建设用地
		H14	村庄建设用地	农村居民点的建设用地
	H2		区域交通设施用地	铁路、公路、港口、机场和管道运输等区域交通运输及其附属设施用地,不包括城市建设用地范围内的铁路客货运站、公路长途客货运站以及港口客运码头
		H21	铁路用地	铁路编组站、线路等用地
		H22	公路用地	国道、省道、县道和乡道用地及附属设施用地
		H23	港口用地	海港和河港的陆域部分,包括码头作业区、辅助生产区等用地
		H24	机场用地	民用及军民合用的机场用地,包括飞行区、航站区等用地,不包括净空控制范围用地
		H25	管道运输用地	运输煤炭、石油和天然气等地面管道运输用地,地下管道运输规定的地面控制范围内的用地应按其地面实际用途归类

续上表

类别代码			类别名称	内容
大类	中类	小类		
H	H3		区域公用设施用地	为区域服务的公用设施用地,包括区域性能源设施、水工设施、通信设施、广播电视设施、殡葬设施、环卫设施、排水设施等用地
	H4		特殊用地	特殊性质的用地
		H41	军事用地	专门用于军事目的的设施用地,不包括部队家属生活区和军民共用设施等用地
		H42	安保用地	监狱、拘留所、劳改场所和安全保卫设施等用地,不包括公安局用地
	H5		采矿用地	采矿、采石、采沙、盐田、砖瓦窑等地面生产用地及尾矿堆放地
	H9		其他建设用地	除以上之外的建设用地,包括边境口岸和风景名胜区、森林公园等的管理及服务设施等用地
E			非建设用地	水域、农林用地及其他非建设用地等
	E1		水域	河流、湖泊、水库、坑塘、沟渠、滩涂、冰川及永久积雪
		E11	自然水域	河流、湖泊、滩涂、冰川及永久积雪
		E12	水库	人工拦截汇集而成的总库容不小于10万 m^3 的水库正常蓄水位岸线所围成的水面
		E13	坑塘沟渠	蓄水量小于10万 m^3 的坑塘水面和人工修建用于引、排、灌的渠道
	E2		农林用地	耕地、园地、林地、牧草地、设施农用地、田坎、农村道路等用地
	E9		其他非建设用地	空闲地、盐碱地、沼泽地、沙地、裸地,不用于畜牧业的草地等用地

2. 城市建设用地分类

《城市用地分类与规划建设用地标准》(GB 50137—2011)将城市建设用地共分为8大类、35中类、42小类。城市建设用地分类和代码应符合表3-3的规定。

城市建设用地分类和代码　　　　　表3-3

类别代码			类别名称	内容
大类	中类	小类		
R			居住用地	住宅和相应服务设施的用地
	R1		一类居住用地	设施齐全、环境良好,以低层住宅为主的用地
		R11	住宅用地	住宅建筑用地及其附属道路、停车场、小游园等用地
		R12	服务设施用地	居住小区及小区级以下的幼托、文化、体育、商业、卫生服务、养老助残、公用设施等用地,不包括中小学用地
	R2		二类居住用地	设施较齐全、环境良好,以多、中、高层住宅为主的用地
		R21	住宅用地	住宅建筑用地(含保障性住宅用地)及其附属道路、停车场、小游园等用地
		R22	服务设施用地	居住小区及小区级以下的幼托、文化、体育、商业、卫生服务、养老助残、公用设施等用地,不包括中小学用地
	R3		三类居住用地	设施较欠缺、环境较差,以需要加以改造的简陋住宅为主的用地,包括危房、棚户区、临时住宅等用地

续上表

类别代码			类别名称	内容
大类	中类	小类		
R	R3	R31	住宅用地	住宅建筑用地及其附属道路、停车场、小游园等用地
		R32	服务设施用地	居住小区及小区级以下的幼托、文化、体育、商业、卫生服务、养老助残、公用设施等用地,不包括中小学用地
A			公共管理与公共服务设施用地	行政、文化、教育、体育、卫生等机构和设施的用地,不包括居住用地中的服务设施用地
	A1		行政办公用地	党政机关、社会团体、事业单位等办公机构及其相关设施用地
	A2		文化设施用地	图书、展览等公共文化活动设施用地
		A21	图书展览用地	公共图书馆、博物馆、档案馆、科技馆、纪念馆、美术馆和展览馆、会展中心等设施用地
		A22	文化活动用地	综合文化活动中心、文化馆、青少年宫、儿童活动中心、老年活动中心等设施用地
	A3		教育科研用地	高等院校、中等专业学校、中学、小学、科研事业单位及其附属设施用地,包括为学校配建的独立地段的学生生活用地
		A31	高等院校用地	大学、学院、专科学校、研究生院、电视大学、党校、干部学校及其附属设施用地,包括军事院校用地
		A32	中等专业学校用地	中等专业学校、技工学校、职业学校等用地,不包括附属于普通中学内的职业高中用地
		A33	中小学用地	中学、小学用地
		A34	特殊教育用地	聋、哑、盲人学校及工读学校等用地
		A35	科研用地	科研事业单位用地
	A4		体育用地	体育场馆和体育训练基地等用地,不包括学校等机构专用的体育设施用地
		A41	体育场馆用地	室内外体育运动用地,包括体育场馆、游泳场馆、各类球场及其附属的业余体校等用地
		A42	体育训练用地	为体育运动专设的训练基地用地
	A5		医疗卫生用地	医疗、保健、卫生、防疫、康复和急救设施等用地
		A51	医院用地	综合医院、专科医院、社区卫生服务中心等用地
		A52	卫生防疫用地	卫生防疫站、专科防治所、检验中心和动物检疫站等用地
		A53	特殊医疗用地	对环境有特殊要求的传染病、精神病等专科医院用地
		A59	其他医疗卫生用地	急救中心、血库等用地
	A6		社会福利用地	为社会提供福利和慈善服务的设施及其附属设施用地,包括福利院、养老院、孤儿院等用地
	A7		文物古迹用地	具有保护价值的古遗址、古墓葬、古建筑、石窟寺、近代代表性建筑、革命纪念建筑等用地,不包括已作其他用途的文物古迹用地
	A8		外事用地	外国驻华使馆、领事馆、国际机构及其生活设施等用地
	A9		宗教用地	宗教活动场所用地

续上表

类别代码			类别名称	内容
大类	中类	小类		
B			商业服务业设施用地	商业、商务、娱乐康体等设施用地，不包括居住用地中的服务设施用地
	B1		商业用地	商业及餐饮、旅馆等服务业用地
		B11	零售商业用地	以零售功能为主的商铺、商场、超市、市场等用地
		B12	批发市场用地	以批发功能为主的市场用地
		B13	餐饮用地	饭店、餐厅、酒吧等用地
		B14	旅馆用地	宾馆、旅馆、招待所、服务型公寓、度假村等用地
	B2		商务用地	金融保险、艺术传媒、技术服务等综合性办公用地
		B21	金融保险用地	银行、证券期货交易所、保险公司等用地
		B22	艺术传媒用地	文艺团体、影视制作、广告传媒等用地
		B29	其他商务用地	贸易、设计、咨询等技术服务办公用地
	B3		娱乐康体用地	娱乐、康体等设施用地
		B31	娱乐用地	剧院、音乐厅、电影院、歌舞厅、网吧以及绿地率小于65%的大型游乐等设施用地
		B32	康体用地	赛马场、高尔夫、溜冰场、跳伞场、摩托车场、射击场，以及通用航空、水上运动的陆域部分等用地
	B4		公用设施营业网点用地	零售加油、加气、电信、邮政等公用设施营业网点用地
		B41	加油加气站用地	零售加油、加气、充电站等用地
		B49	其他公用设施营业网点用地	独立地段的电信、邮政、供水、燃气、供电、供热等其他公用设施营业网点用地
	B9		其他服务设施用地	业余学校、民营培训机构、私人诊所、殡葬、宠物医院、汽车维修站等其他服务设施用地
M			工业用地	工矿企业的生产车间、库房及其附属设施用地，包括专用铁路、码头和附属道路、停车场等用地，不包括露天矿用地
	M1		一类工业用地	对居住和公共环境基本无干扰、污染和安全隐患的工业用地
	M2		二类工业用地	对居住和公共环境有一定干扰、污染和安全隐患的工业用地
	M3		三类工业用地	对居住和公共环境有严重干扰、污染和安全隐患的工业用地
W			物流仓储用地	物资储备、中转、配送等用地，包括附属道路、停车场以及货运公司车队的站场等用地
	W1		一类物流仓储用地	对居住和公共环境基本无干扰、污染和安全隐患的物流仓储用地
	W2		二类物流仓储用地	对居住和公共环境有一定干扰、污染和安全隐患的物流仓储用地
	W3		三类物流仓储用地	易燃、易爆和剧毒等危险品的专用物流仓储用地
S			道路与交通设施用地	城市道路、交通设施等用地，不包括居住用地、工业用地等内部的道路、停车场等用地
	S1		城市道路用地	快速路、主干路、次干路和支路等用地，包括其交叉口用地
	S2		城市轨道交通用地	独立地段的城市轨道交通地面以上部分的线路、站点用地
	S3		交通枢纽用地	铁路客货运站、公路长途客运站、港口客运码头、公交枢纽及其附属设施用地

续上表

类别代码			类别名称	内容
大类	中类	小类		
S	S4		交通场站用地	交通服务设施用地，不包括交通指挥中心、交通队用地
		S41	公共交通场站用地	城市轨道交通车辆基地及附属设施，公共汽(电)车首末站、停车场(库)、保养场，出租汽车场站设施等用地，以及轮渡、缆车、索道等的地面部分及其附属设施用地
		S42	社会停车场用地	独立地段的公共停车场和停车库用地，不包括其他各类用地配建的停车场和停车库用地
	S9		其他交通设施用地	除以上之外的交通设施用地，包括教练场等用地
U			公用设施用地	供应、环境、安全等设施用地
	U1		供应设施用地	供水、供电、供燃气和供热等用地
		U11	供水用地	城市取水设施、自来水厂、再生水厂、加压泵站、高位水池等设施用地
		U12	供电用地	变电站、开闭所、变配电所等设施用地，不包括电厂用地。高压走廊下规定的控制范围内的用地应按其地面实际用途归类
		U13	供燃气用地	分输站、门站、储气站、加气母站、液化石油气储配站、灌瓶站和地面输气管廊等设施用地，不包括制气厂用地
		U14	供热用地	集中供热锅炉房、热力站、换热站和地面输热管廊等设施用地
		U15	通信用地	邮政中心局、邮政支局、邮件处理中心、电信局、移动基站、微波站等设施用地
		U16	广播电视用地	广播电视的发射、传输和监测设施用地，包括无线电收信区、发信区以及广播电视发射台、转播台、差转台、监测站等设施用地
	U2		环境设施用地	雨水、污水、固体废物处理等环境保护设施及其附属设施用地
		U21	排水用地	雨水泵站、污水泵站、污水处理、污泥处理厂等设施及附属的构筑物用地，不包括排水河渠用地
		U22	环卫用地	生活垃圾、医疗垃圾、危险废物处理(置)，以及垃圾转运、公厕、车辆清洗、环卫车辆停放修理等设施用地
	U3		安全设施用地	消防、防洪等保卫城市安全的公用设施及其附属设施用地
		U31	消防用地	消防站、消防通信及指挥训练中心等设施用地
		U32	防洪用地	防洪堤、防洪枢纽、排洪沟渠等设施用地
	U9		其他公用设施用地	除以上之外的公用设施用地，包括施工、养护、维修等设施用地
G			绿地与广场用地	公园绿地、防护绿地、广场等公共开放空间用地
	G1		公园绿地	向公众开放，以游憩为主要功能，兼具生态、美化、防灾等作用的绿地
	G2		防护绿地	具有卫生、隔离和安全防护功能的绿地
	G3		广场用地	以游憩、纪念、集会和避险等功能为主的城市公共活动场地

3.规划城市建设用地结构

《城市用地分类与规划建设用地标准》(GB 50137—2011)规定的居住用地、公共管理与公共服务设施用地、工业用地、道路与交通设施用地、绿地与广场用地五大类主要用地规划占城市建设用地的比例宜符合表3-4的规定。

规划城市建设用地结构 表3-4

用 地 名 称	占城市建设用地的比例
居住用地	25.0%~40.0%
公共管理与公共服务设施用地	5.0%~8.0%
工业用地	15.0%~30.0%
道路与交通设施用地	10.0%~25.0%
绿地与广场用地	10.0%~15.0%

表3-4中,居住用地性质会导致大量的出行产生,非居住用地性质会导致大量的出行吸引,因此出行的产生与吸引和用地结构密不可分。道路与交通设施用地对于交通规划非常重要,它是保证交通基础设施科学配置的基础。

第三节 《导则》中交通调研与调查的基本要求

根据2010年住房和城乡建设部编制的《导则》可知,交通现状年及规划年数据可以通过调研和调查两种方法取得。

一、交通调研与调查概述

1. 交通调研与调查的定义

交通调研是指对现有的资料进行收集,其花费的人力和物力相对较少,主要内容包括社会经济、土地利用和交通情况等。交通调查花费的人力和物力相对较大,主要是通过调查人员对居民出行规律、道路交通实况和交通基础设施等进行实地调查。

2. 交通调研与调查的意义

交通规划中的交通调研与调查,主要是为交通规划提供全面、系统而又真实可靠的实际参考资料和基础数据。依据这些实际参考资料和基础数据准确分析规划区域交通现状,对交通规划涉及的经济、运输和交通量等做出准确可靠的预测。实际参考资料和基础数据不全或者失真,会造成交通现状的评价片面甚至错误,也会造成社会经济发展趋势预测和交通需求预测结果精度低,导致规划方案无法实施。

3. 交通调研与调查的关系

一般情况下,调研和调查的数据并不是严格区分的,如果能够通过调研获取数据,则尽量通过调研获取。例如,在获取城市交通量相关数据的过程中,可由城市安装的治安卡口和交通流检测系统等设施以及利用手机移动数据等方式通过交通调研获得相关信息,可免去大规模的交通调查。又如,很多城市没有停车设施现状年数据,则需要进行调查获得。

二、交通调研

在《导则》中,明确提出调研的资料收集要求和内容。

1. 资料收集要求

(1)收集的基础资料应包括统计数据、政府文件、调查成果、相关规划文本与图纸等。

(2)反映现状的数据资料宜采用规划起始年的前一年资料,特殊情况下可采用前两年的资料。

(3)反映发展历程的数据资料不宜少于5年,且最近的年份不宜早于规划起始年的前两年。

(4)相关规划资料应收集最新批复的规划成果和在编的各项规划草案。

(5)5年之内的居民出行调查等起讫点交通调查资料可以应用于现状与发展趋势分析,5年以上的调查资料可作为参考,需要经过补充调查修正后方可应用。

2.资料收集内容

收集内容主要包括城市社会经济、城市土地使用、城市道路、交通设施、城市交通运行、对外交通、公共交通、交通政策与法规等。详细内容如表3-5所示。

资料收集一览表　　　　表3-5

序号	资料分类	主要内容
1	城市社会经济	城市概况、行政区划、人口及用地规模,城市经济总量、产业结构与产业布局,城市布局形态、建成区规模、用地分布,城市社会经济发展规划、城市总体规划、控制性详细规划及相关专项规划,城市统计资料等
2	城市土地使用	城市土地使用、人口及就业岗位分布等
3	城市道路交通设施	各级道路现状及规划资料,停车设施现状及配建停车标准等
4	城市交通运行	交通工具拥有量,交通出行特征,道路交通量状况,停车管理,交通管理设施,交通信息化建设,货运交通管理等
5	对外交通	对外交通线网以及场站布局、功能、等级规模,客货运量,专项发展规划,近期重大项目建设计划等
6	公共交通	公共交通规模、设施布局、票制票价、运行管理模式等
7	交通政策与法规	交通建设投资规模、各类设施投资比例,现行地方性交通法规、标准,相关交通发展策略研究等
8	图件及报告资料	城市现状及规划用地图、现状及规划道路交通设施图、现状及规划对外交通系统图,相关规划及报告文字资料
9	其他	旅游设施分布和旅游交通现状,环境保护、车辆排放管理、各类保护区现状,重点地区地质情况评价报告等

表3-1所要求的内容与本节要求是一致的,只是采用了不同的表达形式。表3-1是从便于理解规划原理和分析计算的角度考虑,本节《导则》是从便于调研工作实际展开的角度考虑。

三、交通调查

在《导则》中,明确提出了现状年交通调查的主要项目与内容。交通调查对象一般分为四大类:现状年交通需求数据、现状年交通实况数据、专项数据和其他有关数据。具体包括居民出行、车辆出行、道路交通运行、公交运行、出入境交通、停车、吸引点和货运等调查项目。根据城市基础资料状况,结合规划编制要求确定具体交通调查内容。此部分内容会在第四章详细说明。

第四节 交通调研的基本流程

交通调研主要分为两个步骤进行:收集资料和整理资料。这两个步骤密不可分,收集资料是整理资料的前提,整理资料是收集资料后的细化。可依据表 3-5 进行资料收集,依据表 3-1 进行资料分析。

一、收集资料

收集资料的重点是统计年鉴和城市总体规划,这两项内容可以提供重要的基础资料,包括城市过去和现在总体情况、土地的现状使用和未来规划情况、城市未来的发展方向和总体战略等。以上资料主要从统计局和规划局获取,其他资料可从相关部门获取。

(1)可从规划局调研到的资料。规划局主要职责包括拟定全市城镇发展战略和城镇规划的有关政策与规章制度;参与国土规划和区域规划的编制;负责组织编制全市城乡规划和风景名胜区规划,参与研究制定各专业规划和城镇体系规划;负责乡镇总体规划和详细规划,以及村镇体系规划的审查报批等。因此,从该部门可以得到规划年的城市概况、行政区划、人口及用地规模、城市经济总量、产业结构与产业布局、城市布局形态、建成区规模、用地分布、城市社会经济发展规划、城市总体规划、控制性详细规划及相关专项规划、城市统计资料和城市土地使用等基本资料。

(2)可从统计局调研到的资料。统计局主要职责是统计所管理地区的人口、经济、就业与工资、财政和资源与能源等方面数据。因此,从该部门可以得到历年及现状的城市概况、行政区划、人口及用地规模、城市经济总量、产业结构与产业布局、城市布局形态、建成区规模和用地分布等基本资料。

(3)可从交通管理局调研到的资料。交通管理局的主要职能是负责制定所属辖区的道路交通管理规划、道路交通组织管理和道路交通设施建设;负责交通特勤、秩序整治、交通科研、事故预防、交通违法处理、车辆及驾驶人管理和宣传教育等工作。因此,从该部门可以得到城市交通运行、交通基础设施、对外交通和交通政策与法规等相关资料。

(4)可从建设局调研到的资料。建设局的主要职能是贯彻执行国家和省关于建设事业的方针、政策和法律、法规;研究拟定全市城市规划、村镇规划、工程建设、城市建设、村镇建设、建筑业、住宅与房地产业、勘察设计咨询业、市政公用事业的政策、规章实施办法以及相关的发展战略和中长期规划及改革方案,并指导实施,进行行业管理;指导全市建设行业行政监察工作。因此,从该部门可以得到城市布局形态、建成区规模和用地分布等具体资料。

(5)可从公共交通集团有限公司调研到的资料。公共交通集团有限公司是运营、管理和维护公共交通的部门,因此在该公司可以调研到公共交通规模、设施布局、票制票价和运行管理模式等资料。

(6)其他资料的调研。通过与交通规划相关的其他部门,如通过旅游局和矿务局等可以对应调研有关旅游和矿产等资料;通过汽车站和火车站可以调研对外交通的相关资料;通过交警队可以调研道路设施和道路交通情况等相关资料。

二、整理资料

从规划局、统计局、交通管理局、建设局和公共交通集团有限公司等部门调研得到与交通规划相关的资料后,将这些资料进行细化分类转化为交通规划需要的具体资料。

(1)规划年城市总体概况及土地利用数据通常可以从城市总体规划中获得。
(2)规划年初步确定的交通供给数据通常可以从城市总体规划中获得。
(3)规划年计算交通需求的基础数据通常可以从城市总体规划中获得。
(4)现状年城市总体概况及土地利用数据可以从统计局调研得到的统计年鉴中获得。
(5)现状年交通供给数据可以从建设局、统计局和交通管理局等相关部门获得。
(6)现状年交通需求数据调查将在第四章具体阐述。
(7)现状年交通实况数据调查将在第四章具体阐述。
(8)专项数据包括公共交通、停车和智能交通等。公共交通规模、设施布局、票制票价和运行管理模式等数据一般可以直接从公共交通集团有限公司得到,如果要得到更加详细的数据,如公交客流量等,需进行交通调查;停车设施现状及配建停车标准通常从交通管理局获得,停车实况和停车需求可通过调查获得;智能交通相关基本情况可以从交通管理局直接获得。
(9)其他有关数据包括交通政策与法规、图件及报告资料、旅游设施分布与旅游交通现状、环境保护、车辆排放管理、各类保护区现状和重点地区地质情况评价报告等,可从相关部门得到的调研资料中选取。

第五节　交通小区划分

本节主要介绍交通小区划分的目的与步骤。首先阐述交通小区划分的原因,在此基础上明确交通小区划分的目的,然后对交通小区划分的步骤进行详细介绍。

一、交通小区划分的原因和目的

1. 交通小区划分的原因

进行道路交通规划需要全面了解出行产生与出行吸引之间的交通流。但实际生活中,交通系统运行是每一个出行个体出行叠加的结果,出行个体的数量非常庞大,不可能对每个交通源进行单独研究。因此在道路交通规划研究过程中,需要将交通源合并成若干个小区,这些小区被称为交通小区。交通小区划分是否适当,会直接影响到交通调查、分析和需求预测的工作量及精度。

2. 交通小区划分的目的

将交通需求的产生与吸引和一定区域的社会经济指标联系起来;将各交通小区之间的交通需求通过交通分布图表现出来;便于运用交通分配理论模拟道路网上的交通流。

二、交通小区的分类

交通小区可分为规划区域内的交通小区和规划区域外的虚拟交通小区。所谓虚拟交通小区是为了说明规划区域外出入规划区域的交通量而添加的交通小区。

三、交通小区划分的步骤

依据调研与调查所得到的数据进行城市交通规划中交通小区的划分,主要步骤有:

(1)规划区域内交通中区划分。确定现状年与规划年的城市概况和行政区划,以及铁路、河川等屏障的具体情况。以此为依据进行交通中区划分。

(2)初步确定规划区域内交通小区。在交通中区确定的基础上,以分区中人口数量适当(10000~20000人),靠近市中心的分区面积偏小,靠近市郊的分区面积偏大的原则划分交通小区,并且交通小区在数量上应满足中等城市一般不超过50个、大城市最大不超过150个的原则;在土地使用、经济和社会等特性上应尽量满足特性相一致的原则。

(3)将初步确定的交通小区进行检验并确定最终的规划区域内交通小区。检验内容主要包括分区内的土地使用、经济和社会等特性是否一致;交通小区界限是否打破屏障及行政区界限;交通小区的人口数量是否适当;交通小区的数量是否满足要求等。如果满足所有要求,则确定为规划区域内交通小区最终方案。

(4)确定规划区域外虚拟交通小区的步骤与应注意的问题。虚拟交通小区的确定主要分为4个步骤。第1步确定虚拟交通小区的数量,因规划区域外出入规划区域的交通量大部分是通过主要道路进行的,所以虚拟交通小区的数量应与出入规划区域主要道路的数量相等。第2步确定虚拟交通小区的位置,沿着主要出入规划区域道路,延伸出规划区域一定距离后,即可确定为虚拟交通小区位置。第3步确定虚拟交通小区形状和面积,可通过三角形或圆形等图形进行示意,虚拟交通小区的形状和面积大小均无实际意义。第4步确定虚拟交通小区的各种参数,对于规划区域内的交通小区需要确定面积、居住人口和就业岗位等参数,而虚拟交通小区一般只需调研现状年出行产生量和出行吸引量(一天24小时或高峰小时),必要时可对周边路网,较大发生吸引源等进行详细调查。未来年出行产生量和出行吸引量获取详见本书第八章第四节中"完整的高峰小时 OD 矩阵"。确定虚拟交通小区应注意的问题。虚拟交通小区一定不能以出入规划区域的主要道路为虚拟交通小区划分界限。在图3-5和图3-6中斜线填充的矩形区域表示规划区域A,竖线与横线表示连接规划区域的主干道,三角形区域和竖线填充的矩形区域代表各个虚拟交通小区。在图3-5中,各个虚拟交通小区能够体现出入规划区域主要道路的交通情况,因此为推荐的虚拟交通小区布设方式。在图3-6中,各个虚拟交通小区一方面不能够体现出入规划区域主要道路的交通情况,另一方面虚拟交通小区的形状和面积大小包含了实际意义,因此为不推荐的虚拟交通小区布设方式。

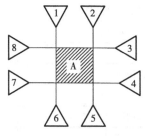

图3-5 推荐的虚拟交通小区布设方式示意

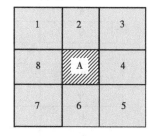

图3-6 不推荐的虚拟交通小区布设方式示意

第六节 案 例

本节以D县综合交通体系规划中的"交通调研与交通小区"相关内容为案例进行介绍。根据《导则》的相关要求，依托D县交通调研与交通小区划分工作，说明交通调研的基本流程及交通小区划分相关内容。

一、D县中心城区交通调研的基本流程

交通调研的基本流程包括收集资料和整理资料，结合D县中心城区将该流程进行简要说明。

1. 城市总体概况及土地利用数据

(1) D县城市总体概况。

D县位于沧州市南部，距离沧州市区60km，距离天津仅160km，距首都北京260km。地处"京津冀城镇群"范围之内，是京津冀城镇群中的一个节点。D县境内河道众多，地下水由于连年超采，水位大幅度下降，呈漏斗形。D县现辖县城9个社区居民委员会及8镇1乡，共447个行政村。目前，D县经济发展还处于初级阶段，属于省级贫困县，其中第一产业15.4亿元，第二产业51亿元，第三产业69.4亿元，一二三产业比值为11.3∶37.6∶51.1。D县境内道路交通网络四通八达，对外联系便捷。

(2) D县中心城区现状年和规划年城市土地利用数据如表3-6所示。

D县中心城区现状年和规划年城市土地利用情况　　　　表3-6

现状年/规划年	用地代码	用地名称	用地面积(hm²)
现状年	R	居住用地	577.43
	A	公共管理与公共服务设施用地	73.22
	B	商业服务业设施用地	65.28
	M	工业用地	354.37
	W	物流仓储用地	25.04
	S	道路与交通设施用地	227.11
	U	公用设施用地	12.27
	G	绿地与广场用地	55.72
规划年	R	居住用地	766.89
	A	公共管理与公共服务设施用地	164.70
	B	商业服务业设施用地	199.59
	M	工业用地	274.19
	W	物流仓储用地	28.63
	S	道路与交通设施用地	420.28
	U	公用设施用地	26.55
	G	绿地与广场用地	259.29

2. 初步确定的交通供给数据

D县中心城区现状年和规划年部分确定的交通供给数据如表3-7所示。

D县中心城区现状年和规划年部分交通供给情况 表3-7

交通供给	主要内容
现状年交通供给	初具方格网的布局模式,已建成主干道9条,次干道5条,支路4条
规划年交通供给	按主干路、次干路、支路三个等级规划建设,形成"九横十三纵"的主次干路方格网状结构

3. 计算交通需求的基础数据

D县中心城区现状年和规划年主要影响交通需求的基础数据如表3-8所示。

D县中心城区交通需求的基础数据 表3-8

现状年/规划年	类 别	主 要 内 容
现状年	总人口	2015年年末D县总人口为38.20万人,中心城区人口10.0万人
	建设用地面积	1390.44hm²
规划年	总人口	2030年D县总人口为48万人,中心城区人口19.5万人
	建设用地面积	2140.12hm²

4. 现状年交通实况数据

D县中心城区现状年部分交叉口实况数据如表3-9所示。

D县中心城区现状年部分交叉口实况数据 表3-9

交叉口名称	时 段	东进口			南进口			西进口			北进口		
		左转	直行	右转	左转	直行	右转	左转	直行	右转	左转	直行	右转
编号:1 邮政路 与府前大街 (早高峰)	07:30~07:45	25	105	22	16	72	18	5	64	24	66	57	6
	07:45~08:00	20	93	16	36	63	21	11	122	27	61	77	11
	08:00~08:15	22	145	22	44	98	19	19	116	20	54	97	9
	08:15~08:30	20	125	46	36	99	43	29	99	41	53	82	20
	08:30~08:45	38	168	34	52	73	33	15	116	36	69	81	23
	08:45~09:00	27	196	52	54	92	20	15	121	44	13	106	19
	09:00~09:15	26	134	41	33	73	31	26	126	45	96	116	16
	09:15~09:30	35	122	39	47	97	26	26	112	39	99	71	11
编号:1 邮政路 与府前大街 (晚高峰)	17:30~17:45	35	104	47	35	83	25	22	121	47	86	62	13
	17:45~18:00	26	96	62	38	85	25	20	88	56	53	100	16
	18:00~18:15	21	95	57	54	72	25	16	128	54	99	80	15
	18:15~18:30	15	117	46	43	54	15	25	123	62	73	70	10
	18:30~18:45	20	82	48	30	64	15	15	14	45	71	96	9
	18:45~19:00	22	83	40	30	86	26	17	99	32	69	73	11
	19:00~19:15	11	73	27	24	64	17	14	56	19	39	75	2
	19:15~19:30	11	46	30	12	23	3	6	38	14	43	43	5

注:表中数据的单位为辆。

5.专项数据

D县中心城区部分现状年专项数据如表3-10所示。

D县中心城区部分现状年专项数据　　　表3-10

专　　项		主　要　内　容
停车设施		路外停车设施较缺乏,路内停车设施较多,总体上基本满足现状停车泊位需求
公共交通		公交车运营线路共计4条,普通公交车1元/人,空调车2元/人
交通管理与交通信息化		交通信号控制路口23处,电子警察抓拍系统18处
对外交通	对外交通线网	铁路：京沪铁路、京沪高速铁路和邯黄铁路
		公路：目前已形成了以高速公路和国省道为骨架,县乡道公路为主体的公路网络体系
	场站	火车站：占地面积2700m²,三级客货混合站
		汽车客运站：二级汽车客运站

6.其他有关数据

D县其他有关数据可包括县长办公会议纪要等内容。

二、D县中心城区交通小区划分

根据本章第五节交通小区的划分步骤,将D县中心城区划分为34个交通小区,如图3-7所示。

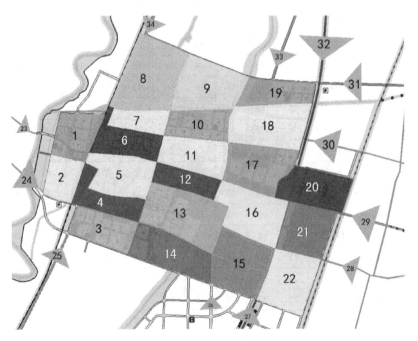

图3-7　D县中心城区交通小区划分

本章习题

1. 交通调研与交通调查的定义分别是什么?
2. 交通小区可以分为哪几类?其中虚拟交通小区的定义是什么?
3. 简述交通小区划分的步骤。
4. 结合自己对于交通需求的理解,简述城市基本情况与交通需求、土地利用与交通需求之间的关系。
5. 结合所学内容,谈谈交通调研时,在各部门能收集到哪些资料?

第四章 城市综合交通调查

本章主要依据《城市综合交通体系规划交通调查导则》(以下简称《交通调查导则》),介绍城市综合交通调查的主要内容。其中包括总则、居民出行调查、城市道路交通调查、出入境交通调查、公交调查、商用车辆调查、交通生成源调查、停车调查和流动人口出行调查。并运用案例说明交通调查的主要流程。

第一节 总 则

本节主要介绍《交通调查导则》中的"总则"部分。内容包括城市综合交通调查的目的与作用、交通调查流程、调查项目、交通调查管理与质量控制、交通调查精度与准确性等。

一、目的与作用

为明确城市综合交通调查工作内容,规范各类交通调查的技术方法,调查数据的处理与分析方法,提高交通调查的质量及交通统计指标的可比性,特制订《交通调查导则》。

本《交通调查导则》适用于以开发和修正城市综合交通模型,为城市综合交通体系规划及各类交通专业规划提供数据支撑,以及向社会公众发布交通出行统计信息等为主要用途的城市综合交通调查、专项交通调查及相应的数据分析与管理工作。

交通调查是认识和把握城市交通现状特征与规律的必要手段。应重视交通调查数据库和交通调查分析报告等调查成果的管理和发布,拓展调查成果的应用领域,充分发挥其在交通研究、交通规划设计、交通改善和政府决策中的基础性作用。

二、交通调查流程

1. 总体流程

交通调查一般分为调查规划、调查设计、调查实施、数据处理和数据分析五个阶段。在调查规划阶段根据交通模型开发与修正要求、交通政策、交通规划方案制订与评价需求等确定一个新调查项目后,应收集整理所有调查相关背景信息、基于数据需求和可获取数据资源来设计调查整体架构、协调组织调查人力和调查资源,之后进入到调查设计阶段。

2. 调查设计

调查设计阶段的主要工作内容包括:

(1)整理调查相关背景信息。
(2)考虑调查时间和费用等约束条件,选择适当的调查方法。
(3)编排调查人员、资金和资料等需求计划。
(4)确定调查抽样原则和调查对象。
(5)确定调查内容并形成调查表格。

3. 调查实施

调查实施阶段的主要工作内容包括:
(1)培训相关调查人员。
(2)实施预调查/试调查来检验调查设计能否满足数据需求并进行必要的修正。
(3)现场实施。
(4)数据收集与审核。

4. 数据处理

数据处理阶段的主要工作内容包括:
(1)数据编码与录入。对调查项进行数字赋值并录入计算机。
(2)数据清洗。以保证所有数据是有用的。
(3)编程与编译。将调查数据整理组织为易于分析的格式。

5. 数据分析

数据分析阶段的主要工作内容包括统计分析和形成调查成果并进行应用。

三、调查项目

1. 调查项目分类

本《交通调查导则》针对八类最常见的调查,各项调查的调查对象与模型应用如表4-1所示。各类出行意愿调查由于调查方法和内容灵活丰富,在《交通调查导则》中不作规定。

各项调查的调查对象与模型应用　　　　表4-1

序号	调查类型	调查对象	交通模型应用
1	居民出行调查	住户	出行生成、出行分布、方式划分、出行时段分布和出行行为
2	城市道路交通调查	城市路段上的车辆和人	出行分布和模型校验
3	出入境交通调查	城市出入境道路上的车辆和人	出行分布和模型校验
4	公交调查	城市公共交通系统使用者	方式划分
5	商用车辆调查	商用车辆(出租车和货车等)	商用车辆出行(生成、分布和时段分布)
6	交通生成源调查	选定交通枢纽和大型公建等的就业者和访客	出行吸引模型和停车费用
7	停车调查	选定停车场的车辆	停车费用(用于方式划分)和出行分布
8	流动人口出行调查	住在旅馆中的客人和其他流动人口集中地	流动人口模型(生成、分布和时段分布)

2. 调查项目选择

调查项目的选择主要取决于交通模型开发和修正要求,城市综合交通体系规划及各类交通专业规划的基础数据需求,其他考虑的因素还包括不同类型调查对象、调查可获取的数据、调查实施的成本和复杂性等。

当进行交通模型开发和修正以及城市综合交通体系规划时,居民出行调查、城市道路交通调查、出入境交通调查和公交调查为必须开展的调查项目。

3. 信息数据采集和挖掘

随着城市交通信息化水平的提高,交通信息采集和挖掘在综合交通调查中的作用日益凸显。具备条件的城市可在充分利用信息化数据的基础上,对城市综合交通调查的调查项目及内容进行适当调整。常见的信息化数据利用技术包括:

(1)利用公交车 GPS 数据及公交 IC 卡刷卡数据对公交客流特征的分析技术。

(2)利用车辆 GPS 数据对行程车速的分析技术。

(3)利用视频数据对道路机动车流量的分析技术。

(4)利用移动信息数据对居民出行特征的分析技术等。

4. 调查开展

城市综合交通调查中各项调查可选择春秋季节无重大事件及恶劣天气的工作日(如周二至周四中一天)同时开展,或结合具体情况分别开展。

四、交通调查管理与质量控制

1. 实施管理与监控

应成立综合交通调查领导小组,下设综合交通调查办公室,组织有关单位进行调查的协调、管理和监督工作,并确定调查技术负责单位和调查具体执行单位。

调查技术负责单位应确定调查负责人和交通模型负责人。调查负责人对调查工作具体实施者(调查督导员和调查员)的工作进行指导,对调查全过程进行监控。交通模型负责人参与调查设计、抽样和调查方法选取等关键环节,确保调查结果满足交通模型对数据的需求。

可成立包括调查专家和交通模型专家的调查咨询专家组,在调查关键环节提出指导和建议。

2. 调查质量控制

应贯彻全程质量控制的原则。调查实施前应审慎选择调查方法、制订详细的时间计划与调查实施步骤、设计简明的调查表和保证抽样的科学性,以提高调查数据的质量。应对调查设计和调查实施的所有环节,进行整体筹划和合理配置资源,保证各个阶段的质量水平。调查实施中对调查人员的实施质量进行督导和检查。调查实施后对出现严重质量问题的人员和单位责令其进行弥补。

五、交通调查精度与准确性

1. 抽样目标

交通调查的最基本目的是采集数据用以估计交通出行相关参数。抽样调查时抽样数据的测定误差可分为抽样误差和非抽样误差。抽样误差是以样本代表总体时的随机误差,其导致参数估计或其他测定不精确。非抽样误差是调查设计和数据采集阶段所发生的各种误差,其导致参数估计不准确。抽样的基本目标应为同时减少抽样误差和非抽样误差,从而提高参数估计的精确性和准确性。

2. 抽样方法和样本设计

样本设计过程中应考虑调查的整体目标、时间及费用的约束以及关键变量可获取的信息。重点考虑以下因素进行样本设计：

1) 调查的基本目标及约束

调查的目标通常为开发交通模型和评价交通政策等。交通调查数据一般用于支持多种交通建模分析（如出行生成、出行分布和方式划分等）和交通政策分析。一方面样本量应满足相应分析系统的需求，另一方面调查的资源（费用预算）往往有一定限制。应计算和分析调查样本量与建模关键变量的期望精度之间的关系。

2) 关键变量及期望精度

在明确调查目标后，对未来数据分析的关键变量进行识别和确定。可对每一个关键变量，根据分析需求设定不同的期望精度水平进行样本量估算。

3) 研究区域人口、抽样框架及抽样单元

应确定研究区域人口，明确调查目标人群。抽样框架提供接触调查目标人群的方式。当抽样框架基于对调查目标单元的非完整列表时，需要对数据库进行扩展以涵盖所有调查目标人群。需要将两个数据资源信息融合时，应尽量减少重复的信息。抽样单元与需要采集的信息类型和数据详细程度相关。

4) 关于关键变量能够获取的信息

基于一个给定的关键变量计算满足精度要求的样本量时，需要估计该变量在调查目标对象中的均值和方差。应在样本设计阶段确定能够提供关键变量的均值与方差信息的数据源，如人口普查数据、经济普查数据、研究区域历史交通调查数据和其他调查数据等。

5) 满足精度要求的抽样方法

抽样方法的选择与调查的目标、研究区域人口及相应的抽样框架与抽样单元、期望的精度相互关联，主要取决于关键变量在调查目标人群中的分布情况。如果关键变量（如小汽车拥有水平和家庭人口规模等）在调查目标人群中呈现均匀分布，达到一定样本量的简单随机抽样方法即可满足要求。当一些变量分布不均时，采用简单随机抽样方法所需要的样本量过大，这种情形下，宜采用分层或分类的抽样方法。

6) 满足精度要求的样本量

在抽样方法、抽样框架和抽样单元确定后，应从以下两个方面来评价样本量：对应于每一个关键变量在一定置信度水平下的期望精度水平，计算满足要求的样本量；在给定样本量的情况下，计算每一个关键变量的期望精度和置信度。

7) 抽样是否满足时间和费用的约束

对应于每一个关键变量在一定置信度水平下的期望精度水平，可以计算得到一组样本量需求。当调查时间和费用预算不能支持理想的样本量时，应在权衡不同样本量与相应的精度水平、置信度水平的基础上确定合理的样本量。同时，也应探索通过改进抽样方法（如采用分层或分组的抽样方法等）来减少样本量需求，以满足调查资源的约束条件。

8) 样本量所对应的精度与置信度水平

在调查资源约束下，最后确定的样本量往往低于理想的样本量。应重新计算采用的样本量所对应的精度和置信度水平，并分析抽样设计方案的优劣。

3. 抽样原则

抽样应遵循的原则是综合权衡数据采集费用、样本量和数据质量。在数据采集费用的约束下,样本量范围的确定还应满足所选关键变量估计的精度与置信度要求;在一定的样本量范围下,应核算每一个变量的期望精度及期望置信度水平。

4. 精度估计

对应一个样本量(n)和置信度($1-\alpha$),变量$\bar{x}$的标准差$SE(\bar{x})$、绝对精度(D)和相对精度(d)可按式(4-1)~式(4-3)计算:

$$SE(\bar{x}) = \sqrt{\frac{\sigma^2}{n} \cdot \frac{N-n}{N}} \quad (4\text{-}1)$$

$$D = SE(\bar{x}) \cdot z \quad (4\text{-}2)$$

$$d = \frac{SE(\bar{x}) \cdot z}{\mu} \quad (4\text{-}3)$$

式中:σ^2——变量在总人口中的方差;

z——统计量,对应于置信度($1-\alpha$);

N——总量;

μ——变量在人口中的均值。

5. 置信度估计

对应一个样本量(n)、期望的精度(绝对精度D和相对精度d),置信度可在按式(4-4)计算z统计量后查表获得。

$$z = \frac{D}{SE(\bar{x})} \quad \text{或} \quad z = \frac{d \cdot \mu}{SE(\bar{x})} \quad (4\text{-}4)$$

六、交通调查表格

《交通调查导则》推荐了一系列调查表格,由于篇幅原因本章不一一列举,读者可自行参考《交通调查导则》相关部分。

第二节 居民出行调查

本节主要介绍《交通调查导则》中的"居民出行调查"部分。内容包括居民出行调查的相关术语和定义,调查对象、内容和方法,调查方案设计,调查组织实施,调查数据处理,调查成果等。

一、相关术语和定义

(1)出行:为了一个(活动)目的,采用一种或多种交通方式从一个地方到另一个地方的过程。

(2)交通方式:从一个地方到另一个地方所采用的方式,包括步行和采用各种交通工具的公共交通或私人交通方式。

(3)主要交通方式:当一次出行使用多种交通工具时,使用距离最长的交通工具为本次出行的主要方式。当两种交通工具使用的距离相当时,最后使用的交通工具为主要交通方式。

(4) 出行段：一次出行由一个或几个出行段构成，一个出行段(除步行方式外)使用同一种交通方式，当在出行过程中变换交通工具时，就形成新的出行段。

(5) 出行目的：发生出行的原因，如上班、上学和回家等。

(6) 人次：一人或多人采用任何交通方式所发生的一次出行，每一个人计算为一个人次。

(7) 载客人数：车内的人数，包括驾驶员和搭乘者。

(8) 出行率：在一定时间内(通常为一天)研究区域的总出行人次与总人数(或总户数)之比。

(9) 出行方式结构：各(主要)交通方式出行在总出行量中所占的比例。

(10) 出行目的结构：各目的出行在总出行量中所占的比例。

(11) OD：指交通出行的起止点。

二、调查对象、内容和方法

1. 调查对象和范围

研究区域内按一定抽样原则确定的居民住户，包括家庭户和集体户。家庭户是以家庭成员关系为主、居住一处共同生活的人口作为一个家庭户。单身居住独自生活的，也作为一个家庭户。相互之间没有家庭成员关系，集体居住共同生活的人口，作为集体户。

研究区域通常为城区(即中心城区)，可根据需要扩展至区域(如市域和城市连绵地带等)。

2. 调查内容

调查内容应包括住户特征、个人特征、车辆特征和出行特征四大类。

(1) 住户特征应包括住户住址、总人口、住房建筑面积、住房性质和住户拥有交通工具等信息。

(2) 个人特征应包括性别、年龄、户籍、与户主关系、职业、文化程度和有无驾照等信息。

(3) 车辆特征应包括车辆类型、车辆性质、车龄、车辆行驶总里程和工作日一天平均行驶里程等信息。

(4) 出行特征包括出行地点、出发时间、各出行段交通方式、主要交通方式、到达地点、到达时间、同行人数、出行支付和停车费等信息。

3. 调查方法

居民出行调查采用抽样调查方法，通过调查员入户访问、信函和电话等一种或多种方式结合的手段，以户为单位进行。可借助于手持终端等电子媒介，以提高调查的精度。

三、调查方案设计

1. 调查背景资料收集和分析

居民出行调查设计与实施前，应收集和分析研究区域包括：

(1) 人口资料，包括最新人口普查资料和人口统计资料等。

(2) 历次居民出行调查及其他交通调查资料等。

(3) 交通出行信息数据，如交通出行需求分析模型等。

(4) 能够用于住户抽样的基础数据。

(5)用于出行地址地理编码的基础数据。

2. 调查样本设计

居民出行调查样本应在研究区域住户基本信息库(如居民花名册)的基础上按均匀抽样或分类均匀抽样的原则来选取,保证每一类住户都有被抽中的概率,并且同一类住户(如同类区域或具有相同户属性的住户等)有相同的概率被抽中。

当居民出行调查数据应用于研究区域交通模型开发和修正,以及城市综合交通体系规划时,100万人口以上城市的最小抽样率不低于1%,50万~100万人口城市不低于2%,20万~50万人口城市不低于3%,20万人口以下城市不低于5%。

3. 调查表格设计

住户特征调查项目可参考表4-2。个人特征调查项目可参考表4-3。出行特征调查项目可参考表4-4。居民出行调查表可参考《交通调查导则》中的表3.2.5进行设计。

住户特征调查项目　　　　　　　　　　表4-2

序号	调查项	说　　明	选项分类
1	住户住址	住户详细地址	—
2	家庭总人口	调查日居住在家庭中的人口数,包括在家中临时居住的亲友、老人和保姆等	—
3	住房建筑面积	受访住户实际居住房屋建筑面积	—
4	住房性质	受访住户实际居住房屋权属性质	1.自有住房;2.租(借)房屋;3.雇主提供;4.其他
5	家庭拥有交通工具	受访住户拥有各类交通工具数量	1.小汽车;2.摩托车;3.电动自行车;4.自行车;5.其他

个人特征调查项目　　　　　　　　　　表4-3

序号	调查项	说　　明	选项分类
1	性别	受访人性别	1.男;2.女
2	年龄	受访人年龄	—
3	户籍	户口所在地及居留时间	1.本市户籍;2.非本市户籍,居留6个月以上;3.非本市户籍,居留6个月以内
4	与户主关系	一个人登记为户主,其他人围绕该人来填写	1.户主;2.配偶;3.子女;4.父母;5.岳父母或公婆;6.祖父母;7.媳婿;8.孙子女;9.兄弟姐妹;10.其他
5	职业	受访人职业	1.单位负责人;2.专业技术人员;3.办事人员和有关人员;4.商业、服务业人员;5.农、林、牧、渔和水利业生产人员;6.生产、运输设备操作人员及有关人员;7.军人;8.中小学生;9.大专院校学生;10.离退休人员;11.其他
6	文化程度	按照国家教育体制,受访人接受教育的最高学历	1.小学及以下;2.初中;3.高中或中专;4.大专;5.本科;6.研究生
7	有无驾照	受访人机动车驾驶执照持有情况	1.有;2.无

出行特征调查项目 表4-4

序号	调查项	说　明	选 项 分 类
1	出发地点	本次出行出发地详细地址	—
2	出发时间	本次出行离开出发点的时间	—
3	出行目的	本次出行的目的	1.上班;2.上学;3.公务;4.购物、餐饮;5.文体娱乐、旅游休闲;6.探亲访友;7.看病、探访病人;8.陪护;9.回家;10.其他
4	交通方式次序	本次出行各出行段所采用的交通方式,按使用次序依次填写	1.步行;2.自行车;3.电动自行车;4.公交车;5.轨道交通;6.小汽车(自驾);7.小汽车(搭乘);8.班车;9.出租车;10.摩托车;11.其他
5	主要交通方式	本次出行中使用距离最长的一种交通方式	
6	到达地点	本次出行目的地的详细地址	—
7	到达时间	本次出行到达目的地的时间	—
8	出行支付	本次出行支付的车票费用,包括公交和地铁票费用,出租车费等	—
9	机动车停车费用	本次出行支付的停车费用	—
10	同行人数(含自己)	本次出行的同行人数,含本人	—

注:当采用基于活动的调查时,应保证以上信息能从调查中直接或间接得到。

4.调查步骤设计

居民出行调查可包括以下步骤：

(1)成立调查工作领导小组,落实调查技术负责单位。
(2)确定初步调查方案。
(3)落实调查具体执行机构。
(4)召开调查工作动员会,开展媒体宣传活动。
(5)调查资料印刷及礼品采购。
(6)确定调查人员配置。
(7)开展调查培训。
(8)分发调查资料及礼品。
(9)样本确定及访问预约。
(10)组织试调查或预调查。
(11)完善调查方案。
(12)接洽调查户,发放调查资料并进行解释。
(13)居民记录出行情况。
(14)接洽调查户,回收数据。
(15)表格汇总与检验。
(16)地理编码及其他编码。
(17)录入程序编制、录入人员培训与调查表格录入。

(18)数据加权与放样、进行质量评估。

四、调查组织实施

1. 调查组织与培训

由综合交通调查办公室统一组织,联系各区、街道办(镇)和(村民)社区居民委员会来负责调查具体实施工作。

每个社区应至少有两名人员作为调查员,负责调查户的确定与联系、协助其他调查员入户调查等工作。每个街道办应当至少有两名调查指导员,负责安排、指导、督促和检查社区调查员的工作。

其他调查员可从大专院校的学生中招聘,也可以从社区居民委员会或者社会招聘。招聘调查员的工作应由调查具体执行单位负责。

应对调查指导员和调查员的居民出行调查内容及调查注意事项进行集中培训,培训合格后才能上岗。调查指导员和调查员执行调查任务时,应佩戴调查员证。

2. 试调查与预调查

试调查和预调查都是针对较小样本的调查,试调查是对调查全过程的完整检验,预调查是仅对调查关键环节的检验。在调查样本规模大、长期未作居民出行调查和调查具体执行单位与调查技术负责单位缺乏相关经验的情况下,应先进行试调查或预调查。试调查或预调查的规模建议在 30~100 户之间。

3. 调查实施与监控

居民出行调查应包括一个完整的工作日,调查日记录出行的时间段应为 24h,例如 00:00~23:59 或 03:00~次日 02:59。

调查日之前,调查指导员和调查员应向被调查户发放调查资料及礼品,并向调查对象说明调查内容及调查问卷填写方法。

调查日对象对出行情况进行记录,并填写调查表。

调查日之后,调查员应校核调查表填写内容,确认无误后回收。

调查员应该遵守调查礼仪,实事求是,不得虚构数据,不得以任何方式要求调查对象提供虚假的信息。调查技术负责单位应对居民出行调查实施中的每个环节实行质量控制和检查,对居民出行调查数据进行审核、复查和验收。

五、调查数据处理

1. 数据编码与录入

录入前应将一次出行的出发地和到达地转换为数字信息,如经纬度坐标、交通小区号和统计分区号等。应优先考虑经纬度坐标编码以利于对出行数据不同需求的分析和应用。

应建立专门的地址信息库或借助于商业电子地图来进行地理编码,回收问卷时确保出发地和到达地填写出现交叉口和地标建筑等,以提高编码的效率。难以编码的地址应再次联系调查对象以确定其编码。

应对地址编码进行总体检查,确保同一地址(本次出行的到达地与下次出行的出发地)

有同一编码,并检查出行的方式、时耗及由地理编码计算的空间距离的合理性。

对出行目的等复杂变量宜采用多位数编码,以利于未来细分及保持较好的一致性。

应开发专门的数据录入程序,以提高数据录入的效率和准确性。在录入过程中实现对各项变量值域和一般逻辑性的检查,并保证家庭信息、个人信息、车辆信息和出行信息的对应关系。

2. 数据校核

1)样本偏差检验

应从调查样本是否符合均匀抽样的要求、总体样本属性参数的均值和比例结构三个方面来检验和测量样本偏差。

应检查样本在地理空间上分布的均匀性。用于评价样本偏差的属性参数应包括家庭规模、车辆拥有情况、人口年龄结构和性别比例等。样本总体偏差可采用均方根误差的百分率($\%RMSE$)来表示,如式(4-5)所示。

$$\%RMSE = \sqrt{\frac{1}{n_i}\sum_i^{n_i}\frac{1}{n_{ji}}\sum_j^{n_{ji}}\left(\frac{r_{ij}-s_{ij}}{r_{ij}}\right)^2}\times 100 \qquad (4-5)$$

式中:n_i——变量i数目;

n_{ji}——变量i分类j的数目;

r_{ij}——变量i分类j的参考值;

s_{ij}——变量i分类j的样本值。

2)数据清洗

数据清洗是对数据的完整性、异常值和一致性进行检查,对缺失数据项和错误数据项进行替代。

(1)核实每条记录的完整性。

(2)检查和确认每一数据项的编码有效性。

(3)评价数据的内部一致性。

(4)对错误数据项替代前检查能否从已知信息推断出正确值。

(5)对替代数据进行标记。

3. 数据加权与扩样

加权是对一个样本中的观测值赋予权重的过程,以使样本加权后能代表总体。权重一般通过对比样本的变量值与可靠的外部数据源(如人口普查数据)的变量值来确定。扩样是对一个样本中的观测值乘以扩样系数以使样本在扩样后为总体的估计值。扩样系数为抽样率的倒数。

居民出行调查数据在分析应用前应进行加权和放样的过程,并将最终确定的权重及加权过程说明文件与调查数据库一并存档。加权和放样的过程可单独进行,最后应将扩样系数包含在权重中形成一个因子(即权重),以使加权后结果与全体人口的估计值相当。应依次计算家庭和个人的权重,出行的权重一般继承相应个人的权重。

4. 调查质量评价

调查质量可参考以下几个方面评价:

(1)调查样本覆盖率。即样本在研究区域内分布的均匀性。

(2)调查表内容填写的有效性和完整性。

(3)调查质量的交通方面度量。历次调查、同类城市调查个人出行率的可比性、公交出行比例与公交客运总量的关系、小汽车出行比例与百户拥有率之间的关系等。

(4)抽查情况。应按一定的比例再次联系被调查户,确认调查执行的情况。

(5)数据清洗统计(DCS)情况,如式(4-6)所示。

$$DCS = \frac{\sum_{n=1}^{N}\sum_{i=1}^{I} count(x_{i,n})}{N \cdot I} \tag{4-6}$$

式中: $x_{i,n}$——调查对象 n 的第 i 条数据项;
$count(x_{i,n})$ ——0、1变量,当对象 n 的第 i 条数据项被校正时,$count(x_{i,n})$ 取1,否则取0;
N——调查对象总数;
I——总(关键)数据项。

六、调查成果

1. 调查成果的组成

调查成果包括调查数据库和调查统计分析报告。

2. 调查数据库

城市综合交通调查(或居民出行调查)办公室应负责建立以居民出行调查数据库为核心的城市综合交通调查数据库,并持续维护和更新,服务于城市交通模型的开发和修正。

居民出行调查数据库应包括:

(1)原始调查数据库,可分为住户信息、个人信息(车辆信息关联至个人信息)和出行信息三部分内容。

(2)调查交通小区划分图、地址信息库和交通网络图等。

(3)关于数据的说明文件,包括抽样步骤、加权过程和数据清洗过程等。

(4)修正数据库及相应的修正说明文件。

3. 调查统计分析报告

居民出行调查统计分析报告通过分析居民出行起止点、出行目的、出行方式、出行时辰、出行距离和出行次数及其空间分布等信息,认识居民出行的基本交通特征和流动规律,进而掌握城市交通需求与供给的相互关系,为建立交通模型以及交通规划设计和政府决策等提供基础性支撑。

居民出行调查统计分析报告主要包括调查过程情况介绍和调查统计成果。

1)调查过程情况

调查过程情况包括调查目的、调查方法、调查内容、调查组织实施、调查规模与样本质量和调查居民基本情况等。

2)调查统计成果

调查统计成果主要包括:

(1)出行次数。人均出行次数、有出行者人均出行次数、按家庭人口规模及小汽车拥有量交叉分类的家庭平均出行次数等。

(2)出行量。出行总量水平和分方式出行总量等。

(3)出行方式。总体、分目的、分职业、分年龄段和分出行时耗段的出行方式构成。

(4)出行目的。总体、分方式、分职业和分年龄段的出行目的构成。

(5)出行时耗。总体、分方式、分目的和分年龄段的平均出行时耗。

(6)出行距离。总体、分方式、分目的和分年龄段的平均出行距离。

(7)出行时辰分布。总体、分方式、分目的出行时辰分布和高峰小时系数等。

(8)出行空间分布。总体、分方式、分目的和高峰小时出行空间分布等。

第三节 城市道路交通调查

本节主要介绍《交通调查导则》中的"城市道路交通调查"部分。内容包括核查线道路流量调查和车速调查的相关术语和定义、调查方案设计、调查组织实施和调查成果等。

一、核查线道路流量调查

1. 相关术语和定义

核查线：在研究区域内设置的分隔线，一般依据天然或人工的障碍(城市快速路、铁路和河流等)设置。

2. 调查方案设计

1) 调查内容

数据收集内容应包括所有被调查道路横断面形式和车道数量。

现场调查内容应包括一定时间间隔内(推荐为10min或15min)通过被调查道路断面的机动车和非机动车交通量，应包括调查时间、调查方向、车型和交通量，调查车型可参见表4-5，调查表可参考《交通调查导则》中表4.1.2和表4.1.3。

调 查 车 型 分 类　　　　　　表4-5

序号	车 辆 类 型	说　　明
1	小客车	指挂蓝色车牌，低于8座(含8座)的客车
2	出租车	出租营运车辆
3	公交车	公交营运车辆
4	大客车(非公交)	指挂黄色车牌的客车，8座以上的客车
5	大货车	指挂黄色车牌的货车
6	小货车	指挂蓝色车牌的货车
7	其他车	为特种车(工程车、油罐车、消防车等)、拖拉机等
8	摩托车	指2轮或3轮摩托车
9	电动自行车	助力车
10	自行车	—
11	三轮车	—

注：根据城市具体营运公交车型，可对公交车型进行细分。

2) 调查时间和地点选择设计

调查道路选取应为核查线一侧相交的所有道路。

调查地点选择应避开交叉路口,选取路段中间便于调查统计的地点。

不同调查点的调查时段根据交通需求预测模型标定要求进行确定,应包含全日高峰时段,宜开展12h或24h连续观测。

3) 调查方法

调查方法应采用人工计数和录像法等方法,有条件的城市优先考虑结合视频流量检测、地磁检测和红外检测等先进技术方法。

3. 调查组织实施

(1) 调查实施前应对所有被调查道路进行踏勘,确定道路横断面形式和车道数量,合理安排调查人员数量。

(2) 调查时段为白天连续12h,根据城市具体交通量变化确定调查时间段。

4. 调查成果

调查数据纳入综合交通调查数据库进行存储与管理。

撰写调查统计分析报告,对以下特征信息进行分类统计分析:

(1) 核查线道路交通流量分布特征。

(2) 核查线道路交通流车型构成特征。

(3) 核查线道路交通流时间分布特征。

(4) 道路交通负荷水平分析。

(5) (结合历史调查数据)交通量增长趋势分析。

二、车速调查

1. 术语和定义

行程车速:车辆在道路上某一区间行驶的距离与行程时间的比值,行程时间应包括车辆行驶时间及中途受阻时的停车时间。

2. 调查方案设计

1) 调查内容

数据收集内容应包括所有被调查道路横断面形式、车道数量和路况情况。

现场调查内容应为调查时段内通过城市道路上某一区间的车流平均行程车速。

核查线机动车流量观测表可参考《交通调查导则》中表4.2.1进行设计。

2) 调查时间和调查路段选择设计

调查时间及路段应根据交通需求预测模型标定要求进行选择,调查时段应包含全日高峰时段,宜开展12h连续观测;调查路段应覆盖城市主要交通通道。调查路段应进行区段划分,可根据1km距离或者交叉口划分。

3) 调查方法

调查方法宜采用跟车法调查,有条件的城市可采用浮动车法。

3. 调查组织实施

(1) 在正式调查前宜选取2~3条道路进行预调查。

(2)跟车调查时,调查车辆宜按照调查路线紧跟车流往返多次行驶,调查员应同步记录车辆经过区段各标记点的时间。

4.调查成果

调查数据纳入综合交通调查数据库进行存储与管理。

调查统计分析报告通过分析机动车和非机动车流量,认识城市机动车和非机动车流量分布,掌握关键截面和重要路段的交通量状况,为建立和标定交通模型以及各种交通改善措施等提供基础性支撑。

撰写调查统计分析报告,主要对以下特征信息进行统计分析:
(1)道路高峰时段和全日主要道路平均行程车速。
(2)车辆延误(总延误、红灯延误和其他延误)等。

第四节 出入境交通调查

本节主要介绍《交通调查导则》中的"出入境交通调查"部分。内容包括出入境交通调查的相关术语和定义,调查方案设计,调查组织实施,调查数据处理,调查成果等。

一、相关术语和定义

出入境交通(量):进出研究区域的机动车交通(量)。

二、调查方案设计

1.调查内容

出入境交通调查前应收集以下基础资料:
(1)城市道路(公路)网电子地图。
(2)出入境收费站设施资料,比如收费站分布和收费广场布局等。
(3)出入境交通量统计资料和信息采集数据。

出入境交通调查内容应包括出入境交通量调查和出入境交通出行调查。

出入境交通量调查是指调查出入境机动车基本特征,主要包括车型、时辰和车辆数等。车型可划分为小客车、大客车、小货车、大货车、集装箱货车、摩托车和其他车等,可根据交通需求预测模型要求调整车型。出入境交通量调查表可参考《交通调查导则》中表5.1.1进行设计。

出入境交通出行调查是指在出入境交通量调查基础上,进一步调查出入境机动车出行特征,主要包括出发地、目的地、出行目的、额定座位数(客车)、载客人数(客车)、额定载货吨数(货车)、载货种类(货车)、外地车停留天数和行驶主要道路(公路)等。

调查表可参考《交通调查导则》中表5.1.2~表5.1.5进行设计。

2.调查时间和地点选择设计

调查时段应包括全日高峰时段,宜采用12h或24h连续观测,或根据交通需求预测模型要求综合确定。

出入境交通量调查地点宜包括穿越研究区域边界的所有道路(公路)路段,或根据道路(公路)等级、对外方向和交通量规模等选取主要道路(公路)路段,且符合交通需求预测模型要求。

出入境交通出行调查的拦车问询地点应选择空间较为开阔的地点,便于停放拦截的车辆,保障调查员人身安全,并尽量降低对道路交通的影响,比如公路收费站的收费广场或展宽段。

3. 调查方法

出入境交通量调查可采用观测法或信息化技术采集。现阶段常用信息化技术有收费站收费卡或ETC技术、感应线圈技术和牌照识别技术等。

出入境交通出行调查可采用问询法,由交警或道路(公路)管理人员协助调查员在调查点拦截样本车辆问询。抽样方法宜采用均匀抽样法,样本量取决于调查点交通量规模、调查时段和问卷问题数量等,平峰时段的抽样率宜大于高峰时段的抽样率,一般抽样率不低于调查点机动车交通量的10%,且样本量不低于300辆。如果样本量低于300辆,应提高抽样率乃至进行全样调查。

三、调查组织实施

(1)调查实施前应对所有出入境道路(公路)进行踏勘,合理确定调查地点和样本规模。可选取少量调查地点进行试调查,检查调查实施方案的可行性,并根据试调查情况进一步完善调查实施方案。

(2)调查组织实施可由道路(公路)管理部门负责或协助,并注重宣传,提高机动车驾驶员配合调查程度。

四、调查数据处理

出入境交通量调查的观测数据应尽可能与相关统计资料和信息采集资料等进行比对校核,提高调查成果的可靠性。

出入境交通出行调查的样本数据扩样,应以出入境交通量调查成果数据为母体,并注意剔除无效样本。

五、调查成果

(1)调查成果应包括调查数据库和调查统计分析报告。

(2)调查数据库主要包括出入境交通调查的原始数据、成果数据和交通设施电子地图等,应纳入综合交通调查数据库进行存储与管理。

(3)调查统计分析报告主要包括调查过程情况介绍和调查成果研究。调查过程情况包括调查方案设计、调查组织实施和调查数据处理等。应对以下特征信息进行统计分析:

①出入境交通流量、流向、车型构成、时辰分布、高峰小时系数、通道分担比例、通道高峰饱和程度等。

②出入境交通出行特征包括出入境交通出行目的、研究区域外部出行空间分布与研究区域内部出行空间分布、研究区域外部主要通道与研究区域内部主要通道、平均载客人数与满载率(客车)、平均载货吨数与满载率(货车)、载货种类和外牌车辆在研究区域内停留天数等。

第五节 公交调查

本节主要介绍《交通调查导则》中的"公交调查"部分。内容包括公交调查的相关术语和定义,调查方案设计,调查组织实施,调查数据处理,调查成果等。

一、相关术语和定义

(1)公共交通换乘:在一次采用公共交通方式的出行中,乘客在公共交通运载工具之间转换的交通行为。

(2)公共交通接驳:在一次采用公共交通方式的出行中,从出发地至公共交通车站或者从公共交通车站至目的地的交通行为。

二、调查方案设计

1. 调查内容

城市公共交通调查是指城市公共汽(电)车交通调查和城市轨道交通调查,其他公共交通调查可参考开展。

城市公共交通调查前应收集以下基础资料:
(1)公共交通行业基础设施资料,比如公交车辆和场站等。
(2)公共交通运营线路 GIS 地图,比如公交线路走向和站点分布等。
(3)公共交通运营线路运营计划,比如轨道交通运营列车的运行状况,包括发车间隔、列车编组、车辆类型、运营速度和停站时间等。
(4)公共交通站点配套交通设施,比如小汽车和自行车停放点等。
(5)公共交通行业客流统计资料和信息化采集资料。

1)城市公共汽(电)车交通调查

城市公共汽(电)车交通调查可包括公交客流调查、公交车辆运行调查和公交乘客出行调查等。

(1)公交客流调查是指调查公交核查线、客运走廊、线路和枢纽的客流量。其中,公交核查线客流调查是指调查穿越河流、铁路和高速公路(快速路)等城市天然分割线的公交客流量,公交客运走廊客流调查是指调查城市公交走廊主要断面的客流量,公交线路客流调查是指调查公交线路的上(下)客量、断面客流量和站间客流 OD 等,公交枢纽客流调查是指调查公交枢纽的上(下)客量和换乘量等。

(2)公交车辆运行调查是指调查公交线路运营车辆的运行状况,包括发车班次、车辆类型、额定载客人数、行程车速、停站时间和延误情况等。

(3)公交乘客出行调查是指调查公交乘客的基本特征和出行特征。基本特征包括性别、年龄、职业和收入等。出行特征包括出发地(到达地)、出发时刻(到达时刻)、出行目的、上(下)客站、换乘站、出行时间(等车、步行、换乘和车内等时间)、换乘次数和接驳方式等。

2)城市轨道交通调查

城市轨道交通调查可包括轨道交通客流调查和轨道交通车站乘客出行调查。

（1）轨道交通客流调查是指调查轨道交通的客流规模，包括进（出）站量、上（下）客量、换乘量、断面客流量、站间客流 OD、换乘次数和平均乘距等。

（2）轨道交通车站乘客出行调查是指调查轨道交通乘客的基本特征和出行特征。基本特征包括性别、年龄、职业和收入等。出行特征包括出发地（到达地）、出发时刻（到达时刻）、出行目的、进（出）车站、换乘站、出行时间（等车、步行、换乘和车内等时间）、换乘次数和接驳方式等。

调查表可参考《交通调查导则》中表 6.1.1～表 6.1.3 进行设计。

2．调查时段和地点选择设计

调查时段应包括全日高峰时段，宜采用 12h 或 24h 连续观测，或根据交通需求预测模型要求综合确定。

城市公共汽（电）车交通调查的调查地点宜遵循以下原则：

（1）公交核查线客流调查的调查地点宜包括穿越核查线的所有道路路段，或根据道路（公路）等级和公交客流量等选取主要道路路段，且符合模型要求。

（2）公交客运走廊客流调查的调查地点宜选择客运走廊中公交车辆数通过较多的主要路段。

（3）公交线路客流调查宜乘坐公交车辆跟车调查。

（4）公交枢纽客流调查的调查地点宜选择在公交枢纽的上（下）客区域。

（5）公交车辆运行调查宜选择乘坐公交车辆跟车调查。

（6）公交乘客出行调查的调查地点宜选择车站等候区域或乘坐公交车辆跟车调查。

轨道交通乘客出行调查的调查地点宜选择车站等候区域。

3．调查方法

1）城市公共汽（电）车交通调查的调查方法

（1）公交核查线、客运走廊和枢纽等客流调查可采用观测法，记录通过调查点的公交车辆数和车厢客流满载情况，统计公交客流量。

（2）公交线路客流调查可采用跟车法。跟车法是指安排调查员跟随公交车辆记录站点上（下）客人数，且可对上车乘客发放特制小票，并在下车时进行回收，记录客流站间 OD。抽样方法宜采用两阶段均匀抽样法，第一阶段根据线路功能、走向、长度和客流规模等对线路进行抽样，抽样率符合模型要求；第二阶段根据调查线路的发车频率对公交车辆进行抽样，发车频率在 10min 以内的线路，抽样率不宜低于 20%；发车频率在 10～20min 的线路，抽样率不宜低于 30%；发车频率超过 20min 的线路，抽样率应进一步提高；发车频率超过 1min 的线路，宜进行全样调查。

（3）公交客流调查也可采用信息化技术采集。现阶段常用信息化技术是指通过建立公交 IC 卡与公交车辆 GPS 设备对应关系，统计分析站点上（下）客量、路段客流量和客流站间 OD 等。

（4）公交乘客出行调查可采用问询法，由调查员乘坐公交车辆对车内乘客进行问询。抽样方法宜采用均匀抽样法，样本量取决于调查线路客流规模、调查时段和问卷问题数量等，平峰时段的抽样率宜大于高峰时段的抽样率，一般抽样率不低于 10%，且样本量不低于 500 人。如果样本量低于 500 人，应提高抽样率乃至进行全样调查。

2) 城市轨道交通调查的调查方法

(1) 轨道交通客流调查可采用信息化技术采集。现阶段常用信息化技术包括进出站闸机客流信息技术、公交 IC 卡客流信息技术和手机用户使用轨道车站基站信息技术等。

(2) 轨道交通车站乘客出行调查可采用问询法。抽样方法宜采用两阶段均匀抽样法,第一阶段根据线路走向、车站功能和车站客流规模等对轨道交通车站进行抽样,抽样率符合建模要求;第二阶段对调查车站的候车乘客进行抽样,样本量取决于调查时段和问卷问题数量等,平峰时段的抽样率宜大于高峰时段的抽样率,一般抽样率不低于 10%,且样本量不低于 500 人。如果样本量低于 500 人,应提高抽样率乃至进行全样调查。

三、调查组织实施

调查实施前宜进行试调查,检查调查实施方案的可行性,并根据试调查情况进一步完善调查实施方案。

四、调查数据处理

(1) 公交客流调查的观测数据应尽可能与相关统计资料和信息采集资料等进行比对校核,提高调查成果的可靠性。

(2) 调查样本数据扩样应以公交客流调查和轨道交通客流调查成果数据为母体,并注意剔除无效样本。

五、调查成果

(1) 调查成果包括调查数据库和调查统计分析报告。

(2) 调查数据库包括调查原始数据、成果数据和公共交通运营线路 GIS 地图等,应纳入综合交通调查数据库进行存储与管理。

(3) 调查统计分析报告通过分析主要公交线路的客运量及客流分布、主要干道上的公交客流通过量、主要公交客流集散点的集散量和公交乘客现状出行行为特征等客流资料,为交通模型建立、各种公共交通专项规划和公共交通政策制定等提供基础性支撑。主要内容包括调查过程情况介绍和调查成果研究。调查过程情况包括调查方案设计、调查组织实施和调查数据处理等。调查成果研究包括公共交通设施情况、公共交通车辆运行状况、公共交通客流特征和乘客出行特征等。具体包括如下:

①公共交通设施情况包括线路和站点规模、线网密度、线路走向、人口(岗位)覆盖率、线路重复系数和公交枢纽布局等。

②公共交通车辆运行状况包括列车编组(轨道交通)、车辆类型、发车班次、客位公里、行程车速和满载率等,公共交通客流特征包括公共交通客运量和客运周转量、平均乘距、公交核查线和客运走廊客流量、公交枢纽客流量、轨道换乘车站换乘量、站间客流 OD 和客流时辰分布等。

③公共交通客流特征和乘客出行特征。公共交通客流特征包括性别比例、年龄结构、职业结构和收入结构等;乘客出行特征包括出行目的、空间分布、时辰分布、平均出行时耗(等车、步行、换乘和车内等时间)、换乘次数和接驳方式结构等。

第六节　商用车辆调查

本节主要介绍《交通调查导则》中的"商用车辆调查"部分。内容包括商用车辆调查的相关术语和定义，调查方案设计，调查组织实施，调查数据处理，调查成果等。

一、相关术语和定义

(1)商用车辆：研究区域内的营运出租车(包含电召车，但不含租赁车，也不包括少量外地注册来往本地的出租车)和营运货运车辆(包括内部、对外和过境货运车辆，也包含货运出租车，但不含客车改装的货运车辆)。

(2)商用车辆出行：商用车辆(出租车或货运车辆)完成一次客/货运输服务的出行活动。其中，对于正常营运的出租车，完成一次上客/下客即可定义为"一次出行"；对于连续运输的配送货运车辆，完成一次装/卸货即可定义为"一次出行"。

(3)空驶率：空驶里程与营运里程之比，一般以全部营运车辆为统计对象。

(4)出租车载客率：载客人次与载客车次之比，一般以全部营运出租车为统计对象。

(5)实载率：一定时间内车辆实际完成的货物(旅客)周转量与总行程额定周转量的百分比，用以综合反映车辆行程利用和装载能力的利用情况。

二、调查方案设计

1. 调查内容

调查前应通过交通行业主管部门、出租车公司和专业货运公司等收集调查基础资料，包括既有人员出行和货物运输调查数据，出租车和货运车辆保有量数据，出租车和货运车辆道路流量数据等。

出租车调查内容应包括注册公司(或车主)名称和地址、夜间停放地点和形式(路内/路外)、车型/运价/单双班类型、全天营运里程/载客里程/载客次数，以及每次载客的具体信息(包括上客地点和上客时间、下客地点和下客时间、载客人数)等。

货运车辆调查内容应包括货源点(或雇主地址)，调查地点(指填写表格的地点)，货运车辆的车型和核定载质量(t)，装载货物种类及质量(t)，分段出行的起、止点及出发时间和到达时间，经过的主要路段(高速公路和快速路等)和可替代路径等。

调查表可参考《交通调查导则》中表7.1.1和表7.1.2进行设计。

2. 调查时段和地点选择设计

出租车调查时间段为全天24h连续调查，可分工作日/节假日。

货运车辆具体调查时段应结合城市交通管理措施确定，宜进行12h或24h连续调查；同时应根据采取的调查方法选择对正常交通影响小的地点进行调查。

3. 调查方法

出租车调查方法为：

(1)出租车调查应根据研究范围内的营运出租车规模确定合理的抽样率，一般抽样率不低于10%，且调查样本量不低于300辆车，样本量低于300辆的应提高抽样率，乃至进行全样调查。

(2) 出租车调查一般由出租车公司组织选中的当日营运司机填写调查表格,并负责调查表格的发放、检查和回收;在有条件的城市,车载 GPS 数据和计价器数据可作为出租车交通调查的重要补充。

货运车辆调查方法为:

(1) 货运车辆调查样本选择应符合以下原则。确保研究范围内主要货运需求分布的行业(机构)都能被调查到;根据每类车型的有效调查样本数量接近的原则确定合适的抽样率;在每类车型内部遵循随机抽样的原则(最好是固定间隔的均匀抽样),以防止空间分布上的偏差。

(2) 货运车辆调查可选择的方法较多,既可结合核查线流量调查开展路面拦车调查(须在交警部门的协助下,在研究范围内道路条件允许的地点,采用随机拦车问询的方法,由调查员现场问询并填写调查表格的方式进行调查),也可选择货运公司车辆进行询问调查(即基于货物运输的调查方法,选择研究范围内的一部分客货源发生/吸引点,由货运车辆公司组织选中的当日营运司机填写调查表格,包括电话或邮寄方式)。

(3) 在有条件的城市,车载 GPS 数据等可作为货运车辆交通调查的重要补充。

三、调查组织实施

1. 调查组织

出租车调查组织工作由出租车管理部门及出租车公司负责。

货运车辆调查组织工作由交通运输主管部门负责。

2. 调查实施

电话调查可以委托专业调查公司进行;为确保调查效果,调查员应提前与被调查对象(一般为司机)取得直接联系。

应根据不同的调查方法确定具体的调查内容,相对于调查员填写的表格,被调查对象自己填写的表格问题设计应更加直观和简单易懂。

四、调查数据处理

(1) 商用车辆调查的统计数据应尽可能与相关统计资料和信息采集资料等进行比对校核,应充分利用相关调查对商用车辆信息进行复核,提高调查成果的可靠性。

(2) 调查结果应尽量建立一个编码系统,对各项指标进行统计分析。

五、调查成果

(1) 调查成果应包括调查数据库和调查统计分析报告。调查数据库纳入综合交通调查数据库进行存储与管理。

(2) 出租车调查统计分析。出租车调查统计分析主要是掌握城市现状出租车运营的基本特征,为制定合理有效的出租车政策提供数据支持,同时也为建立和标定交通模型提供基础数据。出租车调查统计指标包含空驶率、平均日载客里程、平均日营运里程、平均日载客量和平均日载客车次等。

在获得出租车车载 GPS 数据的情形下,出租车调查统计指标还包括分时段载客 OD 出行矩阵、分时段和分路段车速分布等。

（3）货运车辆调查统计分析。货运车辆调查统计分析是掌握货运车辆出行及货物运输的强度和特征，从而为道路网络规划和货运规划等提供依据。

货运车辆调查统计指标包含空驶率和实载率（又称载重量利用率）等。

在获得货车车载 GPS 数据的情形下，货运车辆调查统计指标还包括：分时段载货 OD 出行矩阵、分时段和分路段车速分布等。

第七节　交通生成源调查

本节主要介绍《交通调查导则》中的"交通生成源调查"部分。内容包括交通生成源调查的相关术语和定义，调查方案设计，调查组织实施，调查数据处理，调查成果等。

一、相关术语和定义

交通生成源：指对城市交通系统产生较大影响的交通生成或吸引的集中地点，包括飞机场、火车站、长途客运站等对外枢纽、货运枢纽和场站以及著名景点和大型商业、办公、医院、学校、娱乐设施、宾馆等公建设施。

二、调查方案设计

1. 调查内容

调查前收集资料应包括交通生成源名称、地址、联系方式、用地规模、建筑规模、工作岗位、最大设计容纳能力和高峰出行时段等。

实地踏勘内容应包括内外部道路系统现状、机动车和非机动车出入口位置和数量、机动车和非机动车停车设施位置和数量、候车设施位置和数量等。

计数调查内容应包括进出生成源的车辆、人数和货运量。

问卷调查内容应包括生成源进出车辆和人员的出行特征，车辆出行特征应包括来源、货物类型、出发时间、出发地点、到达时间、出行目的和费用（过路费和停车费）等；人员出行特征应包括来源、交通方式、出发时间、出发地点、到达时间、出行目的和停车信息（停车地点、时间和费用，步行距离）等。

调查表可参考《交通调查导则》中表 8.1.1～表 8.1.4 进行设计。

2. 调查时段和地点选择设计

（1）调查时段应包含出行高峰时段，宜为 12h 连续调查。

（2）生成源应选择对城市交通交通影响较大的区域和建筑。

（3）生成源选择应涉及城市主要功能区域。

（4）为保证调查数据的准确性，应尽可能选择出入口较少的生成源。

3. 调查方法

（1）应采用计数法和问卷法相结合的手段进行调查。对于生成源进出总量特征可采用人工计数和录像等调查手段，对于生成源交通出行特征可采用调查问卷和邮寄等调查手段。

（2）应在利用已有信息化数据的基础上，通过全样和抽样相结合的方式进行抽样设计。

(3)生成源的基本信息、平面布局方案和交通进出总量特征宜采用全样调查。
(4)生成源人员和货物的交通出行特征宜采用抽样调查。
(5)抽样率应能满足交通预测模型参数标定和模型校验的最低要求。

三、调查组织实施

结合平面布局出入口设置,应先进行预调查,确定各出入口的交通流量特征,正式调查时合理安排各出入口的调查人员数量和工作任务。

四、调查数据处理

应充分利用生成源提供资料或相关收集资料对生成源进出总量进行复核。

五、调查成果

(1)调查成果应包括调查数据库和调查统计分析报告。调查数据库纳入综合交通调查数据库进行存储与管理。
(2)调查统计分析应包括生成源的车辆、人员和货物的进出总量和时间分布,以及生成源的客流和货流的产生率和吸引率;生成源进出人员的出行特征,含出行分布、出行方式和出行目的等;生成源进出货物的运行特征,含货物类型和货物时空分布等。

第八节 停车调查

本节主要介绍《交通调查导则》中的"停车调查"部分。内容包括停车调查的相关术语和定义,调查方案设计,调查组织实施,调查数据处理,调查成果等。

一、相关术语和定义

(1)停车能力:在停车区域内可以合法停放的最大车辆数,又称停车场容量。
(2)车位周转率:某一时段内某一停车位被重复使用的次数,反映停车设施的利用程度。
(3)停车场利用率:一定时间内全部车辆停放时间之和与全部车位时间之和的比率,反映停车期间停车场使用的情况。
(4)高峰小时停车集中指数:为停车数量/停车能力,表示停车场在高峰小时内的拥挤程度。

二、调查方案设计

1. 调查内容

调查前应通过规划/建设/交通/物价行业主管部门、物业管理公司、停车场管理公司和停车场行业协会等收集基础资料,包括:城市停车总体供需情况、停车收费标准、配建停车场指标及执行情况、现有停车场的形式及构成、停车场建设方式和停车管理体制等。

停车场调查内容应包括现有停车场的分布和位置、现有停车场的规模(每个停车场的车位数和占地面积)、长期停车和临时停车的构成比例、停车场的收费情况、停车场供需情况、停车管理方式等。

停车特征调查内容应包括停车场服务对象及范围,寻找停车场的难易程度,使用本停车场的频率(每周或每月),车辆使用者出行目的,出行过程中的各个起讫点,停车地点到目的地的步行距离,停车场在停车调查开始/结束时的停车数量,车辆到达/离开停车场的时间,付费方式(单次计费、月费和自有车位),实际停车费用等。

调查表格可参考《交通调查导则》中表9.1.1和表9.1.2进行设计。

2. 调查时段和地点选择设计

停车特征调查应分区域进行;数据来源为自动收费系统数据记录的,宜至少分析连续3d以上的原始数据。

直接访问可以在路边或停车场(库)内(或在出入口)进行,访问内容应该简明和准确,询问一般宜选在离开时进行。

3. 调查方法

停车调查样本数量和分布应满足相关规划研究的要求,如采用抽样调查方法,原则上应包含研究范围内不同地区的各类停车设施。

停车场调查方法主要有以下几种(可以结合使用):

(1)征询意见调查。采用发明信片和直接与车主对话方式,较详细地记录停放车辆目的,从停放车辆地点至出行目的地的距离,出发地点和目的地,在该地停放车辆频率,违章停放理由,停车收费与管理意见等。

(2)间断式记录调查。调查员在调查区间内边巡回行走,边记录停放车辆的数量、停放方式和车型分类特征,巡回观测的周期时间可以是5min、10min、15min、30min和1h以上等,可再分为记车号(适合机动车)和不记车号(适合非机动车),适合于路边停车场的车辆停放调查。

(3)连续式记录调查。调查员在调查区间对停放车辆的车型、牌照和开始停放时刻及终止停放时刻记录下来,适合于大型公共建筑和专业停车场(库)的机动车停放调查。

(4)在安装有IC卡管理系统的停车场,也可以通过物业公司收集样本停车场在连续一定时期内的车辆出入记录。

三、调查组织实施

停车调查组织工作由停车行业主管部门负责,具体实施由专业调查公司或物业管理公司(停车场管理公司)负责。

停车调查实施前应在建筑物或停车场出入口提前发布相关告示,以取得被调查者的配合。

停车调查一般采用问卷调查的方式,根据预先制定的调查表格填写后上报(现场调查或由物业管理公司填写或从IC卡数据整理得到)。

四、调查数据处理

(1)调查表格内容应尽量采用预编码的方式(除出行起终点外),对停放设施应建立一个编码系统:在起讫调查小区编码基础上,可再按更详细的街坊编出二级编码,对各个停放设施再依次单独编码。

(2)评价不同停放地点或区域的停放供需情况时,应将车位容量和停放数量都换算到同一标准车型进行比较分析。

五、调查成果

(1)调查成果应包括调查数据库和调查统计分析报告。调查数据库纳入综合交通调查数据库进行存储与管理。

(2)调查统计分析报告通过分析停车关键参数,把握停车特征与土地利用之间的关系,为建立和标定交通模型以及静态交通设施规划等提供科学的依据。主要内容应包含:城市停车总体供需情况、停车收费标准、配建停车场指标及执行情况、现有停车场的形式及构成、停车场建设方式及停车管理体制,以及平均停车时间、停车能力(停车场容量)、车位周转率、停车场利用率、高峰小时停车集中指数等统计指标。

第九节 流动人口出行调查

本节主要介绍《交通调查导则》中的"流动人口出行调查"部分。内容包括流动人口出行调查的相关术语和定义、调查方案设计、调查组织实施、调查数据处理、调查成果等。

一、相关术语和定义

流动人口:指非本市户籍,居住6个月以下,主要居住在宾馆、酒店或其他流动人口集中地(如建筑工地和出租屋等)的特定人群。

二、调查方案设计

1. 调查内容

调查前收集基础资料包括流动人口在不同类型建筑(如宾馆、酒店、建筑工地、出租屋或借住居住家庭等)的分布比例;宾馆、酒店或其他流动人口集中地(如建筑工地和出租屋)的基础信息,如酒店地址、酒店联系人与联系方式、客房数和建筑工地容纳能力等。

问卷调查内容应包括流动人口性别、职业、年龄、省份来源、经济状况、文化程度、到达城市交通方式和在城市驻留时间等流动人口基本信息;以及出发地、出行时间、交通方式、出行目的和到达地等流动人口被问询当天的全部出行信息。

调查表可参考《交通调查导则》中表10.1.1和表10.1.2进行设计。

2. 调查时段和地点选择设计

流动人口出行调查时段为全天24h。宜选择在城市流动人口较多的区域,如宾馆和酒店中进行调查;可结合城市流动人口特征,选择在流动人口集中地如建筑工地和出租屋等进行调查。

3. 调查方法

(1)应采用调查问卷和邮寄的手段进行问询法调查。

(2)宜结合城市特征、流动人口总量和出行特征进行抽样调查,总体抽样率宜不小于流动人口总量的1%。

(3)应采用分层抽样方法,先根据城市发展区域和酒店宾馆星级抽取一些酒店宾馆或其他集中地,再在抽取的地点中抽取一些流动人口进行调查。

三、调查组织实施

可在晚上对流动人口进行调查,方便记录全天的出行信息。

四、调查数据处理

应充分利用相关收集资料对酒店和宾馆等进出总量进行复核。

五、调查分析成果

(1)调查成果应包括调查数据库和调查统计分析报告。调查数据库纳入综合交通调查数据库进行存储与管理。

(2)调查统计分析报告应包括流动人口的交通出行特征,包括出行率、出行方式、出行目的、出行时空分布、驻留时间和来源地等。

第十节 案 例

本节以D县综合交通体系规划中的"城市综合交通调查"章节为案例进行介绍。根据《交通调查导则》的要求,依托D县中心城区交通调查工作,说明交通调查的主要流程。

一、居民出行调查

1.调查对象、内容和方法

1)调查范围和对象

调查范围是D县中心城区,调查对象是D县中心城区按等距抽样方法确定的居民住户。

2)调查内容

对D县中心城区进行居民出行调查的调查内容如表4-6所示。

D县中心城区居民出行调查的调查内容　　　表4-6

调查内容	具 体 调 查 信 息
住户特征	住户住址、总人口和住户拥有交通工具等
个人特性	性别、年龄、职业、学历、居住地所在小区编号、通常使用的交通方式、出行目的、平均出行次数和平均出行时间等
车辆特性	车辆类型等
出行特性	出行地点、出发时间、出行交通方式、到达地点和到达时间等

3)调查方法

本案例居民出行调查采用抽样调查方法,通过调查员入户访问的方式,以户为单位进行调查。

2. 调查方案设计

1）调查背景资料收集和分析

在本案例居民出行调查设计与实施前,对D县中心城区收集和分析的资料如下:

(1)人口资料

根据D县公安局及D县统计年鉴等统计资料,至2015年年末,D县中心城区人口约10.0万人。

(2)用于出行地址地理编码的基础数据

对D县中心城区居民居住地址进行统一编码,形成居民出行调查的基础数据。

2）调查样本设计

本案例居民出行调查样本是在D县中心城区内按照均匀抽样的原则来选取的。D县中心城区现状人口是10万人,保证抽样率不低于5%,同时考虑到数据的有效性,本次调查员印刷8000份表格,进行入户访问。

3）调查表格设计

调查表格采用的是《交通调查导则》中的表3.2.5。

4）调查步骤设计

(1)中国建筑科学研究院和D县政府组成调查工作领导小组,落实调查技术负责单位。

(2)于2016年5月31日确定初步调查方案。

(3)中国建筑科学研究院、D县政府统一组织,街道办事处和社区居民委员会协助,由调查员进行入户调查。

(4)2016年6月1日,8:30~10:00开展宣传大会,并将宣传稿提交给当地的交通局和宣传部等相关单位。

(5)本次调查资料印刷8000份,礼品采购8000份,并给调查员准备好笔。

(6)本次入户调查8000户,按照每人调查5户计,需要配备1600名入户调查人员。

(7)2016年6月2日,9:00~11:00开展调查培训,下午发放印刷资料、笔和礼品。

(8)2016年6月3日和4日,对调查用户进行电话预约,确定调查时间。

(9)2016年6月5日,进行试调查,调查员发放资料并进行解释,由居民记录出行情况,填写调查表,调查员确认填写内容无误后回收数据。

(10)2016年6月6日,对调查数据进行分析,分析表明样本调查结果能够很好地反映实际情况,完善调查方案。

(11)2016年6月7日,进行正式调查,调查员向被调查用户发放调查资料和礼品,并向调查对象说明调查内容及调查问卷的填写方法,由居民记录出行情况,填写调查表,调查员确认填写内容无误后回收数据。

(12)对调查数据进行整理,形成数据库。

(13)通过对样本数据进行回收,发现样本数据能够反映出现实的情况,因此对样本进行放样,得到D县研究区域内所有居民出行情况的数据。

3. 调查组织实施

1）调查组织与培训

由中国建筑科学研究院和D县政府组成调查工作领导小组,联系D县政府、街道办事处和社区居民委员会等相关部门来负责调查具体实施工作。

在进行调查前,对调查指导员和调查员进行居民出行调查内容及调查注意事项集中培训,培训合格后上岗调查。调查指导员和调查员执行调查任务时,佩戴调查员证。

2)试调查与预调查

2016年6月5日,对100户居民住户进行试调查,检验调查员的调查全过程。

3)调查实施与监控

2016年6月7日,调查员向被调查用户发放调查资料和礼品,并向被调查用户说明调查内容及调查问卷的填写方法,由被调查用户记录出行情况,填写调查表,调查员确认填写内容无误后回收数据。中国建筑科学研究院和D县政府组成的调查工作领导小组,对居民出行调查实施中的每个环节实行质量监控和检查,对居民出行调查数据进行审核、复查和验收。

4. 调查数据处理

1)数据编码与录入

将居民出行调查数据录入计算机。

2)数据校核

通过分析调查数据,剔除无效样本后,发现调查数据基本反映D县中心城区居民出行特性,因此本案例未进一步进行数据校核工作。

3)数据加权与扩样

本案例未进行数据加权,只对数据进行了扩样。通过对居民出行调查数据按照一定的规律进行扩样,得到D县中心城区各交通小区居民出行数据。

4)调查质量评价

本案例通过对调查样本覆盖率、调查表内容填写的有效性与完整性和抽样情况等进行检查,确定了本次调查数据质量基本符合要求。

5. 调查成果

本案例通过对调查数据的整理与分析,形成调查数据库和调查统计报告。本案例部分居民出行调查成果如表4-7所示。

居民出行方式比例　　　　　　　　　　表4-7

交通方式	步行	自行车	电动车	小汽车	出租车	公交车	其他
比例(%)	36.02	32.25	19.25	8.25	0.23	1	3

二、城市道路交通调查

1. 核查线道路流量调查

1)调查方案设计

(1)调查内容

本案例对D县中心城区现状道路横断面形式和车道数量进行调查。

本案例现场调查内容:在府前大街(观州路—邮政路)、邮政路(府前大街—迎宾大道)和迎宾大道(邮政路—东兴路)等道路断面进行机动车和非机动车交通量调查,其中机动车和非机动车交通量调查时间间隔为15min。

(2)调查时间和地点选择设计

2016年6月8日,开展核查线道路流量调查,调查时间为早晚高峰。其中早高峰时间7:30~9:30,晚高峰时间17:30~19:30。

本案例调查地点选择在府前大街(观州路—邮政路)、邮政路(府前大街—迎宾大道)和迎宾大道(邮政路—东兴路)等路段中间地点。

(3)调查方法

本案例采用人工计数法进行核查线道路流量调查。

2)调查组织实施

(1)2016年6月6日,对D县中心城区所有需要调查的道路进行踏勘,确定道路横断面形式和车道数量,合理安排调查人员数量。

(2)2016年6月8日,对D县中心城区所有需要调查的道路进行核查线道路流量调查。

3)调查成果

本案例通过对调查数据的整理与分析,形成调查数据库和调查统计分析报告。本案例部分核查线道路流量调查成果如表4-8所示。

D县中心城区现状道路交通量调查结果　　　表4-8

序号	路段名称	道路横断面形式	进口道机动车车道数(条)	调查时段	机动车数量(辆)	非机动车数量(辆)
1	府前大街 (观州路—邮政路)	一幅	3	7:30~9:30	358	254
				17:30~19:30	341	213
2	邮政路 (府前大街—迎宾大道)	三幅	3	7:30~9:30	468	358
				17:30~19:30	487	321
3	迎宾大道 (邮政路—东兴路)	三幅	3	7:30~9:30	462	325
				17:30~19:30	426	310

2.车速调查

本案例主要侧重于核查线道路流量调查,未进行车速调查。

三、出入境交通调查

1.调查方案设计

1)调查内容

通过D县中心城区相关部门提供的资料和调查员的实地勘探,收集到以下基础资料:

(1)D县中心城区道路(公路)网电子地图。

(2)D县中心城区出入境交通量统计资料。

本案例对D县中心城区只进行出入境交通量调查。调查表格采用的是《交通调查导则》中的表5.1.1。

2)调查时间和地点选择设计

2016年6月14日,开展出入境交通量调查,调查时段包括全日高峰时段,采用12h连续观测。

本案例调查地点选择在观州路与致远大街交叉口、观州路与普照大街交叉口和D县高速路口出入口等地点。

3）调查方法

本案例采用观测法进行出入境交通量调查。

2．调查组织实施

本案例调查组织实施阶段主要进行以下工作：

(1)2016年6月12日，对所有出入境道路进行现场勘探，确定调查地点和样本规模。

(2)2016年6月13日，进行试调查，并根据试调查情况完善调查实施方案。

(3)2016年6月14日，实施现场调查，调查员确认填写内容无误后回收数据。

3．调查数据处理

(1)数据录入：将调查数据录入计算机。

(2)数据校核：剔除无效样本。

(3)数据扩样：将出入境调查数据按照一定的规律进行扩样。

4．调查成果

本案例由出入境交通调查情况、调查数据及对调查成果的研究，形成调查数据库和调查报告。本案例部分出入境交通调查成果如表4-9所示。

部分出入境交通量调查成果　　　　　　　表4-9

交叉口名称	调查时段	东进口			南进口			西进口			北进口		
		左转	直行	右转	左转	直行	右转	左转	直行	右转	左转	直行	右转
观州路与致远大街	10:00~10:15	27	0	75	0	59	8	0	0	0	68	40	0
	10:15~10:30	41	0	75	0	73	65	0	0	0	68	53	0
	10:30~10:45	53	0	85	0	47	55	0	0	0	67	60	0
	10:45~11:00	36	0	82	0	46	50	0	0	0	94	55	0
	11:00~11:15	35	0	105	0	65	45	0	0	0	61	48	0
	11:15~11:30	35	0	105	0	65	52	0	0	0	61	48	0
	11:30~11:45	35	0	105	0	65	52	0	0	0	61	48	0
	11:45~12:00	35	0	105	0	65	52	0	0	0	61	48	0

注：表中数据的单位为辆。

四、公交调查

1．调查方案设计

1）调查内容

对D县中心城区进行公交调查前，收集到以下基础资料：

(1)公共交通行业基础设施资料，比如公交车辆和场站等。

(2)公共交通运营线路地图和运营计划。

(3)公共交通行业客流统计资料。

根据D县中心城区实际情况，本案例城市公共交通调查只进行城市公共汽（电）车调查，主要包括公交客流调查与公交车辆运行调查。公交客流调查主要对站点上（下）客人数进行统计，公交车辆运行调查主要对公交线路运营车辆的运行状况进行记录，包括发车班次和行程车速等。公交车调查路线如表4-10所示。

公交车调查线路　　　　　　　　　　　　　　　　表 4-10

线路名称	始末站	线路名称	始末站
1 路	火车站—火车站	3 路	火车站—后屯御东花园
2 路	火车站—北立交桥	6 路	火车站—东化公司

2）调查时段和地点选择设计

2016 年 6 月 21 日,开展公交调查,调查时间包括全日高峰时段,采用 12h 连续观测。本案例调查地点:调查员乘坐公交车辆,跟车调查。

3）调查方法

本案例公交线路客流调查与公交车辆运行调查均采用跟车法。

2. 调查组织实施

（1）2016 年 6 月 20 日,进行试调查,并根据试调查情况完善调查实施方案。

（2）2016 年 6 月 21 日,实施现场调查,调查员确认填写内容无误后回收数据。

3. 调查数据处理

（1）数据录入:将调查数据录入计算机。

（2）数据校核:剔除无效样本。

（3）数据扩样:将公交调查数据按照一定的规律进行扩样。

4. 调查成果

本案例通过对调查数据的整理与分析,形成调查数据库和调查统计分析报告。本案例部分公交调查成果如表 4-11 所示。

公交线路客流跟车调查　　　　　　　　　　　　　　表 4-11

序号	线路	支线编号	支线	日期	站点名	到站时间	上车人数（人）	下车人数（人）
1	1	1	东线	8 月 16 日	火车站	8:10:00	4	0
2	1	1	东线	8 月 16 日	烟草公司	8:13:33	1	0
3	1	1	东线	8 月 16 日	县政府	8:14:24	1	0
4	1	1	东线	8 月 16 日	县人大	8:16:05	1	0
5	1	1	东线	8 月 16 日	县医院	8:17:45	1	3
6	1	1	东线	8 月 16 日	人民银行	8:19:10	0	1
7	1	1	东线	8 月 16 日	元曲公园	8:20:20	0	0
8	1	1	东线	8 月 16 日	信和商厦	8:21:20	0	1
9	1	1	东线	8 月 16 日	交通局	8:21:50	0	0
10	1	1	东线	8 月 16 日	富祥大酒店	8:22:24	0	0
11	1	1	东线	8 月 16 日	东祥商厦	8:23:34	0	2
12	1	1	东线	8 月 16 日	永辉小区	8:24:40	0	0
13	1	1	东线	8 月 16 日	普济医院	8:25:10	0	0
14	1	1	东线	8 月 16 日	飞龙君苑	8:26:01	0	0
15	1	1	东线	8 月 16 日	信誉楼	8:26:38	0	1

续上表

序号	线路	支线编号	支线	日期	站点名	到站时间	上车人数(人)	下车人数(人)
16	1	1	东线	8月16日	曦园小区	8:27:14	0	0
17	1	1	东线	8月16日	普照公园	8:27:36	0	0
18	1	1	东线	8月16日	职中路口	8:28:30	2	0
19	1	1	东线	8月16日	西关新村	8:29:47	0	1
20	1	1	东线	8月16日	油棉厂	8:31:01	0	0
21	1	1	东线	8月16日	西关	8:31:50	0	0
22	1	1	东线	8月16日	土产公司	8:32:21	0	0
23	1	1	东线	8月16日	火车站	8:33:46	0	1

五、商用车辆调查

D县中心城区范围不是很大，居民日常出行主要采用步行、自行车、电动车和小汽车的交通方式，很少乘坐出租汽车，因此未对D县中心城区进行出租汽车调查。

本案例在出入境交通调查地点对货运车交通量进行调查，调查方案设计如本节的第三部分"出入境交通调查"内容；其他地点的货运车并未进行统计调查。

六、交通生成源调查

本案例在居民出行调查中，对居民出行的出发地点和到达地点进行了统计，并对统计结果进行分析，基本掌握了交通生成源的名称和地址等，因此本案例未进一步进行交通生成源调查工作。

七、停车调查

1. 调查方案设计

1) 调查内容

对D县中心城区进行停车调查前，收集到以下基础资料：

(1) 城市停车总体供需情况。

(2) 停车收费标准。

(3) 配建停车场指标及执行情况。

(4) 现有停车场的形式及构成。

(5) 停车场建设方式及停车管理体制等。

本案例主要进行停车场调查，调查内容主要有：现有停车场的位置和规模、长期停车和临时停车的构成比例、停车场的收费情况、停车场供需情况、停车管理方式等。

2) 调查时间和地点选择设计

2016年6月28日，开展停车调查，调查地点为府前大街、邮政路、育才大街、东升路信和路段、东兴路中段、元曲公园、铁佛寺和信誉楼等。

3) 调查方法

本案例采取连续式记录调查和征询意见调查两种调查方法进行停车场调查。

2. 调查组织实施

本案例停车调查组织工作由中国建筑科学研究院具体实施,在调查对象区域发布相关告示,以取得被调查者的配合。

本案例调查组织实施阶段主要进行以下工作:

(1)2016 年 6 月 27 日,进行试调查,并根据试调查情况完善调查实施方案。

(2)2016 年 6 月 28 日,实施现场调查,调查员确认填写内容无误后回收数据。

3. 调查数据处理

(1)数据录入,将停车调查数据录入计算机。

(2)数据校核,剔除无效样本。

4. 调查成果

本案例通过对调查数据的整理与分析,形成调查数据库和调查统计分析报告。本案例部分停车调查结果如表 4-12 所示。

主要路段的路内公共停车场　　表 4-12

位　置	容　量	位　置	容　量
府前大街	213	东升路信和路段	75
邮政路	175	东兴路中段	113
育才大街	155		

注:表中数据的单位为泊位。

八、流动人口调查

通过对 D 县中心城区公安部门的访问及调查员的实地勘探,发现 D 县中心城区流动人口所占比例较小,对该区域交通影响较小,因此未对 D 县中心城区进行流动人口调查。

本 章 习 题

1. 交通调查的目的与作用是什么?
2. 交通调查总体流程分为哪几个阶段?
3. 在进行城市综合交通体系规划时,一般需对哪些内容进行调查?
4. 谈谈你对交通调查重要性的认识。
5. 在进行交通调查工作前,你认为需要进行哪些准备工作?

第五章 战略与综合交通体系等规划

本章主要介绍交通发展战略规划、综合交通体系组织规划和对外交通系统规划三方面的内容。首先从交通需求和交通供给两方面对城市进行远期宏观分析,掌握城市交通发展概况,并在此基础上介绍如何制定交通发展战略规划,明确城市远期交通发展所要达到的总体水平。然后以交通发展战略规划为指导,介绍如何制定综合交通体系组织规划和对外交通系统规划。最后运用案例对相关内容进行说明。

第一节 城市远期宏观交通供需分析

本节对确定城市远期宏观交通供需的方法进行介绍。城市远期宏观交通供需分析可为制定城市交通发展战略规划提供基础数据,一般采用简化的四阶段交通预测分析方法中的前三个阶段,侧重于宏观的数据分析。城市远期宏观交通供给初步分析可依据国家规范和相关标准初步确定道路网系统、公交系统和停车系统等供给情况。

一、城市远期宏观交通需求分析

城市远期宏观交通需求分析包括远期宏观出行发生预测、远期宏观出行分布预测和远期宏观交通方式结构预测。

(一)城市远期宏观出行发生预测

1. 城市客运需求总量的预测方法

城市客运需求总量是指城市区域范围内每天发生的客流总量,即总的一日客流量。城市客运需求总量可采用总体预测法等方法进行预测。

1) 总体预测法

总体预测法如式(5-1)所示。

$$T = (1 + \eta)\alpha\beta P \tag{5-1}$$

式中:α——居民日平均出行次数[次/(d·人)];

β——大于6岁人口占总人口的百分率(%);

$1 + \eta$——流动人口修正系数,η 即为流动人口的百分率(%);

P——规划区常住人口(万人);

T——规划年城市一日客流总量(万次/d)。

2)其他方法

其他方法常见的有仿真法和类比法等。仿真法是对建成区进行仿真,研究各种用地的单位面积或单位产值会产生多少客流量,在业人员和非在业人员每人每天会产生多少出行量等,并根据城市总体规划中的指标或发展指标进行预测。类比法是参考其他较为相似城市总体客流量预测值,并根据两城市建成区人口之比值按正比例近似估算。

2. 城市货运需求总量的预测方法

城市货运交通的正常运转是城市经济社会活动赖以生存的基本条件,城市货运总量的变化反映城市经济的发展水平。城市货运总量可采用产值推算法或其他方法进行预测。

1)产值推算法

产值推算法如式(5-2)所示。

$$W = \sum_{i=1}^{n} r_i p_i \tag{5-2}$$

式中:W——城市一日货运总量(万 t/d);

r_i——第 i 种单位产值产生的货运量(万 t/d);

p_i——第 i 种产值(万元)。

2)其他方法

其他方法常见的是类比法。该方法是参考其他性质、地理条件和交通条件相似城市的总货运量,再根据两个城市的工农业总产值之比(或者采用社会总产值等其他经济指标),按正比例进行近似估算。

(二)城市远期宏观出行分布预测

对于交通发展战略规划,出行分布的预测可采用业内经典的双约束重力模型(该模型的详细介绍见第七章第三节),其中阻抗系数 b 反映人们对交通阻抗的敏感程度。在各交通小区的出行产生与吸引量已定的情况下,b 值与平均出行距离一一对应。若城市平均出行距离已知,则 b 值可由它唯一确定,方法如下:首先假设一个 b 值,由双约束重力模型求得在该 b 值下的出行分布 T_{ij},则这种分布下的平均出行距离为

$$D' = \frac{\sum_i \sum_j T_{ij} d_{ij}}{\sum_i \sum_j T_{ij}}$$

比较 D' 与实际平均出行距离 D 的大小,并以此为基础对假设的 b 值进行修正,并重新进行以上计算,直到求得合适的 b 值以及在该 b 值下的出行分布。

(三)城市远期宏观交通方式结构预测

影响客运交通方式结构的因素很多,包括社会、经济、政策、城市布局、交通基础设施水平、地理环境及生活水平等。随着我国国民经济的高速发展,快速城市化和机动化使得这些影响因素在一定时期内变得不稳定,演变规律很难用单一的数学模型或表达式来描述,传统的转移曲线法或概率选择法很难适用。就城市远期宏观交通方式结构预测而言,应该综合考虑城市交通发展战略与政策、城市未来布局特征及规划意图、城市规模与性质、城市自然条件和交通设施建设水平等方面的因素,预估城市远期宏观客运交通方式结构可能的取值范围。

二、城市远期宏观交通供给初步分析

交通供给一般应根据交通需求的情况进行分析。在城市远期宏观交通供给初步分析时，由于交通需求的不确定性，可依据国家规范、相关标准和城市的具体情况，初步确定城市道路网系统、公交系统、停车系统和其他系统的供给情况。

1. 城市道路网系统供给情况

依据《关于调整城市规模划分标准的通知》（2014年11月由国务院印发）和《城市道路交通规划设计规范》（GB 50220—1995）等相关规范，可初步确定城市道路网的长度、密度和设计速度等规划指标的取值范围，以及道路交叉口形式等。

2. 城市公交系统供给情况

依据《城市道路公共交通站、场、厂工程设计规范》（CJJ/T 15—2011）、《快速公共汽车交通系统设计规范》（CJJ 136—2010）、《公交专用车道设置》（GA/T 507—2004）和《城市道路交通规划设计规范》（GB 50220—1995）等相关规范，可初步确定公共交通场站的面积与位置等指标，以及设置公交专用道的原则与标准等。

3. 城市停车系统供给情况

依据《城市停车规划规范》（GB/T 51149—2016）、《城市道路交通规划设计规范》（GB 50220—1995）和《关于进一步完善机动车停放服务收费政策的指导意见》（发改价格〔2015〕2975号）等相关规范，可初步确定建筑物配建停车位指标，各类停车设施的规模、布局及停车设施收费标准等。

4. 城市其他系统供给情况

城市其他系统包括对外交通系统、步行与自行车系统和交通管理系统等。它们的供给情况可根据相关规范、标准和实际情况来初步确定。

第二节　交通发展战略规划

本节对如何编制"交通发展战略规划"部分进行介绍。首先介绍《城市综合交通体系规划编制导则》中交通发展战略规划总体要求，然后对总体要求进行分析，最后介绍D县综合交通体系规划中的交通发展战略规划章节。

一、交通发展战略规划总体要求

根据城市社会经济发展和城市发展目标，优化选择交通发展模式，确定交通发展与市域城镇布局、城市土地使用的关系，制定综合交通体系发展目标、分区发展目标和交通方式结构，提出交通发展政策和策略。

主要内容包括：

(1)确定城市综合交通体系总体发展方向和目标。

(2)确定各交通子系统发展定位和发展目标。

(3)确定城市交通方式结构。

(4)确定交通资源分配利用原则和策略。

(5)提出城市综合交通体系发展政策和措施。

二、对交通发展战略规划总体要求分析

交通发展战略规划是城市交通发展的纲领,是以城市总体规划为依据,在对城市交通未来发展趋势的总体预测和判断的基础上,宏观地把握城市交通发展的方向,关注城市交通发展的大局。交通发展战略规划侧重分析城市交通系统与社会经济发展环境的相互依存关系,以及城市交通系统与土地利用的互动关系,明确城市交通政策,对各交通子系统功能定位、交通方式结构和交通资源配置等一系列重大问题进行宏观性的判断和决策,构筑一体化综合交通体系。

三、案例

该部分以 D 县综合交通体系规划中的交通发展战略规划章节为案例进行介绍。主要涉及综合交通体系总体发展方向、各交通子系统功能定位、城市交通方式结构、综合交通体系发展策略和目标、交通资源配置原则和策略,及城市综合交通体系发展政策和措施。

【第 01 条】 综合交通体系总体发展方向

以多方式联运和集约化运输为主体,建成适应 D 县经济和社会发展需要的综合货运体系。构建以公共交通为主导的一体化客运体系,引导和支持城市合理空间结构,优化城市用地布局,实现城市可持续发展。

【第 02 条】 对外交通系统功能定位

通过建设公路和铁路网络与枢纽,不断加强 D 县对外交通联系,保证社会经济的健康发展。

【第 03 条】 道路交通系统功能定位

通过新建道路和现有道路的改造提升,提高道路网络的通行能力和可达性,为居民的生产和生活提供交通服务。根据城市总体布局,加强中心城区骨架道路网建设,构建以主次干路为骨架,与支路系统相结合的道路网体系,同时注重加强中心城区与周边乡镇之间的联系。

【第 04 条】 公共交通系统功能定位

贯彻"优先发展公交"战略,发展公共交通骨干系统,建立完善的公共交通系统,为居民出行提供便利。

【第 05 条】 步行与自行车系统功能定位

提倡步行和自行车交通出行,充分发挥其特有的交通功能优势,优化 D 县交通结构,构建和谐的城市综合交通体系。

【第 06 条】 客运枢纽功能定位

建立健全 D 县客运枢纽,进一步提高 D 县客运站的运输效率,加强对外联系,方便居民的出行。

【第 07 条】 城市停车设施功能定位

建立适合 D 县的停车设施模式,加强 D 县停车设施对车辆交通组织的枢纽作用,实现停车的供需平衡。

【第 08 条】 货运系统功能定位

建立以组织储、运、销为一体的社会化运输网络,发展货物流通中心,促进经济发展。

【第 09 条】 出租汽车功能定位

出租汽车系统作为公共交通系统的一部分,是常规公交的有益补充,应适当发展以满足 D 县城市化和机动化的发展需要。

【第 10 条】 交通管理功能定位

加强交通需求管理,通过交通智能化管理,促使交通需求在空间上合理分布。制定一系列交通政策,不同区域实行不同交通管理模式,合理引导交通需求。充分发挥现有道路网的效能,改善城市交通秩序,实现交通组织最优化,最大限度地消除交通事故隐患,为居民提供安全、便捷、畅通和舒适的交通出行环境。

【第 11 条】 城市交通方式结构

D 县远期城市总体出行中,小汽车出行占 17%,非机动车出行占 27%,公共出行占 44%,步行占 11%,其他出行占 1%。

【第 12 条】 综合交通体系发展策略和目标

以科学发展观为指导,坚持可持续发展的原则,与 D 县城乡总体规划相协调。提高 D 县作为京津冀城镇群及环渤海经济圈重要协作区之一的地位,实现 D 县中心城区的交通组织与土地使用、城市空间结构与社会经济的协调发展。根据城市总体规划中确定的 D 县城乡发展格局,建立层次分明、功能合理和各交通方式有机结合的综合交通体系,通过合理的资源配置,实现"人本""低碳"和"高效"的综合交通体系总体发展目标。

【第 13 条】 交通资源配置原则

(1)注重道路交通规划和管理的公平性原则。
(2)保证车辆安全和高效运行的原则。
(3)合理引导城市用地发展方向的原则。
(4)有利于降低城市交通能耗,便于建设"资源节约型、环境友好型社会"的原则。
(5)有利于实施"可持续发展战略"的原则。

【第 14 条】 交通资源配置策略

(1)优先发展公共交通,适当限制小汽车出行,形成合理的交通方式结构。
(2)建设结构合理的路网,完善综合交通网络布局。
(3)促进土地混合利用,提高土地资源的利用效率,实施由中心商业区至四周递减的停车收费政策。
(4)高峰时段尽量避免大型货车出行,减少交通拥堵。
(5)建设电子警察系统,保证交通系统安全和高效运行。

【第 15 条】 城市综合交通体系发展政策和措施

1. 交通与土地利用协调发展政策

保证交通与土地利用之间的协同发展,对重要交通设施及周边用地进行优先控制,进行差异化土地供应,重要交通发生吸引源建设时进行交通影响评价分析等。

2. 公共交通优先发展政策

建立促进公共交通发展的决策管理机构,完善公共交通优先发展的法规政策,逐步建立和完善公共交通路权优先与保障政策、公共交通财务扶持政策和公共交通服务监管政策等。

3. 步行与自行车交通系统友好发展政策

逐步实现步行与自行车设施相关规划的标准化设计；保证步行与自行车空间及附属设施的安全保障和监管等。

4. 小汽车交通引导发展政策

适当发展小汽车交通，鼓励购买清洁能源汽车。

5. 城市交通基础设施供给政策

积极发展大容量地面公共交通，加快停车场、保养场、首末站以及停靠站的建设，推进换乘枢纽、充电站和公共停车场等配套服务设施建设。

6. 城市交通需求管理政策

鼓励土地混合利用，减少居民出行距离，减小道路压力；鼓励公共交通，提倡步行与自行车交通；当交通拥堵加剧时，实施弹性工作制和错时出行的调控政策等。

7. 交通科技保障政策

建设先进的交通管理系统、先进的公共交通系统、先进的交通信息服务系统和先进的货运管理系统等智能交通系统。

8. 交通基础设施投资政策

在交通产业政策基础上，打破传统投资体制，确立多主体的投资体制及相应的多元化投资渠道。按照不同投资主体可划分为国家、地方政府、交通运输企业、土地开发商和财政金融集团等投资渠道体系。按照"资源共享，有偿使用"原则，建立合理的交通设施使用收费标准及收费办法。确定城市交通系统内部的投资分配比例，以保证各个子系统协调发展。

第三节 综合交通体系组织规划

本节对如何编制"综合交通体系组织规划"部分进行介绍。首先介绍《城市综合交通体系规划编制导则》中综合交通体系组织规划总体要求，然后对总体要求进行分析，最后介绍D县的综合交通体系规划中的综合交通体系组织规划章节。

一、综合交通体系组织规划总体要求

依据城市综合交通体系总体发展目标和交通资源配置策略，统筹城市综合交通体系功能组织，提出规划布局原则和要求。

主要内容如下：

(1) 研究对外交通系统构成，以及城市内外交通的衔接关系，论证大型对外交通设施选址和布局原则。

(2) 研究客运出行分布，确定客运交通走廊、客运交通枢纽的功能、等级和规模，提出客运系统总体布局框架。

(3) 论证公共交通系统构成和功能等级，分析城市轨道交通和大运量快速公共交通系统规划建设的必要性和可行性。

(4) 研究城市道路干路网组成和功能等级，研究城市防灾减灾和应急救援运输通道，提出规划布局原则。

(5)研究货运出行分布,确定货运交通走廊。论证货运交通通道的交通组织模式和管理策略。

(6)研究步行与自行车交通组织模式,确定城市不同地域步行与自行车交通的功能定位,提出步行与自行车交通系统的总体布局原则。

(7)研究提出城市停车设施的供给策略和总体布局原则。

(8)研究提出交通信息化建设与交通管理的基本策略。

二、对综合交通体系组织规划总体要求分析

综合交通体系组织规划是以城市交通发展战略为指导,结合城市交通发展趋势,以解决未来城市交通可能面临的挑战为导向,通过定量分析与定性分析相结合的方法,为城市综合交通体系组织做出引导性规划。综合交通体系组织规划侧重于把握各交通子系统发展方向,统筹各交通子系统的规划布局,决策当前,规划长远,保证城市交通的一体化和可持续发展。

三、案例

该部分以D县综合交通体系规划中的综合交通体系组织规划章节为案例进行介绍。主要涉及城市综合交通体系构成、对外交通系统规划、城市道路系统规划、公共交通系统规划、步行与自行车系统规划、客运枢纽规划、城市停车设施规划、货运系统规划、交通管理与交通信息化规划。

【第01条】 城市综合交通体系构成

城市综合交通体系包括对外交通系统、城市道路系统、公共交通系统、步行与自行车系统、客运交通系统、停车系统、货运系统、交通信息化建设与交通管理体系等。

【第02条】 对外交通系统规划

在D县境内形成"两纵一横"铁路、"四纵三横"国省道主构架和"五纵三横"县乡道路网。

【第03条】 城市道路系统规划

城市道路系统按主干路、次干路和支路三个等级规划建设,形成"九横十三纵"的主次干路方格网状结构。规划城市框架性主干道作为城市主要防灾减灾和疏散应急救援道路。

【第04条】 公共交通系统规划

按公交干线和支线分级建设与完善公交线网结构。按照保养场、首末站两个层次安排公交场站用地,D县中心城区规划保养场1处,首末站6处。

【第05条】 步行与自行车系统规划

中心城区步行与自行车系统是由点、线、面所组成的一个网络系统,最终形成"三心多点、两环四带、一网"的步行与自行车系统结构体系。

【第06条】 客运枢纽规划

规划期内,共设置综合交通枢纽2座,一般交通枢纽1座。保留位于观州路西侧的汽车客运站,新建城东汽车客运站,位于茧城大街北侧,惠泉路东侧,规划设计标准为二级客运站。京沪高速铁路客运专线远景在D县预留一座车站,位于府前东街与工业纵二路交叉处。

【第 07 条】 城市停车设施规划

D县停车设施采用"以配建停车泊位为主,公共停车泊位为辅,路内泊位为补充"的模式,配建停车泊位约占停车泊位总量的85%以上。

【第 08 条】 货运系统规划

在中心城区规划布置2处仓储物流区,建设适应D县经济发展的现代仓储物流服务网络。

【第 09 条】 交通管理与交通信息化规划

以信息化为纽带、以交通运输管理为重点,同时开展面向公众的交通信息服务,建设和发展与城市发展相适应,与社会、经济和环境发展相协调的智能交通系统。

第四节 对外交通系统规划

本节对如何编制"对外交通系统规划"部分进行介绍。首先介绍《城市综合交通体系规划编制导则》中"对外交通系统规划"总体要求,然后对总体要求进行分析,最后介绍D县综合交通体系规划中的对外交通系统规划章节。

一、对外交通规划总体要求

依据城市具体情况研究对外交通系统网络和区域交通设施布局,处理好与相关专业规划的关系。

主要内容如下:

(1)确定干线公路网规划布局,规划入城公路与城市道路系统的衔接方案。确定公路客货运场站的功能、等级和规划布局,提出公路客货运场站设施用地规模控制建议。

(2)论证铁路线路走廊规划布局,确定铁路客货运场站布局及功能定位,提出铁路场站设施用地规模控制建议,提出铁路客运站交通集散组织模式和设施配置要求,规划铁路货运站集疏运通道。

(3)确定不同类型港口、码头功能及规划布局,提出设施用地规模控制建议,规划港口货运集疏运方式和集疏运通道。

(4)确定航空港功能、等级规模和规划布局,规划航空港与市区的快速交通集散系统。

二、对"对外交通规划"总体要求分析

对外交通规划是以城市交通发展战略为指导,以区域交通上位规划为原则,根据城市的经济社会发展情况,把握城市对外交通的发展趋势,判断城市未来对外交通可能面临的问题。对外交通规划侧重于明确城市对外交通的发展方向,采取有效的规划措施,充分发挥各种运输方式的优势,形成具有足够容量与应变能力,高效率、多功能和立体化的城市对外综合交通运输体系。

三、案例

本部分以D县综合交通体系规划中的对外交通系统规划章节为案例进行介绍。主要涉及

干线公路网规划布局、入城公路与城市道路系统的衔接方案、铁路线路走廊规划布局和航空。

【第 01 条】 干线公路网规划布局

(1)在 D 县境内形成"四纵三横"的国省道主构架,其中"四纵"指国道 G104、国道 G104 东绕城、南吴公路和京台高速公路,"三横"指省道 S383、辛霞路和规划的邯黄高速公路。

(2)在 D 县境内形成"五纵三横"的县乡道路网,其中"五纵"指燕于路、张于路、郑王路、生于路(生刘佳村—于渤海村的规划路)和砥大路,"三横"指辛金公路、于韩路(于渤海村—井韩庄村的规划路)和连耿路。

(3)规划县道辛霞路在原线路的基础上升级改造为省道,提高道路的质量和等级。

(4)县道辛金公路、南吴路和连耿路基本沿原线位敷设,拟全面升级为二级公路,并对线路线形进行总体优化。

(5)县道辛金路、秦于路、燕于路、燕金路、郑王路、张于路和砥大路拟升级为三级公路,并对线路线形进行总体优化。

【第 02 条】 入城公路与城市道路系统的衔接方案

(1)京台高速公路线在县城东部设一处出入口,通过省道 S383(千武路)进入县城。

(2)邯黄高速公路由西南向东北穿越县域,规划分别在连镇和找王镇设置 2 处出入口,并与京台高速公路设有互通。

(3)规划期末,国道 G104 改线经仓上村南侧从西向东至宣惠河东洪庙村,后向南沿惠源路、经二路穿过 D 县中心城区,经小罗村至 D 县教育园区,再向西经小邢村、大邢村接入国道 104 线。

(4)省道 S383 的 D 县段继续沿原线位敷设,拟升级为一级公路,并对线路线形进行总体优化。

【第 03 条】 铁路线路走廊规划布局

铁路线网形式和规模保持不变,形成"两纵一横"铁路。"两纵"指京沪铁路和京沪高速铁路,"一横"指邯黄铁路。

【第 04 条】 航空

目前,D 县并没有民航机场。其相邻沧州和德州两地级市,暂时也没有民用机场。距离 D 县最近的民航机场,在 D 县正南约 130km 处,位于济南市历城区与济南市章丘市的交界处,即济南遥墙国际机场。

本章习题

1.城市远期宏观交通供给初步分析的内容是什么?

2.城市综合交通体系组织规划的主要内容有哪些?

3.已知规划年某规划区域的数据:流动人口的百分率 η 为 3%,居民日平均出行次数 α 为 2.5 次/(d·人),大于 6 岁人口占总人口的百分率 β 为 96%,常住人口 P 为 8 万人,试采用总体预测法预测规划年该规划区域一日客流总量。

4.谈谈你对交通发展战略的认识。

5.你认为对外交通给城市的发展带来的影响是什么?

第六章 出行发生预测

本章首先对出行发生、出行产生和出行吸引预测的基本原理和主要方法进行介绍，重点介绍较为主流的类型分析法和回归分析法。然后介绍出行产生量和出行吸引量的平衡方法以及出行发生预测的应用流程，并运用案例对相关内容进行说明。本章内容在经典的交通需求预测四阶段方法中处于第一阶段，是交通需求分析工作中最基本的部分之一。

第一节 基本原理分析

本节对出行发生预测的基本原理进行介绍。将依次介绍出行的分类、出行发生预测阶段主要术语的定义、PA 与 OD 的特性分析以及影响出行产生量和出行吸引量的主要因素。

一、出行的分类

出行是交通规划工作中一个最基本的概念之一。出行是指交通元素（人、货和车等）从出发地到目的地移动的全过程。城市交通出行按照出行主体和出行目的进行分类，如表6-1所示。

城市居民按出行主体和出行目的分类　　　　　　表6-1

类　型	出　行　主　体	出　行　目　的
城市交通出行	居民出行	工作
		上学
		购物
		娱乐
		回家
		其他
	货物出行	货物运输

在城市居民出行中，按照出行端点属性分类，可分为"基于家庭的出行"和"非基于家庭的出行"，如表6-2所示。如果有任意一个出行端点是家庭，则此次出行就属于"基于家庭的出行"，这个端点既可以是出发点，也可以是到达点；如果所有出行端点都不是家庭，则此次出行就属于"非基于家庭的出行"。

城市居民按出行端点分类　　　　　　表 6-2

序号	出行端点	出行目的	英文名称
1	基于家庭的出行	基于家庭的工作出行	HBW(home-based work)
		基于家庭的非工作出行	HBO(home-based other)
2	非基于家庭的出行	—	NHB(non-home-based)

在中国城市交通早晚高峰的居民出行中，大部分是"基于家庭的出行"。在该出行中，上班、上学和它们对应的回家出行都是刚性出行，是组成早晚高峰的主要部分；其他出行和它们对应的回家出行都是弹性出行，出行的次数和时间段都会随具体情况变化，如购物、娱乐和社交等出行。

二、出行发生预测阶段主要术语的定义

在出行发生预测阶段，有五个概念需要掌握，分别为出行发生量、出行产生量、出行吸引量、起点量和讫点量。

1. 出行发生量的定义

出行发生(Trip Generation)量也称为交通发生量、生成交通量或交通生成量等，是规划区域内的交通出行次数总量。

一般情况下，可以将出行发生量、出行产生量、出行吸引量、起点量和讫点量预测粗略的统称为出行发生量预测。

2. 出行产生量、出行吸引量、起点量和讫点量的定义

由于历史和区域发展的原因，国内外交通规划领域对出行产生量和出行吸引量的解释有所不同，为了避免初学者的混淆，国内很多书籍未对 PA 的概念加以详细说明。本书以为实际工作提供更好的帮助为目的，综合美国部分城市交通规划的经验，国内王炜教授、刘灿齐教授以及其他学者的研究成果，分别定义出行产生量、出行吸引量、起点量和讫点量。

在定义出行产生量、出行吸引量、起点量和讫点量之前，先对字母符号和字母含义进行解释，如表 6-3 所示。

出　行　分　类　表　　　　　　表 6-3

符号	出行				
	居民出行或货物出行	基于家庭的出行或非基于家庭的出行	起点是否为指定交通小区	讫点是否为指定交通小区	家是否在指定交通小区内
X_1	居民出行	基于家庭的出行	是	否	是
X_2	居民出行	基于家庭的出行	是	否	否
X_3	居民出行	基于家庭的出行	否	是	是
X_4	居民出行	基于家庭的出行	否	是	否
Y	居民出行	非基于家庭的出行	—	—	—
Z	货物出行	—	—	—	—

对于任意指定的交通小区，给出如下出行产生量、出行吸引量、起点量和讫点量定义。

(1) 出行产生量 P(Production)：基于家庭出行的全部家庭端点数，与非基于家庭出行和

货物出行的全部起点数之和,如式(6-1)所示。

$$P = X_1 + X_3 + Y + Z \tag{6-1}$$

(2)出行吸引量 A(Attraction):基于家庭出行的全部非家庭端点数,与非基于家庭出行和货物出行的全部讫点数之和,如式(6-2)所示。

$$A = X_2 + X_4 + Y + Z \tag{6-2}$$

(3)起点量 O(Origin):各类出行的全部起点数之和,如式(6-3)所示。

$$O = X_1 + X_2 + Y + Z \tag{6-3}$$

(4)讫点量 D(Destination):各类出行的全部讫点数之和,如式(6-4)所示。

$$D = X_3 + X_4 + Y + Z \tag{6-4}$$

由于翻译不同,出行产生量有时也称为交通产生量,出行吸引量也称为交通吸引量。

3. 产生点、吸引点、起点和讫点之间的关系

出行端点可以分为产生点和吸引点,即 P 点和 A 点;也可以分为起点和讫点,即 O 点和 D 点。对于一次出行,如果它是基于家庭的出行,那么它的家庭端点是该次出行的产生点,非家庭端点是该次出行的吸引点;如果它是非基于家庭的出行或货物出行,那么其起点是该次出行的产生点,讫点是该次出行的吸引点。由此看出,出行的"产生点"并不完全等价于"起点","吸引点"也不完全等价于"讫点"。它们之间还有如下关系:

(1)对城市居民出行中基于家庭的出行进行预测时,PA 是根据与出行端点相关的用地性质,即居住用地或非居住用地进行预测;OD 是根据具体每次出行的方向,即该次出行的起点或讫点进行预测。PA 是宏观的,不随每次出行而改变;OD 是微观的,会随每次出行改变。

(2)对城市居民出行中非基于家庭的出行和货物出行进行预测时,不再对 PA 与 OD 进行区别。

(3)可通过 PA 推导出 OD,对于任意交通小区,其关系大致满足 $O = D = P/2 + A/2$。

三、城市交通居民基于家庭的出行案例分析

目前国内的很多城市,在城市交通中居民基于家庭的出行占早晚高峰交通出行的大多数,能够反映城市交通早晚高峰的主要趋势。下面结合一个简单的例子,对城市交通居民基于家庭的出行中,PA 与 OD 的关系进行说明。

现假设,有两个交通小区如图 6-1 所示,有 1 名工人在交通小区 1 中居住,在交通小区 2 中上班。交通小区 1 的用地性质为居住用地,交通小区 2 的用地性质为非居住用地,如图 6-2 所示。在一个正常的工作日,他的出行情况,如表 6-4 所示。

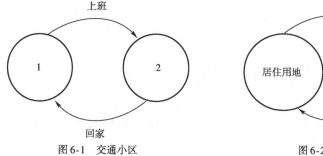

图 6-1 交通小区　　　　　图 6-2 用地性质

居民出行　　　　　　　　　　　表6-4

居住小区	出行人员	是否基于家庭的出行	时间	出发小区	到达小区	出行目的
1	工人	是	早上	1	2	上班
1	工人	是	晚上	2	1	回家

1. 出行产生量 P 和出行吸引量 A

在早上工人去上班,从交通小区1前往交通小区2。在此次出行中,交通小区1是基于家庭出行的家庭端点,交通小区2是基于家庭出行的非家庭端点。根据出行产生量 P 和出行吸引量 A 的定义,对于此次出行,交通小区1的出行产生量是1,出行吸引量是0;交通小区2的出行产生量是0,出行吸引量是1。

在晚上工人要回家,从交通小区2回到交通小区1。在此次出行中,交通小区1是基于家庭出行的家庭端点,交通小区2是基于家庭出行的非家庭端点。根据出行产生量 P 和出行吸引量 A 的定义,对于此次出行,交通小区1的出行产生量是1,出行吸引量是0;交通小区2的出行产生量是0,出行吸引量是1。

综上所述,一天中交通小区1的出行产生量是2,出行吸引量是0;交通小区2的出行产生量是0,出行吸引量是2,如表6-5所示。其中出行产生量 P 和出行吸引量 A 是根据出行端点相对应的用地性质进行判别。

出行产生量和出行吸引量　　　　　　　表6-5

产生量和吸引量	交通小区	
	1	2
出行产生量 P	2	0
出行吸引量 A	0	2

注:表中数据的单位为次/d。

从表6-5中可以看出,交通小区1的出行产生量不等于交通小区1的出行吸引量,交通小区2的出行产生量不等于交通小区2的出行吸引量,可知对于任意一个指定交通小区,出行产生量 P 和出行吸引量 A 没有必然联系,可能相等,也可能不相等,一般情况下不相等。

2. 起点量 O 和讫点量 D

在早上工人去上班,从交通小区1前往交通小区2。在此次出行中,交通小区1是出行的起点,交通小区2是出行的讫点。根据起点量 O 和讫点量 D 的定义,对于此次出行,交通小区1的起点量是1,讫点量是0;交通小区2的起点量是0,讫点量是1。

在晚上工人要回家,从交通小区2回到交通小区1。在此次出行中,交通小区2是出行的起点,交通小区1是出行的讫点。根据起点量 O 和讫点量 D 的定义,对于此次出行,交通小区1的起点量是0,讫点量是1;交通小区2的起点量是1,讫点量是0。

综上所述,一天中交通小区1的起点量是1,讫点量是1;交通小区2的起点量是1,讫点量是1,如表6-6所示。其中起点量 O 和讫点量 D 是根据交通小区间出行的方向进行判别。

居民出行起点量和讫点量　　　　　　　　表6-6

起点量与讫点量	交 通 小 区	
	1	2
起点量 O	1	1
讫点量 D	1	1

注：表中数据的单位为次/d。

从表6-6中可以看出，交通小区1的起点量等于交通小区1的讫点量，交通小区2的起点量等于交通小区2的讫点量，可知对于任意一个指定交通小区，起点量 O 和讫点量 D 大致相等。

四、PA 与 OD 特性分析

交通规划需要重点分析早晚高峰的交通需求情况。一般情况下城市交通中会出现早晚高峰的现象，在小城市中除早晚高峰外，由于居民出行的距离较短，部分居民中午下班后会选择回家吃饭、休息，导致发生午高峰的现象，但是一般强度不大。交通设施规划一般会重点考虑交通流量最不利的情况，因此在进行城市交通规划时，应重点分析早晚高峰对居民出行的影响。

出行产生量和出行吸引量两者发生的本质。早高峰时，城市居民出行一般是由居住地向白天活动场所移动的过程，白天活动场所有企业、学校、医院和商场等。晚高峰时，城市居民出行一般是由白天活动场所向居住地移动的过程。因此一个交通小区的出行产生量主要取决于该交通小区的晚上居住人口数量和晚上居住人口的出行产生率；一个交通小区的出行吸引量主要取决于该交通小区的白天就业人口数量和白天就业岗位的出行吸引率。

PA 的计算原理。晚上居住人口是出行产生量的最直接影响因素，但统计详细数据工作量大，较为困难，在一般情况下将家庭数、家庭类型、居住用地面积和容积率等作为计算参数，这些参数最终也反映了晚上居住人口的本质，是出行产生量 P 计算的主要依据。白天就业人口是出行吸引量的最直接影响因素，但统计详细数据工作量大，较为困难，在一般情况下将企业规模和性质、非居住用地性质和面积等作为计算参数，这些参数最终也反映了白天就业人口的本质，是出行吸引量 A 计算的主要依据。就同一个交通小区而言，晚上居住人口和白天就业人口之间无必然联系，因此出行产生量和出行吸引量之间也无必然联系。

OD 的计算原理。针对任意一个交通小区，很可能同时包括居住用地和非居住用地两大类用地，相应的影响交通情况的人群大致也可以分为两类。一类是晚上居住人群，此类人群在早高峰时，离开该交通小区的居住用地，针对该交通小区形成起点量 O_1；晚高峰时，回到该交通小区的居住用地，针对该交通小区形成讫点量 D_1。O_1 与 D_1 基本平衡。另一类是白天就业人群，此类人群在早高峰时，到达该交通小区的非居住用地，进行上班、上学或购物等活动，针对该交通小区形成讫点量 D_2；晚高峰时，离开该交通小区的非居住用地，针对该交通小区形成起点量 O_2。O_2 与 D_2 也基本平衡。因此对于任意一个交通小区一天内总的起点量 $O(O=O_1+O_2)$ 和总的讫点量 $D(D=D_1+D_2)$ 也是大致平衡的。

非基于家庭的出行和货物出行。在非基于家庭的出行和货物出行中均不涉及基于家庭出行的端点问题，此时可认为 PA 与 OD 是相同的。这些出行发生量在整体出行中占有的比例较少，一般不会影响整体数据的走向。

五、影响出行产生量和出行吸引量的主要因素

出行产生量和出行吸引量的主要影响因素如表6-7所示。

出行产生量和出行吸引量的主要影响因素　　　　　　表6-7

类　别	主要影响因素	对影响因素的说明
出行产生量	晚上居住人口数量	交通小区内晚上各住宅区居住人口数量
	晚上居住人口特性	年龄、行业、文化水平和个人收入等
	家庭特性	车辆拥有量、家庭规模、人员构成和家庭收入等
	居住用地特性	居住用地面积、居民密度、出行产生率和可达性等
	交通网络特性	服务水平
出行吸引量	白天就业人口数量	交通小区内白天就业人口数量
	白天就业人口特性	年龄、行业、文化水平和个人收入等
	企事业特性	规模、性质和单位一般员工薪酬等
	非居住用地特性	各类非居住用地面积和出行吸引率等
	交通网络特性	服务水平

1. 出行产生量的影响因素

影响出行产生量的根本因素是晚上居住人口数量和特性，这些特性也可以通过家庭特性、居住用地特性和交通网络特性等间接反映。

(1) 晚上居住人口数量。交通小区晚上居住人口数量越大，则该交通小区出行产生量越高。

(2) 晚上居住人口特性。一般情况下，男女出行次数差异不大，女性出行产生率略高于男性；青年人的出行产生率高于老年人；从事服务业和商业的人员出行产生率要高于工人、公务员和教师等。

(3) 家庭特性。拥有小汽车的家庭出行产生率要高于无车辆的家庭；高收入的家庭出行产生率要高于低收入的家庭；孩子数量较多的家庭出行产生率要高于孩子数量少的家庭等。

(4) 居住用地特性。交通小区居住用地面积大或交通小区居民密度大都会加大居民的出行产生量。当在进行交通调查时，若各个交通小区的晚上居住人口数量无法获得较准确的数据，则交通小区出行产生量可以用该交通小区的居住用地面积和出行产生率进行计算。

(5) 交通网络特性。在其他条件同等的情况下，如果连接该交通小区的交通网络服务水平高，则该交通小区的出行产生量要大一些。

2. 出行吸引量的影响因素

影响出行吸引量的根本因素是白天就业人口数量和特性，这些特性也可以通过企事业特性、非居住用地特性和交通网络特性等间接反映。

(1) 白天就业人口数量。交通小区白天就业人口数量越多，则该交通小区的出行吸引量越大。

(2) 白天就业人口特性。任意一个交通小区，从事商业和服务业的白天就业人口比从事工业的白天就业人口出行吸引量大。

(3) 企事业特性。从事商业和服务业的单位比从事工业的单位出行吸引率高。

(4)非居住用地特性。交通小区非居住用地面积大,会加大出行吸引量。当在进行交通调查时,若无法获得较准确的白天就业人口数量,则交通小区出行吸引量可以用该交通小区的各类非居住用地面积和出行吸引率进行计算。

(5)交通网络特性。在其他条件同等的情况下,如果连接该交通小区的交通网络服务水平高,则该交通小区的出行吸引量会大一些。

第二节 主要预测方法

本节对主要预测方法进行分类和介绍,并对其应用范围进行说明。

一、主要预测方法分类和应用范围

主要预测方法分类。由于交通学科的历史发展和不同学派之间知识体系的传承,形成了不同的预测方法。对现有资料进行归纳总结,并根据模型的概念和类型,可将预测方法大致为:基本方法、类型分析法、回归分析法、增长系数法和离散选择法等。具体分类方法如表6-8所示。

出行发生预测方法分类　　　　表6-8

序号	方法名称	包含方法
1	基本方法	发生率法
		乘车系数法
		产值系数法
2	类型分析法	原单位法
		聚类分析法
		交叉分类法
		个人分类法
		家庭类别生成模型
3	回归分析法	回归模型法
		多元回归分析法
		经济计量模型
4	增长率法	常增长率法
		平均增长率法
		其他增长率法
		时间序列法
5	离散选择法	Logit模型
6	其他方法	类比法
		灰色预测
		出行生成快速响应方法
		弹性系数法
		其他复杂方法

主要预测方法的应用范围。这些预测方法可以应用在预测出行发生量、出行产生量、出行吸引量、起点量和讫点量上。使用方法基本相同，只是在使用时需要考虑的具体因素和相关系数不同。

二、主要预测方法模型简介

下面以出行产生量预测为例，介绍预测的六类方法，并针对几种常见的方法，给出预测模型。

1. 基本方法

基本方法是通过某一个指标值(如家庭数量、客货运量、经济指标和人口等)乘以其相关系数，来对出行产生量进行预测。预测模型如式(6-5)所示。

$$P_i = KX + C \tag{6-5}$$

式中：P_i——交通小区 i 出行产生量；

K、C——相关系数；

X——某一个指标值(如家庭数量、客货运量、经济指标数和人口等)。

基本方法一般是根据单一因素进行出行产生量预测，包含发生率法和乘车系数法等。

2. 类型分析法

类型分析法是以基本方法为基础，通过扩展分类发展而来。例如将家庭按照收入和车辆拥有量等因素进行分类，将土地按用地性质进行分类。预测模型如式(6-6)所示。

$$P_i = \sum_s X_{si} t_{si} \tag{6-6}$$

式中：P_i——交通小区 i 出行产生量；

X_{si}——交通小区 i 规划年第 s 类家庭(或土地等)的数量；

t_{si}——交通小区 i 规划年第 s 类家庭(或土地等)的出行产生率。

3. 回归分析法

回归分析法是确定一个交通小区的出行产生量与多个因素之间的因果关系。中国城市在进行交通规划时，从政府部门较容易获取的影响因素有人口数据、社会经济数据和用地性质数据等。回归分析法在实际应用中一般采用多元线性回归，其预测模型如式(6-7)所示。

$$P_i = R_1 X_{1i} + R_2 X_{2i} + R_3 X_{3i} + \cdots + R_m X_{mi} + R_0 \tag{6-7}$$

式中：P_i——交通小区 i 出行产生量；

X_{mi}——交通小区 i 规划年被选择的与出行产生紧密相关的自变量($m=1,\cdots,n$)，如人口和经济总量等；

R_m——待定系数($m=0,\cdots,n$)。

回归分析法与类型分析法的数学形式很相似。回归分析法自变量的量纲是不同的，自变量之间不能直接累加。类型分析法的自变量量纲相同，自变量之间可以直接进行累加。回归分析法自变量是反映整体的不同特性，类型分析法各个自变量是反映整体的不同部分。假设针对交通小区 i 预测其出行产生量，回归分析法采用的自变量包括晚上居住人口的数量、车辆拥有量和收入等，这些因素都从某一个侧面反映了该小区与出行产生紧密相关的特性，自变量可以从这些因素中选择一种或几种，自变量的数量并不一定十分确定且自变量的量纲不同。类型分析法采用的自变量是规划年第 s 类家庭(或土地等)的数量,这些自变量可以取晚上居住人口的数量、家庭和企事业单位等因素中的一种,以取晚上居住人口为例,则可将人口分为 6 岁以下人口、6~18 岁人口、18~60 岁人口和 60 岁以上人口 4 种,不同类别的人口有不同的出行产生率,这些自变量的量纲都是人,且自变量的种类必须涵盖该类型中包含的全部可能。

4. 增长率法

增长率法是在现状年出行产生量的基础上,乘以增长率得到规划年的出行产生量,这个增长率既可以与某一个决定交通出行的因素有关,也可以与时间有关。

1) 第一种方法

$$P_i^N = F_i P_i \tag{6-8}$$

式中:P_i^N——交通小区 i 规划年(现状年以后的 N 年)的出行产生量;

P_i——交通小区 i 现状年的出行产生量;

N——预测的年限;

F_i——增长率。其计算公式如式(6-9)所示。

$$F_i = \alpha_i \beta_i \tag{6-9}$$

式中:$\alpha_i = \dfrac{\text{规划年小区 } i \text{ 的预测人口}}{\text{现状年小区 } i \text{ 的人口}}$;

$\beta_i = \dfrac{\text{规划年小区 } i \text{ 的人均车辆拥有率}}{\text{现状年小区 } i \text{ 的人均车辆拥有率}}$。

F_i 的计算方法并不是唯一的,可根据实际调查情况进行调整。

2) 第二种方法

$$P_i^N = P_i(1 + F_j)^N \tag{6-10}$$

式中:P_i^N——交通小区 i 规划年(现状年以后的 N 年)的出行产生量;

P_i——交通小区 i 现状年的出行产生量;

F_j——每年确定的增长率;

N——预测的年限。

增长率法计算较为简单,是早期采用的出行产生预测的方法之一。

5. 离散选择法

离散选择法是使用 Logit 模型来计算个人出行的概率,然后结合交通小区中人口的数量来预测该交通小区的出行产生量。

6. 其他方法

除以上预测方法外,还有很多预测方法,如类比法、灰色预测、出行生成快速响应方法、弹性系数法和其他复杂方法等,以类比法举例说明。

若研究区域的交通发展特性与某一时期国内某些地区的交通发展特性类似,则可以直接使用已建立的较为成功的模型,应用发展弹性系数或增长率等进行出行产生预测。这样做的前提是对所研究区域及所要借鉴区域的交通发展特性做周密的调查、研究和论证工作。

第三节 类型分析法

本节主要对类型分析法的模型进行分析和介绍。首先对类型分析法的层次进行划分,然后分别介绍出行产生量和出行吸引量采用类型分析法进行预测的模型,最后采用具体例题进行分析说明。由于在出行发生预测阶段,通常只对出行产生量和出行吸引量进行预测,所以本节和下一节都只介绍出行产生量和出行吸引量预测。起点量与讫点量采用类型分析法进行预测的基本原理同出行产生量和出行吸引量预测。

一、类型分析法的层次划分

依据自变量的选取,类型分析法一般划分为 3 个层次。出行产生量的 3 个层次分别为晚上居住人口、家庭和用地性质,出行吸引量的 3 个层次分别为白天就业人口、企事业单位和用地性质,它们的预测精度是由精确到粗略的逐步过渡过程。第一个层次是根据晚上居住人口特性进行出行产生量预测,根据白天就业人口特性进行出行吸引量预测;第二个层次是根据家庭特性进行出行产生量预测,根据企事业单位特性进行出行吸引量预测;第三个层次是根据居住用地特性进行出行产生量预测,根据非居住用地特性进行出行吸引量预测。类型分析法的划分层次如表 6-9 所示。

类型分析法的划分层次　　　　　　表 6-9

出行类型	划分层次	数 据 获 取 方 法
出行产生	晚上居住人口特性	数据获取难度较大,需要进行交通调查
	家庭特性	数据获取具有一定难度,需要进行交通调查
	居住用地特性	数据获取较容易,可从政府相关部门获取
出行吸引	白天就业人口特性	数据获取难度较大,需要进行交通调查
	企事业单位特性	数据获取具有一定难度,需要进行交通调查
	非居住用地特性	数据获取较容易,可从政府相关部门获取

二、类型分析法的预测模型

1. 依据人口特性预测出行产生量和出行吸引量

1) 出行产生量预测模型

针对某一交通小区,依据该规划区域晚上居住人口的某种或几种特性,将该交通小区晚上居住人口划分为不同的类型。此时出行产生量预测模型如式(6-11)所示。

$$P_i = \sum_c p_{ci} N_{ci} = N_i \sum_c p_{ci} \gamma_{ci} \tag{6-11}$$

式中:P_i——交通小区 i 出行产生量;

p_{ci}——交通小区 i 第 c 类晚上居住人口的出行产生率;

N_{ci}——交通小区 i 第 c 类晚上居住人口数;

N_i——交通小区 i 晚上居住人口总数;

γ_{ci}——交通小区 i 第 c 类晚上居住人口比例。

晚上居住人口的类型划分有多种方法,一般可以按年龄、行业、文化水平和收入等因素中的一种进行划分,也可以采用自由组合的交叉分类法。建议的划分类型如表6-10 所示。

晚上居住人口类型划分 表6-10

划分对象	划分标准	划分类型
交通小区晚上居住人口	年龄	<6岁
		6~65岁
		>65岁
	行业	工业
		农业
		教育
		医疗
		行政
		零售业
		其他
	文化水平	高中及以下
		大学
		硕士及以上
	收入	低收入
		中等收入
		高收入

2) 出行吸引量预测模型

针对某一交通小区,依据该规划区域白天就业人口的某种或几种特性,将该交通小区白天就业人口划分为不同的类型。此时出行吸引量预测模型如式(6-12)所示。

$$A_j = \sum_c a_{cj} D_{cj} = D_j \sum_c a_{cj} \beta_{cj} \tag{6-12}$$

式中:A_j——交通小区 j 出行吸引量;

a_{cj}——交通小区 j 第 c 类白天就业人口的出行吸引率;

D_{cj}——交通小区 j 第 c 类白天就业人口数;

D_j——交通小区 j 白天就业人口总数;

β_{cj}——交通小区 j 第 c 类白天就业人口比例。

白天就业人口的类型划分有多种方法,可以按年龄、行业、文化水平和收入等因素中的一种进行划分,也可以采用自由组合的交叉分类法。建议的划分类型如表6-10所示。

2. 依据家庭和企事业单位特性预测出行产生量和出行吸引量

1) 出行产生量预测模型

针对某一交通小区,依据该规划区域的某种或几种特性将该交通小区的家庭划分为不同的类型。此时出行产生量预测模型如式(6-13)所示。

$$P_i = \sum_s p_{si} N_{si} = N_i \sum_s p_{si} \gamma_{si} \tag{6-13}$$

式中:P_i——交通小区 i 出行产生量;

p_{si}——交通小区 i 第 s 类家庭的出行产生率;

N_{si}——交通小区 i 第 s 类家庭数;

N_i——交通小区 i 各类家庭总数;

γ_{si}——交通小区 i 第 s 类家庭比例。

交通小区家庭的类型划分有多种方法,一般可以按规模、收入和车辆拥有量等因素中的一种进行划分,建议的划分类型如表6-11所示。也可以采用自由组合的交叉分类法,表6-12是采用交叉分类方法后,不同类别家庭出行产生率的示意表,基于家庭的交叉分类方法是美国交通规划实际工作中较常见的一种方法。

交通小区家庭类型划分　　　　　　　　　　　　表6-11

划分对象	划分标准	划分类型
交通小区家庭	规模	1~3人
		4人及以上
	收入	低收入
		中等收入
		高收入
	车辆拥有量	0辆
		1辆
		2辆及以上

基于交叉分类的不同类别家庭出行产生率示意　　　　　　　　表6-12

车辆拥有量	规模	收入		
		低收入	中等收入	高收入
0辆	1~3人	3.4	3.7	3.8
	4人及以上	4.9	5.0	5.1
1辆	1~3人	5.2	7.3	8.0
	4人及以上	6.9	8.3	10.2
2辆及以上	1~3人	5.8	8.1	10.0
	4人及以上	7.2	11.8	12.9

注:表中数据的单位为次/(d·户)。

2)出行吸引量预测模型

针对某一交通小区,依据该规划区域企事业单位的某种或几种特性,将该交通小区企事业单位划分为不同的类型。此时出行吸引量预测模型如式(6-14)所示。

$$A_j = \sum_s a_{sj}D_{sj} = D_j \sum_s a_{sj}\beta_{sj} \tag{6-14}$$

式中:A_j——交通小区 j 出行吸引量;

a_{sj}——交通小区 j 第 s 类企事业单位的出行吸引率;

D_{sj}——交通小区 j 第 s 类企事业单位数;

D_j——交通小区 j 各类企事业单位总数;

β_{sj}——交通小区 j 第 s 类企事业单位比例。

交通小区企事业单位的类型划分有多种方法,一般可以按规模、性质和单位一般员工薪酬等因素中的一种进行划分,也可以采用自由组合的交叉分类法。划分类型建议如表6-13所示。

交通小区企事业单位划分　　　　　　　　　表 6-13

划分对象	划分标准	划分类型
企事业单位	规模	<50 人
		50~100 人
		100~150 人
		150~200 人
		200~300 人
		300~500 人
		500~1000 人
		>1000 人
	性质	工业
		农业
		教育
		医疗
		行政
		零售业
		其他
	单位一般员工薪酬	高薪酬
		中等薪酬
		低薪酬

　　以上情况仅是对交通小区企事业单位一般情况的分类,还可以更进一步地进行较详细的分类。例如教育可以划分为大学和中小学,在同等条件下,大学主要进行内部活动,出行吸引率一般较小,而中小学频繁地进行上下学,出行吸引率一般较大。

3. 依据用地性质特性预测出行产生量和出行吸引量

1) 出行产生量预测模型

　　针对某一交通小区,根据该规划区域用地性质将其划分为不同的类型,出行产生量预测主要与居住用地性质有关。此时出行产生量预测模型如式(6-15)所示。

$$P_i = \sum_d p_{di} N_{di} = N_i \sum_d p_{di} \gamma_{di} \tag{6-15}$$

式中:P_i——交通小区 i 出行产生量;

p_{di}——交通小区 i 第 d 类居住用地的出行产生率(居住用地分为 3 类,因此 $d = 1,2,3$);

N_{di}——交通小区 i 第 d 类居住用地面积;

N_i——交通小区 i 居住用地总面积;

γ_{di}——交通小区 i 第 d 类居住用地比例。

居住用地性质的划分可参考第三章第二节相关内容。

2) 出行吸引量预测模型

　　针对某一交通小区,根据该规划区域用地性质将其划分为不同的类型,出行吸引量预测主要与非居住用地有关。此时出行吸引量预测模型如式(6-16)所示。

$$A_j = \sum_d a_{dj} D_{dj} = D_j \sum_d a_{dj} \beta_{dj} \tag{6-16}$$

式中：A_j——交通小区 j 出行吸引量；

a_{dj}——交通小区 j 第 d 类非居住用地的出行吸引率；

D_{dj}——交通小区 j 第 d 类非居住用地面积；

D_j——交通小区 j 非居住用地总面积；

β_{dj}——交通小区 j 第 d 类非居住用地面积比例。

非居住用地性质的划分可参考第三章第二节相关内容。

应用类型分析法进行出行产生量和出行吸引量预测时，可以选择不同的影响因素进行预测。在实际应用中，我们应根据调查精度要求和调查工作的经费等多种因素，通过综合判断来选择。

三、例题

本部分分别按人口特性、家庭和企事业单位特性以及用地性质特性，采用例题的形式，对类型分析法的应用进行说明。

1. 按人口特性

【例题 6-1】 假设根据调查，规划区域中不同类型晚上居住人口和白天就业人口的调查数据分别如表6-14和表6-15所示，不同类型晚上居住人口的出行产生率和白天就业人口的出行吸引率分别如表6-16和表6-17所示。计算规划区域各交通小区的出行产生量 P 和出行吸引量 A。（计算结果取整数）

不同类型晚上居住人口的调查数据　　　　表6-14

交通小区	文化水平	收入		
		低收入	中等收入	高收入
1	高中及以下	10	5	1
	大学	4	3	3
	硕士及以上	0	0	1
2	高中及以下	2	11	2
	大学	3	8	2
	硕士及以上	0	3	2
3	高中及以下	5	7	0
	大学	2	9	4
	硕士及以上	0	5	5
4	高中及以下	2	2	5
	大学	2	3	6
	硕士及以上	0	0	2

注：表中数据的单位为人。

不同类型白天就业人口的调查数据　　　　　　　　　　　　表 6-15

交通小区	行　业	收　入		
		低收入	中等收入	高收入
1	工业	5	2	0
	教育	0	1	1
	其他	2	2	2
2	工业	0	2	2
	教育	2	3	0
	其他	0	1	3
3	工业	0	2	0
	教育	2	5	0
	其他	0	5	4
4	工业	3	1	0
	教育	1	1	2
	其他	3	3	5

注：表中数据的单位为人。

不同类型晚上居住人口的出行产生率　　　　　　　　　　　　表 6-16

文化水平	收　入		
	低收入	中等收入	高收入
高中及以下	2.10	2.20	2.60
大学	1.80	2.40	2.90
硕士及以上	1.30	3.00	3.40

注：表中数据的单位为次/(d·人)。

不同类型白天就业人口的出行吸引率　　　　　　　　　　　　表 6-17

行　业	收　入		
	低收入	中等收入	高收入
工业	3.65	4.12	4.12
教育	4.06	3.96	3.50
其他	5.89	5.97	4.89

注：表中数据的单位为次/(d·人)。

解：

对于出行产生量 P，由式(6-11)进行出行产生量预测，其中 P_1 表示交通小区 1 出行产生量，p_{c1} 表示交通小区 1 第 c 类晚上居住人口的出行产生率，N_{c1} 表示交通小区 1 第 c 类晚上居住人口数，其他字母含义类推。

$P_1 = \sum_c p_{c1} N_{c1}$
　　$= 10 \times 2.10 + 4 \times 1.80 + 0 \times 1.30 + 5 \times 2.20 + 3 \times 2.40 + 0 \times 3.00 +$
　　　$1 \times 2.60 + 3 \times 2.90 + 1 \times 3.40$
　　$= 61$

$$P_2 = \sum_c p_{c2} N_{c2}$$
$= 2 \times 2.10 + 3 \times 1.80 + 0 \times 1.30 + 11 \times 2.20 + 8 \times 2.40 + 3 \times 3.00 +$
$\quad 2 \times 2.60 + 2 \times 2.90 + 2 \times 3.40$
$= 80$

$$P_3 = \sum_c p_{c3} N_{c3}$$
$= 5 \times 2.10 + 2 \times 1.80 + 0 \times 1.30 + 7 \times 2.20 + 9 \times 2.40 + 5 \times 3.00 +$
$\quad 0 \times 2.60 + 4 \times 2.90 + 5 \times 3.40$
$= 95$

$$P_4 = \sum_c p_{c4} N_{c4}$$
$= 2 \times 2.10 + 2 \times 1.80 + 0 \times 1.30 + 2 \times 2.20 + 3 \times 2.40 + 0 \times 3.00 +$
$\quad 5 \times 2.60 + 6 \times 2.90 + 2 \times 3.40$
$= 57$

对于出行吸引量 A，由式(6-12)进行出行吸引量预测，其中 A_1 表示交通小区 1 出行吸引量，a_{c1} 表示交通小区 1 第 c 类白天就业人口的出行吸引率，D_{c1} 表示交通小区 1 第 c 类白天就业人口数，其他字母含义类推。

$$A_1 = \sum_c a_{c1} D_{c1}$$
$= 5 \times 3.65 + 0 \times 4.06 + 2 \times 5.89 + 2 \times 4.12 + 1 \times 3.96 + 2 \times 5.97 +$
$\quad 0 \times 4.12 + 1 \times 3.50 + 2 \times 4.89$
$= 67$

$$A_2 = \sum_c a_{c2} D_{c2}$$
$= 0 \times 3.65 + 2 \times 4.06 + 0 \times 5.89 + 2 \times 4.12 + 3 \times 3.96 + 1 \times 5.97 +$
$\quad 2 \times 4.12 + 0 \times 3.50 + 3 \times 4.89$
$= 57$

$$A_3 = \sum_c a_{c3} D_{c3}$$
$= 0 \times 3.65 + 2 \times 4.06 + 0 \times 5.89 + 2 \times 4.12 + 5 \times 3.96 + 5 \times 5.97 +$
$\quad 0 \times 4.12 + 0 \times 3.50 + 4 \times 4.89$
$= 86$

$$A_4 = \sum_c a_{c4} D_{c4}$$
$= 3 \times 3.65 + 1 \times 4.06 + 3 \times 5.89 + 1 \times 4.12 + 1 \times 3.96 + 3 \times 5.97 +$
$\quad 0 \times 4.12 + 2 \times 3.50 + 5 \times 4.89$
$= 90$

所以，规划区域各交通小区的出行产生量和出行吸引量见表6-18。

出行产生量和出行吸引量　　　　　　　　　　表6-18

产生量和吸引量	交通小区				合计
	1	2	3	4	
出行产生量 P	61	80	95	57	293
出行吸引量 A	67	57	86	90	300

注：表中数据的单位为次/d。在实际应用中，大城市和特大城市由于人口众多，往往使用万次/d。

2. 按家庭和企事业单位特性

【例题 6-2】 假设根据调查,规划区域中不同类型家庭和企事业单位的调查数据分别如表 6-19 和表 6-20 所示,不同类型家庭的出行产生率和企事业单位的出行吸引率分别如表 6-21 和表 6-22 所示。计算规划区域各交通小区的出行产生量 P 和出行吸引量 A。(计算结果取整数)

不同类型家庭的调查数据　　　　　　　　　　　　　　　表 6-19

交通小区	规　　模	收　　入		
		低收入	中等收入	高收入
1	1~3 人	3	1	2
	4 人及以上	2	2	1
2	1~3 人	0	5	2
	4 人及以上	0	1	3
3	1~3 人	0	7	3
	4 人及以上	1	4	2
4	1~3 人	1	1	5
	4 人及以上	1	4	4

注:表中数据的单位为户。

不同类型企事业单位的调查数据　　　　　　　　　　　　表 6-20

交通小区	行　　业	薪　　酬		
		低薪酬	中等薪酬	高薪酬
1	工业	2	0	0
	教育	0	0	0
2	工业	0	1	1
	教育	0	0	0
3	工业	0	0	0
	教育	1	1	0
4	工业	0	0	1
	教育	0	1	0

注:表中数据的单位为个。

不同类型家庭的出行产生率　　　　　　　　　　　　　　表 6-21

规　　模	收　　入		
	低收入	中等收入	高收入
1~3 人	3.40	3.70	3.80
4 人及以上	5.20	7.30	8.00

注:表中数据的单位为次/(d·户)。

不同类型企事业单位的出行吸引率　　　　　　　　　　　表 6-22

性　　质	单位一般员工薪酬		
	低薪酬	中薪酬	高薪酬
工业	25	30	60
教育	16	42	50

注:表中数据的单位为次/(d·个)。

解：

对于出行产生量 P：由式(6-13)进行出行产生量预测，其中 P_1 表示交通小区 1 出行产生量，p_{s1} 表示交通小区 1 第 s 类家庭的出行产生率，N_{s1} 表示交通小区 1 第 s 类家庭数，其他字母符号同理。

$$P_1 = \sum_s p_{s1} N_{s1} = 3 \times 3.40 + 2 \times 5.20 + 1 \times 3.70 + 2 \times 7.30 + 2 \times 3.80 + 1 \times 8.00 = 55$$

$$P_2 = \sum_s p_{s2} N_{s2} = 0 \times 3.40 + 0 \times 5.20 + 5 \times 3.70 + 1 \times 7.30 + 2 \times 3.80 + 3 \times 8.00 = 57$$

$$P_3 = \sum_s p_{s3} N_{s3} = 0 \times 3.40 + 1 \times 5.20 + 7 \times 3.70 + 4 \times 7.30 + 3 \times 3.80 + 2 \times 8.00 = 88$$

$$P_4 = \sum_s p_{s4} N_{s4} = 1 \times 3.40 + 1 \times 5.20 + 1 \times 3.70 + 4 \times 7.30 + 5 \times 3.80 + 4 \times 8.00 = 93$$

对于出行吸引量 A：由式(6-14)进行出行吸引量预测，其中 A_1 表示交通小区 1 出行吸引量，a_{s1} 表示交通小区 1 第 s 类企事业单位的出行吸引率，D_{s1} 表示交通小区 1 第 s 类企事业单位数，其他字母符号同理。

$$A_1 = \sum_s a_{s1} D_{s1} = 2 \times 25 + 0 \times 16 + 0 \times 30 + 0 \times 42 + 0 \times 60 + 0 \times 50 = 50$$

$$A_2 = \sum_s a_{s2} D_{s2} = 0 \times 25 + 0 \times 16 + 1 \times 30 + 0 \times 42 + 1 \times 60 + 0 \times 50 = 90$$

$$A_3 = \sum_s a_{s3} D_{s3} = 0 \times 25 + 1 \times 16 + 0 \times 30 + 1 \times 42 + 0 \times 60 + 0 \times 50 = 58$$

$$A_4 = \sum_s a_{s4} D_{s4} = 0 \times 25 + 0 \times 16 + 0 \times 30 + 1 \times 42 + 1 \times 60 + 0 \times 50 = 102$$

所以，规划区域各交通小区的出行产生量和出行吸引量见表 6-23。

出行产生量和出行吸引量 　　　　　　　　　　　　　　表 6-23

产生量和吸引量	交通小区				合 计
	1	2	3	4	
出行产生量 P	55	57	88	93	293
出行吸引量 A	50	90	58	102	300

注：表中数据的单位为次/d。

3. 按用地性质特性

【例题 6-3】 根据调查，规划区域的不同用地性质面积如表 6-24 所示，不同用地性质出行产生率和出行吸引率如表 6-25 所示。计算规划区域各交通小区的出行产生量 P 和出行吸引量 A（计算结果取整数）。

不同用地性质面积 　　　　　　　　　　　　　　表 6-24

交通小区	用地性质					
	一类居住用地	二类居住用地	三类居住用地	教育科研用地	工业用地	商业用地
1	0.00	0.00	1363.60	0.00	0.00	0.00
2	0.00	1956.52	0.00	0.00	0.00	0.00
3	0.00	0.00	0.00	783.49	907.57	47.94
4	840.00	0.00	0.00	0.00	947.37	0.00

注：表中数据的单位为 m²。

不同用地性质出行产生率和出行吸引率　　　表6-25

产生率与吸引率	用地性质					
	一类居住用地	二类居住用地	三类居住用地	教育科研用地	工业用地	商业用地
出行产生率	0.082	0.069	0.065	—	—	—
出行吸引率	—	—	—	0.120	0.076	1.350

注：表中数据的单位为次/(d·m²)。

解：

对于出行产生量P：由式(6-15)进行出行产生量预测，其中P_1表示交通小区1出行产生量，p_{d1}表示交通小区1第d类居住用地的出行产生率，N_{d1}表示交通小区1第d类居住用地面积，其他字母含义相同。

$P_1 = \sum_d p_{d1} N_{d1} = 0.00 \times 0.082 + 0.00 \times 0.069 + 1363.60 \times 0.065 = 89$

$P_2 = \sum_d p_{d2} N_{d2} = 0.00 \times 0.082 + 1956.52 \times 0.069 + 0.00 \times 0.065 = 135$

$P_3 = \sum_d p_{d3} N_{d3} = 0.00 \times 0.082 + 0.00 \times 0.069 + 0.00 \times 0.065 = 0$

$P_4 = \sum_d p_{d4} N_{d4} = 840.00 \times 0.082 + 0.00 \times 0.069 + 0.00 \times 0.065 = 69$

对于出行吸引量A：由式(6-16)进行出行吸引量预测，其中A_1表示交通小区1出行吸引量，a_{d1}表示交通小区1第d类非居住用地的出行吸引率，D_{d1}表示交通小区1第d类非居住用地面积，其他字母含义相同。

$A_1 = \sum_d a_{d1} D_{d1} = 0.00 \times 0.120 + 0.00 \times 0.076 + 0.00 \times 1.350 = 0$

$A_2 = \sum_d a_{d2} D_{d2} = 0.00 \times 0.120 + 0.00 \times 0.076 + 0.00 \times 1.350 = 0$

$A_3 = \sum_d a_{d3} D_{d3} = 783.49 \times 0.120 + 907.57 \times 0.076 + 47.94 \times 1.350 = 228$

$A_4 = \sum_d a_{d4} D_{d4} = 0.00 \times 0.120 + 947.37 \times 0.076 + 0.00 \times 1.350 = 72$

所以，规划区域各交通小区的出行产生量和出行吸引量见表6-26。

出行产生量和出行吸引量　　　表6-26

产生量和吸引量	交通小区				合计
	1	2	3	4	
出行产生量P	89	135	0	69	293
出行吸引量A	0	0	228	72	300

注：表中数据的单位为次/d。

在计算规划年出行产生量和出行吸引量时，用于计算出行产生量的自变量和出行产生率是预测得到的，同理计算出行吸引量的自变量和出行吸引率也是预测得到的，由此可能会产生误差。产生的误差体现在两个方面：

(1)采用不同自变量(如人口或用地性质等)可能会产生不同的预测结果，只要预测结果数值相差不大，都是合理的。

(2)规划区域的出行产生量和出行吸引量的预测结果很可能不等，通常采用平衡的方法来解决，具体方法详见本章第五节。

第四节　回归分析法

本节主要对回归分析法的预测模型进行介绍和分析。首先介绍回归分析法的预测模型,然后采用具体例题进行分析说明。

一、回归分析法的预测模型

一般情况下,回归分析法主要用于出行产生量的预测。由于出行吸引量与众多因素有密切的因果关系,如某一城市的交通小区用地性质可能有工业用地、商业用地和医疗用地等,在每种用地性质条件下影响交通吸引的主要因素各不相同。如果将各种因素考虑全面,工作量很大。因此在进行出行吸引量预测时,回归分析法应用较少。

下面将重点介绍依据人口、车辆拥有量和收入进行出行产生量预测的模型。

(1)针对某一交通小区,依据该交通小区晚上居住人口的数量和车辆拥有量进行回归分析。此时出行产生量预测模型如式(6-17)所示。

$$P_i = AX_i + BY_i + C \tag{6-17}$$

式中:P_i——交通小区 i 出行产生量;

X_i——交通小区 i 晚上居住人口数量;

Y_i——交通小区 i 车辆拥有量;

A、B、C——回归系数。

(2)针对某一交通小区,依据该交通小区晚上居住人口的数量和平均收入进行回归分析。此时出行产生量预测模型如式(6-18)所示。

$$P_i = aX_i + bZ_i + c \tag{6-18}$$

式中:P_i——交通小区 i 出行产生量;

X_i——交通小区 i 晚上居住人口数量;

Z_i——交通小区 i 平均收入;

a、b、c——回归系数。

总之,采用回归分析方法进行出行产生量预测时,可用式(6-7)进行预测。具体采用哪些自变量,应该根据自变量与出行产生量的相关程度,以及自变量之间的独立性等因素综合确定。

二、例题

【例题6-4】 假设根据调查,规划区域的现状年各交通小区的晚上居住人口数、车辆拥有量和出行产生量如表6-27所示,规划区域规划年的各交通小区的晚上居住人口数和车辆拥有量如表6-28所示。建立规划区域出行产生量的回归分析模型,并预测规划年各交通小区出行产生量。(计算结果取整数)

规划区域现状年数据　　　　　　　表6-27

交通小区	晚上居住人口数(人)	车辆拥有量(辆)	出行产生量(次)
1	150	26	474
2	320	54	725

续上表

交通小区	晚上居住人口数(人)	车辆拥有量(辆)	出行产生量(次)
3	212	37	612
4	198	32	650
5	245	46	590
6	375	57	935
7	410	60	1150
8	398	58	1098
9	250	48	710
10	450	59	1420

规划区域规划年预测数据　　　　　　　　　　　　　　　　表6-28

交通小区	晚上居住人口数(人)	车辆拥有量(辆)	交通小区	晚上居住人口数(人)	车辆拥有量(辆)
1	200	38	6	405	65
2	395	75	7	460	72
3	258	50	8	420	66
4	235	42	9	302	62
5	279	54	10	520	70

解：

设晚上居住人口数为X_1，车辆拥有量为X_2，出行产生量为P。根据表6-27采用回归分析法式建立回归模型如下所示，并对其参数进行拟合。

$$P = 4.85X_1 - 18.76X_2 + 271.99$$

初步检验：从所标定的待定系数来看，其中各自变量与因变量均成正比关系，其符合基本常识。

统计检验：借助Excel等软件进行计算，可知拟合优度$R = 0.95 > 0.7$，其符合统计检验要求，因此模型符合理论要求。

将表6-28中规划年预测数据即晚上居住人口数和车辆拥有量代入以上回归模型，可预测规划年出行产生量，预测结果如表6-29所示。

预测出行产生量表　　　　　　　　　　　　　　　　表6-29

交通小区	出行产生量	交通小区	出行产生量
1	529	6	1017
2	781	7	1152
3	585	8	1071
4	624	9	574
5	612	10	1481

注：表中数据的单位为次/d。

第五节 出行产生量和出行吸引量的平衡

本节主要介绍出行产生量和出行吸引量应满足的平衡条件及平衡方法。首先介绍平衡条件,然后对平衡的方法进行了分类总结,并对常见方法进行介绍。

一、出行产生量和出行吸引量应满足的条件

对于某一个城市而言,居民白天出行进行活动,晚上会回到居住地。所以在对某一个城市进行出行产生量和出行吸引量预测时,预测得到的所有交通小区的出行产生总量应等于出行吸引总量,即满足式(6-19)条件。

$$\sum_{i=1}^{n} P_i = \sum_{j=1}^{n} A_j \tag{6-19}$$

式中:P_i——交通小区 i 出行产生量($i=1,\cdots,n$);

A_j——交通小区 j 出行吸引量($j=1,\cdots,n$)。

二、平衡方法

在实际预测过程中,由于各种因素的影响,一个城市的出行产生总量预测结果往往与出行吸引总量的预测结果并不相等,从而需要对预测结果进行调整,使出行产生总量与出行吸引总量相等,这一过程称作出行产生量和出行吸引量的平衡。

当出行产生总量不等于出行吸引总量时,可采用以下 4 种方法进行调整。

(1)出行发生量恒定法:调整出行产生量和出行吸引量,使其各自的总和等于出行发生量。

(2)出行产生量恒定法:保持出行产生量恒定,对出行吸引量进行调整。

(3)出行吸引量恒定法:保持出行吸引量恒定,对出行产生量进行调整。

(4)出行产生量和出行吸引量加权法:对出行产生量和出行吸引量均进行调整,取它们的均值(或中间值等)作为平衡后的出行产生量和出行吸引量,也可根据它们的可靠程度设置不同的权重进行计算。

下面将对出行发生量恒定法和出行产生量恒定法进行介绍。假设出行发生量为 T,各交通小区的出行产生量为 P_i,各交通小区的出行吸引量为 A_j。

1. 出行发生量恒定法

出行发生量恒定法对出行产生量和出行吸引量均进行调整,如式(6-20)和式(6-21)所示。

对出行产生量进行平衡如式(6-20)所示。

$$P_i' = \frac{T}{\sum_{i=1}^{n} P_i} P_i \tag{6-20}$$

式中:P_i'——平衡后的交通小区 i 出行产生量;

T——所有交通小区出行发生量,计算公式详见第五章第一节式(5-1);

P_i——交通小区 i 出行产生量。

对出行吸引量进行平衡如式(6-21)所示。

$$A'_j = \frac{T}{\sum_{j=1}^{n} A_j} A_j \tag{6-21}$$

式中：A'_j——平衡后的交通小区 j 出行吸引量；

T——所有交通小区出行发生量，计算公式详见第五章第一节式(5-1)；

A_j——交通小区 j 出行吸引量。

2. 出行产生量恒定法

出行产生量恒定法是保持出行产生量恒定，对出行吸引量进行调整，如式(6-22)所示。

$$A'_j = \frac{\sum_{i=1}^{n} P_i}{\sum_{j=1}^{n} A_j} A_j \tag{6-22}$$

式中：A'_j——平衡后的交通小区 j 出行吸引量；

P_i——交通小区 i 出行产生量；

A_j——交通小区 j 出行吸引量。

三、例题

【例题6-5】 试采用出行发生量恒定法平衡例题6-3中规划区域各交通小区的出行产生量 P 和出行吸引量 A。已知该规划区域数据：流动人口的百分率 η 为2.7%，居民日平均出行次数 α 为2.5次/(d·人)，大于6岁人口占总人口的百分率 β 为95.2%，常住人口 P 为121人。（计算结果取整数）

解：

(1)根据第五章第一节式(5-1)计算该规划区域规划年一日客流总量 T：

$T = (1+\eta)\alpha\beta P = (1+2.7\%) \times 2.5 \times 95.2\% \times 121 = 296(次/d)$

(2)采用出行发生量恒定法平衡规划区域各交通小区的出行产生量 P 和出行吸引量 A。

根据式(6-20)对出行产生量进行平衡：

$$P'_1 = \frac{296}{293} \times 89 = 90$$

$$P'_2 = \frac{296}{293} \times 135 = 136$$

$$P'_3 = \frac{296}{293} \times 0 = 0$$

$$P'_4 = \frac{296}{293} \times 69 = 70$$

根据式(6-21)对出行吸引量进行平衡：

$$A'_1 = \frac{296}{300} \times 0 = 0$$

$$A'_2 = \frac{296}{300} \times 0 = 0$$

$$A'_3 = \frac{296}{300} \times 228 = 225$$

$$A'_4 = \frac{296}{300} \times 72 = 71$$

平衡后的结果如表6-30所示。

平衡后的出行产生量P和出行吸引量A　　　　表6-30

产生量和吸引量	交通小区				合　计
	1	2	3	4	
出行产生量P	90	136	0	70	296
出行吸引量A	0	0	225	71	296

注：表中数据的单位为次/d。

第六节　出行发生预测应用流程

可以进行出行发生预测的方法很多，步骤在细节上也可以有很多不同，本节介绍较为常见的应用流程。

一、预测模型的选择与标定

选择和标定出行产生量模型。可选取基于用地性质的类型分析法作为预测模型，计算各交通小区中各类居住用地的面积，通过调研或调查确定各类居住用地的出行产生率，并确定该出行产生率具有一定的普适性，完成参数标定。

选择和标定出行吸引量模型。可选取基于用地性质的类型分析法作为预测模型，计算各交通小区中各类非居住用地的面积，通过调研或调查确定各类非居住用地的出行吸引率，并确定该出行吸引率具有一定的普适性，完成参数标定。

二、建立规划年出行产生量和出行吸引量预测模型

一般情况下，可以用现状年的出行产生量和出行吸引量预测模型直接作为规划年的出行产生量和出行吸引量预测模型。但值得注意的是，出行产生量（出行吸引量）与影响因素之间的关系会随着社会经济条件的变化而变化，所以在条件允许的情况下，应分析社会经济条件的变化对预测模型的影响，通过模型修正来提高规划年出行产生量和出行吸引量的预测精度。

三、预测规划年出行产生量和出行吸引量

将已确定的影响规划年出行产生量和出行吸引量的自变量数值代入到预测模型中，即可得到规划年出行产生量和出行吸引量。

四、规划年出行产生量和出行吸引量的平衡

在进行出行产生量和出行吸引量预测时，要求预测得到的所有交通小区的出行产生总量要等于出行吸引总量，即严格满足式(6-19)。若不满足此条件时，可采用本章第五节介绍的4种平衡方法进行调整。

第七节 案 例

本部分根据应用流程对 D 县综合交通体系规划交通需求预测中的出行发生预测进行介绍。

一、预测模型的选择与标定

影响出行产生量和出行吸引量的因素有很多,但在对 D 县进行交通调研与调查时发现,各类细化数据获取难度较大,因此本案例在进行出行产生量和出行吸引量预测时,选择各类用地面积作为自变量。

在进行出行产生量预测时,采用类型分析法进行预测,自变量为各类居住用地面积,预测模型如式(6-15)所示。根据实际调查,D 县居住用地有两类,出行产生率如表 6-31 所示。

各类居住用地的出行产生率　　表 6-31

用 地 性 质	出行产生率	用 地 性 质	出行产生率
一类居住用地	0.04	二类居住用地	0.08

注:表中数据的单位为次/(d·m²)。

在进行出行吸引量预测时,采用类型分析法进行预测,自变量为各类非居住用地面积,预测模型如式(6-16)所示。根据实际调查,确定 D 县各类非居住用地的出行吸引率如表 6-32 所示。

各类非居住用地的出行吸引率　　表 6-32

用 地 性 质	出行吸引率	用 地 性 质	出行吸引率
行政办公用地	0.0480	交通枢纽用地	0.1300
文化设施用地	0.2184	交通场站用地	0.0120
娱乐康体用地	0.2184	社会停车场用地	0.0120
教育科研用地	0.1224	供应设施用地	0.0012
中小学用地	0.1224	供电用地	0.0012
体育用地	0.1272	供燃气用地	0.0012
医疗卫生用地	0.0600	供热用地	0.0012
社会福利设施用地	0.0084	邮政设施用地	0.0012
商业设施用地	0.1320	排水用地	0.0480
商务设施用地	0.1320	消防设施用地	0.0480
批发市场用地	0.1800	公园绿地	0.0420
营业网点用地	0.1560	防护绿地	0.0420
一类工业用地	0.0240	生态绿地	0.0420
二类工业用地	0.0180	广场用地	0.1800
一类物流仓储用地	0.0360	—	—

注:表中数据的单位为次/(d·m²)。

二、建立规划年出行产生量和出行吸引量预测模型

用现状年的出行产生量和出行吸引量预测模型直接作为规划年的出行产生量和出行吸引量预测模型。

三、预测规划年出行产生量和出行吸引量

通过代入规划年各交通小区居住用地面积数据计算得到规划年各交通小区出行产生量,如表6-33所示。规划年出行产生总量 $P=576990.13$ 次/d。

规划年各交通小区出行产生量　　　　　表6-33

交 通 小 区	出行产生量 P	交 通 小 区	出行产生量 P
1	33140.39	12	0.00
2	22698.95	13	57440.63
3	43007.67	14	16470.40
4	15303.76	15	0.00
5	48685.91	16	0.00
6	26535.53	17	44563.13
7	30300.31	18	47686.85
8	38366.44	19	30170.57
9	56598.64	20	0.00
10	33155.97	21	0.00
11	32864.98	22	0.00

注:表中数据的单位为次/d。

通过代入规划年各交通小区非居住用地面积数据计算得到规划年各交通小区出行吸引量,如表6-34所示。规划年出行吸引总量 $A=831850.53$ 次/d。

规划年各交通小区出行吸引量　　　　　表6-34

交 通 小 区	出行吸引量 A	交 通 小 区	出行吸引量 A
1	23390.86	12	33790.87
2	11594.83	13	50086.91
3	17683.76	14	79817.52
4	27939.80	15	27275.52
5	41357.45	16	51990.19
6	36149.10	17	62960.85
7	3389.88	18	53181.99
8	68542.04	19	33764.98
9	34307.48	20	87443.62
10	14495.89	21	21506.73
11	27685.34	22	23494.92

注:表中数据的单位为次/d。

四、规划年出行产生量和出行吸引量的平衡

出行产生量和出行吸引量预测完成后,若发现所有交通小区的出行产生总量不等于出行吸引总量,可采用出行发生量恒定法进行出行产生量和出行吸引量的平衡。

确定该规划区域规划年一日客流总量 T。已知该规划区域数据:流动人口的百分率 η 为 2.6%,居民日平均出行次数 α 为 3 次/(d·人),大于 6 岁人口占总人口的百分率 β 为 95%,常住人口 P 为 19.5 万人,则根据第五章第一节式(5-1)进行计算,得到该规划区域规划年一日客流总量 T 为 570199.50 次/d。

由步骤三可知规划年出行产生总量 $P = 576990.13$ 次/d,规划年出行吸引总量 $A = 831850.53$ 次/d,采用式(6-20)和式(6-21)对出行产生量和出行吸引量进行平衡,平衡后的出行产生量和出行吸引量如表 6-35 所示。

平衡后的出行产生量和出行吸引量　　　　表 6-35

交通小区	P	A	交通小区	P	A
1	32750.36	16033.48	12	0.00	23162.26
2	22431.80	7947.78	13	56764.61	34332.53
3	42501.51	12121.49	14	16276.56	54711.64
4	15123.65	19151.59	15	0.00	18696.25
5	48112.92	28348.84	16	0.00	35637.15
6	26223.23	24778.73	17	44038.66	43157.09
7	29943.70	2323.62	18	47125.62	36454.08
8	37914.90	46982.76	19	29815.49	23144.51
9	55932.53	23516.37	20	0.00	59939.02
10	32765.76	9936.34	21	0.00	14741.98
11	32478.19	18977.17	22	0.00	16104.81

注:表中数据的单位为次/d。

本 章 习 题

1. 出行产生量、出行吸引量、起点量和讫点量的定义是什么?
2. 出行产生量和出行吸引量的主要影响因素有哪些?
3. 试采用出行产生量恒定法平衡例题 6-3 中规划区域各交通小区的出行产生量 P 和出行吸引量 A。(计算结果取整数)
4. 在进行出行发生预测前,你认为有必要进行哪些准备工作?
5. 针对目前的出行发生预测方法,你认为还可以对其进行哪方面的完善?

第七章 出行分布预测

本章首先介绍出行分布预测的基本概念和主要方法,然后介绍常用的增长率法和重力模型法,最后介绍出行分布预测的应用流程及例题,并运用案例对相关内容进行说明。本章内容在经典的交通需求预测四阶段方法中处于第 2 阶段,是把出行发生预测获得的各交通小区的出行产生量和出行吸引量,转换成交通小区之间的空间 PA 出行分布量,即 PA 出行分布矩阵。

第一节 概　　述

本节首先介绍 PA 与 OD 的出行分布量和出行分布矩阵,然后介绍 PA 与 OD 出行分布矩阵的区别,最后对各文献中出现的出行分布预测的主要方法进行总结。

一、PA 出行分布量

PA 出行分布量是指交通小区 i 和交通小区 j 之间单位时间内的出行产生量和出行吸引量。就一对交通小区而言,PA 出行分布量主要由 t_{ij} 和 t_{ji} 两部分组成。

t_{ij} 是以交通小区 i 为产生点(基于家庭出行的全部家庭端点,与非基于家庭出行和货物出行的全部起点),以交通小区 j 为吸引点(基于家庭出行的全部非家庭端点,与非基于家庭出行和货物出行的全部讫点)的出行分布量。

t_{ji} 是以交通小区 j 为产生点,以交通小区 i 为吸引点的出行分布量。

二、PA 出行分布矩阵

PA 出行分布矩阵是一个二维表(矩阵),行坐标为产生交通小区(可简称为产生区)编号,列坐标为吸引交通小区(可简称为吸引区)编号,其中的各元素为 PA 出行分布量。一个交通小区的出行产生量不一定等于其出行吸引量,甚至某些交通小区只是产生区,不是吸引区,如纯住宅区;也可能某些交通小区只是吸引区,不是产生区,如纯工业区。在实际中绝大多数交通小区包含多种用地性质的土地,即该交通小区既是产生区又是吸引区,为了实际需求和叙述简便,一般假定产生区数量和吸引区数量相等,用 n 表示。PA 出行分布矩阵如表 7-1 所示。

PA 出行分布矩阵 表 7-1

P\A	1	2	…	j	…	n	合计
1	t_{11}	t_{12}	…	t_{1j}	…	t_{1n}	P_1
2	t_{21}	t_{22}	…	t_{2j}	…	t_{2n}	P_2
⋮	⋮	⋮	⋮	⋮	⋮	⋮	⋮
i	t_{i1}	t_{i2}	…	t_{ij}	…	t_{in}	P_i
⋮	⋮	⋮	⋮	⋮	⋮	⋮	⋮
n	t_{n1}	t_{n2}	…	t_{nj}	…	t_{nn}	P_n
合计	A_1	A_2	…	A_j	…	A_n	T

注：表中数据的单位一般为万次/d 或次/d。t_{ij}是以交通小区 i 为产生点，交通小区 j 为吸引点的出行分布量；P_i 为交通小区 i 的出行产生量，A_j 为交通小区 j 的出行吸引量；T 为规划区域的出行发生量。

对此 PA 出行分布矩阵，下面各式严格成立：

(1) $P_i = \sum_{j=1}^{n} t_{ij} \ (i=1,2,\cdots,n)$ （7-1）

(2) $A_j = \sum_{i=1}^{n} t_{ij} \ (j=1,2,\cdots,n)$ （7-2）

(3) $T = \sum_{i=1}^{n} P_i = \sum_{j=1}^{n} A_j = \sum_{i=1}^{n}\sum_{j=1}^{n} t_{ij} = \sum_{j=1}^{n}\sum_{i=1}^{n} t_{ij} \ (i,j=1,2,\cdots,n)$ （7-3）

三、OD 出行分布量

OD 出行分布量是指交通小区 i 和交通小区 j 之间单位时间内的起点量和讫点量。就一对交通小区而言，OD 出行分布量主要由 q_{ij} 和 q_{ji} 两部分组成。

q_{ij} 是以交通小区 i 为起点，以交通小区 j 为讫点的出行分布量。

q_{ji} 是以交通小区 j 为起点，以交通小区 i 为讫点的出行分布量。

四、OD 出行分布矩阵

OD 出行分布矩阵是一个二维表（矩阵），行坐标为起点交通小区（可简称为起点区）编号，列坐标为讫点交通小区（可简称为讫点区）编号，其中的各元素为 OD 出行分布量。假定规划区域交通小区数为 n，其 OD 出行分布矩阵如表 7-2 所示。

OD 出行分布矩阵 表 7-2

O\D	1	2	…	j	…	n	合计
1	q_{11}	q_{12}	…	q_{1j}	…	q_{1n}	O_1
2	q_{21}	q_{22}	…	q_{2j}	…	q_{2n}	O_2
⋮	⋮	⋮	⋮	⋮	⋮	⋮	⋮
i	q_{i1}	q_{i2}	⋮	q_{ij}	…	q_{in}	O_i
⋮	⋮	⋮	⋮	⋮	⋮	⋮	⋮
n	q_{n1}	q_{n2}	…	q_{nj}	…	q_{nn}	O_n
合计	D_1	D_2	…	D_j	…	D_n	Q

注：表中数据的单位一般为万次/d 或次/d。q_{ij}是以交通小区 i 为起点，交通小区 j 为讫点的出行分布量；O_i 为交通小区 i 的起点量，D_j 为交通小区 j 的讫点量；Q 为规划区域的出行发生量。

对此 OD 出行分布矩阵,下面各式严格成立:

$$(1) O_i = \sum_{j=1}^{n} q_{ij} (i=1,2,\cdots,n) \tag{7-4}$$

$$(2) D_j = \sum_{i=1}^{n} q_{ij} (j=1,2,\cdots,n) \tag{7-5}$$

$$(3) Q = \sum_{i=1}^{n} O_i = \sum_{j=1}^{n} D_j = \sum_{i=1}^{n}\sum_{j=1}^{n} q_{ij} = \sum_{j=1}^{n}\sum_{i=1}^{n} q_{ij} (i,j=1,2,\cdots,n) \tag{7-6}$$

五、PA 与 OD 出行分布矩阵的区别

PA 出行分布矩阵与用地性质有关。对 PA 出行分布矩阵中的所有元素进行定义时,都主要是基于产生点和吸引点,其中就所有元素当中的任意一对元素而言,t_{ij} 和 t_{ji} 没有必然联系。

OD 出行分布矩阵与出行方向有关。对 OD 出行分布矩阵中的所有元素进行定义时,都主要是基于起点和讫点,其中就所有元素当中的任意一对元素而言,q_{ij} 和 q_{ji} 基本相等。

案例数据分析。继续采用第六章第一节"城市交通居民基于家庭的出行案例分析"中的例子,解释 PA 与 OD 出行分布矩阵的区别。根据该例中表 6-5 可得交通小区 PA 出行分布矩阵,如表 7-3 所示;根据该例中表 6-6 可得交通小区 OD 出行分布矩阵,如表 7-4 所示。

PA 出行分布矩阵 表 7-3

P \ A	1	2	合计
1	0	2	2
2	0	0	0
合计	0	2	2

注:表中数据的单位为次/d。

OD 出行分布矩阵 表 7-4

O \ D	1	2	合计
1	0	1	1
2	1	0	1
合计	1	1	2

注:表中数据的单位为次/d。

在很多情况下交通小区包含多种用地性质的土地,PA 出行分布矩阵与 OD 出行分布矩阵在数值上的区别不是特别明显,所以很多计算方法中并没有对 PA 出行分布矩阵和 OD 出行分布矩阵进行严格的区分。

在本书中,为了明确地说明交通需求预测的过程,在经典的交通需求预测四阶段法中的前 3 个阶段都只进行 PA 的相关计算,在进行第 4 个阶段前通过将 PA 出行分布矩阵转换成 OD 出行分布矩阵,从而把 PA 数据转化为能够分配的 OD 数据。

六、出行分布预测的主要方法

由于交通学科的历史发展和不同学派之间知识体系的传承,形成了不同的出行分布预测方法。根据现有资料进行归纳总结,其主要方法有:常增长率法(常增长系数法)、平均增

长率法(平均增长系数法)、底特律法、福莱特法、佛尼斯法、无约束重力模型、单约束重力模型、双约束重力模型、介入机会模型、最大熵法和系统平衡模型等。其中常用的预测方法是增长率法(常增长率法、平均增长率法、底特律法、福莱特法、佛尼斯法)和重力模型法(无约束重力模型、单约束重力模型、双约束重力模型)。

第二节 增长率法

本节首先介绍增长率法的基本原理(图7-1),其次详细介绍常增长率法和平均增长率法,并采用具体例题进行分析说明,然后简要介绍其他增长率法,最后介绍增长率法的特点。

图 7-1 增长率法基本原理示意

一、增长率法基本原理

(1)规划年 PA 出行分布矩阵是在现状年 PA 出行分布矩阵的基础上,乘以相应的增长函数得到的。

(2)增长函数与出行产生量增长率、出行吸引量增长率有关。

(3)为了提高规划年 PA 出行分布矩阵的预测精度,多数增长率法采用迭代方法进行计算。

二、常增长率法

1. 算法步骤

(1)准备基础数据。需要准备现状年 PA 出行分布矩阵、现状年各交通小区的出行产生量和出行吸引量(可由现状年 PA 出行分布矩阵获得)、规划年各交通小区的出行产生量或出行吸引量。

(2)设 P_i^0 表示现状年交通小区 i 的出行产生量,A_j^0 表示现状年交通小区 j 的出行吸引量,t_{ij}^0 表示现状年 PA 出行分布矩阵中交通小区 i、j 间的出行分布量。

(3)设 P_i^f 表示规划年交通小区 i 的出行产生量,A_j^f 表示规划年交通小区 j 的出行吸引量,t_{ij}^f 表示规划年 PA 出行分布矩阵中交通小区 i、j 间的出行分布量。

(4)计算各交通小区的出行产生量增长率 F_{Pi} 或出行吸引量增长率 F_{Aj}。出行产生量增长率计算如式(7-7)所示,出行吸引量增长率计算如式(7-8)所示。一般情况下,各交通小区的出行产生量比出行吸引量预测更为可靠,因此多采用公式(7-7)。

$$F_{Pi} = \frac{P_i^f}{P_i^0} \tag{7-7}$$

$$F_{Aj} = \frac{A_j^f}{A_j^0} \tag{7-8}$$

(5)确定增长函数 $f_\text{常}(F_{Pi})$ 或 $f_\text{常}(F_{Aj})$。若常增长率法假定 t_{ij}^f 的增长仅与交通小区 i 的

出行产生量增长率有关,此时增长函数计算如式(7-9)所示;若常增长率法假定 t_{ij}^f 仅与交通小区 j 的出行吸引量增长率有关,此时增长函数计算如式(7-10)所示。

$$f_{常}(F_{Pi}) = F_{Pi} \qquad (7\text{-}9)$$

$$f_{常}(F_{Aj}) = F_{Aj} \qquad (7\text{-}10)$$

(6)计算规划年 PA 出行分布量 t_{ij}^f,确定规划年 PA 出行分布矩阵。若增长函数是由交通小区 i 的出行产生量增长率确定的,则规划年 PA 出行分布量 t_{ij}^f 计算如式(7-11)所示;若增长函数是由交通小区 j 的出行吸引量增长率确定的,则规划年 PA 出行分布量 t_{ij}^f 计算如式(7-12)所示。规划年 PA 出行分布量 t_{ij}^f 确定后,即可得到规划年 PA 出行分布矩阵。

$$t_{ij}^f = t_{ij}^0 \cdot f_{常}(F_{Pi}) \qquad (7\text{-}11)$$

$$t_{ij}^f = t_{ij}^0 \cdot f_{常}(F_{Aj}) \qquad (7\text{-}12)$$

2.例题

【例题 7-1】 试根据表 7-5 中 3 个交通小区现状年 PA 出行分布矩阵和规划年出行产生量预测值,求解规划年 PA 出行分布矩阵。其中 3 个交通小区出行分布量的增长仅与交通小区的出行产生量增长率有关。(出行分布量保留 3 位小数,其他均保留 4 位小数)

现状年 PA 出行分布矩阵和规划年出行产生量预测值　　表 7-5

P \ A	1	2	3	合计	预测值
1	17.0	7.0	4.0	28.0	38.6
2	7.0	38.0	6.0	51.0	91.9
3	4.0	5.0	17.0	26.0	36.0
合计	28.0	50.0	27.0	105.0	166.5

注:表中数据的单位为万次/d。

解:

(1)准备基础数据。需要准备现状年 PA 出行分布矩阵、现状年各交通小区的出行产生量和出行吸引量、规划年各交通小区的出行产生量,这些数据均可由表 7-5 可知。

(2)设 P_i^0 表示现状年交通小区 i 的出行产生量,t_{ij}^0 表示现状年 PA 出行分布矩阵中交通小区 i、j 间的出行分布量。

(3)设 P_i^f 表示规划年交通小区 i 的出行产生量,t_{ij}^f 表示规划年 PA 出行分布矩阵中交通小区 i、j 间的出行分布量。

(4)计算各交通小区的出行产生量增长率 F_{Pi}。由于本例题只给出了规划年各交通小区的出行产生量 P_i^f,因此只可根据式(7-7)计算各交通小区的出行产生量增长率 F_{Pi}。

$$F_{P1} = P_1^f / P_1^0 = 38.6/28.0 = 1.3786$$

$$F_{P2} = P_2^f / P_2^0 = 91.9/51.0 = 1.8020$$

$$F_{P3} = P_3^f / P_3^0 = 36.0/26.0 = 1.3846$$

(5)确定增长函数 $f_{常}(F_{Pi})$。本例题 t_{ij}^f 的增长仅与交通小区 i 的出行产生量增长率有关,根据式(7-9)计算增长函数。

$$f_{常}(F_{P1}) = F_{P1} = 1.3786$$

$$f_{常}(F_{P2}) = F_{P2} = 1.8020$$

$$f_常(F_{P3}) = F_{P3} = 1.3846$$

(6)计算规划年 PA 出行分布量 t_{ij}^f,确定规划年 PA 出行分布矩阵。本例题增长函数是由交通小区 i 出行产生量增长率确定的,因此根据式(7-11),得到规划年 PA 出行分布量 t_{ij}^f 如下所示,规划年 PA 出行分布矩阵如表 7-6 所示。

$$t_{11}^f = t_{11}^0 \cdot f_常(F_{P1}) = 17.0 \times 1.3786 = 23.436$$
$$t_{12}^f = t_{12}^0 \cdot f_常(F_{P1}) = 7.0 \times 1.3786 = 9.650$$
$$t_{13}^f = t_{13}^0 \cdot f_常(F_{P1}) = 4.0 \times 1.3786 = 5.514$$
$$t_{21}^f = t_{21}^0 \cdot f_常(F_{P2}) = 7.0 \times 1.8020 = 12.614$$
$$t_{22}^f = t_{22}^0 \cdot f_常(F_{P2}) = 38.0 \times 1.8020 = 68.476$$
$$t_{23}^f = t_{23}^0 \cdot f_常(F_{P2}) = 6.0 \times 1.8020 = 10.812$$
$$t_{31}^f = t_{31}^0 \cdot f_常(F_{P3}) = 4.0 \times 1.3846 = 5.538$$
$$t_{32}^f = t_{32}^0 \cdot f_常(F_{P3}) = 5.0 \times 1.3846 = 6.923$$
$$t_{33}^f = t_{33}^0 \cdot f_常(F_{P3}) = 17.0 \times 1.3846 = 23.538$$

规划年 PA 出行分布矩阵 表 7-6

P \ A	1	2	3	合计	预测值
1	23.436	9.650	5.514	38.600	38.6
2	12.614	68.476	10.812	91.902	91.9
3	5.538	6.923	23.538	35.999	36.0
合计	41.588	85.049	39.865	166.501	166.5

注:表中数据的单位为万次/d。

由于计算结果保留有效数字时要进行四舍五入等取值计算,导致规划年出行产生量合计值与预测值在数值最末端位可能会产生舍入误差,属于正常现象。该 PA 出行分布矩阵满足出行产生的约束条件,故为所求的规划年 PA 出行分布矩阵。

三、平均增长率法

1. 算法步骤

(1)准备基础数据。需要准备现状年 PA 出行分布矩阵、现状年各交通小区的出行产生量和出行吸引量(可由现状年 PA 出行分布矩阵获得)、规划年各交通小区的出行产生量和出行吸引量。

(2)设 P_i^0 表示现状年交通小区 i 的出行产生量,A_j^0 表示现状年交通小区 j 的出行吸引量,t_{ij}^0 表示现状年 PA 出行分布矩阵中交通小区 i、j 间的出行分布量。

(3)设 P_i^f 表示规划年交通小区 i 的出行产生量,A_j^f 表示规划年交通小区 j 的出行吸引量。

(4)设 P_i^k 表示规划年交通小区 i 的出行产生量第 k 次近似值,A_j^k 表示规划年交通小区 j 的出行吸引量第 k 次近似值,t_{ij}^k 表示规划年 PA 出行分布矩阵中交通小区 i、j 间的出行分布量第 k 次近似值。

(5)求第 0 次出行产生量增长率 F_{Pi}^0 和出行吸引量增长率 F_{Aj}^0。出行产生量增长率 F_{Pi}^0

计算如式(7-13)所示,出行吸引量增长率 F_{Aj}^0 计算如式(7-14)所示。

$$F_{Pi}^0 = \frac{P_i^f}{P_i^0} \tag{7-13}$$

$$F_{Aj}^0 = \frac{A_j^f}{A_j^0} \tag{7-14}$$

(6)确定第 0 次平均增长函数 $f_平(F_{Pi}^0, F_{Aj}^0)$。第 0 次平均增长函数 $f_平(F_{Pi}^0, F_{Aj}^0)$ 计算如式(7-15)所示。

$$f_平(F_{Pi}^0, F_{Aj}^0) = \frac{1}{2}(F_{Pi}^0 + F_{Aj}^0) \tag{7-15}$$

(7)令 $k = 1$。

(8)计算规划年出行分布量的第 k 次近似值 t_{ij}^k,确定此时的规划年 PA 出行分布矩阵。规划年出行分布量的第 k 次近似值 t_{ij}^k 计算如式(7-16)所示。

$$t_{ij}^k = t_{ij}^{k-1} \cdot f_平(F_{Pi}^{k-1}, F_{Aj}^{k-1}) \tag{7-16}$$

(9)计算第 k 次出行产生量增长率 F_{Pi}^k 和出行吸引量增长率 F_{Aj}^k。出行产生量增长率 F_{Pi}^k 计算如式(7-17)所示,出行吸引量增长率 F_{Aj}^k 计算如式(7-18)所示。

$$F_{Pi}^k = \frac{P_i^f}{P_i^k} \tag{7-17}$$

$$F_{Aj}^k = \frac{A_j^f}{A_j^k} \tag{7-18}$$

(10)收敛判断。若步骤(9)得到的各项系数均小于收敛标准,则停止计算;否则转入下一步。

(11)计算第 k 次平均增长函数 $f_平(F_{Pi}^k, F_{Aj}^k)$。第 k 次平均增长函数 $f_平(F_{Pi}^k, F_{Aj}^k)$ 计算如式(7-19)所示。

$$f_平(F_{Pi}^k, F_{Aj}^k) = \frac{1}{2}(F_{Pi}^k + F_{Aj}^k) \tag{7-19}$$

(12)令 $k = k + 1$,转入步骤(8)。

2. 例题

【例题 7-2】 试利用现状年 PA 出行分布矩阵(表7-7)、规划年出行产生量和出行吸引量(表7-8),求解 4 个交通小区规划年的出行分布量。设定收敛标准为 $\varepsilon = 3\%$。(出行分布量保留 3 位小数,其他均保留 4 位小数)

现状年 PA 出行分布矩阵　　　　表7-7

P \ A	1	2	3	4	合计
1	2.0	0.0	28.0	17.0	47.0
2	0.0	2.0	67.0	9.0	78.0
3	0.0	0.0	2.0	0.0	2.0
4	0.0	0.0	32.0	7.0	39.0
合计	2.0	2.0	129.0	33.0	166.0

注:表中数据的单位为万次/d。

规划年出行产生量和出行吸引量   表7-8

产生量和吸引量	交通小区				合　计
	1	2	3	4	
出行产生量 P	89.4	137.8	3.8	72.0	303.0
出行吸引量 A	4.0	3.9	228.1	67.0	303.0

注：表中数据的单位为万次/d。

解：

(1) 准备基础数据。需要准备现状年 PA 出行分布矩阵、现状年各交通小区的出行产生量和出行吸引量,如表7-7所示；规划年各交通小区的出行产生量和出行吸引量如表7-8所示。

(2) 设 P_i^0 表示现状年交通小区 i 的出行产生量，A_j^0 表示现状年交通小区 j 的出行吸引量，t_{ij}^0 表示现状年 PA 出行分布矩阵中交通小区 i、j 间的出行分布量。

(3) 设 P_i^f 表示规划年交通小区 i 的出行产生量，A_j^f 表示规划年交通小区 j 的出行吸引量。

(4) 设 P_i^k 表示规划年交通小区 i 的出行产生量第 k 次近似值，A_j^k 表示规划年交通小区 j 的出行吸引量第 k 次近似值，t_{ij}^k 表示规划年 PA 出行分布矩阵中交通小区 i、j 间的出行分布量第 k 次近似值。

(5) 求第 0 次出行产生量增长率 F_{Pi}^0 和出行吸引量增长率 F_{Aj}^0。根据式(7-13)和式(7-14)计算出行产生量增长率和出行吸引量增长率。

$$F_{P1}^0 = P_1^f/P_1^0 = 89.4/47.0 = 1.9021$$

$$F_{P2}^0 = P_2^f/P_2^0 = 137.8/78.0 = 1.7667$$

$$F_{P3}^0 = P_3^f/P_3^0 = 3.8/2.0 = 1.9000$$

$$F_{P4}^0 = P_4^f/P_4^0 = 72.0/39.0 = 1.8462$$

$$F_{A1}^0 = A_1^f/A_1^0 = 4.0/2.0 = 2.0000$$

$$F_{A2}^0 = A_2^f/A_2^0 = 3.9/2.0 = 1.9500$$

$$F_{A3}^0 = A_3^f/A_3^0 = 228.1/129.0 = 1.7682$$

$$F_{A4}^0 = A_4^f/A_4^0 = 67.0/33.0 = 2.0303$$

(6) 确定第 0 次平均增长函数 $f_平(F_{Pi}^0, F_{Aj}^0)$。根据式(7-15)计算第 0 次平均增长函数 $f_平(F_{Pi}^0, F_{Aj}^0)$。

$$f_平(F_{P1}^0, F_{A1}^0) = \frac{1}{2}(F_{P1}^0 + F_{A1}^0) = (1.9021 + 2.0000)/2 = 1.9511$$

$$f_平(F_{P1}^0, F_{A2}^0) = \frac{1}{2}(F_{P1}^0 + F_{A2}^0) = (1.9021 + 1.9500)/2 = 1.9261$$

$$f_平(F_{P1}^0, F_{A3}^0) = \frac{1}{2}(F_{P1}^0 + F_{A3}^0) = (1.9021 + 1.7682)/2 = 1.8352$$

$$f_平(F_{P1}^0, F_{A4}^0) = \frac{1}{2}(F_{P1}^0 + F_{A4}^0) = (1.9021 + 2.0303)/2 = 1.9662$$

$$f_平(F_{P2}^0, F_{A1}^0) = \frac{1}{2}(F_{P2}^0 + F_{A1}^0) = (1.7667 + 2.0000)/2 = 1.8834$$

$$f_{平}(F_{P2}^0, F_{A2}^0) = \frac{1}{2}(F_{P2}^0 + F_{A2}^0) = (1.7667 + 1.9500)/2 = 1.8584$$

$$f_{平}(F_{P2}^0, F_{A3}^0) = \frac{1}{2}(F_{P2}^0 + F_{A3}^0) = (1.7667 + 1.7682)/2 = 1.7675$$

$$f_{平}(F_{P2}^0, F_{A4}^0) = \frac{1}{2}(F_{P2}^0 + F_{A4}^0) = (1.7667 + 2.0303)/2 = 1.8985$$

$$f_{平}(F_{P3}^0, F_{A1}^0) = \frac{1}{2}(F_{P3}^0 + F_{A1}^0) = (1.9000 + 2.0000)/2 = 1.9500$$

$$f_{平}(F_{P3}^0, F_{A2}^0) = \frac{1}{2}(F_{P3}^0 + F_{A2}^0) = (1.9000 + 1.9500)/2 = 1.9250$$

$$f_{平}(F_{P3}^0, F_{A3}^0) = \frac{1}{2}(F_{P3}^0 + F_{A3}^0) = (1.9000 + 1.7682)/2 = 1.8341$$

$$f_{平}(F_{P3}^0, F_{A4}^0) = \frac{1}{2}(F_{P3}^0 + F_{A4}^0) = (1.9000 + 2.0303)/2 = 1.9652$$

$$f_{平}(F_{P4}^0, F_{A1}^0) = \frac{1}{2}(F_{P4}^0 + F_{A1}^0) = (1.8462 + 2.0000)/2 = 1.9231$$

$$f_{平}(F_{P4}^0, F_{A2}^0) = \frac{1}{2}(F_{P4}^0 + F_{A2}^0) = (1.8462 + 1.9500)/2 = 1.8981$$

$$f_{平}(F_{P4}^0, F_{A3}^0) = \frac{1}{2}(F_{P4}^0 + F_{A3}^0) = (1.8462 + 1.7682)/2 = 1.8072$$

$$f_{平}(F_{P4}^0, F_{A4}^0) = \frac{1}{2}(F_{P4}^0 + F_{A4}^0) = (1.8462 + 2.0303)/2 = 1.9383$$

（7）令 $k=1$。

（8）计算规划年出行分布量的第 1 次近似值 t_{ij}^1，确定此时的规划年 PA 出行分布矩阵。根据式(7-16)计算规划年出行分布量的第 1 次近似值 t_{ij}^1，PA 出行分布矩阵如表 7-9 所示。

$$t_{11}^1 = t_{11}^0 \cdot f_{平}(F_{P1}^0, F_{A1}^0) = 2.0 \times 1.9511 = 3.902$$

$$t_{12}^1 = t_{12}^0 \cdot f_{平}(F_{P1}^0, F_{A2}^0) = 0.0 \times 1.9261 = 0.000$$

$$t_{13}^1 = t_{13}^0 \cdot f_{平}(F_{P1}^0, F_{A3}^0) = 28.0 \times 1.8352 = 51.386$$

$$t_{14}^1 = t_{14}^0 \cdot f_{平}(F_{P1}^0, F_{A4}^0) = 17.0 \times 1.9662 = 33.425$$

$$t_{21}^1 = t_{21}^0 \cdot f_{平}(F_{P2}^0, F_{A1}^0) = 0.0 \times 1.8834 = 0.000$$

$$t_{22}^1 = t_{22}^0 \cdot f_{平}(F_{P2}^0, F_{A2}^0) = 2.0 \times 1.8584 = 3.717$$

$$t_{23}^1 = t_{23}^0 \cdot f_{平}(F_{P2}^0, F_{A3}^0) = 67.0 \times 1.7675 = 118.423$$

$$t_{24}^1 = t_{24}^0 \cdot f_{平}(F_{P2}^0, F_{A4}^0) = 9.0 \times 1.8985 = 17.087$$

$$t_{31}^1 = t_{31}^0 \cdot f_{平}(F_{P3}^0, F_{A1}^0) = 0.0 \times 1.9500 = 0.000$$

$$t_{32}^1 = t_{32}^0 \cdot f_{平}(F_{P3}^0, F_{A2}^0) = 0.0 \times 1.9250 = 0.000$$

$$t_{33}^1 = t_{33}^0 \cdot f_{平}(F_{P3}^0, F_{A3}^0) = 2.0 \times 1.8341 = 3.668$$

$$t_{34}^1 = t_{34}^0 \cdot f_{平}(F_{P3}^0, F_{A4}^0) = 0.0 \times 1.9652 = 0.000$$

$$t_{41}^1 = t_{41}^0 \cdot f_{平}(F_{P4}^0, F_{A1}^0) = 0.0 \times 1.9231 = 0.000$$

$$t_{42}^1 = t_{42}^0 \cdot f_{平}(F_{P4}^0, F_{A2}^0) = 0.0 \times 1.8981 = 0.000$$

$$t_{43}^1 = t_{43}^0 \cdot f_{平}(F_{P4}^0, F_{A3}^0) = 32.0 \times 1.8072 = 57.830$$

$$t_{44}^1 = t_{44}^0 \cdot f_{平}(F_{P4}^0, F_{A4}^0) = 7.0 \times 1.9383 = 13.568$$

第1次迭代得到的规划年 PA 出行分布矩阵　　表 7-9

P \ A	1	2	3	4	合计
1	3.902	0.000	51.386	33.425	88.713
2	0.000	3.717	118.423	17.087	139.227
3	0.000	0.000	3.668	0.000	3.668
4	0.000	0.000	57.830	13.568	71.398
合计	3.902	3.717	231.307	64.080	303.006

注：表中数据的单位为万次/d。

（9）计算第 1 次出行产生量增长率 F_{Pi}^1 和出行吸引量增长率 F_{Aj}^1。根据式(7-17)和式(7-18)计算出行产生量增长率 F_{Pi}^1 和出行吸引量增长率 F_{Aj}^1。

$$F_{P1}^1 = P_1^f / P_1^1 = 89.4 / 88.713 = 1.0077$$

$$F_{P2}^1 = P_2^f / P_2^1 = 137.8 / 139.227 = 0.9898$$

$$F_{P3}^1 = P_3^f / P_3^1 = 3.8 / 3.668 = 1.0360$$

$$F_{P4}^1 = P_{41}^f / P_4^1 = 72.0 / 71.398 = 1.0084$$

$$F_{A1}^1 = A_1^f / A_1^1 = 4.0 / 3.902 = 1.0251$$

$$F_{A2}^1 = A_2^f / A_2^1 = 3.9 / 3.717 = 1.0492$$

$$F_{A3}^1 = A_3^f / A_3^1 = 228.1 / 231.307 = 0.9861$$

$$F_{A4}^1 = A_4^f / A_4^1 = 67.0 / 64.080 = 1.0456$$

（10）收敛判断。由于 F_{Pi}^1 和 F_{Aj}^1 部分系数误差大于 3%，因此需要继续迭代。

（11）计算第 1 次平均增长函数 $f_{平}(F_{Pi}^1, F_{Aj}^1)$。根据式(7-19)计算第 1 次平均增长函数 $f_{平}(F_{Pi}^1, F_{Aj}^1)$。

$$f_{平}(F_{P1}^1, F_{A1}^1) = \frac{1}{2}(F_{P1}^1 + F_{A1}^1) = (1.0077 + 1.0251)/2 = 1.0164$$

$$f_{平}(F_{P1}^1, F_{A2}^1) = \frac{1}{2}(F_{P1}^1 + F_{A2}^1) = (1.0077 + 1.0492)/2 = 1.0285$$

$$f_{平}(F_{P1}^1, F_{A3}^1) = \frac{1}{2}(F_{P1}^1 + F_{A3}^1) = (1.0077 + 0.9861)/2 = 0.9969$$

$$f_{平}(F_{P1}^1, F_{A4}^1) = \frac{1}{2}(F_{P1}^1 + F_{A4}^1) = (1.0077 + 1.0456)/2 = 1.0267$$

$$f_{平}(F_{P2}^1, F_{A1}^1) = \frac{1}{2}(F_{P2}^1 + F_{A1}^1) = (0.9898 + 1.0251)/2 = 1.0075$$

$$f_{平}(F_{P2}^1, F_{A2}^1) = \frac{1}{2}(F_{P2}^1 + F_{A2}^1) = (0.9898 + 1.0492)/2 = 1.0195$$

$$f_{平}(F_{P2}^1, F_{A3}^1) = \frac{1}{2}(F_{P2}^1 + F_{A3}^1) = (0.9898 + 0.9861)/2 = 0.9880$$

$$f_{平}(F_{P2}^1, F_{A4}^1) = \frac{1}{2}(F_{P2}^1 + F_{A4}^1) = (0.9898 + 1.0456)/2 = 1.0177$$

$$f_{平}(F_{P3}^1, F_{A1}^1) = \frac{1}{2}(F_{P3}^1 + F_{A1}^1) = (1.0360 + 1.0251)/2 = 1.0306$$

$$f_{平}(F_{P3}^1, F_{A2}^1) = \frac{1}{2}(F_{P3}^1 + F_{A2}^1) = (1.0360 + 1.0492)/2 = 1.0426$$

$$f_{平}(F_{P3}^1, F_{A3}^1) = \frac{1}{2}(F_{P3}^1 + F_{A3}^1) = (1.0360 + 0.9861)/2 = 1.0111$$

$$f_{平}(F_{P3}^1, F_{A4}^1) = \frac{1}{2}(F_{P3}^1 + F_{A4}^1) = (1.0360 + 1.0456)/2 = 1.0408$$

$$f_{平}(F_{P4}^1, F_{A1}^1) = \frac{1}{2}(F_{P4}^1 + F_{A1}^1) = (1.0084 + 1.0251)/2 = 1.0168$$

$$f_{平}(F_{P4}^1, F_{A2}^1) = \frac{1}{2}(F_{P4}^1 + F_{A2}^1) = (1.0084 + 1.0492)/2 = 1.0288$$

$$f_{平}(F_{P4}^1, F_{A3}^1) = \frac{1}{2}(F_{P4}^1 + F_{A3}^1) = (1.0084 + 0.9861)/2 = 0.9973$$

$$f_{平}(F_{P4}^1, F_{A4}^1) = \frac{1}{2}(F_{P4}^1 + F_{A4}^1) = (1.0084 + 1.0456)/2 = 1.0270$$

（12）令 $k=2$。

（13）用与步骤（8）相同的方法,计算各交通小区规划年出行分布量的第2次近似值 t_{ij}^2,确定此时的各交通小区规划年 PA 出行分布矩阵如表7-10所示。

$$t_{11}^2 = t_{11}^1 \cdot f_{平}(F_{P1}^1, F_{A1}^1) = 3.902 \times 1.0164 = 3.966$$

$$t_{12}^2 = t_{12}^1 \cdot f_{平}(F_{P1}^1, F_{A2}^1) = 0.000 \times 1.0285 = 0.000$$

$$t_{13}^2 = t_{13}^1 \cdot f_{平}(F_{P1}^1, F_{A3}^1) = 51.386 \times 0.9969 = 51.227$$

$$t_{14}^2 = t_{14}^1 \cdot f_{平}(F_{P1}^1, F_{A4}^1) = 33.425 \times 1.0267 = 34.317$$

$$t_{21}^2 = t_{21}^1 \cdot f_{平}(F_{P2}^1, F_{A1}^1) = 0.000 \times 1.0075 = 0.000$$

$$t_{22}^2 = t_{22}^1 \cdot f_{平}(F_{P2}^1, F_{A2}^1) = 3.717 \times 1.0195 = 3.789$$

$$t_{23}^2 = t_{23}^1 \cdot f_{平}(F_{P2}^1, F_{A3}^1) = 118.423 \times 0.9880 = 117.002$$

$$t_{24}^2 = t_{24}^1 \cdot f_{平}(F_{P2}^1, F_{A4}^1) = 17.087 \times 1.0177 = 17.389$$

$$t_{31}^2 = t_{31}^1 \cdot f_{平}(F_{P3}^1, F_{A1}^1) = 0.000 \times 1.0306 = 0.000$$

$$t_{32}^2 = t_{32}^1 \cdot f_{平}(F_{P3}^1, F_{A2}^1) = 0.000 \times 1.0426 = 0.000$$

$$t_{33}^2 = t_{33}^1 \cdot f_{平}(F_{P3}^1, F_{A3}^1) = 3.668 \times 1.0111 = 3.709$$

$$t_{34}^2 = t_{34}^1 \cdot f_{平}(F_{P3}^1, F_{A4}^1) = 0.000 \times 1.0408 = 0.000$$

$$t_{41}^2 = t_{41}^1 \cdot f_{平}(F_{P4}^1, F_{A1}^1) = 0.000 \times 1.0168 = 0.000$$

$$t_{42}^2 = t_{42}^1 \cdot f_{平}(F_{P4}^1, F_{A2}^1) = 0.000 \times 1.0288 = 0.000$$

$$t_{43}^2 = t_{43}^1 \cdot f_{平}(F_{P4}^1, F_{A3}^1) = 57.830 \times 0.9973 = 57.674$$

$$t_{44}^2 = t_{44}^1 \cdot f_{平}(F_{P4}^1, F_{A4}^1) = 13.568 \times 1.0270 = 13.934$$

第 2 次迭代得到的规划年 PA 出行分布矩阵　　　　　　　　　　表 7-10

P\A	1	2	3	4	合计
1	3.966	0.000	51.227	34.317	89.510
2	0.000	3.789	117.002	17.389	138.180
3	0.000	0.000	3.709	0.000	3.709
4	0.000	0.000	57.674	13.934	71.608
合计	3.966	3.789	229.612	65.640	303.007

注：表中数据的单位为万次/d。

(14) 用与步骤(9)相同的方法，计算第 2 次出行产生量增长率 F_{Pi}^2 和出行吸引量增长率 F_{Aj}^2。

$$F_{P1}^2 = P_1^f/P_1^2 = 89.4/89.510 = 0.9988$$
$$F_{P2}^2 = P_2^f/P_2^2 = 137.8/138.180 = 0.9972$$
$$F_{P3}^2 = P_3^f/P_3^2 = 3.8/3.709 = 1.0245$$
$$F_{P4}^2 = P_4^f/P_4^2 = 72.0/71.608 = 1.0055$$
$$F_{A1}^2 = A_1^f/A_1^2 = 4.0/3.966 = 1.0086$$
$$F_{A2}^2 = A_2^f/A_2^2 = 3.9/3.789 = 1.0293$$
$$F_{A3}^2 = A_3^f/A_3^2 = 228.1/229.612 = 0.9934$$
$$F_{A4}^2 = A_4^f/A_4^2 = 67.0/65.640 = 1.0207$$

(15) 收敛判断。由于 F_{Pi}^2 和 F_{Aj}^2 的各项系数误差均小于 3%，因此不需要继续迭代。表 7-10 即为平均增长率法所求规划年出行分布量。

四、其他增长率法

福莱特法(Fratar Method)假设交通小区 i、j 间出行分布量 t_{ij}^f 的增长不仅与交通小区 i 的出行产生量增长率和交通小区 j 的出行吸引量增长率有关，还与整个规划区域的其他交通小区的增长率有关，模型如式(7-20)所示。福莱特法是常用交通规划软件 TransCAD 中增长率法的默认计算方法。

$$f_F(F_{Pi}^k, F_{Aj}^k) = F_{Pi}^k \cdot F_{Aj}^k \cdot \left(\frac{L_{Pi}^k + L_{Aj}^k}{2}\right) \tag{7-20}$$

其中
$$L_{Pi}^k = \frac{P_i^k}{\sum_j t_{ij}^k F_{Aj}^k}$$

$$L_{Aj}^k = \frac{A_j^k}{\sum_i t_{ij}^k F_{Pi}^k}$$

式中：F_{Pi}^k ——表示第 k 次交通小区 i 的出行产生量增长率；
F_{Aj}^k ——表示第 k 次交通小区 j 的出行吸引量增长率；
L_{Pi}^k ——表示第 k 次交通小区 i 的产生位置系数；
L_{Aj}^k ——表示第 k 次交通小区 j 的吸引位置系数；

P_i^k——表示规划年交通小区 i 的出行产生量第 k 次近似值;

A_j^k——表示规划年交通小区 j 的出行吸引量第 k 次近似值;

t_{ij}^k——表示规划年 PA 出行分布矩阵中交通小区 i,j 间的出行分布量第 k 次近似值。

其他增长率法还包括底特律法和佛尼斯法等。这些增长率法的基本原理是相同的,只是计算方法不同。具体采用哪种增长率法计算规划年 PA 出行分布矩阵,需结合实际的情况综合考虑。

五、增长率法的特点

1. 优点

(1)增长率法结构简单,易于理解,且可以直接使用观测得到的出行矩阵来预测出行增长,不需要其他额外的数据。

(2)可以用于小时出行分布量或日出行分布量的预测,也可以用于各种出行目的的出行分布量预测等。

(3)如果规划年与现状年情况变化较小,增长率法预测精度较高。

(4)预测铁路车站间的出行分布量非常有效。

2. 缺点

(1)要求有完整的现状年 PA 出行分布矩阵,而得到这些基础数据的成本很高。

(2)对现状年 PA 出行分布矩阵精度的依赖性很大,任何出现在现状年 PA 出行分布矩阵中的误差将在计算过程中被放大。

(3)如果现状年分布矩阵中有零元素,则预测得到的规划年 PA 出行分布矩阵中对应的部分也为零,即这种方法无法补充现状年分布矩阵中没有观察到的出行数据。一种可以选择的弥补方法是用一个很小的数,替换现状年 PA 出行分布矩阵中的零元素。

(4)如果规划年新增加交通小区,则新增加交通小区相关的 PA 出行分布矩阵无法预测。

(5)不能考虑与网络费用有关的影响出行分布的属性。例如当有新的交通方式、新的道路或新的收费政策时,无法描述相应的出行分布变化,因而其一般仅适用于交通供给变化较小的短期预测。

第三节 重力模型法

本节首先介绍重力模型的基本原理,其次介绍阻抗函数,然后介绍重力模型的约束条件、常用矩阵,最后介绍重力模型的特点。

一、重力模型法基本原理

1. 牛顿万有引力定律

两物体间的引力与两物体的质量之积成正比,而与它们之间距离的平方成反比,如式(7-21)所示。

$$F = G\frac{M_1 M_2}{R^2} \tag{7-21}$$

式中：F——表示两物体间的引力；
   G——万有引力常量；
M_1、M_2——两物体的质量；
   R——两物体之间的距离。

2. 重力模型法

该模型是根据牛顿万有引力定律类推而成。即把两个物体类推成两个交通小区，将两物体间的引力类推成交通小区 i、j 之间的出行分布量，将质量类推成交通小区 i 的出行产生量和交通小区 j 的出行吸引量，将距离类推成交通小区 i、j 间的阻抗，如式(7-22)所示。

$$t_{ij} = K\frac{P_i A_j}{d_{ij}^2} \tag{7-22}$$

式中：t_{ij}——表示交通小区 i、j 之间的出行分布量；
   K——待定系数；
   P_i——交通小区 i 的出行产生量；
   A_j——交通小区 j 的出行吸引量；
   d_{ij}——交通小区 i、j 间的阻抗。

该模型简单地模仿了牛顿万有引力定律，在实际应用中发现有较大的误差。后人对它进行了许多改进，一种改进后的公式如式(7-23)所示。

$$t_{ij} = K\frac{P_i^\alpha A_j^\beta}{d_{ij}^b} \tag{7-23}$$

其中 $\frac{1}{d_{ij}^b}$ 即 d_{ij}^{-b}，为阻抗函数 $f(d_{ij})$。α、β、b 和 K 是待定系数，假定它们不随时间和地点而改变。据经验 α 和 β 的取值范围为 $0.5 \sim 1.0$，多数情况下可取 $\alpha = \beta = 1$。

二、阻抗函数

1. 阻抗

阻抗是从一个交通小区到另一个交通小区之间（或本交通小区内部）的出行阻力，用于描述交通小区之间交通运行的难度。阻抗有多种不同的指标，经常使用的指标是出行时间、出行距离和出行费用等。通常用各交通小区质心间的阻抗代表两个交通小区间的阻抗。阻抗可以是单一指标，也可以是这些指标的组合，还可以针对不同的交通方式或出行目的等因素，确定不同的阻抗指标。阻抗的单位可以是 min、km 和元，也可以是无单位的或多种单位的组合。阻抗分为区间阻抗和区内阻抗两种。

2. 阻抗函数三种基本形式

阻抗函数的三种基本形式分别为幂函数、指数函数和伽马函数。

（1）幂函数如式(7-24)所示：

$$f(d_{ij}) = d_{ij}^{-b} \quad (b>0) \tag{7-24}$$

(2)指数函数如式(7-25)所示：
$$f(d_{ij}) = e^{-cd_{ij}} \quad (c > 0) \tag{7-25}$$
(3)伽马函数如式(7-26)所示：
$$f(d_{ij}) = a \cdot d_{ij}^{-b} \cdot e^{-cd_{ij}} \quad (a > 0, c \geqslant 0) \tag{7-26}$$

3.三种基本形式的特点

1)三种基本形式趋势

由图7-2可知：

(1)幂函数型的阻抗函数一般为单调减函数，趋势图为"凹"形。

(2)幂函数与指数函数的趋势走向大致相同。对于任意指定的阻抗d_{ij}，幂函数值要大于指数函数值。

(3)伽马函数是幂函数与指数函数的结合，其趋势图比较复杂，这里不再详细介绍。

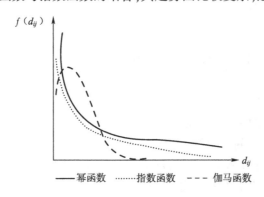

图7-2 三种基本形式趋势图

2)以幂函数为例分析趋势图的特点

阻抗函数选择幂函数如式(7-24)所示，阻抗指标选择各交通小区质心间的最短出行距离。以下从$0\text{km} < d_{ij} \leqslant 1\text{km}$和$d_{ij} \geqslant 1\text{km}$两种情况分别进行分析。

(1)$0\text{km} < d_{ij} \leqslant 1\text{km}$

为方便研究幂函数参数取值的基本原理，绘制$0\text{km} < d_{ij} \leqslant 1\text{km}$的幂函数趋势图并加以说明。例如在$0\text{km} < d_{ij} \leqslant 1\text{km}$范围内，指定$d_{ij}$取0.5km、0.6km、0.8km和1.0km，指定参数b取0.6、1.0、2.0和3.0进行幂函数取值计算，结果如表7-11所示，绘制的幂函数趋势图如图7-3所示。

幂函数取值计算结果　　　　　表7-11

b \ d_{ij}	0.5km	0.6km	0.8km	1.0km
0.6	1.516	1.359	1.143	1.000
1.0	2.000	1.667	1.250	1.000
2.0	4.000	2.778	1.563	1.000
3.0	8.000	4.630	1.953	1.000

注：本表幂函数取值计算结果无单位。

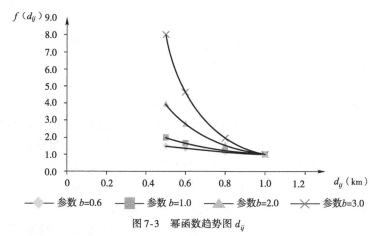

图 7-3 幂函数趋势图 d_{ij}

由图 7-3 可知：

① 在 $0\text{km} < d_{ij} \leqslant 1\text{km}$ 时,对于任意指定的 d_{ij},参数 b 取值越大,函数值 $f(d_{ij})$ 越大。

② 当阻抗 d_{ij} 取值趋于零时,函数值 $f(d_{ij})$ 趋于无穷大。

(2) $d_{ij} \geqslant 1\text{km}$

同样,为方便研究幂函数参数取值的基本原理,绘制 $d_{ij} \geqslant 1\text{km}$ 的幂函数趋势图并加以说明。例如在 $d_{ij} \geqslant 1\text{km}$ 范围内,指定 d_{ij} 取 1.0km、1.5km、2.0km、2.5km、3.0km、3.5km、4.0km、4.5km 和 5.0km,指定参数 b 取 0.6、1.0、2.0 和 3.0 进行幂函数取值计算,结果如表 7-12 所示,绘制的幂函数趋势图如图 7-4 所示。

幂函数取值计算结果　　表 7-12

b \ d_{ij}	1.0km	1.5km	2.0km	2.5km	3.0km	3.5km	4.0km	4.5km	5.0km
0.6	1.000	0.784	0.660	0.577	0.517	0.472	0.435	0.406	0.381
1.0	1.000	0.667	0.500	0.400	0.333	0.286	0.250	0.222	0.200
2.0	1.000	0.444	0.250	0.160	0.111	0.082	0.063	0.049	0.040
3.0	1.000	0.296	0.125	0.064	0.037	0.023	0.016	0.011	0.008

注：本表幂函数取值计算结果无单位。

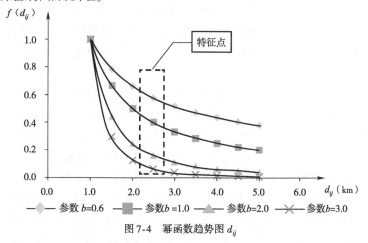

图 7-4 幂函数趋势图 d_{ij}

由图 7-4 可知：

①幂函数的趋势图存在一个特征点。在特征点的左侧，幂函数的趋势图较为陡峭，斜率较大；在特征点的右侧，幂函数的趋势图较为平稳，斜率较小。当阻抗 d_{ij} 取值趋于无穷大时，函数值趋于零。

②在 $d_{ij} \geq 1\text{km}$ 时，对于任意指定的 d_{ij}，参数 b 取值越大，函数值 $f(d_{ij})$ 越小。

③在 $d_{ij} \geq 1\text{km}$ 时，幂函数的参数 b 取值越大，在特征点的左侧，幂函数的趋势图变化越剧烈，在特征点的右侧，幂函数的趋势图变化越趋于平稳。例如图中参数 $b=0.6$ 和参数 $b=3.0$ 的趋势图，在特征点的左侧，参数 $b=3.0$ 的趋势图比参数 $b=0.6$ 的趋势图变化剧烈；在特征点的右侧，参数 $b=3.0$ 的趋势图比参数 $b=0.6$ 的趋势图平稳。

3) 以幂函数为例分析交通方式和出行目的对参数取值的影响

(1) 交通方式对参数取值的影响。一般情况下，机动车交通方式的幂函数参数宜取较小值，体现机动化交通方式对出行距离不敏感的特性；步行交通方式的幂函数参数宜取较大值，体现步行交通方式对出行距离敏感的特性；非机动车交通方式的幂函数参数取值宜介于前两者之间。本书按不同的交通方式提供了经验幂函数的参数值和对应的优势出行距离，如表 7-13 所示。

幂函数的参数值和对应的优势出行距离　　　　表 7-13

交通方式	参数 b（经验值）	优势出行距离（经验值）
步行	3.20	1.5km 以内
非机动车	1.60	4.0～5.0km
公交车	0.80	8.0～12.0km
出租汽车	0.62	9.0～17.0km
小汽车	0.60	10.0～20.0km

注：本表参数 b 无单位。本表阻抗指标选择各交通小区质心间的最短出行距离。若阻抗指标选择出行时间、出行费用或阻抗指标的组合时，可根据实际情况确定不同交通方式的幂函数经验值。

居民乘坐小汽车出行时，相对于步行交通方式速度较快，体力消耗较少。因此居民乘坐小汽车出行时，对出行距离不太敏感，即出行距离的长短对居民的出行影响较小，此类交通方式的幂函数参数宜取较小值。如假设居民一般乘坐小汽车日常出行的最大可接受时间约为 50min，可接受距离约为 20km，在此范围内，居民的出行虽然随着出行距离的增加而减少，但由于均在可接受范围内，且差别不是特别大，所以函数值随出行距离的增大而平缓的减小，其形式大致如图 7-4 中参数 $b=0.6$ 的趋势图所示。

居民选择步行出行时，相对于其他交通方式速度较慢，体力消耗较多。因此居民选择步行出行时，对出行距离较为敏感，即出行距离的长短对居民的出行影响较大，此类交通方式的幂函数参数宜取较大值。如假设居民一般选择步行出行的最大可接受时间约为 30min，可接受距离约为 1.5km，在此范围内，由于出行距离的增加需要消耗较多的时间和体力，居民的出行随着出行距离的增加而迅速降低；超出可接受距离 1.5km 后，居民选择步行方式出行的数量极少，趋势图变化趋于平稳，其形式大致如图 7-4 中参数 $b=3.0$ 的趋势图所示。

(2) 出行目的对参数取值的影响。一般情况下，居民的出行目的为日常购物等非重要事项时，幂函数参数取值宜取较大值；居民的出行目的为就医看病等重要事项时，幂函数参数宜取较小值。

居民出行目的为日常购物等非重要事项时,如购买牙膏、毛巾等,其出行需求可以被多家超市、便利店等主体满足,没有特定的出行对象。在此情况下,居民对出行距离一般会较为敏感,即出行距离的长短对居民的出行有较大影响,此类出行目的的幂函数参数宜取较大值。

居民出行目的为就医看病等重要事项时,其出行需求只能被特定的对象满足,且该次出行会对其生活产生较重要的影响。在此情况下,居民对出行距离一般不会十分敏感,即出行距离的长短对居民的出行不会有较大影响,此类出行目的的幂函数参数宜取较小值。

4. 三种基本形式的适用条件

在实际应用中,究竟选用哪种基本形式的阻抗函数要视具体情况而定。可先根据调查数据在坐标系上做出以阻抗 d_{ij} 为横坐标,以函数值 $f(d_{ij})$ 为纵坐标的散点图,观察与哪种基本形式的函数曲线吻合得较好,则选用该种基本形式的阻抗函数;若均不符合阻抗函数曲线,则按照居民出行的交通方式或出行目的进行细分后,做出散点图,选择合适的阻抗函数。

美国城市规划出行评估技术(NCHRP365,1998)建议使用伽马函数,并按不同出行目的提供了参数值,如表7-14所示。由于伽马函数含有3个参数,函数趋势变化比较丰富,更容易确切的描述出行分布的实际情况,并且在某些特定交通方式的出行分布中有其优势,其缺点是标定和计算都比较复杂。针对城市交通中自行车的出行,该交通方式在很短距离的出行和很长距离的出行占有较小的比例,而中等距离的出行占有较大比例,用伽马函数可以较好地描述使用这种特定交通工具的出行分布量。

城市规划出行评估技术伽马函数中的参数值 表7-14

出行目的	参数		
	a	b	c
基于家庭的工作出行(HBW)	28507	0.020	0.123
基于家庭的非工作出行(HBO)	139173	1.285	0.094
非基于家庭的出行(NHB)	219113	1.332	0.010

注:本表无单位。

三、重力模型的约束条件

根据对约束条件的满足情况,重力模型可分为3类:无约束重力模型、单约束重力模型和双约束重力模型。

这里所说的约束条件有两个,如式(7-27)和式(7-28)所示。

$$\sum_j t_{ij} = P_i \tag{7-27}$$

$$\sum_i t_{ij} = A_j \tag{7-28}$$

1. 无约束重力模型

1)模型基本形式

无约束重力模型基本形式如式(7-23)所示。

2)模型特点

无约束重力模型是最早的重力模型,不满足上述两个约束条件式(7-27)和式(7-28)中的任何一个约束条件。

2. 单约束重力模型

1）模型基本形式

(1) 乌尔希斯重力模型

乌尔希斯重力模型形式如式(7-29)所示。

$$t_{ij} = \frac{P_i A_j f(d_{ij})}{\sum_j A_j f(d_{ij})} \tag{7-29}$$

式中：$f(d_{ij})$——阻抗函数，常用形式为 $f(d_{ij}) = d_{ij}^{-b}$，其中 b 为待定系数。

(2) 美国公路局重力模型（B.P.R. 模型）

美国公路局重力模型（B.P.R. 模型）形式如式(7-30)所示。

$$t_{ij} = \frac{P_i A_j f(d_{ij}) K_{ij}}{\sum_j A_j f(d_{ij}) K_{ij}} \tag{7-30}$$

式中：K_{ij}——调整系数，其计算如式(7-31)所示。

$$K_{ij} = \frac{(1 - Y_{ij}) \lambda_{ij}}{1 - Y_{ij} \lambda_{ij}} \tag{7-31}$$

式中：λ_{ij}——交通小区 i 到交通小区 j 的实际出行分布量与计算出行分布量之比；

Y_{ij}——交通小区 i 到交通小区 j 的实际出行分布量与交通小区 i 的出行产生量之比。

2）模型特点

单约束重力模型只满足出行产生约束条件，如式(7-27)所示。

3. 双约束重力模型

1）模型基本形式

双约束重力模型形式如式(7-32)所示：

$$t_{ij} = K_i K'_j P_i A_j f(d_{ij}) \tag{7-32}$$

式中：K_i、K'_j——分别为行约束系数、列约束系数，其计算如式(7-33)和式(7-34)所示。

$$K_i = \left[\sum_j K'_j A_j f(d_{ij}) \right]^{-1} \tag{7-33}$$

$$K'_j = \left[\sum_i K_i P_i f(d_{ij}) \right]^{-1} \tag{7-34}$$

2）模型特点

双约束重力模型既满足出行产生约束条件，如式(7-27)所示；又满足出行吸引约束条件，如式(7-28)所示。

3）算法步骤

以幂函数 $f(d_{ij}) = d_{ij}^{-b}$ 为例介绍其参数标定算法，具体步骤如下：

(1) 给参数 b 取初值，可参照已建立该模型的类似城市的参数作为估计初值，此处令 $b=1$。

(2) 用迭代法求约束系数 K_i、K'_j。

①首先令各个列约束系数 $K'_j = 1 (j = 1, \cdots, n)$。

②将各列约束系数 $K'_j (j = 1, \cdots, n)$ 代入式(7-33)，求各个行约束系数 K_i。

③再将求得的各个行约束系数 $K_i (i = 1, \cdots, n)$ 代入式(7-34)，求各个列约束系数 K'_j。

④比较前后两批列约束系数，观察它们的相对误差是否小于收敛标准（通常设定为

3%)。若是,转至步骤(3);否则返回②。

(3)将求得的约束系数 K_i 和 K'_j 代入式(7-32),用现状 P_i 和 A_j 值求现状的理论出行分布量 $\hat{t}_{ij}$。

(4)计算现状实际出行分布量的平均阻抗 $\bar{d} = \frac{1}{T} \cdot \sum_i \sum_j t_{ij} d_{ij}$;再计算理论出行分布量的平均阻抗 $\bar{\hat{d}} = \frac{1}{T} \cdot \sum_i \sum_j \hat{t}_{ij} d_{ij}$。求两者之间相对误差 $\delta = \frac{\bar{\hat{d}} - \bar{d}}{\bar{d}} \times 100\%$。

当 δ 小于收敛标准时,接受关于 b 值的假设,否则执行下一步。

(5)当 $\delta < 0$ 时,即 $\bar{\hat{d}} < \bar{d}$,这说明理论出行分布量小于实际出行分布量,这是因为参数 b 太大的缘故,因此应该减少 b 值,可令 $b = b/2$;反之增加 b 值,可令 $b = 2b$。返回步骤(2)。

算法结束。

四、阻抗矩阵、摩擦因数矩阵和 K-Factor 矩阵

一般情况下,应用重力模型进行出行分布预测时,阻抗矩阵是必须进行计算的,而摩擦因数矩阵和 K-Factor 矩阵不是必须进行计算的。

1. **阻抗矩阵**

由区间阻抗和区内阻抗组成的矩阵叫作阻抗矩阵。阻抗矩阵的计算方法如下所示:

1)区间阻抗

一般可由各交通小区质心间的阻抗获得。

2)区内阻抗

区内阻抗的计算方法常见的有以下两种。

(1)取该交通小区到其他交通小区阻抗最小的两个值,求它们的平均值,该平均值的一半即为区内阻抗。如式(7-35)所示。

$$d_{ii} = \frac{1}{2} \cdot \frac{d_{im} + d_{in}}{2} \tag{7-35}$$

式中:d_{ii}——交通小区 i 到交通小区 i 的阻抗,即交通小区 i 的区内阻抗;

d_{im}、d_{in}——交通小区 i 到交通小区 m、n 的阻抗。它们是交通小区 i 到其他交通小区阻抗最小的两个值。

(2)可由各交通小区面积的函数式来表示。如式(7-36)所示。

$$d_{ii} = \sqrt{S_i} \cdot \alpha \tag{7-36}$$

式中:d_{ii}——交通小区 i 到交通小区 i 的阻抗,即交通小区 i 的区内阻抗;

S_i——交通小区 i 的面积;

α——修正系数。

2. **摩擦因数矩阵**

摩擦因数矩阵可以看作是阻抗函数的离散化表达。重力模型除了使用阻抗函数以外,还可利用摩擦因数对照表(本质上可以看作是离散的阻抗函数),使交通小区之间的阻抗与它们之间的相互吸引强度相关联。摩擦因数对照表中的数值可由阻抗函数和阻抗矩阵计算

得到,如图7-5所示,或根据调查数据和经验直接指定。

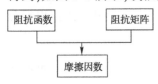

图7-5 摩擦因数计算流程图

3. K-Factor 矩阵

K-Factor 矩阵的计算。交通小区 i、j 间的 K-Factor(K-因子)是交通小区 i、j 间现状年出行分布的观测值和交通小区 i、j 间根据重力模型计算的现状年出行分布的评估值之间的比值,计算公式如式(7-37)所示。表7-15是现状年出行分布的观测值矩阵,表7-16是现状年出行分布的评估值矩阵,表7-15和表7-16对应位置数值的比值组成的矩阵为 K-Factor 矩阵,如表7-17所示。通过重力模型计算的现状年出行分布的评估值,经 K-Factor 矩阵校准后,可与现状年出行分布的观测值基本吻合。

使用 K-Factor 矩阵的原因。当现状观测值与现状评估值明显不符时,需要使用 K-Factor 矩阵对评估结果进行进一步校正。例如某一工厂由于搬迁,厂区搬迁到郊区,家属区仍然留在市中心,则厂区与家属区之间存在强吸引,这种吸引关系受出行距离、出行时间的影响均很小,无法用经典重力模型准确描述。此时,用 K-Factor 矩阵对模型进行修正可以取得良好的效果。由于 K-Factor 矩阵反映了一些未被量化的特性,因此,使用 K-Factor 矩阵可以改进重力模型的拟合程度,提高其预测精度。

K-Factor 矩阵的使用。在规划年出行分布预测中,应用重力模型预测后,可对预测结果通过 K-Factor 矩阵进行校准。

现状年出行分布的观测值矩阵 表7-15

P＼A	1	2	…	j	…	n
1	t_{11}	t_{12}	…	t_{1j}	…	t_{1n}
2	t_{21}	t_{22}	…	t_{2j}	…	t_{2n}
⋮	⋮	⋮	⋮	⋮	⋮	⋮
i	t_{i1}	t_{i2}	⋮	t_{ij}	…	t_{in}
⋮	⋮	⋮	⋮	⋮	⋮	⋮
n	t_{n1}	t_{n2}	…	t_{nj}	…	t_{nn}

注:表中数据的单位一般为万次/d或次/d。

现状年出行分布的评估值矩阵 表7-16

P＼A	1	2	…	j	…	n
1	t'_{11}	t'_{12}	…	t'_{1j}	…	t'_{1n}
2	t'_{21}	t'_{22}	…	t'_{2j}	…	t'_{2n}
⋮	⋮	⋮	⋮	⋮	⋮	⋮
i	t'_{i1}	t'_{i2}	⋮	t'_{ij}	…	t'_{in}
⋮	⋮	⋮	⋮	⋮	⋮	⋮
n	t'_{n1}	t'_{n2}	…	t'_{nj}	…	t'_{nn}

注:表中数据的单位一般为万次/d或次/d。

K-Factor 矩阵 表 7-17

K-Factor	1	2	...	j	...	n
1	k_{11}	k_{12}	...	k_{1j}	...	k_{1n}
2	k_{21}	k_{22}	...	k_{2j}	...	k_{2n}
⋮	⋮	⋮	...	⋮	⋮	⋮
i	k_{i1}	k_{i2}	⋮	k_{ij}	...	k_{in}
⋮	⋮	⋮	...	⋮	...	⋮
n	k_{n1}	k_{n2}	...	k_{nj}	...	k_{nn}

注：本表无单位。

$$k_{ij} = \frac{t_{ij}}{t'_{ij}} \tag{7-37}$$

式中：k_{ij} ——交通小区 i、j 间的 K-Factor；

t_{ij} ——交通小区 i、j 间现状年出行分布的观测值；

t'_{ij} ——交通小区 i、j 间现状年出行分布的评估值。

五、重力模型的特点

1. 优点

(1) 模型形式比较直观，构造比较简单，易于理解和接受。

(2) 能比较敏感地反映交通供给变化对人们出行的影响。

(3) 没有完整的现状年 PA 出行分布矩阵，也能预测规划年 PA 出行分布矩阵；如果有可信赖的模型参数，甚至不需要现状年 PA 出行分布矩阵。

(4) 特定交通小区（如新开发区）之间的分布量为零时，也能预测规划年 PA 出行分布矩阵。

2. 缺点

(1) 重力模型是物理定律对社会现象的应用，有类似性，但不一定完全立足于人的出行来分析。

(2) 随着交通小区间的距离趋向于 0，交通量趋于无限大，这一点和实际不符。交通小区间的距离小时，有预测值过高的可能性。

(3) 求交通小区内部的出行分布量时，很难确定准确的区内阻抗，一般采用估计值。区内阻抗在研究对象交通小区内不是定值，而重力模型将其视为定值。

(4) 交通小区间所需时间因交通方式和时间段的不同而异，而经典重力模型使用了同一时间。

(5) 为使预测结果同规划年的出行产生量和出行吸引量一致，需要进行迭代计算。

第四节 出行分布预测应用流程

出行分布预测的方法有很多，本书推荐使用双约束重力模型法。下面将介绍双约束重力模型的应用流程，并采用具体例题对应用流程进行分析说明。

一、双约束重力模型应用流程

1. 双约束重力模型应用流程图

常用的双约束重力模型应用流程如图 7-6 所示。

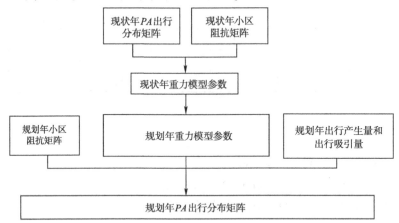

图 7-6　常用的双约束重力模型流程图

2. 双约束重力模型应用流程

1）准备基础数据

(1) 现状年 PA 出行分布矩阵

根据规划区域现状年居民出行调查数据获得现状年 PA 出行分布矩阵。

(2) 现状年交通小区阻抗矩阵

根据"阻抗矩阵、摩擦因数矩阵和 K-Factor 矩阵"中阻抗矩阵的计算方法获得现状年交通小区阻抗矩阵。

(3) 规划年交通小区阻抗矩阵

规划年交通小区阻抗矩阵与现状年交通小区阻抗矩阵的计算步骤相同,但应注意影响阻抗值的因素由现状年的道路网指标变为规划年的道路网指标。

(4) 规划年出行产生量和出行吸引量

出行分布预测是交通需求预测四阶段方法中的第 2 个阶段。根据第 1 阶段"出行发生预测"中的预测结果获得规划年出行产生量和出行吸引量。

2）标定现状年重力模型参数

根据现状年 PA 出行分布矩阵和现状年交通小区阻抗矩阵,对现状年重力模型参数进行标定。建议对多种阻抗函数形式的参数分别标定,选择误差最小的形式作为现状年阻抗函数形式;在规划者经验丰富的情况下,也可根据数据分布规律直接确定阻抗函数形式。

3）确定规划年重力模型参数

一般情况下,可将规划年重力模型参数值与现状年重力模型参数值视为相等。在社会经济发生较大变化时,应对模型参数进行调整。

4）预测规划年 PA 出行分布矩阵

根据规划年重力模型参数、规划年交通小区阻抗矩阵、规划年出行产生量和出行吸引量,应用重力模型预测规划年 PA 出行分布矩阵。

5) 根据规划年摩擦因数矩阵预测规划年 PA 出行分布矩阵(可选步骤)

如果不进行步骤4的计算,也可根据规划年交通小区阻抗矩阵和规划年重力模型参数建立规划年摩擦因数矩阵。根据规划年摩擦因数矩阵、规划年出行产生量和出行吸引量,应用重力模型预测规划年 PA 出行分布矩阵。

6) 建立 K-Factor 矩阵,调整预测结果(可选步骤)

使用各交通小区之间现状年出行分布的观测值(即"准备基础数据"中的现状年 PA 出行分布矩阵)和根据重力模型计算的现状年出行分布的评估值之间的比值,建立 K-Factor 矩阵。通过 K-Factor 矩阵与规划年 PA 出行分布矩阵对应相乘,调整预测结果。

二、例题

【例题 7-3】 规划年交通小区阻抗矩阵如表 7-18 所示,规划年出行产生量和出行吸引量如表 7-19 所示。假设规划年重力模型参数值与现状年重力模型参数值相等,试利用式 (7-38) 无约束重力模型,以及平均增长率法中迭代收敛的方法,求规划年 PA 出行分布矩阵。设定收敛标准为 $\varepsilon = 1\%$ 。(出行分布量保留3位小数,其他均保留4位小数)

$$t_{ij} = K \frac{(P_i A_j)^\beta}{d_{ij}^b} \tag{7-38}$$

其中设 $K = 0.183$, $\beta = 1$, $b = 1.536$。

规划年交通小区阻抗矩阵　　表 7-18

d_{ij}	1	2	3
1	7.0	15.0	5.0
2	15.0	6.0	15.0
3	5.0	15.0	7.0

注:表中数据的单位为 min。

规划年出行产生量和出行吸引量　　表 7-19

产生量和吸引量	交通小区			合　计
	1	2	3	
出行产生量 P	35.0	90.3	47.2	172.5
出行吸引量 A	36.5	89.4	46.6	172.5

注:表中数据的单位为万次/d。

解:

1. 准备基础数据

1) 现状年 PA 出行分布矩阵

已给出具体的重力模型如式(7-38)所示,由于参数已知,故无须现状年 PA 出行分布矩阵。

2) 现状年交通小区阻抗矩阵

已给出具体的重力模型如式(7-38)所示,由于参数已知,故无须现状年交通小区阻抗矩阵。

3) 规划年交通小区阻抗矩阵

规划年交通小区阻抗矩阵已知,如表7-18所示。

4)规划年出行产生量和出行吸引量

规划年出行产生量和出行吸引量已知,如表7-19所示。

2. 标定现状年重力模型参数

已知重力模型参数取值,其中参数$K=0.183$,$\beta=1$,$b=1.536$,故无须再标定现状年重力模型参数。

3. 确定规划年重力模型参数

已知规划年重力模型参数值与现状年重力模型参数值视为相等,因此规划年重力模型参数$K=0.183$,$\beta=1$,$b=1.536$。

4. 应用重力模型预测规划年PA出行分布矩阵

根据规划年重力模型参数、规划年交通小区阻抗矩阵(表7-18)、规划年出行产生量和出行吸引量(表7-19),应用规划年重力模型式(7-38)预测规划年PA出行分布矩阵。

$$t_{11}^1 = \frac{0.183 \times (35.0 \times 36.5)^{1.0}}{7.0^{1.536}} = 11.769$$

$$t_{12}^1 = \frac{0.183 \times (35.0 \times 89.4)^{1.0}}{15.0^{1.536}} = 8.941$$

$$t_{13}^1 = \frac{0.183 \times (35.0 \times 46.6)^{1.0}}{5.0^{1.536}} = 25.193$$

$$t_{21}^1 = \frac{0.183 \times (90.3 \times 36.5)^{1.0}}{15.0^{1.536}} = 9.418$$

$$t_{22}^1 = \frac{0.183 \times (90.3 \times 89.4)^{1.0}}{6.0^{1.536}} = 94.240$$

$$t_{23}^1 = \frac{0.183 \times (90.3 \times 46.6)^{1.0}}{15.0^{1.536}} = 12.024$$

$$t_{31}^1 = \frac{0.183 \times (47.2 \times 36.5)^{1.0}}{5.0^{1.536}} = 26.611$$

$$t_{32}^1 = \frac{0.183 \times (47.2 \times 89.4)^{1.0}}{15.0^{1.536}} = 12.057$$

$$t_{33}^1 = \frac{0.183 \times (47.2 \times 46.6)^{1.0}}{7.0^{1.536}} = 20.263$$

计算后得到表7-20。

应用重力模型得到的规划年PA出行分布矩阵　　　　表7-20

P \ A	1	2	3	合计
1	11.769	8.941	25.193	45.903
2	9.418	94.240	12.024	115.682
3	26.611	12.057	20.263	58.931
合计	47.798	115.238	57.480	220.516

注:表中数据的单位为万次/d。

5. 由于无约束重力模型计算得到的PA出行分布矩阵不满足出行分布的约束条件式(7-

27)和式(7-28),所以采用平均增长率法继续进行迭代。

6. 采用平均增长率法进行迭代计算,计算步骤详见本章第二节"平均增长率法"相关内容,以下简化步骤计算。

7. 计算 F_{Pi}^1 和 F_{Aj}^1。

$$F_{P1}^1 = P_1^f/P_1^1 = 35.0/45.903 = 0.7625$$
$$F_{P2}^1 = P_2^f/P_2^1 = 90.3/115.682 = 0.7806$$
$$F_{P3}^1 = P_3^f/P_3^1 = 47.2/58.931 = 0.8009$$
$$F_{A1}^1 = A_1^f/A_1^1 = 36.5/47.798 = 0.7636$$
$$F_{A2}^1 = A_2^f/A_2^1 = 89.4/115.238 = 0.7758$$
$$F_{A3}^1 = A_3^f/A_3^1 = 46.6/57.480 = 0.8107$$

8. 采用平均增长率法进行迭代计算,计算结果如表7-21~表7-23所示。

平均增长率法第1次迭代得到的规划年 PA 出行分布矩阵　　　　表7-21

P\A	1	2	3	合计	出行产生量增长率
1	8.981	6.877	19.817	35.675	0.9811
2	7.272	73.338	9.567	90.177	1.0014
3	20.818	9.506	16.328	46.652	1.0117
合计	37.071	89.721	45.712	172.504	—
出行吸引量增长率	0.9846	0.9964	1.0194	—	—

注:表中出行分布量和合计数据的单位均为万次/d。

平均增长率法第2次迭代得到的规划年 PA 出行分布矩阵　　　　表7-22

P\A	1	2	3	合计	出行产生量增长率
1	8.827	6.800	19.823	35.450	0.9873
2	7.221	73.257	9.666	90.144	1.0017
3	20.781	9.545	16.583	46.909	1.0062
合计	36.829	89.602	46.072	172.503	—
出行吸引量增长率	0.9911	0.9977	1.0115	—	—

注:表中出行分布量和合计数据的单位均为万次/d。

平均增长率法第3次迭代得到的规划年 PA 出行分布矩阵　　　　表7-23

P\A	1	2	3	合计	出行产生量增长率
1	8.732	6.749	19.811	35.292	0.9917
2	7.195	73.235	9.730	90.160	1.0016
3	20.754	9.564	16.731	47.049	1.0032
合计	36.681	89.548	46.272	172.501	—
出行吸引量增长率	0.9951	0.9983	1.0071	—	—

注:表中出行分布量和合计数据的单位均为万次/d。

9. 第3次迭代之后,由于出行产生量增长率和出行吸引量增长率误差均小于1%,因此不需要继续迭代。表 7-23 即为最终预测的规划年 PA 出行分布矩阵。

【例题 7-4】 现状年 PA 出行分布矩阵如表 7-24 所示,现状年交通小区阻抗矩阵如表 7-25 所示,规划年交通小区阻抗矩阵如表 7-26 所示,规划年出行产生量和出行吸引量如表 7-27 所示。假设规划年重力模型参数值与现状年重力模型参数值相等,试采用双约束重力模型法预测规划年 PA 出行分布矩阵。(阻抗函数的基本形式选择幂函数。重力模型参数标定结果保留 3 位小数,其他均保留 2 位小数)

现状年 PA 出行分布矩阵 表 7-24

P \ A	1	2	3	4	5	合计
1	6712.71	228.03	301.77	80.42	8.07	7331.00
2	5592.32	13957.20	3785.62	1204.12	126.74	24666.00
3	17163.02	87.79	12680.99	201.68	150.52	30284.00
4	11209.21	68.44	494.25	3144.16	16.95	14933.01
5	17439.26	1117.13	5720.98	2628.46	7545.17	34451.00
合计	58116.52	15458.59	22983.61	7258.84	7847.45	111665.00

注:表中数据的单位为万次/d。

现状年交通小区阻抗矩阵 表 7-25

d_{ij}	1	2	3	4	5
1	5.00	7.60	13.98	16.57	18.05
2	9.42	5.00	9.98	12.56	14.05
3	17.64	15.15	5.00	11.55	14.25
4	21.68	15.86	13.94	5.00	13.16
5	22.18	17.50	18.21	13.16	5.00

注:表中数据的单位为 min。

规划年交通小区阻抗矩阵 表 7-26

d_{ij}	1	2	3	4	5
1	3.00	5.20	8.50	12.35	13.88
2	6.72	2.00	6.38	8.45	12.25
3	15.68	12.24	2.00	8.78	8.25
4	17.26	9.78	8.59	3.00	10.26
5	17.52	12.46	15.26	11.00	2.50

注:表中数据的单位为 min。

规划年出行产生量和出行吸引量 表 7-27

产生量和吸引量	交通小区					合计
	1	2	3	4	5	
出行产生量 P	14600.01	48500.13	59432.21	27548.45	64754.20	214835.00
出行吸引量 A	105430.27	30776.05	45732.81	15442.03	17453.84	214835.00

注:表中数据的单位为万次/d。

解:

1. 准备基础数据

1) 现状年 PA 出行分布矩阵

现状年 PA 出行分布矩阵已知,如表 7-24 所示。

2) 现状年交通小区阻抗矩阵

现状年交通小区阻抗矩阵为已知,如表 7-25 所示。

3) 规划年交通小区阻抗矩阵

规划年交通小区阻抗矩阵为已知,如表 7-26 所示。

4) 规划年出行产生量和出行吸引量

规划年出行产生量和出行吸引量为已知,如表 7-27 所示。

2. 标定现状年重力模型参数

阻抗函数的基本形式已确定为幂函数,根据现状年 PA 出行分布矩阵(表 7-24)和现状年交通小区阻抗矩阵(表 7-25)标定现状年重力模型参数,标定过程可借助专业软件进行,标定的结果如表 7-28 所示。

重力模型参数标定结果　　　　　　　　　　　　　　　　　　　表 7-28

参　　数	标 定 结 果
b	1.390

注:本表无单位。

3. 确定规划年重力模型参数

将规划年重力模型参数值与现状年重力模型参数值视为相等,因此,规划年重力模型参数如表 7-28 所示。

4. 预测规划年 PA 出行分布矩阵

根据规划年重力模型参数(表 7-28)、规划年交通小区阻抗矩阵(表 7-26)、规划年出行产生量和出行吸引量(表 7-27),应用双约束重力模型预测规划年 PA 出行分布矩阵,预测结果如表 7-29 所示,本题计算完毕。

规划年 PA 出行分布矩阵　　　　　　　　　　　　　　　　　　表 7-29

P \ A	1	2	3	4	5	合计
1	13370.22	738.88	336.90	108.00	46.01	14600.01
2	26801.31	17149.51	3087.13	1125.59	336.58	48500.12
3	18325.75	3069.45	34373.00	2369.46	1294.55	59432.21
4	12183.58	3185.48	3444.04	8008.97	726.38	27548.45
5	34738.36	6622.71	4510.63	3830.89	15051.61	64754.20
合计	105419.22	30766.03	45751.70	15442.91	17455.13	214834.99

注:表中数据的单位为万次/d。

另一种计算方法是:根据规划年摩擦因数矩阵、规划年出行产生量和出行吸引量,应用双约束重力模型预测规划年 PA 出行分布矩阵。

计算过程如下:首先根据规划年重力模型参数(表 7-28)、规划年交通小区阻抗矩阵(表

7-26),建立摩擦因数矩阵,如表7-30所示;然后根据摩擦因数矩阵(表7-30)、规划年出行产生量和出行吸引量(表7-27),应用双约束重力模型预测规划年PA出行分布矩阵,预测的结果同表7-29所示。

摩擦因数矩阵　　　　　　　　　　　　　　表7-30

F_{ij}	1	2	3	4	5
1	0.22	0.10	0.05	0.03	0.03
2	0.07	0.38	0.08	0.05	0.0
3	0.02	0.03	0.38	0.05	0.05
4	0.02	0.04	0.05	0.22	0.04
5	0.02	0.03	0.02	0.04	0.28

注:本表无单位。

规划年PA出行分布矩阵的校准。通过K-Factor矩阵与规划年PA出行分布矩阵对应相乘,校准规划年PA出行分布矩阵。

计算过程如下:首先根据现状年各交通小区的出行产生量和出行吸引量[可由现状年PA出行分布矩阵(表7-24)获得]、现状年交通小区阻抗矩阵(表7-25)、现状年重力模型参数(表7-28),计算基于重力模型的现状年PA出行分布矩阵评估值,结果如表7-31所示;然后根据现状年PA出行分布矩阵表7-24和现状年PA出行分布矩阵评估值(表7-31)的比值,建立K-Factor矩阵,如表7-32所示;最后通过K-Factor矩阵(表7-32)和规划年PA出行分布矩阵(表7-29)对应相乘,得到调整后的规划年PA出行分布矩阵,如表7-33所示。

现状年PA出行分布矩阵评估值　　　　　　　　　表7-31

P\A	1	2	3	4	5	合计
1	6322.35	607.09	284.71	70.53	46.32	7331.00
2	14925.77	6186.40	2589.90	590.28	373.65	24666.00
3	12301.02	2611.80	13341.74	1307.29	722.16	30284.01
4	6934.82	1840.24	2409.01	3143.23	605.70	14933.00
5	17629.47	4211.55	4360.15	2148.56	6101.26	34450.99
合计	58113.43	15457.08	22985.51	7259.89	7849.09	111665.00

注:表中数据的单位为万次/d。

K-Factor矩阵　　　　　　　　　　　　　　表7-32

K-Factor	1	2	3	4	5
1	1.06	0.38	1.06	1.14	0.17
2	0.37	2.26	1.46	2.04	0.34

续上表

K-Factor	1	2	3	4	5
3	1.40	0.03	0.95	0.15	0.21
4	1.62	0.04	0.21	1.00	0.03
5	0.99	0.27	1.31	1.22	1.24

注：本表无单位。

调整后的规划年 PA 出行分布矩阵　　　　表 7-33

P\A	1	2	3	4	5	合计
1	14172.43	280.77	357.11	123.12	7.82	14941.25
2	9916.48	38757.89	4507.21	2296.20	114.44	55592.22
3	25656.05	92.08	32654.35	355.42	271.86	59029.76
4	19737.40	127.42	723.25	8008.97	21.79	28618.83
5	34390.98	1788.13	5908.93	4673.69	18664.00	65425.73
合计	103873.34	41046.29	44150.85	15457.40	19079.91	223607.79

注：表中数据的单位为万次/d。由于小数点后保留位数不同，使用各种专业软件计算的结果可能与本表有些差别。

第五节　案　　例

本部分根据双约束重力模型应用流程对 D 县综合交通体系规划交通需求预测中的出行分布预测进行介绍。

一、准备基础数据

1. 现状年 PA 出行分布矩阵

根据 D 县规划区域的现状年居民出行调查数据获得现状年 PA 出行分布矩阵。

2. 现状年交通小区阻抗矩阵

根据本章第三节阻抗矩阵的计算方法获得现状年交通小区阻抗矩阵。本案例区间阻抗是由各交通小区质心间的最短出行距离获得；区内阻抗根据式(7-35)计算获得。

3. 规划年交通小区阻抗矩阵

规划年交通小区阻抗矩阵的建立与现状年交通小区阻抗矩阵的建立步骤相同，只是把影响阻抗值的因素由现状年的道路网指标变为规划年的道路网指标。规划年交通小区阻抗矩阵如表 7-34 所示。

4. 规划年出行产生量和出行吸引量

本案例根据上一章"出行发生预测"案例中的预测结果（表 6-35），获得规划年出行产生量和出行吸引量。

规划年交通小区阻抗矩阵（单位：m） 表7-34

d_{ij}	1	2	3	4	5	6	7	8	9	10	11	12	13	14	15	16	17	18	19	20	21	22
1	617.55	1998.77	1390.90	1841.98	2877.32	1764.94	136.58	2978.48	1478.50	436.81	959.20	810.17	1509.12	1932.62	995.71	1608.78	1978.70	1324.00	775.78	3688.37	809.06	837.01
2	2755.32	197.77	500.90	913.62	1636.93	1885.53	122.76	2345.89	655.05	244.80	673.39	660.50	1180.64	1442.88	473.29	946.85	1441.34	947.69	544.31	1839.99	478.35	543.98
3	2207.14	576.60	397.41	3724.67	4325.06	2090.69	154.78	3265.91	3868.60	746.33	1157.73	939.36	1725.33	2173.75	1554.18	1963.96	2206.19	1470.16	853.36	5211.71	951.41	937.18
4	782.54	281.57	997.18	176.15	2264.96	939.64	63.18	1244.51	733.26	308.43	452.92	364.45	653.96	802.59	449.98	735.26	803.47	529.09	304.40	1556.76	344.58	334.79
5	2310.56	953.57	2188.71	4281.23	574.91	6125.39	290.31	4689.37	1868.94	816.76	1799.84	1421.45	2411.92	2790.59	1171.32	2615.03	2712.86	1750.70	984.97	4129.60	1143.56	1081.33
6	950.93	736.96	709.86	1191.68	4109.82	243.78	265.39	3305.23	769.06	311.48	1015.23	1066.84	1688.37	1827.42	516.82	1096.09	1722.51	1092.40	599.47	1901.87	512.79	589.26
7	722.45	471.06	515.93	786.65	1912.31	2605.51	49.18	4683.47	745.96	303.13	970.45	1012.74	3280.39	2984.75	517.02	1105.29	1817.68	1546.35	822.80	1946.35	528.68	615.55
8	919.41	525.31	635.31	904.26	1802.60	1893.64	273.31	1536.20	966.16	358.06	1037.15	1100.50	3055.71	8889.42	727.70	1480.40	2555.42	2738.99	1896.04	2927.10	773.35	918.87
9	1255.93	403.66	2070.93	1466.16	1977.02	1212.51	119.80	2658.78	858.75	3318.95	2047.77	1599.54	2710.03	3167.20	4447.09	4224.83	4025.84	2575.76	1427.21	11018.17	1737.49	1609.11
10	541.49	220.14	583.04	899.99	1260.85	716.65	71.04	1437.96	4843.45	157.30	1553.24	1140.18	1742.09	1854.36	1669.92	2996.50	2431.76	1493.24	794.23	4419.28	1034.84	904.21
11	569.37	289.96	433.07	632.82	1330.42	1118.48	108.90	1994.39	1430.94	743.74	288.81	3642.15	3730.82	3062.36	831.46	2153.41	2877.22	1720.51	888.22	2788.18	843.07	999.88
12	0.00	0.00	0.00	0.00	0.00	0.00	0.00	0.00	0.00	0.00	0.00	0.00	0.00	0.00	0.00	0.00	0.00	0.00	0.00	0.00	0.00	0.00
13	807.56	458.31	581.82	823.72	1607.26	1676.88	331.86	5297.23	1707.19	752.01	3363.35	5284.53	708.52	11570.77	1109.55	2590.26	4995.33	4473.54	2132.01	3987.92	1144.22	1360.77
14	221.92	120.19	157.30	216.93	399.04	389.47	64.80	3306.83	428.14	171.77	592.41	714.90	2482.93	477.08	299.98	652.95	1186.98	1512.80	1054.28	1138.65	313.97	373.23
15	0.00	0.00	0.00	0.00	0.00	0.00	0.00	0.00	0.00	0.00	0.00	0.00	0.00	0.00	0.00	0.00	0.00	0.00	0.00	0.00	0.00	0.00
16	0.00	0.00	0.00	0.00	0.00	0.00	0.00	0.00	0.00	0.00	0.00	0.00	0.00	0.00	0.00	0.00	0.00	0.00	0.00	0.00	0.00	0.00
17	534.98	282.69	375.89	511.33	913.39	864.37	92.91	2238.23	1281.35	530.37	1310.53	1504.93	2523.89	2794.78	1976.91	6702.56	1538.53	5053.39	2302.26	6167.54	2040.55	2497.26
18	526.50	273.38	368.42	495.24	866.95	806.26	116.25	3528.49	1205.79	479.01	1152.61	1264.91	3324.39	5238.91	1257.84	3145.21	7432.54	1184.25	6951.56	4564.72	1337.34	1605.05
19	312.31	158.96	216.49	288.45	493.78	447.91	62.62	2472.73	676.37	257.92	602.39	632.98	1603.91	3696.12	698.00	1618.74	3427.99	7037.43	810.89	2654.18	748.52	896.79
20	0.00	0.00	0.00	0.00	0.00	0.00	0.00	0.00	0.00	0.00	0.00	0.00	0.00	0.00	0.00	0.00	0.00	0.00	0.00	0.00	0.00	0.00
21	0.00	0.00	0.00	0.00	0.00	0.00	0.00	0.00	0.00	0.00	0.00	0.00	0.00	0.00	0.00	0.00	0.00	0.00	0.00	0.00	0.00	0.00
22	0.00	0.00	0.00	0.00	0.00	0.00	0.00	0.00	0.00	0.00	0.00	0.00	0.00	0.00	0.00	0.00	0.00	0.00	0.00	0.00	0.00	0.00

二、标定现状年重力模型参数

根据 D 县的调研与调查数据,在坐标系上做出散点图,发现散点图中的散点趋势与幂函数的曲线比较接近,故选择幂函数作为现状年阻抗函数形式,并进行标定。根据现状年 PA 出行分布矩阵和现状年交通小区阻抗矩阵标定重力模型参数,标定结果如表 7-35 所示。

重力模型参数标定结果　　　　　　　　　　　　　　　表 7-35

参　　数	标 定 结 果
b	1.289

注:本表无单位。

三、确定规划年重力模型参数

通过对 D 县进行调研与调查发现,该地区的社会经济在一定时期内不会发生较大变化,因此本案例将规划年重力模型参数值与现状年重力模型参数值视为相等,规划年重力模型参数如表 7-35 所示。

四、应用重力模型预测规划年 PA 出行分布矩阵

根据规划年交通小区阻抗矩阵(表 7-34)、规划年重力模型参数(表 7-35)、规划年出行产生量和出行吸引量(第六章中表 6-35),预测规划年 PA 出行分布矩阵,预测结果如表 7-36 所示,期望线如图 7-7 所示。

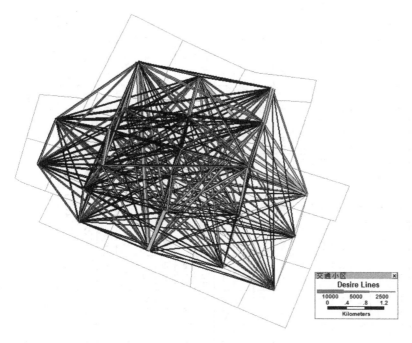

图 7-7　期望线图

规划年 PA 出行分布矩阵（单位：次/d） 表 7-36

P\A	1	2	3	4	5	6	7	8	9	10	11	12	13	14	15	16	17	18	19	20	21	22
1	2061.25	1030.65	214.15	623.18	792.34	1135.74	105.65	623.26	175.87	376.82	628.92	433.46	1188.34	1397.48	876.01	1037.54	1324.73	841.65	767.73	1802.66	1009.48	590.02
2	806.66	1517.04	201.82	504.04	602.16	644.70	64.96	407.40	117.82	247.00	404.38	298.91	910.23	1192.63	724.01	776.23	897.65	574.91	529.35	1287.12	753.65	478.20
3	481.63	579.94	630.97	744.90	776.72	742.27	73.29	453.36	132.68	280.32	462.00	347.48	1244.82	1989.59	950.17	907.93	1006.74	642.90	589.91	1446.75	866.21	601.86
4	349.44	361.11	185.72	917.78	580.72	518.75	48.95	292.62	84.38	180.45	300.64	227.43	834.00	928.13	539.18	581.16	636.22	404.49	369.26	907.11	546.02	346.39
5	1095.85	1064.08	477.64	1432.35	2803.64	2202.48	176.69	963.28	267.67	588.35	1006.22	767.8	2328.48	2548.00	1497.06	1862.92	1990.92	1254.11	1132.90	2785.76	1694.81	967.98
6	725.17	525.94	210.73	590.69	1016.78	1920.32	126.67	612.18	164.41	372.85	658.93	439.95	1111.99	1260.42	763.87	929.40	1205.38	752.16	672.48	1570.57	872.52	503.21
7	549.46	431.64	169.48	453.96	664.40	1031.72	249.80	671.24	192.82	474.39	599.36	400.91	1025.00	1159.43	712.77	869.46	1152.29	825.43	726.33	1493.88	825.76	473.85
8	481.14	401.83	155.61	402.86	537.66	740.16	99.64	1975.00	266.34	381.19	518.56	344.15	921.33	1087.92	695.30	829.10	1124.36	895.71	892.02	1492.81	820.22	474.77
9	0.00	0.00	0.00	0.00	0.00	0.00	0.00	0.00	0.00	0.00	0.00	0.00	0.00	0.00	0.00	0.00	0.00	0.00	0.00	0.00	0.00	0.00
10	536.03	448.93	177.30	457.77	605.13	830.66	129.76	702.41	357.53	1377.36	1281.15	706.02	1545.30	1683.76	1004.62	1277.00	1824.53	1337.37	1117.62	2142.72	1168.98	655.48
11	537.66	441.70	175.61	458.36	621.97	882.26	98.52	574.27	263.64	769.96	1839.30	915.09	1665.71	1730.01	997.89	1308.71	1882.43	1118.95	953.18	2122.10	1154.11	638.55
12	315.11	277.64	112.32	294.85	403.57	500.91	56.04	324.09	140.00	360.81	778.14	899.65	1119.23	1128.69	639.02	852.56	1025.96	622.83	541.29	1356.82	736.71	404.83
13	718.21	702.89	334.51	898.91	1017.52	1052.58	119.12	721.32	287.37	656.56	1177.59	930.50	6090.00	5159.51	2289.54	2575.48	2458.89	1511.25	1329.74	3344.59	2099.29	1316.71
14	177.52	193.57	112.38	210.26	234.03	250.77	28.32	179.02	68.74	150.36	257.07	197.23	1084.45	2387.06	672.75	563.12	579.31	362.97	325.96	812.94	498.71	376.51
15	0.00	0.00	0.00	0.00	0.00	0.00	0.00	0.00	0.00	0.00	0.00	0.00	0.00	0.00	0.00	0.00	0.00	0.00	0.00	0.00	0.00	0.00
16	0.00	0.00	0.00	0.00	0.00	0.00	0.00	0.00	0.00	0.00	0.00	0.00	0.00	0.00	0.00	0.00	0.00	0.00	0.00	0.00	0.00	0.00
17	484.42	419.40	163.69	414.90	526.39	690.34	81.02	532.60	209.06	469.02	805.19	516.08	1487.74	1667.60	1487.07	2252.67	6057.48	1600.08	1312.37	3261.13	1730.63	916.49
18	502.21	438.30	170.57	430.43	541.06	702.92	94.71	692.34	294.54	560.99	781.00	511.23	1492.04	1704.96	1269.03	1667.03	2610.96	4631.18	2313.16	2761.79	1496.40	831.33
19	0.00	0.00	0.00	0.00	0.00	0.00	0.00	0.00	0.00	0.00	0.00	0.00	0.00	0.00	0.00	0.00	0.00	0.00	0.00	0.00	0.00	0.00
20	0.00	0.00	0.00	0.00	0.00	0.00	0.00	0.00	0.00	0.00	0.00	0.00	0.00	0.00	0.00	0.00	0.00	0.00	0.00	0.00	0.00	0.00
21	0.00	0.00	0.00	0.00	0.00	0.00	0.00	0.00	0.00	0.00	0.00	0.00	0.00	0.00	0.00	0.00	0.00	0.00	0.00	0.00	0.00	0.00
22	0.00	0.00	0.00	0.00	0.00	0.00	0.00	0.00	0.00	0.00	0.00	0.00	0.00	0.00	0.00	0.00	0.00	0.00	0.00	0.00	0.00	0.00

本章习题

1. PA 与 OD 出行分布矩阵的区别是什么?
2. 重力模型按约束条件分为哪几类?
3. 规划年交通小区阻抗矩阵如表 7-37 所示,规划年出行产生量和出行吸引量如表 7-38 所示。假设规划年重力模型参数值与现状年重力模型参数值相等,试利用式(7-39)无约束重力模型,以及平均增长率法中迭代收敛的方法,求规划年 PA 出行分布矩阵。设定收敛标准为 $\varepsilon = 1\%$。(本题目主要考量大家对算法的理解,计算时只需要迭代计算 1 次,并进行收敛判断即可,无须多次迭代;出行分布量保留 3 位小数,其他均保留 4 位小数)

$$t_{ij} = K \frac{(P_i A_j)\beta}{d_{ij}^b} \tag{7-39}$$

其中设 $K = 0.175, \beta = 1, b = 1.427$。

规划年交通小区阻抗矩阵　　　　　　　　　　　　　表 7-37

d_{ij}	1	2	3
1	5.0	12.0	8.0
2	12.0	6.0	15.0
3	8.0	15.0	7.0

注:表中数据的单位为 min。

规划年出行产生量和出行吸引量　　　　　　　　　　表 7-38

产生量和吸引量	交通小区			合计
	1	2	3	
出行产生量 P	47.5	62.0	40.5	150.0
出行吸引量 A	46.2	61.8	42.0	150.0

注:表中数据的单位为万次/d。

4. 谈谈你对出行分布预测重要性的认识。
5. 建议通过查阅相关文献,分析近年来学者们对出行分布预测方法进行了哪些新的研究?

第八章 交通方式划分与矩阵转换

本章首先介绍交通方式划分的基本原理和经典方法,其中经典方法包括集计方法与非集计方法;其次详细介绍矩阵转换的相关内容;然后介绍交通方式划分与矩阵转换的应用流程,并运用案例对相关内容进行说明。虽然交通方式划分在经典的交通需求预测四阶段方法中处于第三阶段,但在我国几种交通方式均占较大比例的具体情况下,其具体应用较为灵活。

第一节 交通方式划分的基本原理

一、交通方式划分的概念与理论发展

交通方式划分的概念。经典四阶段法的前两个阶段即出行发生预测和出行分布预测的研究对象大多是人或货物,交通需求预测的目的是为交通设施的规划设计提供定量的规模依据,而交通设施直接承载的对象是各种交通工具,并非人或货物。由于不同交通工具的承载率不同,就同一批人员或货物的出行而言,选择不同的交通工具,对道路网会产生不同的压力,因此明确交通工具的选择是非常必要的。我们把出行者对交通工具的选择叫作"交通方式划分(Modal Split)"*。①

交通方式划分的理论发展。最早的交通规划理论没有研究交通方式划分,仅从出行发生预测、出行分布预测和交通分配3个阶段进行研究。20世纪60年代左右,由日本学者首先提出交通方式划分问题,该问题早期主要是从集计的角度研究。简单来说,集计方法是以一批出行者作为研究对象,将与其有关的调查数据先做统计处理,得出平均意义上的量,然后对这些量作进一步的分析和研究。以McFadden为代表的学者将经济学中的效用理论引用过来,并以概率论为理论基础,从非集计的角度对交通方式划分问题展开了研究。非集计方法是以单个出行者作为研究对象,充分利用每个调查样本的数据,求出描述个体行为的概率值。

---

① 在《MODELLING TRANSPORT(4th Edition)》(Juan de Dios Ortúzar;Luis G. Willumsen)、《URBAN TRANSPORTATION PLANNING:A Decision – Oriented Approach》(Michael D. Meyer;Eric J. Miller)和《Urban Transportation Planning(Second Edition)》(Michael D. Meyer;Eric J. Miller)中"交通方式划分"表示为Modal Split;在《TRANSPORTATION ENGINEERING AND PLANNING(Third Edition)》(C. S. PAPACOSTAS;P. D. PREVEDOUROS)中"交通方式划分"表示为Mode Choice;交通规划软件TransCAD中"交通方式划分"表示为Mode Split。综上认为,"交通方式划分"主流表示为Modal Split。

二、交通方式的主要划分方法

交通方式可按多种方法进行划分,常用的主要有两种:第一种是按交通工具类别进行划分;第二种是按被服务者类别进行划分。

1. 按交通工具类别划分

以城市客运交通出行为例,交通方式按交通工具类别可作以下划分:

(1)多层划分。可将交通方式划分为步行、机动车、非机动车和轨道交通四种类别,再对每种类别进行细致划分,如表8-1所示。

(2)单层划分。可将几种主要的交通方式直接作为选择对象,如表8-2所示。

多 层 划 分　　　　　　　表8-1

名　称	类　别	内　容
交通方式	步行	步行
	机动车	摩托车
		私人小汽车
		出租汽车
		网约车
		单位用车
		普通公交(公共汽车和公共电车)
	非机动车	私人自行车
		私人电动车
		共享单车
	轨道交通	地铁
		轻轨
		其他

单 层 划 分　　　　　　　表8-2

名　称	内　容
交通方式	步行
	摩托车
	私人小汽车
	出租汽车
	网约车
	单位用车
	普通公交(公共汽车和公共电车)
	私人自行车
	私人电动车
	共享单车
	轨道交通(地铁和轻轨等)

2. 按被服务者类别划分

以城市客运交通出行为例，交通方式按被服务者类别可归结为两种：个人交通（非公共交通）——被服务者应是特定的人或人群；公共交通——被服务者应是不确定的任何人，如表8-3所示。

按被服务者类别划分　　　　　　　　　　　表8-3

名称	类别	内容
交通方式	个人交通	步行
		摩托车
		私人自行车
		私人电动车
		私人小汽车
		单位用车
	公共交通	普通公交（公共汽车和公共电车）
		网约车
		共享单车
		轨道交通（地铁和轻轨等）
		出租汽车

三、影响城市客运交通方式选择的因素

不同国家或地区因实际情况千差万别，出行者出行选择的交通方式也各有不同。就我国的实际情况而言，在城市客运交通出行中，影响人员选择交通方式的主要因素大致有11个，这些因素可归纳为3个方面的特性。

1. 出行者或交通小区特性

(1) 家庭车辆拥有情况。主要指私人小汽车、摩托车、私人自行车和私人电动车等交通工具的拥有量。

(2) 出行者的年龄。不同年龄阶段的出行者偏好于不同的交通工具，如老人偏好于普通公交或出租汽车，而较少骑车。

(3) 收入。高收入者偏向于出租汽车或私人小汽车，而低收入者偏向于普通公交、私人自行车或私人电动车等。

(4) 交通小区的可达性。

2. 出行特性

(1) 出行目的。由于出行目的的不同，对交通方式的要求也不同。例如日常购物一般偏向于步行或非机动车，就医看病一般偏向于出租汽车或私人小汽车。

(2) 出行距离。短距离出行者偏向于步行、非机动车，长距离出行者偏向于公共交通、私人小汽车。

3. 交通设施的服务水平

(1) 费用。对于公共交通，指车票；对于个人交通，指油费和车耗等。

(2) 时间。含乘车、等车、转车、上下车前后和换乘步行的时间。从这个角度看，具有门

对门特点的个人交通优于公共交通。

(3)舒适度。包含坐和站的区别,以及座椅的舒适程度和站立的宽松程度。

(4)可靠性。指车辆到站和离站的准时性,显然准时准点的轨道交通优于一般公共汽车。

(5)安全性。

四、城市货运交通方式的选择

在城市交通出行中,货物出行也存在交通方式选择的问题。大宗货物出行在选择交通方式时倾向于机动车,少量且运输距离短的货物出行在选择交通方式时倾向于非机动车,特殊类货物(危险品、冷藏品、鲜活品和贵重品)出行在具体情况下给予适当考虑。

第二节 集计方法

一、集计方法概述

1. 集计方法原理分析

将调查数据进行统计处理,如求平均值、最大值、最小值和比例等;再用这些统计值来标定出行发生、出行分布和交通方式划分模型中的参数。在这个过程中关于个人或家庭的原始数据在统计时被集中处理,也就是被集计化,这种方法叫集计方法(aggregate method),得出的模型叫集计模型(aggregate models)。

2. 交通方式划分的位置选择

交通方式划分按其所处的时间顺序,共有5种类型,如图8-1和图8-2所示。

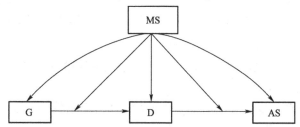

图8-1 交通方式划分的位置选择

注:G表示出行发生、D表示出行分布、MS表示交通方式划分、AS表示交通分配。

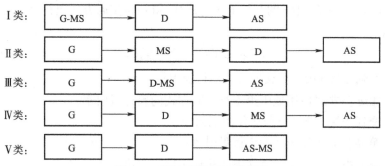

图8-2 交通方式划分的5种类型

注:G-MS表示出行发生和交通方式划分结合、D-MS出行分布和交通方式划分结合、AS-MS表示交通分配和交通方式划分结合,其他字母含义同上。

二、G-MS 结合的交通方式划分

G-MS 方法是在进行出行发生预测的同时进行交通方式划分,主要考虑各交通方式在不同类居住用地的出行产生率和在不同类非居住用地的出行吸引率。在预测过程中分为各交通方式出行产生量预测和出行吸引量预测,即出行产生量—MS 预测和出行吸引量—MS 预测。

1. 出行产生量—MS 预测

1)类型分析法的预测模型

在第六章第三节式(6-15)的基础上进行演变,得到各交通方式出行产生量预测模型,如式(8-1)所示。

$$P_i^k = \sum_d p_d^k N_{di} = \sum_d p_d \varepsilon_d^k N_{di} \tag{8-1}$$

式中:P_i^k ——交通小区 i 第 k 类交通方式出行产生量;

p_d^k ——第 d 类居住用地中第 k 类交通方式的出行产生率($d=1,2,3$);

N_{di} ——交通小区 i 第 d 类居住用地面积;

p_d ——第 d 类居住用地的出行产生率;

ε_d^k ——第 k 类交通方式在第 d 类居住用地所占比例。

2)回归分析法的预测模型

在第六章第二节式(6-7)的基础上进行演变,得到各交通方式出行产生量预测模型,如式(8-2)所示。

$$P_i^k = R_1^k X_{1i} + R_2^k X_{2i} + R_3^k X_{3i} + \cdots + R_m^k X_{mi} + R_0^k \tag{8-2}$$

式中:P_i^k ——交通小区 i 第 k 类交通方式出行产生量;

X_{mi} ——交通小区 i 规划年被选择的与出行产生紧密相关的自变量($m=1,\cdots,n$),如人口和经济总量等;

R_m^k ——第 m 个自变量相对于第 k 类交通方式的待定系数($m=0,\cdots,n$)。

2. 出行吸引量—MS 预测

1)类型分析法的预测模型

在第六章第三节式(6-16)的基础上进行演变,得到各交通方式出行吸引量预测模型,如式(8-3)所示。

$$A_j^k = \sum_d a_d^k D_{dj} = \sum_d a_d \varphi_d^k D_{dj} \tag{8-3}$$

式中:A_j^k ——交通小区 j 第 k 类交通方式出行吸引量;

a_d^k ——第 d 类非居住用地中第 k 类交通方式的出行吸引率;

D_{dj} ——交通小区 j 第 d 类非居住用地面积;

a_d ——第 d 类非居住用地的出行吸引率;

φ_d^k ——第 k 类交通方式在第 d 类非居住用地所占比例。

2)回归分析法的预测模型

运用回归分析法预测各交通方式出行吸引量的原理与运用回归分析法预测各交通方式

出行产生量相同,在此不再详细说明。

三、出行发生后的交通方式划分

1. 预测基本过程

出行发生后的交通方式划分预测基本过程主要分为两步,如图8-3所示。

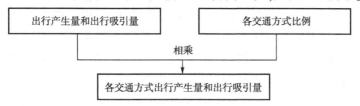

图8-3　出行发生后的交通方式划分预测基本过程

1）各交通方式比例

该过程在各交通小区出行产生量和出行吸引量预测完成的基础上,预测求得各交通小区中各交通方式出行产生量的比例和出行吸引量的比例。

2）各交通方式出行产生量和出行吸引量

该过程将各交通小区的出行产生量和出行吸引量,与各交通小区中各交通方式出行产生量的比例和出行吸引量的比例对应相乘,求得各交通方式出行产生量和出行吸引量。

2. 各交通方式比例预测方法

各交通方式比例预测方法主要包括类型分析法和回归分析法,现以一种常用的回归分析法为例,预测各交通小区中各交通方式出行产生量的比例和出行吸引量的比例。

如在某一个交通小区中,只有私人小汽车和公交车两种交通方式,则两种交通方式出行产生量的比例可由式(8-4)和式(8-5)计算。如果 γ_1 大于1,则需检验相关数据,重新进行计算。

$$\gamma_1 = R_1 X_1 + R_2 X_2 + R_3 X_3 + R_4 X_4 + R_0 \tag{8-4}$$

$$\gamma_2 = 1 - \gamma_1 \tag{8-5}$$

式中：　γ_1、γ_2——分别为某一个交通小区私人小汽车和公交车出行产生量的比例；

X_1、X_2、X_3、X_4——分别为某一个交通小区规划年居民人口数、人均收入、道网密度和公交网密度；

R_0——待定系数。

私人小汽车和公交车两种交通方式出行吸引量的比例可由式(8-6)和式(8-7)计算。如果 δ_1 大于1,则需检验相关数据,重新进行计算。

$$\delta_1 = R'_1 X_1 + R'_2 X_2 + R'_3 X_3 + R'_4 X_4 + R'_5 X_5 + R'_6 X_6 + R'_0 \tag{8-6}$$

$$\delta_2 = 1 - \delta_1 \tag{8-7}$$

式中：　δ_1、δ_2——分别为某一个交通小区私人小汽车和公交车出行吸引量的比例；

X_1、X_2、X_3、X_4、X_5、X_6——分别为某一个交通小区规划年学校、商店、工厂、办公的岗位数、道路网密度和公交网密度；

R'_0——待定系数。

四、D-MS 结合的交通方式划分

D-MS 方法是在进行出行分布预测的同时进行交通方式划分,则各交通小区的区间阻抗和区内阻抗就会根据交通方式的不同而不同,从而产生与交通方式相对应的若干个不同的阻抗。在出行分布预测时,每种交通方式应根据各自阻抗预测各自的出行分布量。如在各交通小区中,只有私人小汽车和公交车两种交通方式,阻抗矩阵和分布矩阵都是 $2n^2$ 个元素,具体内容如表 8-4 和表 8-5 所示。其中 d_{ij}^1 表示私人小汽车在交通小区 i、j 间的阻抗,d_{ij}^2 表示公交车在交通小区 i、j 间的阻抗。t_{ij}^1 表示私人小汽车在交通小区 i、j 间的出行分布量,t_{ij}^2 表示公交车在交通小区 i、j 间的出行分布量。

D-MS 的阻抗矩阵 表 8-4

交通小区	1	2	…	n
1	d_{11}^1,d_{11}^2	d_{12}^1,d_{12}^2	…	d_{1n}^1,d_{1n}^2
2	d_{21}^1,d_{21}^2	d_{22}^1,d_{22}^2	…	d_{2n}^1,d_{2n}^2
…	…	…	…	…
n	d_{n1}^1,d_{n1}^2	d_{n2}^1,d_{n2}^2	…	d_{nn}^1,d_{nn}^2

D-MS 的分布矩阵 表 8-5

P \ A	1	2	…	n	合计
1	t_{11}^1,t_{11}^2	t_{12}^1,t_{12}^2	…	t_{1n}^1,t_{1n}^2	P_1
2	t_{21}^1,t_{21}^2	t_{22}^1,t_{22}^2	…	t_{2n}^1,t_{2n}^2	P_2
…	…	…	…	…	…
n	t_{n1}^1,t_{n1}^2	t_{n2}^1,t_{n2}^2	…	t_{nn}^1,t_{nn}^2	P_n
合计	A_1	A_2	…	A_n	T

五、出行分布后的交通方式划分

1. 转移曲线方法

20 世纪 60 年代左右日本学者提出"转移曲线方法",该方法后来得到了广泛的应用。如以公共交通和个人交通两种交通方式为例,针对两种交通方式的选择,在影响城市客运交通方式选择的 11 个因素中,挑选其中几个影响较大的因素作为交通方式选择的决定参数,通过对这些因素取值与对应的两种交通方式的选择比例所构成的样本进行统计分析,得出多条比例变化曲线,在进行交通方式划分时就可参照这些曲线来确定选择两种交通方式的比例。这些曲线叫作"转移曲线"或"分担率曲线"。

20 世纪 70 年代初,美国华盛顿市的交通方式划分确定 5 个指标作为公共交通和个人交通两种交通方式的决定参数:收入等级、出行目的、两种交通方式的费用比、服务水平比和出行时间比。在坐标系上共描出近百条曲线,如图 8-4 所示(这里只示意其中几条)。同期加拿大多伦多市进行交通方式划分时的转移曲线是以收入等级、两种交通方式的费用比、服务水平比和出行时间比 4 个指标作为决定参数,得到的转移曲线如图 8-5 所示(这里只示意其中几条)。

转移曲线是从调查观测的数据经统计计算得到的。从这些转移曲线可以看出,选择各交通方式的比例是由出行者的收入、公共交通与个人交通的出行时间比、费用比和服务水平比等参数决定的,交通方式选择比例在坐标系上用曲线表示出来。这种方法简单直观,但决定参数往往被分成若干离散的等级,比较粗糙。

各交通方式出行产生量和出行吸引量预测。将各交通小区的出行产生量和出行吸引量,与各交通小区中各交通方式出行产生量的比例和出行吸引量的比例对应相乘,求得各交通方式出行产生量和出行吸引量。

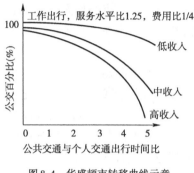

图 8-4　华盛顿市转移曲线示意

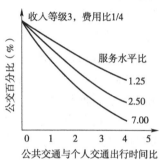

图 8-5　多伦多市转移曲线示意

2. 基于各交通方式分担率的函数预测方法

各交通方式比例也常称为各交通方式分担率。除"转移曲线方法"外,国内学者也提出了基于各交通方式分担率的函数预测方法。该预测方法首先根据各交通方式的特性和特点进行宏观预测,例如步行受未来城市交通环境变化的影响不大,规划年步行总分担率可在现状年基础上略作调整得出,规划年公交车总分担率可依据政府的相关政策和措施确定。然后在宏观预测得到各交通方式总分担率后,通过给定各交通方式分担率的函数,微观预测得到各交通方式分担率的分布矩阵。最后将各交通方式分担率与规划年的出行分布量对应相乘,得到规划年各交通方式的 PA 出行分布矩阵。

1) 预测方法的提出

国内的交通方式发展与政府制定的相关政策和措施密切相关,如目前国内倡导大力发展公共交通,这会对交通方式选择产生较大影响。因此国内的交通方式划分不宜单纯依靠相关预测模型进行预测,还应根据国内的实际交通情况提出适用于国内交通方式划分的预测方法。

2) 宏观预测

宏观预测主要基于城市社会经济发展水平、机动车保有量、交通基础设施建设水平和政府针对城市实际交通情况制定的相关政策等,从定性的角度分析规划年城市整体布局,预测城市各交通方式总分担率 h_k。国内城市交通方式结构复杂,为便于研究,现设 k 为交通方式类型编号,取值 1、2、3、4 和 5,它们分别表示步行、私人自行车、私人小汽车、公交车和其他交通方式。

(1) 宏观预测步行总分担率 h_1。出行距离是影响人们选择步行方式的重要因素。一般来说,出行距离在 1.5km 范围内,居民选择步行作为其主要的交通方式。随着出行距离的增加,步行总分担率 h_1 会迅速降低。选择步行的出行距离普遍较短,受规划年城市的社会经济发展、机动车保有量和道路交通状况等因素影响不大,因此步行总分担率可在现状年的基础上进行细微的调整。

(2)宏观预测私人自行车总分担率 h_2。随着我国城市的社会经济发展,基础设施不断完善,人民生活水平不断提高,在整个城市交通方式中私人自行车总分担率也会有所下降。但在一定时期内,由于自行车在中、短距离出行中具有明显优势,使得自行车在整个城市交通方式中占有一定比重。因此自行车总分担率可在考虑其他交通方式总分担率的基础上,结合现状年进行预测。

(3)宏观预测私人小汽车总分担率 h_3。影响私人小汽车总分担率的主要因素是私人小汽车保有量。城市社会经济的发展,道路交通条件的不断改善,使得私人小汽车数量不断增加。因此规划年私人小汽车总分担率会呈现不断增长趋势,可结合近些年私人小汽车总分担率的增长规律和城市道路条件等因素进行预测。

(4)宏观预测公交车总分担率 h_4。城市公交车总分担率主要取决于政府对公交制定的相关政策和措施。目前我国城市的交通发展政策为优先发展公交,这使得公交车总分担率呈现增长趋势。因此公交车总分担率可在现状年的基础上,依据相关政策和措施进行预测。

(5)宏观预测其他交通方式总分担率 h_5。一般可采用所有交通方式总分担率1,与以上4种主要交通方式总分担率之和作差,得出结果即为其他交通方式总分担率。

3)微观预测

微观预测是在考虑各交通方式固有特点和各交通方式选择内在规律的基础上,计算各交通方式分担率的分布矩阵。

(1)各交通方式分担率函数

依据我国城市各交通方式随出行距离的变化趋势,采用特定的函数反映各交通方式分担率变化的趋势。

步行分担率函数:

$$Y_{ij}^1 = X_a e^{-\alpha d_{ij}} \tag{8-8}$$

私人自行车分担率函数:

$$Y_{ij}^2 = X_b d_{ij} e^{-\beta d_{ij}} \tag{8-9}$$

私人小汽车分担率函数:

$$Y_{ij}^3 = X_c (e^{\lambda d_{ij}} - 1) \tag{8-10}$$

公交车分担率函数:

$$Y_{ij}^4 = X_d (e^{\gamma d_{ij}} - 1) \tag{8-11}$$

式中: Y_{ij}^k ——规划年交通小区 i、j 间第 k 类交通方式分担率;

d_{ij} ——规划年交通小区 i、j 间阻抗;

α、β、λ、γ ——经验系数;

X_a、X_b、X_c、X_d ——拟合系数。

根据经验,系数 α 的取值范围为 0.5~0.6,反映了步行范围主要集中在 1.5km 之内的现实; β 的取值范围为 0.25~0.35,反映了私人自行车出行的距离优势在 3~4.5km 之间的现实; λ 的取值为 0.1 左右; γ 的取值为 0.15 左右。较大规模城市,上述系数应取较小值。

(2)各交通方式分担率的分布矩阵预测步骤

①确定各交通方式经验系数。根据经验,确定各交通方式对应的 α、β、λ 和 γ 的取值。

②确定各交通方式阻抗。区间阻抗和区内阻抗可按第七章第三节中的阻抗矩阵计算方

法进行计算。

③确定各交通方式拟合系数。系数 X_a、X_b、X_c 和 X_d 可在满足某种交通方式的总出行量与宏观预测值相等的限制条件下求得。各交通方式总分担率函数如式(8-12)所示。

$$h_k = \frac{\sum_i \sum_j t_{ij} Y_{ij}^k}{FJ} \tag{8-12}$$

式中：h_k——规划年第 k 类交通方式总分担率；

t_{ij}——规划年交通小区 i、j 间各交通方式总的出行分布量；

Y_{ij}^k——规划年交通小区 i、j 间第 k 类交通方式分担率；

F——规划年城市人口总数；

J——规划年人均出行次数。

由此将各交通方式分担率函数与各交通方式总分担率函数联立求得拟合系数 X_a、X_b、X_c 和 X_d。

如步行拟合系数 X_a 的计算。

$$\begin{cases} Y_{ij}^1 = X_a e^{-\alpha d_{ij}} \\ h_1 = \dfrac{\sum_i \sum_j t_{ij} Y_{ij}^1}{FJ} \end{cases}$$

根据以上公式联立得 X_a：

$$X_a = \frac{h_1 \cdot FJ}{\sum_i \sum_j t_{ij} e^{-\alpha d_{ij}}} \tag{8-13}$$

运用上述方法,同理进行其他交通方式拟合系数的计算,如式(8-14)~式(8-16)所示。

私人自行车拟合系数 X_b：

$$X_b = \frac{h_2 \cdot FJ}{\sum_i \sum_j t_{ij} d_{ij} e^{-\beta d_{ij}}} \tag{8-14}$$

私人小汽车拟合系数 X_c：

$$X_c = \frac{h_3 \cdot FJ}{\sum_i \sum_j t_{ij}(e^{\lambda d_{ij}} - 1)} \tag{8-15}$$

公交车拟合系数 X_d：

$$X_d = \frac{h_4 \cdot FJ}{\sum_i \sum_j t_{ij}(e^{\gamma d_{ij}} - 1)} \tag{8-16}$$

④计算各交通方式分担率的分布矩阵。通过将确定出的各交通方式经验系数、阻抗和拟合系数,对应代入各交通方式分担率函数式(8-8)~式(8-11)中,并针对结果进行整理得到各交通方式分担率的分布矩阵。

⑤优化预测结果。通过调整经验系数的取值,重复以上过程使预测结果更加满意。

(3)其他交通方式分担率的分布矩阵

由式(8-17)计算其他交通方式分担率,并针对结果进行整理得到其他交通方式分担率的分布矩阵。

$$Y_{ij}^5 = 1 - \sum_{k=1}^{4} Y_{ij}^k \tag{8-17}$$

式中：Y_{ij}^5——规划年交通小区 i,j 间其他交通方式分担率；

$\sum_{k=1}^{4} Y_{ij}^k$——规划年交通小区 i,j 间步行、私人自行车、私人小汽车和公交车交通方式分担率总和。

(4) 规划年各交通方式的 PA 出行分布矩阵

由式(8-18)计算规划年各交通方式出行分布量，并针对结果进行整理得到各交通方式的 PA 出行分布矩阵。

$$t_{ij}^k = Y_{ij}^k \cdot t_{ij} \tag{8-18}$$

式中：t_{ij}^k——规划年交通小区 i,j 间第 k 类交通方式的出行分布量；

Y_{ij}^k——规划年交通小区 i,j 间第 k 类交通方式分担率；

t_{ij}——规划年交通小区 i,j 间的出行分布量。

六、AS-MS 结合的交通方式划分

AS-MS 方法是在进行交通分配的同时进行交通方式划分。对于不同特性的出行者来说，由于各交通方式的出行费用、出行时间和舒适程度等因素的不同，故各交通方式的阻抗不同，如低收入者一般更在意费用成本，而高收入者一般更在意时间成本。因此交通分配中的阻抗不仅与交通量的大小有关，还与出行者特性和交通方式有关，所以可以将交通方式划分与交通分配同时进行，将交通方式划分预测模型与交通分配预测模型联合使用。

七、一种国内常用的交通方式划分方法

在很多情况下，国内交通规划工作人员将 G-MS 和 D-MS 这两种方法结合进行交通需求预测工作。出行发生预测时，按照各交通方式进行出行发生预测；出行分布预测时，同理按照各交通方式进行出行分布预测。在出行发生预测和出行分布预测完成后，最终得到各交通方式的 PA 出行分布矩阵。

1. 各交通方式出行发生预测

(1) 规划年第 k 类交通方式出行产生量预测。计算公式如式(8-1)所示。

(2) 规划年第 k 类交通方式出行吸引量预测。计算公式如式(8-3)所示。

(3) 规划年第 k 类交通方式出行产生量和出行吸引量的平衡。可采用第六章第五节中"平衡方法"的一种方法进行平衡。当采用出行发生量恒定法进行平衡时，可采用如下步骤。

1) 计算规划年第 k 类交通方式出行发生量

计算公式如式(8-19)所示。

$$T_k = (1 + \eta)\alpha\beta Ph_k \tag{8-19}$$

式中：T_k——规划年城市一日第 k 类交通方式出行发生量(万次/d)；

$1 + \eta$——流动人口修正系数，η 即为流动人口的百分率(%)；

α——居民日平均出行次数[次/(d·人)]；

β——大于 6 岁人口占总人口的百分率(%)；

P——规划区常住人口(万人)；

h_k——规划年第 k 类交通方式总分担率(%)。

2)采用出行发生量恒定法进行平衡

根据第六章第五节式(6-20)进行规划年第 k 类交通方式出行产生量平衡,式(6-21)进行规划年第 k 类交通方式出行吸引量平衡。

2.各交通方式出行分布预测

1)标定现状年各交通方式的双约束重力模型参数

根据现状年各交通方式出行分布矩阵和现状年各交通方式阻抗矩阵(一般可取各交通小区质心间的最短出行距离作为阻抗,由于最短出行距离不会随着交通方式的不同而改变,因此现状年各交通方式的阻抗是相同的。如果将时间、费用和舒适度等因素综合考虑作为阻抗,则现状年各交通方式阻抗一般不同)标定现状年各交通方式的双约束重力模型参数。

2)确定规划年各交通方式的双约束重力模型参数

一般情况下,可将规划年各交通方式的双约束重力模型参数值与现状年各交通方式的双约束重力模型参数值视为相等。在社会经济发生较大变化时,应对模型参数进行调整。

3)应用双约束重力模型预测规划年各交通方式出行分布矩阵

根据规划年各交通方式的双约束重力模型参数、规划年各交通方式阻抗矩阵和规划年各交通方式出行产生量和出行吸引量,预测各交通方式出行分布矩阵。

各交通方式出行分布预测具体应用流程详见第七章第三节中的"重力模型应用流程"。

3.例题

【例题 8-1】 假设交通小区 1、2、3 和 4 之间的交通方式只有私人小汽车和非机动车 ($k=1,2$)。规划年 2 种交通方式在各类居住用地所占比例如表 8-6 所示,在各类非居住用地所占比例如表 8-7 所示。规划区域各交通小区不同用地性质面积、不同用地性质出行产生率和出行吸引率见第六章第三节例题 6-3 中的表 6-24 和表 6-25。已知规划年流动人口的百分率 η 为 2.7%,居民日平均出行次数 α 为 2.5 次/(d·人),大于 6 岁人口占总人口的百分率 β 为 95.2%,规划区常住人口 P 为 121 人。宏观预测规划年私人小汽车总分担率 h_1 为 55.7%,非机动车总分担率 h_2 为 44.3%。计算规划年私人小汽车和非机动车出行产生量和出行吸引量。(除规划年两种交通方式的出行发生量为整数外,其余保留 2 位小数)

规划年两种交通方式在各类居住用地所占比例　　　　　表 8-6

交通方式	用 地 性 质		
	一类居住用地	二类居住用地	三类居住用地
私人小汽车	45%	65%	48%
非机动车	55%	35%	52%
合计	100%	100%	100%

规划年两种交通方式在各类非居住用地所占比例　　　　　表 8-7

交通方式	用 地 性 质		
	一类居住用地	二类居住用地	三类居住用地
私人小汽车	45%	61%	59%
非机动车	55%	39%	41%
合计	100%	100%	100%

解:

1. 规划年私人小汽车出行产生量和出行吸引量预测

1) 规划年私人小汽车出行产生量预测

由式(8-1)进行规划年私人小汽车出行产生量预测,其中 P_1^1 表示平衡前规划年交通小区 1 私人小汽车的出行产生量, p_d 表示第 d 类居住用地的出行产生率, ε_d^1 表示私人小汽车在第 d 类居住用地所占比例, N_{d1} 表示交通小区 1 第 d 类居住用地面积。

$P_1^1 = \sum_d p_d \varepsilon_d^1 N_{d1}$
$= 0.082 \times 45\% \times 0.00 + 0.069 \times 65\% \times 0.00 + 0.065 \times 48\% \times 1363.60 = 42.54$

$P_2^1 = \sum_d p_d \varepsilon_d^1 N_{d2}$
$= 0.082 \times 45\% \times 0.00 + 0.069 \times 65\% \times 1956.52 + 0.065 \times 48\% \times 0.00 = 87.75$

$P_3^1 = \sum_d p_d \varepsilon_d^1 N_{d3}$
$= 0.082 \times 45\% \times 0.00 + 0.069 \times 65\% \times 0.00 + 0.065 \times 48\% \times 0.00 = 0.00$

$P_4^1 = \sum_d p_d \varepsilon_d^1 N_{d4}$
$= 0.082 \times 45\% \times 840.00 + 0.069 \times 65\% \times 0.00 + 0.065 \times 48\% \times 0.00 = 31.00$

2) 规划年私人小汽车出行吸引量预测

由式(8-3)进行规划年私人小汽车出行吸引量预测,其中 A_1^1 表示平衡前规划年交通小区 1 私人小汽车的出行吸引量, a_d 表示第 d 类非居住用地的出行吸引率, φ_d^1 表示私人小汽车在第 d 类非居住用地所占比例, D_{d1} 表示交通小区 1 第 d 类非居住用地面积。

$A_1^1 = \sum_d a_d \varphi_d^1 D_{d1}$
$= 0.120 \times 45\% \times 0.00 + 0.076 \times 61\% \times 0.00 + 1.350 \times 59\% \times 0.00 = 0.00$

$A_2^1 = \sum_d a_d \varphi_d^1 D_{d2}$
$= 0.120 \times 45\% \times 0.00 + 0.076 \times 61\% \times 0.00 + 1.350 \times 59\% \times 0.00 = 0.00$

$A_3^1 = \sum_d a_d \varphi_d^1 D_{d3}$
$= 0.120 \times 45\% \times 783.49 + 0.076 \times 61\% \times 907.57 + 1.350 \times 59\% \times 47.94 = 122.57$

$A_4^1 = \sum_d a_d \varphi_d^1 D_{d4}$
$= 0.120 \times 45\% \times 0.00 + 0.076 \times 61\% \times 947.37 + 1.350 \times 59\% \times 0.00 = 43.92$

平衡前规划年私人小汽车出行产生量和出行吸引量预测值如表8-8所示。

平衡前规划年私人小汽车出行产生量和出行吸引量　　表8-8

产生量和吸引量	交通小区				合计
	1	2	3	4	
出行产生量 P	42.54	87.75	0.00	31.00	161.29
出行吸引量 A	0.00	0.00	122.57	43.92	166.49

注:表中数据的单位为次/d。

3) 规划年私人小汽车出行产生量和出行吸引量的平衡

采用出行发生量恒定法进行平衡,步骤如下:

(1) 计算规划年私人小汽车出行发生量

根据式(8-19)求得规划年私人小汽车出行发生量 T_1。

$$T_1 = (1+\eta)\alpha\beta Ph_1 = (1+2.7\%) \times 2.5 \times 95.2\% \times 121 \times 55.7\% = 165$$

(2)采用出行发生量恒定法进行平衡

根据式(6-20)进行规划年私人小汽车出行产生量的平衡,其中 $P_1^{1'}$ 表示平衡后的规划年交通小区1私人小汽车的出行产生量,$P_2^{1'}$、$P_3^{1'}$ 和 $P_4^{1'}$ 的含义同理于 $P_1^{1'}$。

$$P_1^{1'} = \frac{T_1}{\sum_{i=1}^{4} P_i} P_1^1 = \frac{165}{161.29} \times 42.54 = 43.52$$

$$P_2^{1'} = \frac{T_1}{\sum_{i=1}^{4} P_i} P_2^1 = \frac{165}{161.29} \times 87.75 = 89.77$$

$$P_3^{1'} = \frac{T_1}{\sum_{i=1}^{4} P_i} P_3^1 = \frac{165}{161.29} \times 0.00 = 0.00$$

$$P_4^{1'} = \frac{T_1}{\sum_{i=1}^{4} P_i} P_4^1 = \frac{165}{161.29} \times 31.00 = 31.71$$

根据式(6-21)进行规划年私人小汽车出行吸引量的平衡,其中 $A_1^{1'}$ 表示平衡后的规划年交通小区1私人小汽车的出行吸引量,$A_2^{1'}$、$A_3^{1'}$ 和 $A_4^{1'}$ 的含义同理于 $A_1^{1'}$。

$$A_1^{1'} = \frac{T_1}{\sum_{j=1}^{4} A_j} A_1^1 = \frac{165}{166.49} \times 0.00 = 0.00$$

$$A_2^{1'} = \frac{T_1}{\sum_{j=1}^{4} A_j} A_2^1 = \frac{165}{166.49} \times 0.00 = 0.00$$

$$A_3^{1'} = \frac{T_1}{\sum_{j=1}^{4} A_j} A_3^1 = \frac{165}{166.49} \times 122.57 = 121.47$$

$$A_4^{1'} = \frac{T_1}{\sum_{j=1}^{4} A_j} A_4^1 = \frac{165}{166.49} \times 43.92 = 43.53$$

平衡后规划年私人小汽车出行产生量和出行吸引量如表8-9所示。

平衡后规划年私人小汽车出行产生量和出行吸引量　　　　表8-9

产生量和吸引量	交通小区				合计
	1	2	3	4	
出行产生量P	43.52	89.77	0.00	31.71	165.00
出行吸引量A	0.00	0.00	121.47	43.53	165.00

注:表中数据的单位为次/d。

2.规划年非机动车出行产生量和出行吸引量预测

1)规划年非机动车出行产生量和吸引量预法方法

规划年非机动车出行产生量和出行吸引量预测方法与私人小汽车相同,结果如表8-10所示。

平衡前规划年非机动车出行产生量和出行吸引量 表8-10

产生量和吸引量	交通小区				合计
	1	2	3	4	
出行产生量 P	46.09	47.25	0.00	37.88	131.22
出行吸引量 A	0.00	0.00	105.15	28.08	133.23

注：表中数据的单位为次/d。

2) 规划年非机动车出行产生量和出行吸引量的平衡

采用出行发生量恒定法进行平衡，步骤如下：

(1) 计算规划年非机动车出行发生量

根据式(8-19)求得规划年非机动车出行发生量 T_2。

$$T_2 = (1+\eta)\alpha\beta Ph_2 = (1+2.7\%) \times 2.5 \times 95.2\% \times 121 \times 44.3\% = 131$$

(2) 采用出行发生量恒定法进行平衡

同理于私人小汽车出行产生量和出行吸引量的平衡，最终得平衡后规划年非机动车出行产生量和出行吸引量，如表8-11所示。

平衡后规划年非机动车出行产生量和出行吸引量 表8-11

产生量和吸引量	交通小区				合计
	1	2	3	4	
出行产生量 P	46.01	47.17	0.00	37.82	131.00
出行吸引量 A	0.00	0.00	103.39	27.61	131.00

注：表中数据的单位为次/d。

【例题8-2】 已知现状年私人小汽车和非机动车出行分布矩阵如表8-12和表8-13所示。现状年私人小汽车和非机动车阻抗矩阵如表8-14和表8-15所示，规划年私人小汽车和非机动车阻抗矩阵如表8-16和表8-17所示(本例题将时间、费用和舒适度等因素综合考虑作为阻抗)。根据例题8-1平衡后的规划年私人小汽车和非机动车出行产生量和出行吸引量，试采用双约束重力模型计算规划年两种交通方式出行分布矩阵。(重力模型参数标定结果保留3位小数，出行分布矩阵保留2位小数)

现状年私人小汽车出行分布矩阵 表8-12

P \ A	1	2	3	4
1	0.00	0.00	19.20	6.04
2	0.00	0.00	38.61	14.76
3	0.00	0.00	0.00	0.00
4	0.00	0.00	14.83	3.56

注：表中数据的单位为次/d。

现状年非机动车出行分布矩阵 表8-13

P \ A	1	2	3	4
1	0.00	0.00	39.99	10.83
2	0.00	0.00	36.84	16.57
3	0.00	0.00	0.00	0.00
4	0.00	0.00	39.98	1.79

注：表中数据的单位为次/d。

现状年私人小汽车阻抗矩阵　　　　表 8-14

d_{ij}	1	2	3	4
1	2.56	2.13	1.56	1.20
2	2.13	2.97	1.40	1.68
3	1.56	1.40	3.00	2.30
4	1.20	1.68	2.30	2.75

注：本表无单位。

现状年非机动车阻抗矩阵　　　　表 8-15

d_{ij}	1	2	3	4
1	3.40	0.84	0.10	0.18
2	0.84	4.22	0.37	0.40
3	0.10	0.37	4.20	0.82
4	0.18	0.40	0.82	4.25

注：本表无单位。

规划年私人小汽车阻抗矩阵　　　　表 8-16

d_{ij}	1	2	3	4
1	0.35	0.93	0.64	0.67
2	0.93	0.39	0.50	0.61
3	0.64	0.50	0.34	0.92
4	0.67	0.61	0.92	0.36

注：本表无单位。

规划年非机动车阻抗矩阵　　　　表 8-17

d_{ij}	1	2	3	4
1	0.10	0.84	0.37	0.40
2	0.84	0.12	0.21	0.32
3	0.37	0.21	0.09	0.82
4	0.40	0.32	0.82	0.10

注：本表无单位。

解：

（1）标定现状年两种交通方式的双约束重力模型参数

由表 8-12 和表 8-14 标定现状年私人小汽车重力模型参数，标定结果如表 8-18 所示。

私人小汽车重力模型参数标定结果　　　　表 8-18

参　　数	标定结果
b	0.606

注：本表无单位。

同样，由表 8-13 和表 8-15 标定现状年非机动车重力模型参数，标定结果如表 8-19 所示。

非机动车重力模型参数标定结果　　　　表8-19

参　　数	标　定　结　果
b	1.610

注：本表无单位。

(2) 确定规划年两种交通方式的双约束重力模型参数

本例题假设社会经济不发生较大变化，认为规划年私人小汽车与非机动车重力模型参数值和现状年两种交通方式重力模型参数值相等。

(3) 应用双约束重力模型预测规划年两种交通方式的出行分布矩阵

根据平衡后规划年私人小汽车出行产生量和出行吸引量（表8-9）、规划年私人小汽车阻抗矩阵（表8-16）和私人小汽车重力模型参数标定结果（表8-18），预测规划年私人小汽车出行分布矩阵，结果如表8-20所示。

规划年私人小汽车出行分布矩阵　　　　表8-20

P \ A	1	2	3	4
1	0.00	0.00	32.70	10.82
2	0.00	0.00	68.96	20.81
3	0.00	0.00	0.00	0.00
4	0.00	0.00	19.81	11.90

注：表中数据的单位为次/d。

同样，根据平衡后规划年非机动车出行产生量和出行吸引量（表8-11）、规划年非机动车阻抗矩阵（表8-17）和非机动车重力模型参数标定结果（表8-19），预测规划年非机动车出行分布矩阵，结果如表8-21所示。

规划年非机动车出行分布矩阵　　　　表8-21

P \ A	1	2	3	4
1	0.00	0.00	43.74	2.27
2	0.00	0.00	45.80	1.37
3	0.00	0.00	0.00	0.00
4	0.00	0.00	13.78	24.04

注：1. 表中数据的单位为次/d。
2. 由于小数点后保留位数不同，使用各种专业软件计算的结果可能与本例题结果有些差别。

第三节　非集计方法

一、非集计方法概述

非集计方法（disaggregate method），是将个体的原始数据不作任何统计处理，直接用来构造模型。它的优点主要是调查所得的个人数据能得到充分的运用,而且要求的样本容量较小。缺点主要是没有体现出具有相同特征、面临相同选择集的出行个体可能有完全不同的选择,即并非所有出行个体都选择最佳交通方式。

非集计模型至今仍是交通规划理论中的一个热门问题。人们发现它不仅可以应用于交通方式划分,还可以用来解决诸如出行发生、出行分布和交通分配等所有有关选择的问题。非集计模型主要包括 Logit 模型和 Probit 模型。

二、主要概念

非集计方法的主要概念包括选择枝和效用。"选择枝"是指可供选择的交通方式,如机动车、非机动车和步行等。如果只有两个选择枝可供选择,就是一个二项选择问题,否则就是多项选择问题。实际中,碰到较多的是多项选择问题,而且往往不同的出行者可选择的范围不同,即有不同的选择枝集合。"效用"是指某个选择枝具有的令人满意的程度。

三、主要基本假定

非集计模型的理论基础是效用理论,效用理论在交通方式划分中应用时,主要包含以下基本假定:

(1)出行个体在交通活动过程中选择交通方式时,拥有完全相同的交通信息且行为合理。在可选择的交通方式中,出行个体将会对各交通方式进行对比,最终选择效用最大的交通方式,即他们的选择能使其个人净效用(在法律、社会、生理、时间和费用等预算约束下)达到最大化。

(2)出行个体关于每个选择枝的效用值由个人自身特性和选择枝特性共同决定。个人自身特性主要包括出行个体自身的经济条件、社会地位和出行目的等。选择枝特性主要包括费用成本、时间成本和舒适度等。

(3)对于每个出行个体来说,效用由两部分构成,第一部分是可观测的效用确定项;第二部分是不可观测的效用随机项,其反映了出行个体的特性和偏好。

四、二项 Logit 模型

经典的效用模型如式(8-20)所示。

$$U_{nj} = V_{nj} + \varepsilon_{nj} \tag{8-20}$$

式中:U_{nj}——个人 n 关于选择枝 j 的效用;

V_{nj}——能够观测到的因素构成的效用确定项;

ε_{nj}——不能够观测到的因素构成的效用随机项。

对于二项 Logit 模型。如果出行个体的选择枝只有两个时,即为最简单的二项 Logit 模型,简记为 BNL(Binary-Nominal Logit),其模型如式(8-21)和式(8-22)所示。

$$P_1 = \frac{e^{V_1}}{e^{V_1} + e^{V_2}} \tag{8-21}$$

式中:P_1——某出行者选择选择枝 1 的概率;

V_1——选择选择枝 1 时的效用确定项;

V_2——选择选择枝 2 时的效用确定项。

$$P_2 = \frac{e^{V_2}}{e^{V_1} + e^{V_2}} \qquad (8-22)$$

式中：P_2——某出行者选择选择枝 2 的概率；
V_1、V_2 同式(8-21)中相应变量含义。

五、其他模型

1. 多项 Logit 模型

早期提出的 Logit 模型存在明显不足，与实际交通方式选择存在明显差异，预测精度不高。因此人们通过增加选择枝和其他相关变量来弥补早期模型的缺陷，提出了多项 Logit 模型。

多项 Logit 模型可以表示为：

$$P_k = \frac{e^{V_k}}{\sum_j e^{V_j}} \qquad (8-23)$$

式中：P_k——某出行者选择选择枝 k 的概率；
V_k——选择选择枝 k 时的效用确定项；
V_j——选择选择枝 j 时的效用确定项。

2. Probit 模型

Probit 模型是非集计模型中另外一种常见模型，其方法主要包括 Monte-Carlo 方法和逼近法。逼近法又分为合并逼近法和分裂逼近法。

第四节 矩阵转换

一、转换原因与基本过程

矩阵转换的原因。经过交通方式划分后得到各交通方式的 PA 矩阵，每种交通方式对应一个 PA 矩阵，由此构成各交通方式 PA 矩阵群，但在进行交通分配时是将一个完整的高峰小时 OD 矩阵分配到道路网上，而不是把各交通方式 PA 矩阵群分配到道路网上，因此需要将 PA 矩阵群进行矩阵转换。

矩阵转换的基本过程。矩阵转换的基本过程主要分为 4 个步骤，第 1 步为矩阵单位转换，第 2 步为标准车 PA 矩阵群 L 到标准车 OD 矩阵群 U 转换，第 3 步为获取高峰小时 OD 矩阵 E，第 4 步为获取完整的高峰小时 OD 矩阵 W。第 1 步矩阵单位转换中，主要是将以人为单位的 PA 矩阵群 N（一般包含机动车矩阵群和非机动车矩阵群），首先转换为各交通方式对应单位的 PA 矩阵群 Q，然后在此基础上标准化为以标准车为单位的 PA 矩阵群 L。第 2 步是在矩阵群经过第 1 步后，将以标准车为单位的 PA 矩阵群 L 转换为以标准车为单位的 OD 矩阵群 U。第 3 步首先将以标准车为单位的 OD 矩阵群 U 合并为 OD 矩阵 I，然后通过乘以高峰小时因子得到高峰小时 OD 矩阵 E。第 4 步是经矩阵拓展获得拓展后的高峰小时 OD 矩阵 E'，在求得有关虚拟交通小区的出行 OD 矩阵 H 后，通过矩阵相加得到完整的高峰小时 OD 矩阵 W。图 8-6 所示为矩阵转换的基本过程。

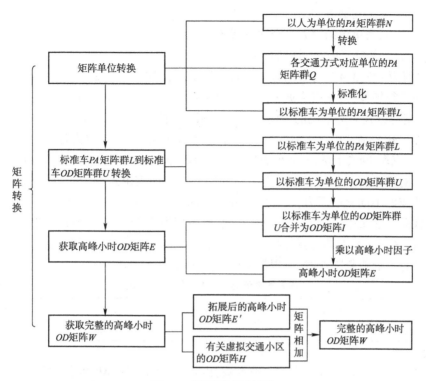

图 8-6 矩阵转换基本过程

二、矩阵单位转换

矩阵单位转换基本过程就是将以人为单位的各交通方式 1 天 24hPA 矩阵整体转换为以标准车为单位的各交通方式 1 天 24hPA 矩阵,如图 8-7 所示。

(1)以人为单位的 PA 矩阵群 N 到各交通方式对应单位的 PA 矩阵群 Q 的转换。

①转换系数的确定。完成交通方式划分后,整体的出行分布 PA 矩阵转化为各交通方式的 PA 矩阵,这些矩阵是以人为单位的,因此需要将矩阵单位由人转换为各交通方式对应的单位。该种交通工具平均载客率的倒数可称为转换系数。常见的交通方式 PA 矩阵转换系数如表 8-22 所示。在进行交通规划工作时,应根据实际调查情况进行确定。

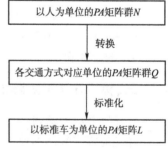

图 8-7 矩阵单位转换基本过程

常见的交通方式 PA 矩阵转换系数   表 8-22

交通方式	私人小汽车	出租汽车	公交车	非机动车
转换系数	1/2.5	1/2.6	1/40	1

注:本表无单位。

②转换方法。根据确定出的转换系数,由式(8-24)将以人为单位的 PA 矩阵群 N 转换为各交通方式对应单位的 PA 矩阵群 Q。

$$Q_k = N_k \cdot a_k \qquad (8-24)$$

式中:Q_k——第 k 类交通方式对应单位的 PA 矩阵;

N_k——以人为单位的第 k 类交通方式 PA 矩阵;

a_k——第 k 类交通方式对应的转换系数。

k 的取值为 1,2,3,4,…,分别对应私人小汽车、出租汽车、公交车和非机动车等,具体对多少个矩阵进行转换,应根据交通方式划分时确定的交通方式种类的个数确定。

(2)各交通方式对应单位的 PA 矩阵群 Q 到以标准车为单位的 PA 矩阵群 L 的标准化。

①标准系数的确定。转换后的各交通方式 PA 矩阵群 Q 的单位为各交通方式对应的单位,如私人小汽车 PA 矩阵和公交车 PA 矩阵对应的单位都为辆,但显然一辆私人小汽车和一辆公交车对道路网造成的交通压力是不同的。在交通需求预测中,一般根据各交通工具对道路网造成的不同交通压力,将其折算成统一的标准,以便于分析和计算。由于私人小汽车的数量在总交通量中所占的比重往往较大,且占用道路资源较多,所以一般以私人小汽车为标准车,将其他交通工具折算为私人小汽车。常见的交通方式 PA 矩阵标准系数如表8-23所示。在进行交通规划工作时,应根据实际调查情况进行确定。

常见的交通方式 PA 矩阵标准系数　　　　　　　表 8-23

交通方式	私人小汽车	出租汽车	公交车	非机动车
标准系数	1	1.04	16	0.4

注:本表无单位。

②标准化方法。根据确定出的标准系数,由式(8-25)将转换后的各交通方式 PA 矩阵群 Q 标准化为以标准车为单位的各交通方式 PA 矩阵群 L。

$$L_k = Q_k \cdot bz_k \tag{8-25}$$

式中:L_k——以标准车为单位的第 k 类交通方式 PA 矩阵;

Q_k——第 k 类交通方式对应单位的 PA 矩阵;

bz_k——第 k 类交通方式对应的标准系数。

k 的取值同式(8-24),具体对多少个矩阵进行标准化,应根据转换后的各交通方式 PA 矩阵 Q_k 的个数确定。

三、标准车 PA 矩阵群到标准车 OD 矩阵群转换

1. **矩阵转换的原因**

在交通需求预测的前 3 个阶段中都是以产生点(P 点)和吸引点(A 点)为基础来进行计算,但在交通分配过程中是以起点(O 点)和讫点(D 点)来进行计算,且所用矩阵单位为标准车(一般以私人小汽车作为标准车),因此在进行交通分配前,需要将以标准车为单位的各交通方式 PA 矩阵转换为以标准车为单位的 OD 矩阵。

2. **整体转换方法**

通过式(8-26)将以标准车为单位的各交通方式 1 天 24h PA 矩阵群 L,整体转换为以标准车为单位的各交通方式 1 天 24h OD 矩阵群 U。

$$U_k = \frac{L_k + L_k^{\mathrm{T}}}{2} \tag{8-26}$$

式中:U_k——以标准车为单位的第 k 类交通方式 OD 矩阵;

L_k——以标准车为单位的第 k 类交通方式 PA 矩阵;

L_k^T——以标准车为单位的第 k 类交通方式 PA 矩阵的转置。

k 的取值同式(8-24),具体对多少个矩阵进行转换,应根据得到的标准车 PA 矩阵 L_k 的个数进行确定。

四、获取高峰小时 OD 矩阵

1. 获取高峰小时 OD 矩阵的方法

经典的方法是将以标准车为单位的 OD 矩阵群 U,合并为 1 个以标准车为单位的 OD 矩阵 I。在合并后的 OD 矩阵基础上,乘以高峰小时因子即可得到高峰小时 OD 矩阵 E。矩阵 E 中的分布量大致为 1 天 24h 中高峰小时的 OD 分布量。

以标准车为单位的 OD 矩阵群 U 合并为 OD 矩阵 I,如式(8-27)所示。

$$I = U_1 + U_2 + U_3 + \cdots + U_k \tag{8-27}$$

式中:I——合并后的 OD 矩阵;

U_k——以标准车为单位的第 k 类交通方式 OD 矩阵($k=1,2,3,\cdots$)。

k 的取值同式(8-24),具体对多少个矩阵进行 OD 矩阵合并,应根据 OD 矩阵 U_k 的个数确定。

2. 高峰小时 OD 矩阵 E

合并后的 OD 矩阵 I 乘以高峰小时因子最终得到高峰小时 OD 矩阵 E,如式(8-28)所示。

$$E = I \cdot GY \tag{8-28}$$

式中:E——高峰小时 OD 矩阵;

I——合并后的 OD 矩阵;

GY——高峰小时因子。

五、获取完整的高峰小时 OD 矩阵

1. 矩阵拓展

矩阵拓展就是将高峰小时 OD 矩阵 $E(n \times n$ 阶),经过矩阵拓展变为拓展后的高峰小时 OD 矩阵 $E'(m \times m$ 阶),其中 $m > n$(n 为规划区域内交通小区个数,m 为规划区域内交通小区个数与规划区域外虚拟交通小区个数的总和)。例如,表8-24 为高峰小时 OD 矩阵 $E(2 \times 2$ 阶),经过矩阵拓展变为拓展后的高峰小时 OD 矩阵 $E'(4 \times 4$ 阶),如表8-25 所示。在表8-25 中,由于规划区域内交通小区与规划区域外虚拟交通小区间的出行分布量、规划区域外虚拟交通小区与虚拟交通小区的出行分布量未进行考虑,故出行分布量为 0,例如规划区域内交通小区 1 与规划区域外虚拟交通小区 3 的出行分布量为 0。

高峰小时 OD 矩阵 E 的示例　　　　　　　表8-24

O \ D	1	2
1	4	6
2	6	10

注:表中数据的单位为辆/h。

拓展后的高峰小时 OD 矩阵 E' 的示例　　　　　　　　表 8-25

O \ D	1	2	3	4
1	4	6	0	0
2	6	10	0	0
3	0	0	0	0
4	0	0	0	0

注：表中数据的单位为辆/h。

2. 有关虚拟交通小区的出行 OD 矩阵 H

由于虚拟交通小区不在规划区域范围内，各影响因素难以获得，建议采用时间序列法等计算方法进行虚拟交通小区出行分布量的推算，但应对重大的开发区、住宅区和城市新区等有所考虑。如表 8-26 所示，规划区域内交通小区 1 与规划区域外虚拟交通小区 3 的出行分布量为 1，由于规划区域内交通小区与交通小区的出行分布量在表 8-25 中已经考虑，所以在本表中未进行考虑，故出行分布量为 0，例如规划区域内交通小区 1 与交通小区 2 的出行分布量为 0。

有关虚拟交通小区的出行 OD 矩阵 H 的示例　　　　　　　　表 8-26

O \ D	1	2	3	4
1	0	0	1	7
2	0	0	5	3
3	1	5	4	6
4	7	3	6	9

注：表中数据的单位为辆/h。

3. 完整的高峰小时 OD 矩阵 W

在拓展后的高峰小时 OD 矩阵 E' 的基础上，添加有关虚拟交通小区的出行 OD 矩阵 H，得到完整的高峰小时 OD 矩阵 W，如式（8-29）所示。

$$W = E' + H \tag{8-29}$$

式中：W——完整的高峰小时 OD 矩阵；

E'——拓展后的高峰小时 OD 矩阵；

H——有关虚拟交通小区的出行 OD 矩阵。

通过运用式（8-29）将表 8-25 和表 8-26 进行矩阵相加，得到完整的高峰小时 OD 矩阵 W，如表 8-27 所示。

完整的高峰小时 OD 矩阵 W 的示例　　　　　　　　表 8-27

O \ D	1	2	3	4
1	4	6	1	7
2	6	10	5	3
3	1	5	4	6
4	7	3	6	9

注：表中数据的单位为辆/h。

完整的高峰小时 OD 矩阵 W 为最终道路网上的交通压力,后续步骤会将其分配到道路网上,进行道路流量和饱和度等相关信息的分析,为其他相关专项规划提供更加科学合理的数据。

六、矩阵转换的其他问题

本章第四节中的前五部分内容为一种常用的计算流程,矩阵转换还有一些其他问题需要说明,主要包括:

1. 机动车与非机动车矩阵是否合并的问题

当机动车是交通运行的主体时,可将一天 24h 的机动车与非机动车 OD 矩阵群,合并为一个以标准车为单位的一天 24hOD 矩阵。当机动车和非机动车均为交通运行的主体时,由于将大量非机动车转换为机动车可能会带来交通特性的失真,所以宜将 1 天 24h 的机动车与非机动车 OD 矩阵群分别进行矩阵合并,再进行后续计算。

2. 步行 PA 矩阵转换基本过程

步行 PA 矩阵转换基本过程主要分为 3 步,图 8-8 为其基本过程。

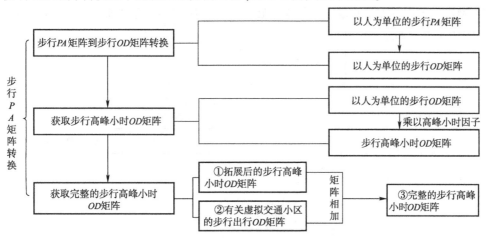

图 8-8 步行 PA 矩阵转换基本过程

(1) 步行 PA 矩阵到步行 OD 矩阵转换。通过运用式(8-26),将以人为单位的步行 PA 矩阵整体转换为以人为单位的步行 OD 矩阵。

(2) 获取步行高峰小时 OD 矩阵。通过运用式(8-28)将以人为单位的步行 OD 矩阵乘以高峰小时因子,得到步行高峰小时 OD 矩阵。

(3) 获取完整的步行高峰小时 OD 矩阵:

①拓展后的步行高峰小时 OD 矩阵。经过矩阵拓展变为拓展后的步行高峰小时 OD 矩阵。

②有关虚拟交通小区的步行出行 OD 矩阵。采用时间序列法等计算方法进行虚拟交通小区步行出行分布量的推算,求得虚拟交通小区的步行出行 OD 矩阵。

③完整的步行高峰小时 OD 矩阵。通过运用式(8-29)将拓展后的步行高峰小时 OD 矩阵和有关虚拟交通小区的步行出行 OD 矩阵进行矩阵相加,求得完整的步行高峰小时 OD 矩阵。

3. 以标准车为单位的 PA 矩阵群到以标准车为单位的 OD 矩阵群的分时段转换

当道路上的交通流在时间上呈现严重不对称时,即有明显的潮汐现象,此时宜采用分时段转换。即将以标准车为单位的 1 天 24h PA 矩阵转换为 1 天中某个时段或部分时段的 OD 矩阵,这种转换可以基于 1 天 24h 当中每小时出行分布数据的分时对照表进行。一般情况下,我们重点关心早晚高峰的交通流情况,因此只对早晚高峰进行转换。早高峰时段转换,将以标准车为单位的 1 天 24h PA 矩阵拆分为基于家的 PA 矩阵①和非基于家的 PA 矩阵②。在基于家的 PA 矩阵①的基础上,通过乘以基于家的早高峰小时因子得到基于家的早高峰 OD 矩阵。在非基于家的 PA 矩阵②的基础上,通过乘以非基于家的早高峰小时因子得到非基于家的早高峰 PA 矩阵。基于家的早高峰 OD 矩阵与非基于家的早高峰 PA 矩阵进行矩阵相加,最终得到早高峰 OD 矩阵,具体转换过程如图 8-9 所示。晚高峰时段转换,将以标准车为单位的 1 天 24h PA 矩阵拆分为基于家的 PA 矩阵①和非基于家的 PA 矩阵②。拆分后得到的基于家的 PA 矩阵①进行矩阵转置,得到转置后的 PA 矩阵。在转置后的 PA 矩阵的基础上,通过乘以基于家的晚高峰小时因子得到基于家的晚高峰 OD 矩阵。在非基于家的 PA 矩阵②的基础上,通过乘以非基于家的晚高峰小时因子得到非基于家的晚高峰 PA 矩阵。基于家的晚高峰 OD 矩阵与非基于家的晚高峰 PA 矩阵进行矩阵相加,最终得到晚高峰 OD 矩阵,具体转换过程如图 8-10 所示。

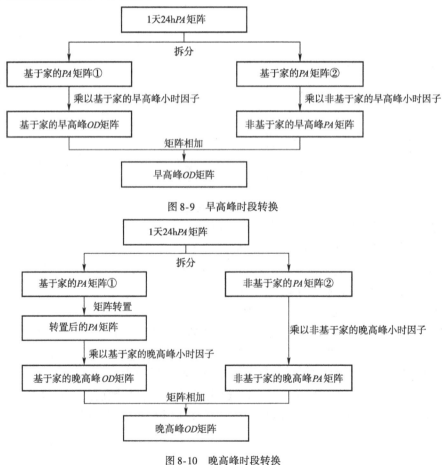

图 8-9 早高峰时段转换

图 8-10 晚高峰时段转换

4. OD 矩阵的直接计算

在进行交通需求预测时,本书推荐的计算方法是首先进行以人为单位的各交通方式 PA 矩阵群计算,然后将 1 天 24h 的该 PA 矩阵群转化为高峰小时 OD 矩阵。这样做的好处是思路清晰,自变量与因变量关系密切,不足是计算较为复杂,必须假定居民早上出行与晚上回家都使用同一种交通方式,无法有效体现居民在回家过程中接小孩和买菜等绕行行为的不足。在实际应用中,也可以从交通需求分析中的交通发生、交通分布和交通方式划分步骤直接用 OD 矩阵描述出行,常用的具体方法有两种。

第一种方法为直接计算特定时段的 OD 矩阵,如早高峰、晚高峰和平峰等时段。在计算早高峰时,可以选取居住用地为 O 点,非居住用地为 D 点;在计算晚高峰时,可以选取非居住用地为 O 点,居住用地为 D 点(也可根据实际情况选取小学和菜市场等为 D 点);在计算平峰时,需要对各种因素进行充分合理的考虑。使用这种方法时应特别注意影响 OD 取值的自变量会随时段的变化而变化。如早高峰时,应以居民的各种特性作为计算发生量的自变量,以就业、购物、娱乐和就医等因素作为吸引的自变量。晚高峰则以就业、购物、娱乐和就医等因素作为发生的自变量,而以居民的各种特性作为计算吸引量的自变量。

第二种方法是精确计算特定时段的 OD 矩阵。通常将出行按出行目的细分为若干类,分别绘制出各种出行目的全天出行曲线。如上班、购物、下班回家和购物回家等。如果需要计算某一特定时段的出行量,则可以将该时段各种出行目的出行量进行叠加,从而得到特定时段的全目的出行矩阵。使用这种方式时,应特别注意将上班、购物和它们对应的回家分别进行统计和曲线绘制,以保证数据的精确度。这是因为每种出行目的会有不同的高峰时段,如以上班为目的的出行,高峰一般会在早 8 点左右,上班对应的回家一般在 17 点到 19 点之间。以购物为目的的出行,高峰一般会在早 10 点左右,购物对应的回家可能一般在 15 点左右。

如图 8-11 所示,选取 8 点至 9 点为统计时段,此时段的 OD 矩阵为 8 点至 9 点之间出行目的为上班、购物、购物回家和下班回家的出行量总和,其他时段同理。当然实际生活中出行目的可分为上班、购物、娱乐、就医和上学等多种,图 8-11 仅为举例说明。

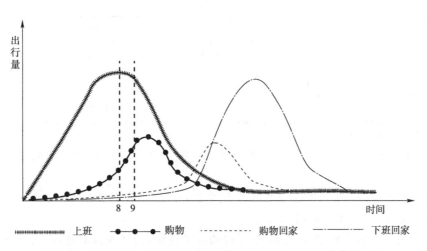

图 8-11 出行目的为上班、购物、购物回家和下班回家的全天出行曲线示意

七、例题

【例题 8-3】 根据例题 8-2 得到的规划年私人小汽车和非机动车两种交通方式的 PA 出行分布矩阵,即表 8-20 和表 8-21,试进行两种交通方式的矩阵转换。已知私人小汽车转换系数为 1/2.5,标准系数为 1;非机动车转换系数为 1,标准系数为 0.4;规划区域外有两个虚拟交通小区;高峰小时因子 $GY=0.25$。(计算结果保留两位小数)

解:

1. 矩阵单位转换

(1) 以人为单位的 PA 矩阵群到各交通方式对应单位的 PA 矩阵群的转换。

①转换系数的确定。

根据题意可知私人小汽车转换系数为 1/2.5,非机动车转换系数为 1。

②两种交通方式 PA 矩阵转换。

根据式(8-24)将表 8-20 和表 8-21 进行两种交通方式的矩阵转换,结果如表 8-28 和表 8-29 所示。

私人小汽车对应单位的 PA 矩阵   表 8-28

P \ A	1	2	3	4
1	0.00	0.00	13.08	4.33
2	0.00	0.00	27.58	8.32
3	0.00	0.00	0.00	0.00
4	0.00	0.00	7.92	4.76

注:表中数据的单位为辆/d。

非机动车对应单位的 PA 矩阵   表 8-29

P \ A	1	2	3	4
1	0.00	0.00	43.74	2.27
2	0.00	0.00	45.80	1.37
3	0.00	0.00	0.00	0.00
4	0.00	0.00	13.78	24.04

注:表中数据的单位为辆/d。

(2) 各交通方式对应单位的 PA 矩阵群到以标准车为单位的 PA 矩阵群的标准化。

①标准系数的确定。

根据题意可知私人小汽车标准系数为 1,非机动车标准系数为 0.4。

②两种交通方式 PA 矩阵的标准化。

根据式(8-25)将表 8-28 和表 8-29 进行两种交通方式 PA 矩阵的标准化,结果如表 8-30 和表 8-31 所示。

私人小汽车标准化后的 PA 矩阵   表 8-30

P \ A	1	2	3	4
1	0.00	0.00	13.08	4.33
2	0.00	0.00	27.58	8.32
3	0.00	0.00	0.00	0.00
4	0.00	0.00	7.92	4.76

注：表中数据的单位为辆/d。

非机动车标准化后的 PA 矩阵   表 8-31

P \ A	1	2	3	4
1	0.00	0.00	17.50	0.91
2	0.00	0.00	18.32	0.55
3	0.00	0.00	0.00	0.00
4	0.00	0.00	5.51	9.62

注：表中数据的单位为辆/d。

2. 标准车 PA 矩阵群到标准车 OD 矩阵群转换

根据式(8-26)，将表 8-30 和表 8-31 进行标准车 PA 矩阵到标准车 OD 矩阵转换，得到两种交通方式的 OD 矩阵，结果如表 8-32 和表 8-33 所示。

私人小汽车 OD 矩阵   表 8-32

O \ D	1	2	3	4
1	0.00	0.00	6.54	2.17
2	0.00	0.00	13.79	4.16
3	6.54	13.79	0.00	3.96
4	2.17	4.16	3.96	4.76

注：表中数据的单位为辆/d。

非机动车 OD 矩阵   表 8-33

O \ D	1	2	3	4
1	0.00	0.00	8.75	0.46
2	0.00	0.00	9.16	0.28
3	8.75	9.16	0.00	2.76
4	0.46	0.28	2.76	9.62

注：表中数据的单位为辆/d。

3. 获取高峰小时 OD 矩阵

(1) 两种交通方式 OD 矩阵群合并。根据式(8-27)将表 8-32 和表 8-33 进行 OD 矩阵合并，结果如表 8-34 所示。

合并后的 OD 矩阵　　　　　　　　　　　　　　　表 8-34

O\D	1	2	3	4
1	0.00	0.00	15.29	2.63
2	0.00	0.00	22.95	4.44
3	15.29	22.95	0.00	6.72
4	2.63	4.44	6.72	14.38

注：表中数据的单位为辆/d。

(2)高峰小时 OD 矩阵。根据式(8-28)将合并后的 OD 矩阵表 8-34 乘以高峰小时因子 0.25，得到高峰小时 OD 矩阵，结果如表 8-35 所示。

高峰小时 OD 矩阵　　　　　　　　　　　　　　　表 8-35

O\D	1	2	3	4
1	0.00	0.00	3.82	0.66
2	0.00	0.00	5.74	1.11
3	3.82	5.74	0.00	1.68
4	0.66	1.11	1.68	3.60

注：表中数据的单位为辆/h。

4. 获取完整的高峰小时 OD 矩阵

(1)矩阵拓展。在高峰小时 OD 矩阵表 8-35 的基础上，进行矩阵拓展，得拓展后的高峰小时 OD 矩阵，结果如表 8-36 所示。

拓展后的高峰小时 OD 矩阵　　　　　　　　　　　　表 8-36

O\D	1	2	3	4	5	6
1	0.00	0.00	3.82	0.66	0.00	0.00
2	0.00	0.00	5.74	1.11	0.00	0.00
3	3.82	5.74	0.00	1.68	0.00	0.00
4	0.66	1.11	1.68	3.60	0.00	0.00
5	0.00	0.00	0.00	0.00	0.00	0.00
6	0.00	0.00	0.00	0.00	0.00	0.00

注：表中数据的单位为辆/h。

(2)有关虚拟交通小区的出行 OD 矩阵。通过运用时间序列法等方法求得交通小区与虚拟交通小区、虚拟交通小区与虚拟交通小区的出行分布量，得到有关虚拟交通小区的出行 OD 矩阵，如表 8-37 所示。

有关虚拟交通小区的出行OD矩阵 表8-37

O\D	1	2	3	4	5	6
1	0.00	0.00	0.00	0.00	0.84	1.36
2	0.00	0.00	0.00	0.00	3.04	2.06
3	0.00	0.00	0.00	0.00	1.27	4.07
4	0.00	0.00	0.00	0.00	1.17	2.08
5	0.84	3.03	1.27	1.17	3.25	0.81
6	1.36	2.05	4.07	2.08	0.81	4.54

注：表中数据的单位为辆/h。

(3) 完整的高峰小时OD矩阵。根据式(8-29)将表8-36和表8-37进行矩阵合并，得完整的高峰小时OD矩阵，如表8-38所示。

完整的高峰小时OD矩阵 表8-38

O\D	1	2	3	4	5	6
1	0.00	0.00	3.82	0.66	0.84	1.36
2	0.00	0.00	5.74	1.11	3.04	2.06
3	3.82	5.74	0.00	1.68	1.27	4.07
4	0.66	1.11	1.68	3.60	1.17	2.08
5	0.84	3.03	1.27	1.17	3.25	0.81
6	1.36	2.05	4.07	2.08	0.81	4.54

注：表中数据的单位为辆/h。

第五节 交通方式划分与矩阵转换的应用流程

一、各交通方式出行发生预测

(1) 根据式(8-1)计算规划年第k类交通方式出行产生量。
(2) 根据式(8-3)计算规划年第k类交通方式出行吸引量。
(3) 规划年第k类交通方式出行产生量和出行吸引量的平衡。采用出行发生量恒定法进行平衡，首先根据式(8-19)计算规划年第k类交通方式出行发生量，然后根据第六章第五节式(6-20)进行规划年第k类交通方式出行产生量的平衡，根据式(6-21)进行规划年第k类交通方式出行吸引量的平衡。

二、各交通方式出行分布预测

(1) 标定现状年各交通方式的双约束重力模型参数。
(2) 确定规划年各交通方式的双约束重力模型参数。
(3) 应用双约束重力模型预测规划年各交通方式出行分布矩阵。

各交通方式出行发生预测和出行分布预测详见本章第二节中"一种国内常用的交通方

式划分方法"相对应的内容。

三、矩阵单位转换

(1)以人为单位的 PA 矩阵群到各交通方式对应单位的 PA 矩阵群的转换。首先确定各交通方式 PA 矩阵群的转换系数,可参考表 8-22 中的数值。然后根据式(8-24)将以人为单位的各交通方式 PA 矩阵群转换为以各交通方式对应单位的 PA 矩阵群。

(2)各交通方式对应单位的 PA 矩阵群到以标准车为单位的 PA 矩阵群的标准化。首先确定各交通方式 PA 矩阵群的标准系数,可参考表 8-23 中的数值。然后根据式(8-25)将以各交通方式对应单位的 PA 矩阵群标准化为以标准车为单位的各交通方式 PA 矩阵群。

四、标准车 PA 矩阵群到标准车 OD 矩阵群转换

根据式(8-26)将经过标准化后以标准车为单位的各交通方式 PA 矩阵群转换为以标准车为单位的各交通方式 OD 矩阵群。

五、获取高峰小时 OD 矩阵

(1)根据式(8-27)将以标准车为单位的 OD 矩阵群进行矩阵合并。
(2)根据式(8-28)将合并后的 OD 矩阵乘以高峰小时因子得到高峰小时 OD 矩阵。

六、获取完整的高峰小时 OD 矩阵

首先在高峰小时 OD 矩阵的基础上进行矩阵拓展,得到拓展后的高峰小时 OD 矩阵,然后确定有关虚拟交通小区的出行 OD 矩阵,最后根据式(8-29)得到完整的高峰小时 OD 矩阵。

第六节 案 例

本部分根据交通方式划分与矩阵转换的应用流程对 D 县综合交通体系规划交通需求预测中的交通方式划分与矩阵转换进行介绍。为方便研究 D 县中心城区交通方式,这里将其简化为步行、私人小汽车、出租汽车、公交车和非机动车 5 种交通方式。因 D 县中心城区规划区域内机动车和非机动车均为交通运行的主体,故本案例将 1d24h 的机动车与非机动车 OD 矩阵群分别进行矩阵合并。

一、各交通方式出行发生预测

(1)根据式(8-1)计算 D 县中心城区规划年各交通方式出行产生量。
(2)根据式(8-3)计算 D 县中心城区规划年各交通方式出行吸引量。
(3)规划年各交通方式出行产生量和出行吸引量的平衡。采用出行发生量恒定法进行平衡,首先根据式(8-19)计算规划年各交通方式出行发生量,其中 $\eta = 2.6\%$,$\alpha = 3$ 次/(d·人),$\beta = 95\%$,$P = 19.5$ 万人,规划年各交通方式总分担率如表 8-39 所示,求得规划年步行、私人小汽车、出租汽车、公交车和非机动车 5 种交通方式出行发生量分别为:$T_1 = 79827.93$,

$T_2=64147.44$，$T_3=49892.46$，$T_4=205271.82$ 和 $T_5=171059.85$。然后根据第六章第五节式(6-20)进行规划年各交通方式出行产生量的平衡，根据式(6-21)进行规划年各交通方式出行吸引量平衡。平衡后的规划年私人小汽车出行产生量和出行吸引量如表8-40所示。平衡后的规划年其他交通方式出行产生量和出行吸引量计算方法与前面类似，本书不再详述。

规划年各交通方式总分担率　　　　　　　　　　　　　　表8-39

交通方式	步行	私人小汽车	出租汽车	公交车	非机动车
总分担率(%)	14	11.25	8.75	36	30

平衡后的规划年私人小汽车出行产生量和出行吸引量　　　　表8-40

交通小区	P	A	交通小区	P	A
1	3333.87	1667.52	12	0.00	3342.01
2	2211.07	601.51	13	6459.10	3933.05
3	4836.14	1510.30	14	1852.07	8341.94
4	1720.88	2200.31	15	0.00	1763.66
5	5474.64	2787.91	16	0.00	3894.51
6	2983.87	3175.41	17	5011.04	4717.82
7	3407.22	273.12	18	5362.30	3809.26
8	4314.24	4870.00	19	3392.63	1700.76
9	6364.42	2419.96	20	0.00	7150.04
10	3728.33	1056.91	21	0.00	1310.51
11	3695.61	2180.83	22	0.00	1440.10

注：1. 表中数据的单位为次/d。
　　2. 由于本表数据保留两位小数，导致规划年出行产生总量P与出行吸引总量A有细微偏差。

二、各交通方式出行分布预测

(1) 标定D县中心城区现状年各交通方式的双约束重力模型参数。

根据D县中心城区现状年各交通方式出行分布矩阵和现状年各交通方式阻抗矩阵标定现状年各交通方式的双约束重力模型参数。步行、私人小汽车、出租汽车、公交车和非机动车5种交通方式的标定结果分别为：$b_1=3.2$、$b_2=0.6$、$b_3=0.62$、$b_4=0.8$ 和 $b_5=1.6$。

(2) 确定D县中心城区规划年各交通方式的双约束重力模型参数。

根据D县中心城区交通调研与调查结果，推测该地区社会经济发展情况不发生较大变化，确定规划年各交通方式的双约束重力模型参数值与现状年各交通方式的双约束重力模型参数值相等。

(3) 应用双约束重力模型预测D县中心城区规划年各交通方式出行分布矩阵。根据D县中心城区规划年各交通方式的双约束重力模型参数、规划年各交通方式阻抗矩阵和规划年各交通方式出行产生量和出行吸引量，预测各交通方式出行分布矩阵。规划年私人小汽车出行分布矩阵如表8-41所示。规划年其他交通方式出行分布矩阵计算方法与前面类似，本书不再详述。

规划年私人小汽车出行分布矩阵

表 8-41

A\P	1	2	3	4	5	6	7	8	9	10	11	12	13	14	15	16	17	18	19	20	21	22
1	76.41	66.61	114.49	155.68	201.82	194.17	14.79	269.30	137.13	50.95	107.96	142.48	184.99	357.58	90.45	183.26	223.02	166.01	71.97	386.45	66.74	71.62
2	121.29	17.96	56.32	88.89	122.83	158.45	11.13	190.69	74.29	30.79	72.46	102.52	130.58	246.97	50.63	113.31	152.28	112.43	48.29	221.24	41.35	46.37
3	179.27	48.43	82.87	280.19	316.40	272.45	20.32	364.52	278.25	84.79	152.81	197.94	255.31	489.79	144.30	260.77	304.24	226.04	97.57	588.64	93.33	97.90
4	63.88	20.03	73.42	39.09	135.18	108.41	7.73	134.32	74.08	32.44	57.00	73.55	93.84	177.84	46.79	95.30	109.76	81.10	34.86	193.66	33.59	35.00
5	194.12	64.88	194.36	316.90	131.10	476.32	28.87	457.26	210.22	93.73	198.91	254.43	316.30	583.20	134.10	315.83	355.07	259.89	110.57	559.90	107.78	110.92
6	93.90	42.08	84.15	127.77	239.48	77.66	20.25	284.12	101.68	43.76	111.42	162.78	195.91	350.17	67.00	154.07	210.15	152.58	64.16	285.38	54.25	61.14
7	86.49	35.77	75.93	110.24	175.58	244.91	9.67	349.81	104.94	45.23	114.21	166.33	279.38	460.61	70.15	161.91	225.57	187.77	77.83	301.97	57.61	65.31
8	108.56	42.21	93.85	131.97	191.64	236.84	24.11	233.58	132.79	54.83	132.16	193.96	303.25	858.82	92.27	208.11	296.55	274.88	128.79	409.64	77.15	88.30
9	159.84	47.55	207.15	210.45	254.76	245.08	20.91	383.98	160.08	196.86	231.00	293.96	365.19	676.49	272.88	431.79	466.61	340.18	143.70	966.83	143.20	145.95
10	81.32	26.99	86.42	126.21	155.52	144.41	12.34	217.09	269.54	35.84	152.87	188.99	223.76	396.86	130.18	276.96	277.74	198.65	82.33	475.62	84.68	84.00
11	80.49	29.67	72.76	103.58	154.18	171.77	14.56	244.43	147.74	71.41	67.55	313.76	308.39	484.64	90.98	229.62	290.41	205.16	83.86	371.13	74.42	85.11
12	0.00	0.00	0.00	0.00	0.00	0.00	0.00	0.00	0.00	0.00	0.00	0.00	0.00	0.00	0.00	0.00	0.00	0.00	0.00	0.00	0.00	0.00
13	128.11	49.66	112.93	158.40	227.75	280.57	33.08	521.00	216.97	97.10	286.48	504.72	192.53	1217.18	140.76	338.50	507.87	432.99	170.51	593.04	116.06	132.89
14	38.08	14.44	33.31	46.16	64.57	77.11	8.39	226.88	61.80	26.48	69.23	107.86	187.16	149.62	41.52	96.65	141.08	141.75	66.62	179.43	34.47	39.46
15	0.00	0.00	0.00	0.00	0.00	0.00	0.00	0.00	0.00	0.00	0.00	0.00	0.00	0.00	0.00	0.00	0.00	0.00	0.00	0.00	0.00	0.00
16	0.00	0.00	0.00	0.00	0.00	0.00	0.00	0.00	0.00	0.00	0.00	0.00	0.00	0.00	0.00	0.00	0.00	0.00	0.00	0.00	0.00	0.00
17	95.99	35.99	83.63	115.14	158.88	187.04	16.60	316.62	172.29	74.90	167.66	255.27	315.63	570.18	167.15	478.20	266.41	415.90	160.38	659.31	137.87	159.99
18	99.19	36.89	86.25	118.10	161.44	188.52	19.18	407.42	174.37	74.37	164.42	245.11	373.55	795.28	140.99	350.06	577.34	220.37	279.27	596.68	117.91	135.59
19	60.60	22.33	52.46	71.54	96.78	111.71	11.20	268.98	103.79	43.43	94.70	138.35	207.28	526.70	83.50	200.18	313.72	393.53	80.03	361.15	70.11	80.56
20	0.00	0.00	0.00	0.00	0.00	0.00	0.00	0.00	0.00	0.00	0.00	0.00	0.00	0.00	0.00	0.00	0.00	0.00	0.00	0.00	0.00	0.00
21	0.00	0.00	0.00	0.00	0.00	0.00	0.00	0.00	0.00	0.00	0.00	0.00	0.00	0.00	0.00	0.00	0.00	0.00	0.00	0.00	0.00	0.00
22	0.00	0.00	0.00	0.00	0.00	0.00	0.00	0.00	0.00	0.00	0.00	0.00	0.00	0.00	0.00	0.00	0.00	0.00	0.00	0.00	0.00	0.00

注：表中数据的单位为次/d。

三、矩阵单位转换

（1）以人为单位的 PA 矩阵群到各交通方式对应单位的 PA 矩阵群的转换。

①确定各交通方式 PA 矩阵的转换系数，根据 D 县中心城区交通调研与调查结果，参考表 8-22 中的数值，确定私人小汽车、出租汽车、公交车和非机动车转换系数依次为 $a_2=1/2.5$、$a_3=1/2.6$、$a_4=1/40$ 和 $a_5=1$。

②根据式(8-24)将以人为单位的各交通方式 PA 矩阵群转换为以各交通方式对应单位的 PA 矩阵群。

（2）各交通方式对应单位的 PA 矩阵群到以标准车为单位的 PA 矩阵群的标准化。

①确定各交通方式 PA 矩阵的标准系数，参考表 8-23 中的数值，确定私人小汽车、出租汽车、公交车和非机动车标准系数为 $bz_2=1$、$bz_3=1.04$、$bz_5=16$ 和 $bz_6=0.4$。

②根据式(8-25)将以各交通方式对应单位的 PA 矩阵群标准化为以标准车为单位的各交通方式 PA 矩阵群。

四、标准车 PA 矩阵到标准车 OD 矩阵转换

根据式(8-26)将经过标准化后以标准车为单位的各交通方式 PA 矩阵群转换为以标准车为单位的各交通方式 OD 矩阵群。以标准车为单位的私人小汽车 OD 矩阵如表 8-42 所示。以标准车为单位的其他交通方式 OD 矩阵计算方法与前面类似，本书不再详述。

五、获取高峰小时 OD 矩阵

1）计算机动车高峰小时 OD 矩阵

（1）根据式(8-27)将以标准车为单位的私人小汽车、出租汽车和公交车 OD 矩阵进行矩阵合并。

（2）根据式(8-28)将合并后的 OD 矩阵乘以高峰小时因子得到机动车高峰小时 OD 矩阵，其中高峰小时因子为 0.25，结果如表 8-43 所示。

2）计算非机动车高峰小时 OD 矩阵

该过程同理于机动车高峰小时 OD 矩阵的计算，本部分不再说明。

六、获取完整的高峰小时 OD 矩阵

首先在高峰小时 OD 矩阵的基础上进行矩阵拓展，得到拓展后的高峰小时 OD 矩阵，然后确定有关虚拟交通小区的出行 OD 矩阵，最后根据式(8-29)得到完整的高峰小时 OD 矩阵。

1. 完整的机动车高峰小时 OD 矩阵。

首先在表 8-43 机动车高峰小时 OD 矩阵（22×22 阶）的基础上进行矩阵拓展，得到拓展后的机动车高峰小时 OD 矩阵（34×34 阶），然后确定有关虚拟交通小区的出行 OD 矩阵（34×34 阶），最后根据式(8-29)得到完整的机动车高峰小时 OD 矩阵（34×34 阶），因矩阵过大，限于印刷版面问题不在本书纸质版中体现，详见本书数字化建设相关内容。

2. 完整的非机动车高峰小时 OD 矩阵

该过程同理于完整的机动车高峰小时 OD 矩阵的计算，本部分不再说明。

表 8-42

以标准车为单位的私人小汽车 OD 矩阵

O\D	1	2	3	4	5	6	7	8	9	10	11	12	13	14	15	16	17	18	19	20	21	22
1	30.56	37.58	58.75	43.91	79.19	57.61	20.26	75.57	59.39	26.46	37.69	28.50	62.62	79.13	18.09	36.65	63.80	53.04	26.51	77.29	13.35	14.32
2	37.58	7.18	20.95	21.78	37.54	40.11	9.38	46.58	24.37	11.56	20.43	20.50	36.05	52.28	10.13	22.66	37.65	29.87	14.12	44.25	8.27	9.27
3	58.75	20.95	33.15	70.72	102.15	71.32	19.25	91.67	97.08	34.24	45.11	39.59	73.65	104.62	28.86	52.15	77.57	62.46	30.01	117.73	18.67	19.58
4	43.91	21.78	70.72	15.64	90.42	47.24	23.59	53.26	56.90	31.73	32.12	14.71	50.45	44.80	9.36	19.06	44.98	39.84	21.28	38.73	6.72	7.00
5	79.19	37.54	102.15	90.42	52.44	143.16	40.89	129.78	93.00	49.85	70.62	50.89	108.81	129.55	26.82	63.17	102.79	84.27	41.47	111.98	21.56	22.18
6	57.61	40.11	71.32	47.24	143.16	31.07	53.03	104.19	69.35	37.63	56.64	32.56	95.30	85.46	13.40	30.81	79.44	68.22	35.17	57.08	10.85	12.23
7	20.26	9.38	19.25	23.59	40.89	53.03	3.87	74.78	25.17	11.51	25.75	33.27	62.49	93.80	14.03	32.38	48.43	41.39	17.81	60.39	11.52	13.06
8	75.57	46.58	91.67	53.26	129.78	104.19	74.78	93.43	103.35	54.39	75.32	38.79	164.85	217.14	18.45	41.62	122.63	136.46	79.56	81.93	15.43	17.66
9	59.39	24.37	97.08	56.90	93.00	69.35	25.17	103.35	64.03	93.28	75.75	58.79	116.43	147.66	54.58	86.36	127.78	102.91	49.50	193.37	28.64	29.19
10	26.46	11.56	34.24	31.73	49.85	37.63	11.51	54.39	93.28	14.33	44.86	37.80	64.17	84.67	26.04	55.39	70.53	54.60	25.15	95.12	16.94	16.80
11	37.69	20.43	45.11	32.12	70.62	56.64	25.75	75.32	75.75	44.86	27.02	62.75	118.97	110.77	18.20	45.92	91.61	73.92	35.71	74.23	14.88	17.02
12	28.50	20.50	39.59	14.71	50.89	32.56	33.27	38.79	58.79	37.80	62.75	0.00	100.94	21.57	0.00	0.00	51.05	49.02	27.67	0.00	0.00	0.00
13	62.62	36.05	73.65	50.45	108.81	95.30	62.49	164.85	116.43	64.17	118.97	100.94	77.01	280.87	28.15	67.70	164.70	161.31	75.56	118.61	23.21	26.58
14	79.13	52.28	104.62	44.80	129.55	85.46	93.80	217.14	147.66	84.67	110.77	21.57	280.87	59.85	8.30	19.33	142.25	187.41	118.66	35.89	6.89	7.89
15	18.09	10.13	28.86	9.36	26.82	13.40	14.03	18.45	54.58	26.04	18.20	0.00	28.15	8.30	0.00	0.00	33.43	28.20	16.70	0.00	0.00	0.00
16	36.65	22.66	52.15	19.06	63.17	30.81	32.38	41.62	86.36	55.39	45.92	0.00	67.70	19.33	0.00	0.00	95.64	70.01	40.04	0.00	0.00	0.00
17	63.80	37.65	77.57	44.98	102.79	79.44	48.43	122.63	127.78	70.53	91.61	51.05	164.70	142.25	33.43	95.64	106.56	198.65	94.82	131.86	27.57	32.00
18	53.04	29.87	62.46	39.84	84.27	68.22	41.39	136.46	102.91	54.60	73.92	49.02	161.31	187.41	28.20	70.01	198.65	88.15	134.56	119.34	23.58	27.12
19	26.51	14.12	30.01	21.28	41.47	35.17	17.81	79.56	49.50	25.15	35.71	27.67	75.56	118.66	16.70	40.04	94.82	134.56	32.01	72.23	14.02	16.11
20	77.29	44.25	117.73	38.73	111.98	57.08	60.39	81.93	193.37	95.12	74.23	0.00	118.61	35.89	0.00	0.00	131.86	119.34	72.23	0.00	0.00	0.00
21	13.35	8.27	18.67	6.72	21.56	10.85	11.52	15.43	28.64	16.94	14.88	0.00	23.21	6.89	0.00	0.00	27.57	23.58	14.02	0.00	0.00	0.00
22	14.32	9.27	19.58	7.00	22.18	12.23	13.06	17.66	29.19	16.80	17.02	0.00	26.58	7.89	0.00	0.00	32.00	27.12	16.11	0.00	0.00	0.00

注：表中数据的单位为辆/d。

机动车高峰小时 OD 矩阵

表 8-43

O\D	1	2	3	4	5	6	7	8	9	10	11	12	13	14	15	16	17	18	19	20	21	22
1	43.42	73.07	81.25	61.59	118.75	73.50	27.02	107.27	82.93	34.76	49.49	29.61	81.63	82.05	27.33	49.42	84.18	69.15	39.49	102.22	21.41	22.64
2	73.07	12.91	30.14	31.50	61.42	57.00	15.23	72.16	36.40	16.78	29.30	22.29	51.78	56.42	15.19	31.06	53.80	42.53	23.83	58.49	13.50	15.08
3	81.25	30.14	34.01	92.17	137.57	79.36	21.45	114.51	129.53	40.68	52.10	37.28	84.23	96.78	40.21	63.43	90.81	72.02	40.13	142.67	26.73	27.49
4	61.59	31.50	92.17	16.88	125.30	56.12	27.88	66.12	69.45	38.12	37.61	13.99	58.14	42.87	12.79	23.37	51.55	44.90	25.87	46.27	9.67	9.86
5	118.75	61.42	137.57	125.30	60.68	189.04	55.65	173.93	121.85	64.52	90.30	49.68	135.63	125.20	36.22	79.04	126.30	102.47	57.09	132.58	31.48	31.62
6	73.50	57.00	79.36	56.12	189.04	29.56	63.25	130.86	76.61	40.49	64.90	32.44	109.19	82.08	17.51	37.18	90.27	75.49	42.08	65.90	15.34	17.24
7	27.02	15.23	21.45	27.88	55.65	63.25	4.22	104.61	31.55	13.88	31.50	32.94	82.16	92.84	18.30	39.05	60.03	52.17	27.29	69.77	16.32	18.48
8	107.27	72.16	114.51	66.12	173.93	130.86	104.61	115.33	128.96	66.36	94.84	38.29	219.40	249.91	24.65	51.07	153.75	178.13	115.11	97.32	22.49	25.77
9	82.93	36.40	129.53	69.45	121.85	76.61	31.55	128.96	77.42	140.83	97.43	56.90	145.73	141.54	83.45	111.09	161.90	129.29	71.25	246.98	42.82	42.48
10	34.76	16.78	40.68	38.12	64.52	40.49	13.88	66.36	140.83	16.21	57.85	37.15	79.31	80.13	37.75	72.47	88.56	67.56	36.02	116.68	25.28	24.25
11	49.49	29.30	52.10	37.61	90.30	64.90	31.50	94.84	97.43	57.85	29.39	69.81	158.32	112.38	24.87	59.04	116.07	91.53	48.97	88.42	22.11	25.30
12	29.61	22.29	37.28	13.99	49.68	32.44	32.94	38.29	56.90	37.15	69.81	0.00	111.40	21.49	0.00	0.00	49.98	47.08	26.21	0.00	0.00	0.00
13	81.63	51.78	84.23	58.14	135.63	109.19	82.16	219.40	145.73	79.31	158.32	111.40	83.43	310.39	37.78	84.63	210.85	210.41	108.09	139.99	33.89	38.84
14	82.05	56.42	96.78	42.87	125.20	82.08	92.84	249.91	141.54	80.13	112.38	21.49	310.39	52.18	10.69	23.05	141.95	194.53	128.65	40.98	9.65	11.06
15	27.33	15.19	40.21	12.79	36.22	17.51	18.30	24.65	83.45	37.75	24.87	0.00	37.78	10.69	0.00	0.00	47.66	38.08	22.43	0.00	0.00	0.00
16	49.42	31.06	63.43	23.37	79.04	37.18	39.05	51.07	111.09	72.47	59.04	0.00	84.63	23.05	0.00	0.00	131.71	88.64	50.04	0.00	0.00	0.00
17	84.18	53.80	90.81	51.55	126.30	90.27	60.03	153.75	161.90	88.56	116.07	49.98	210.85	141.95	47.66	131.71	124.30	271.01	137.70	161.94	42.87	49.96
18	69.15	42.53	72.02	44.90	102.47	75.49	52.17	178.13	129.29	67.56	91.53	47.08	210.41	194.53	38.08	88.64	271.01	103.36	224.80	141.73	34.76	40.06
19	39.49	23.83	40.13	25.87	57.09	42.08	27.29	115.11	71.25	36.02	48.97	26.21	108.09	128.65	22.43	50.04	137.70	224.80	50.76	85.73	20.58	23.69
20	102.22	58.49	142.67	46.27	132.58	65.90	69.77	97.32	246.98	116.68	88.42	0.00	139.99	40.98	0.00	0.00	161.94	141.73	85.73	0.00	0.00	0.00
21	21.41	13.50	26.73	9.67	31.48	15.34	16.32	22.49	42.82	25.28	22.11	0.00	33.89	9.65	0.00	0.00	42.87	34.76	20.58	0.00	0.00	0.00
22	22.64	15.08	27.49	9.86	31.62	17.24	18.48	25.77	42.48	24.25	25.30	0.00	38.84	11.06	0.00	0.00	49.96	40.06	23.69	0.00	0.00	0.00

注：表中数据的单位为辆/h。

本章习题

1. 交通方式划分的基本概念是什么?
2. 影响城市客运交通方式选择的因素有哪些?
3. 已知私人小汽车与公交车的 PA 矩阵如表 8-44 和表 8-45 所示,其中两种交通方式 PA 矩阵的转换系数和标准系数如表 8-46 和表 8-47 所示。试通过矩阵单位转换、标准车 PA 矩阵到标准车 OD 矩阵转换和获取高峰小时 OD 矩阵的相关方法获得高峰小时 OD 矩阵。其中高峰小时因子取 0.25。(每一步骤的计算结果均保留两位小数)

私人小汽车 PA 矩阵　　　　　　　　　　　　　　　　　表 8-44

P \ A	1	2
1	3	10
2	12	5

公交车 PA 矩阵　　　　　　　　　　　　　　　　　表 8-45

P \ A	1	2
1	6	15
2	20	8

两种交通方式 PA 矩阵转换系数　　　　　　　　　　　　　　表 8-46

交通方式	私人小汽车	公交车
转换系数	1/2.5	1/40

两种交通方式 PA 矩阵标准系数　　　　　　　　　　　　　　表 8-47

交通方式	私人小汽车	公交车
标准系数	1	16

4. 谈谈你常用的几种交通工具的优势和缺点,说说你在交通方式选择时的主要依据。
5. 在集计方法中,你认为中国的大中城市交通方式划分工作放在哪个步骤更为合适,为什么?

第九章 城市道路网规划与交通分配

本章主要对城市道路网规划与交通分配进行介绍。首先介绍城市初始道路网布局和道路网络信息化的相关内容。其次详细介绍非平衡分配方法、平衡分配方法和城市初始道路网调整方法。然后简要介绍 OD 反推的基本概念、基本原理和方法。最后介绍城市道路网规划与交通分配的应用流程,并运用案例对相关内容进行说明。城市道路网规划是城市综合交通体系规划中最主要的部分之一,一个合理的城市道路网规划应能满足规划年的交通出行需求。交通分配在经典的交通需求预测四阶段方法中处于最后一个阶段,是城市道路网规划方案设计的基础。

第一节 城市初始道路网布局

本节对城市初始道路网布局进行介绍。将依次介绍《城市综合交通体系规划编制导则》(以下简称《导则》)中关于城市道路网的总体要求,城市初始道路网获取方法,城市初始道路网布局和检验等。

一、《导则》中城市道路网的总体要求

按照与道路交通需求基本适应、与城市空间形态和土地使用布局相互协调、有利公共交通发展和内外交通系统有机衔接的要求,合理规划道路功能、等级和布局。

主要内容:

(1)优化配置城市干路网结构,规划城市干路网布局方案,提出支路网规划控制密度和建设标准。

(2)提出城市各级道路红线宽度指标和典型道路断面形式。

(3)确定主要交叉口和广场的用地控制要求。

(4)确定城市防灾减灾、应急救援和大型装备运输的道路网络方案。

二、城市初始道路网获取方法

获取城市初始道路网的方法有两种:

(1)从城市总体规划中获取关于城市道路网的相关规划,得到城市初始道路网。

(2)在无法直接获得城市初始道路网的情况下,可依据本节后续相关内容进行城市初始

道路网的布局与检验,从而得到城市初始道路网。

三、城市初始道路网布局的前期工作

城市初始道路网布局的前期工作主要包括以下内容:

1. 确定规划年城市道路网基本布局形式

城市道路网基本布局形式要依据城市的发展时间、历史文化和地形等多方面因素确定。例如发展时间长的城市道路网基本布局形式多为混合式道路网;平原城市道路网基本布局形式多为方格形道路网和环形放射式道路网;因地形、水系或其他条件限制的城市道路网基本布局形式多为自由式道路网。几种城市道路网基本布局形式和各形式的特点如表9-1所示。

城市道路网基本布局形式及特点　　　　表9-1

序号	基本布局形式	特　　点
1	方格形道路网	常见的一种道路网类型,适用于地形平坦的城市
2	环形放射式道路网	放射性干道使市中心和各功能区以及市区和郊区间有便捷的交通联系,环形干道有利于外围市区及郊区的相互联系,并疏散过境交通
3	自由式道路网	多布置在因地形、水系或其他条件限制的地区,较好地满足地形、水系及其他限制条件
4	混合式道路网	多种道路网形式的组合,是城市分阶段发展的体现
5	线性或带状道路网	由一条或几条主要的交通线路沿带状轴向延伸,并且与一些相垂直的次级交通线路组成类似方格状的道路网络
6	方格环形放射式道路网	中心区为方格形,向四周呈环形放射式发展
7	星状放射式道路网	从城市中心起呈放射状联系多个卫星城市,而城市由几个层次的同心圆所组成

2. 确定规划年城市规模

依据2014年10月29日由国务院印发的《关于调整城市规模划分标准的通知》进行城市规模的确定。城市规模划分标准以城区常住人口为统计口径,将城市划分为五类七档。五类分别为超大城市、特大城市、大城市、中等城市和小城市,七档分别为超大城市、特大城市、Ⅰ型大城市、Ⅱ型大城市、中等城市、Ⅰ型小城市和Ⅱ型小城市。具体城市规模划分如表9-2所示。

城市规模划分标准　　　　表9-2

序号	城市类别	城区常住人口	城市档别	城区常住人口
1	超大城市	≥1000	超大城市	≥1000
2	特大城市	500≤人口<1000	特大城市	500≤人口<1000
3	大城市	100≤人口<500	Ⅰ型大城市	300≤人口<500
			Ⅱ型大城市	100≤人口<300
4	中等城市	50≤人口<100	中等城市	50≤人口<100
5	小城市	<50	Ⅰ型小城市	20≤人口<50
			Ⅱ型小城市	<20

注:1. 城区常住人口单位为万人。
　　2. 城区是指在市辖区和不设区的市,区、市政府驻地的实际建设连接到的居民委员会所辖区域和其他区域。常住人口包括居住在本乡镇街道,且户口在本乡镇街道或户口待定的人;居住在本乡镇街道,且离开户口登记地所在的乡镇街道半年以上的人;户口在本乡镇街道,且外出不满半年或在境外工作学习的人。

3. 确定城市道路网规划指标

1)确定大、中城市道路网规划相关内容

(1)确定大、中城市道路网规划指标。依据《城市道路交通规划设计规范》(GB 50220—95)中大、中城市道路网规划指标要求进行各类道路规划指标的确定。如表9-3所示,假设某一大城市的城区常住人口数为150万,则快速路的机动车设计速度应在60~80km/h的范围内,道路网密度应在0.3~0.4km/km²的范围内,道路中机动车车道条数应在4~6条的范围内,道路宽度应在35~40m的范围内,其他类道路的规划指标同理进行确定。

大、中城市道路网规划指标　　　　　　表9-3

项　目	城市规模与人口（万人）		快速路	主干路	次干路	支路
机动车设计速度（km/h）	大城市	>200	80	60	40	30
		≤200	60~80	40~60	40	30
	中等城市		—	40	40	40
道路网密度（km/km²）	大城市	>200	0.4~0.5	0.8~1.2	1.2~1.4	3~4
		≤200	0.3~0.4	0.8~1.2	1.2~1.4	3~4
	中等城市		—	1.0~1.2	1.2~1.4	3~4
道路中机动车车道条数（条）	大城市	>200	6~8	6~8	4~6	3~4
		≤200	4~6	4~6	4~6	2
	中等城市		—	4	2~4	2
道路宽度（m）	大城市	>200	40~45	45~55	40~50	15~30
		≤200	35~40	40~50	30~45	15~20
	中等城市		—	35~45	30~40	15~20

(2)计算大、中城市各类道路总长的上下限值。根据表9-3中各类道路的道路网密度上下限值计算各类道路总长的上下限值。设 k 为道路类型编号,快速路、主干路、次干路和支路可分别编为1、2、3和4。计算公式如式(9-1)和式(9-2)所示。

$$L_k^{\mathrm{I}} = c\rho_k^{\mathrm{I}} \cdot M \tag{9-1}$$

式中:L_k^{I}——第 k 类道路总长的上限值(km);

$c\rho_k^{\mathrm{I}}$——第 k 类道路的道路网密度上限值(km/km²);

M——用地面积(km²)。

$$L_k^{\mathrm{II}} = c\rho_k^{\mathrm{II}} \cdot M \tag{9-2}$$

式中:L_k^{II}——第 k 类道路总长的下限值(km);

$c\rho_k^{\mathrm{II}}$——第 k 类道路的道路网密度下限值(km/km²);

M——用地面积(km²)。

(3)确定大、中城市道路交叉口形式。依据《城市道路交通规划设计规范》(GB 50220—95)中大、中城市道路交叉口形式的要求进行道路交叉口形式的确定。具体内容如表9-4所示。

大、中城市道路交叉口形式   表9-4

相交道路	快速路	主干路	次干路	支 路
快速路	A	A	A,B	—
主干路	—	A,B	B,C	B,D
次干路	—	—	C,D	C,D
支 路	—	—	—	D,E

注:A为立体交叉口;B为展宽式信号灯管理平面交叉口;C为平面环形交叉口;D为信号灯管理平面交叉口;E为不设信号灯的平面交叉口。

2)确定小城市道路网规划相关内容

(1)确定小城市道路网规划指标。依据《城市道路交通规划设计规范》(GB 50220—95)中小城市道路网规划指标要求进行各类道路规划指标的确定。如表9-5所示,假设某一小城市的城区常住人口数为4万,则干路的机动车设计速度应为40km/h,道路网密度应在4～5km/km² 的范围内,道路中机动车车道条数应在2～4条的范围内,道路宽度应在25～35m的范围内,支路的规划指标同理进行确定。

小城市道路网规划指标   表9-5

项 目	城市人口(万人)	干 路	支 路
机动车设计速度(km/h)	>5	40	20
	1～5	40	20
	<1	40	20
道路网密度(km/km²)	>5	3～4	3～5
	1～5	4～5	4～6
	<1	5～6	6～8
道路中机动车车道条数(条)	>5	2～4	2
	1～5	2～4	2
	<1	2～3	2
道路宽度(m)	>5	25～35	12～15
	1～5	25～35	12～15
	<1	25～30	12～15

注:小城市干路包括主干路和次干路。

(2)计算小城市各类道路总长的上下限值。根据表9-5中各类道路的道路网密度上下限值计算各类道路总长的上下限值。设 k 为道路类型编号,干路和支路可分别编为1和2。计算小城市各类道路总长的上下限值的具体公式同式(9-1)和式(9-2)所示。

(3)确定小城市道路交叉口形式。依据《城市道路交通规划设计规范》(GB 50220—95)中小城市道路交叉口形式的要求进行道路交叉口形式的确定。具体内容如表9-6所示。

小城市道路交叉口形式　　　　　　表9-6

规划人口	相交道路	干路	支路
>5	干路	C,D,B	D,E
	支路	—	E
1~5	干路	C,D,E	E
	支路	—	E
<1	干路	D,E	E
	支路	—	E

注：1. 规划人口单位为万人。
　　2. B为展宽式信号灯管理平面交叉口；C为平面环形交叉口；D为信号灯管理平面交叉口；E为不设信号灯的平面交叉口。

4. 确定各类道路横断面形式

(1) 道路横断面形式。道路横断面形式主要分为以下4种形式。

①单幅路。从横断面上来看，车行道为一整体，没有物理分隔，各种车辆在一幅车行道横断面上混合行驶，俗称"一块板"断面，如图9-1所示。

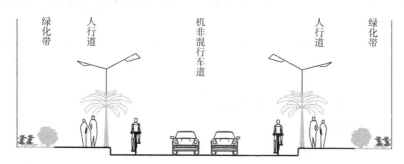

图9-1　单幅路横断面形式示意

②两幅路。在车行道中央采用分隔带或分隔墩将车行道分为两部分，上、下行车辆被分割开来，这样可以避免相向行驶的机动车产生交通碰撞，俗称"两块板"断面，如图9-2所示。

图9-2　两幅路横断面形式示意

③三幅路。在车行道两侧采用分隔带或分隔墩将快、慢车行道分割开来，整个车行道呈三部分，即中间一部分为双向行驶的机动车道，车行道两侧则分别为单向行驶的非机动车道，俗称"三块板"断面，如图9-3所示。

图 9-3 三幅路横断面形式示意

④四幅路。在三幅路的基础上,再将中间机动车道部分用中央分隔带分割为两幅,使机动车也分向分幅行驶,从而在车行道断面布置上最大限度地保证车辆交通的行驶安全,俗称"四块板"断面,如图 9-4 所示。

图 9-4 四幅路横断面形式示意

(2)依据《城市道路工程设计规范》(CJJ 37—2012)中道路横断面布置的要求进行各类道路横断面形式的确定。

①快速路。当快速路两侧设置辅路时,应采用四幅路;当两侧不设置辅路时,应采用两幅路。

②主干路。主干路宜采用四幅路或三幅路。

③次干路。次干路宜采用单幅路或两幅路。

④支路。支路宜采用单幅路。

5.进行城市道路网现状分析

对城市道路网进行现状分析主要包括以下内容:

(1)寻找城市中的拥堵地点,分析其拥堵原因并找出解决方法。

(2)分析现状道路网中关于道路网密度、道路中机动车车道条数和现状各类道路总长等指标,并与规范中城市道路网规划指标进行对比,明确现状道路网的改进方向。

(3)原则上对现状已形成的城市道路网不进行大规模的道路改造,但可进行道路等级提升,如在条件允许、交通状况需要的前提下,可将主干路提升为快速路,其他等级道路可同理进行。

四、城市初始道路网的布局

城市道路规划布局应根据快速路、主干路、次干路和支路各自的作用和特点进行合理布设,得到初始道路网的几种布局方案。

1.快速路

《城市规划基本术语标准》(GB/T 50280—98)中把"快速路"定义为城市道路中设有中央分隔带,具有 4 条以上机动车道,全部或部分采用立体交叉与控制出入,供汽车以较高速度行驶的道路,又称汽车专用道。快速路在城市交通中起"通"的作用,要求通过车辆快而多。

1) 快速路类型

快速路主要有以下3种类型:

(1) 环形快速路。如石家庄市二环路就是典型的环形快速路,如图9-5所示。

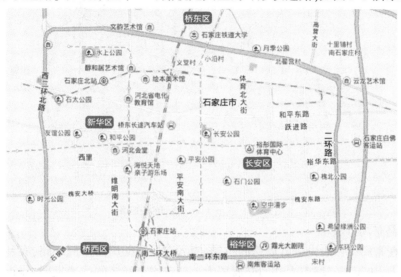

图9-5　石家庄市二环路

(2) "井"字形快速路。如南京市的"井"字形快速路,如图9-6所示。

图9-6　南京市"井"字形快速路

(3) 主要联系市区各主要地区、主要近郊区的快速路。

如图9-7中,大庆市是典型的组团型城市,市区主要集中在A区(让胡路区)和B区(萨尔图区和龙凤区),其中虚线大致代表A区和B区的市区范围。A区和B区之间有大量开发强度不高的其他区域,粗实线代表连接A区和B区的快速路。

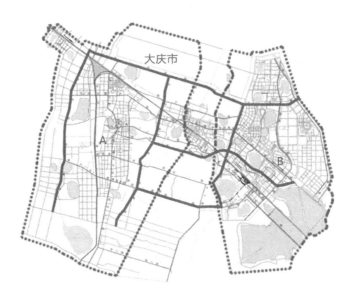

图 9-7　大庆市 A、B 区之间的快速路

2）快速路布局方法

快速路在布局中一般先进行环路的布局，因为在城市的周围形成环路，有利于将车辆吸引到城市外围，从而减轻城市中心的交通压力。随着城市经济的快速发展，城市区域范围不断扩大，环路被包围在城市当中，此时可将环路延伸形成"井"字形。组团型城市中，在各组团之间应建立相互联系的快速路。规划人口在 200 万以上的大城市和长度超过 30km 的带形城市应设置快速路。快速路上的机动车两侧不应设置非机动车道，机动车道应设置中央隔离带。

3）快速路布局的初步检验

快速路布局应符合下列要求：

(1) 快速路应与其他干路构成系统，与城市对外公路有便捷的联系。

(2) 与快速路交汇的道路数量应严格控制。相交道路的交叉口形式应符合表 9-4 的要求。

(3) 快速路两侧不应设置公共建筑物出入口。快速路穿过人流集中的地区，应设置人行天桥或地下通道。

2. 主干路

主干路一般设机动车道和有分隔带的非机动车道，其中机动车道一般设 4 或 6 条。一般不设置立体交叉口，而采用扩大交叉口的办法提高通行能力，一些流量特别大的主干路交叉口，可设置立体交叉口。主干路在城市交通中以交通功能为主、服务功能为辅，同样起"通"的作用，要求通过车辆快而多。

1）主干路布局方法

主干路在规划布局中一般按每隔约 1km 的距离铺设一条主干路，在实际规划布局过程中，其铺设距离可根据当地情况在 700～1200m 之间变化。布局过程中应注意连接城市中的重要交通节点，如火车站、汽车站、学校、医院和行政单位等。主干路上机动车与非机动车应进行分流,主干路两侧不宜设置吸引大量人流、车流的公共建筑物出入口。山区城市受地形等因素的影响,应根据城市的实际需要进行主干路布局。

2) 主干路布局的初步检验

主干路布局应符合下列要求:

(1) 主干路上的机动车与非机动车应分道行驶;交叉口之间分隔机动车与非机动车的分隔带宜连续。

(2) 主干路两侧不宜设置公共建筑物出入口。

3. 次干路

次干路是组团式城市内的基础性道路,也是分散组团式城市内的道路骨架。次干路兼有"通"和"达"的作用,其两侧有大量沿街商店和文化服务设施等,主要靠公共交通服务居民。

1) 次干路布局方法

次干路在规划布局中一般是在两条主干路之间铺设 1 条次干路。次干路是介于城市主干路与支路间的车流、人流主要交通集散的道路,宜设置大量的公交线路,广泛联系城内各区。次干路两侧可以设置吸引人流与车流的公共建筑、机动车和非机动车的停车场地、公交车站和出租车服务站。

2) 次干路布局的初步检验

次干路布局规划,必须与该地区的土地利用开发相结合。住宅区、商业区和工业区对次干路要求的功能各不相同,必须区别考虑。

4. 支路

1) 支路规划的要求

在进行城市综合交通体系规划过程中,一般对支路规划只提出道路网密度要求,不进行实际的支路网布局。支路是次干路与居住区、工业区、市中心商业区、市政公用设施用地和交通设施用地内部道路的连接线,应满足公共交通线路行驶的要求。支路在城市道路中主要起"达"的作用,其上有较多的公共交通线路,方便居民集散。

2) 支路布局方法

在现状分析得到的支路道路网密度的基础上,合理加密城市支路,提高汽车、公交、自行车和步行等多种交通方式的可达性。

3) 支路布局的初步检验

支路布局应符合以下要求:

(1) 支路应与次干路和居住区、工业区、市中心区、市政公用设施用地、交通设施用地等内部道路相连接。

(2) 支路应与平行快速路的道路相接,但不得与快速路直接相接。在快速路两侧的支路需要连接时,应采用分离式立体交叉跨过或穿过快速路。

(3) 支路应满足公共交通线路行驶的要求。

(4) 在市区建筑容积率大于 4 的地区,支路网密度应为表 9-3 或表 9-5 所规定数值的 1 倍。

5. 贯彻落实近期国务院关于道路网系统布局相关意见的精神

2016 年 2 月 6 日,中共中央国务院印发的《关于进一步加强城市规划建设管理工作的若干意见》中第十六条"优化街区路网结构"指出加强街区的规划和建设,分梯级明确新建街区面积,推动发展"开放便捷、尺度适宜、配套完善、邻里和谐"的生活街区。新建住宅要推广街区制,原则上不再建设封闭住宅小区。已建成的住宅小区和单位大院要逐步打开,实现内部道路公共化,解决交通路网布局问题,促进土地节约利用。树立"窄马路和密路网"的城市道路布局理念,建设快速路、主次干路和支路级配合理的道路网系统。打通各类"断头路",形成完整路网,提高道路通达性。

五、城市初始道路网布局检验

城市初始道路网布局检验主要包括以下内容:

(1)城市道路网规划应适应城市用地扩展,并有利于向机动化和快速交通的方向发展。

(2)城市道路网的形式和布局,应根据土地使用、客货交通源和集散点的分布、交通流量流向,并结合地形、地物、河流走向、铁路布局和原有道路系统,因地制宜地确定。

(3)各类城市道路网的平均密度应符合表9-3和表9-5中规定的指标要求。土地开发的容积率应与交通网的运输能力和道路网的通行能力相协调。

(4)分片区开发的城市,各相邻片区之间至少应有两条道路相贯通。

(5)城市主要出入口每个方向应有两条对外放射的道路。七度地震设防的城市每个方向应有不少于两条对外放射的道路。

(6)城市环路应符合以下规定:

①内环路应设置在老城区或市中心区的外围。

②外环路宜设置在城市用地边界内1~2km处,当城市放射的干路与外环路相交时,应规划好交叉口上的左转交通。

③大城市的外环路应是汽车专用道路,其他车辆应在环路外的道路上行驶。

④环路设置,应根据城市地形、交通的流量流向确定,可采用半环或全环。

⑤环路的等级不宜低于主干路。

(7)河网地区城市道路网应符合以下规定:

①道路宜平行或垂直于河道布置。

②对跨越通航河道的桥梁,应满足桥下通航净空要求,并应与滨河路的交叉口相协调。

③城市桥梁的车行道和人行道宽度应与道路的车行道和人行道等宽。在有条件的地方,城市桥梁可建双层桥,将非机动车道、人行道和管线设置在桥的下层通过。

④客货流集散码头和渡口应与城市道路统一规划。码头附近的民船停泊、岸上农贸市场的人流集散和公共停车场的车辆出入,均不得干扰城市主干路的交通。

(8)山区城市道路网规划应符合以下规定:

①道路网应平行等高线设置,并应考虑防洪要求。主干路宜设在谷地或坡面上。双向交通的道路宜分别设置在不同的高程上。

②地形高差特别大的地区,宜设置人和车分开的两套道路系统。

③山区城市道路网的密度宜大于平原城市,并应采用表9-3或表9-5中规定的上限值。

(9)当旧城道路网改造时,在满足道路交通的情况下,应兼顾旧城的历史文化、地方特色和原有道路网形成的历史;对有历史文化价值的街道应适当加以保护。

(10)市中心区的建筑容积率达到8时,支路网密度宜为12~16km/km²;一般商业集中地区的支路网密度宜为10~12km/km²。

(11)次干路和支路网宜划成1:2~1:4的长方格;沿交通主流方向应加大交叉口的间距。

(12)道路网节点上相交道路的条数宜为4条,并不得超过5条。道路宜垂直相交,最小夹角不得小于45°。

(13)应避免设置错位的T字形路口。已有的错位T字形路口,在规划时应改造。

(14)大、中、小城市道路交叉口的形式应符合表9-4或表9-6的规定。

第二节　道路网络信息化

道路网络信息化是将具体的城市道路网络(由道路路段和交叉口构成)抽象为便于计算机识别和处理的信息。进行交通规划的目的是使交通需求与交通供给达到平衡,其中出行发生、出行分布和方式划分是需求预测,城市初始道路网布局是交通供给。在交通需求与交通供给确定的情况下,需要由交通分配来检验"需求"和"供给"的平衡情况。实际道路网络分析中的计算量很大,一般通过计算机实现,因此道路网络信息化是进行交通分配的前提。

一、道路网络信息化的实现平台与内容

1.道路网络信息化的实现平台

一般使用地理信息系统实现道路网络信息化,因为地理信息系统具有强大的空间分析功能,便于管理和表达交通规划中的土地利用、交通需求和道路网络等具有明显空间地理特征的数据。交通规划应用的地理信息系统分为通用与交通专用两类。通用的地理信息系统(如 ArcGIS 和 SuperMap 等)优点是便于和其他操作平台对接,缺点是针对交通规划中特有的相关属性和算法需进行编程等复杂操作。交通专用的地理信息系统(如 TranStar、TransCAD、Cube、EMME/3 和 VISUM 等)优点是可以快速建立交通模型,缺点是不便于和其他操作平台对接。

2.道路网络信息化的内容

主要是指明确城市道路网中道路和交叉口的位置,并确定两者相关属性(包括交通阻抗特性)。道路和交叉口的位置可以通过地理信息系统标定。道路属性主要包括道路等级、横断面形式、车道数、车道宽度和长度等,交叉口属性主要包括交叉口几何形式、控制形式和具体尺寸等。依据《城市道路交通规划设计规范》(GB 50220—95)将道路路段抽象为4种类型:快速路、主干路、次干路和支路。除以上4种道路类型外,道路网络中还包含与城市连接的公路等,这些可以统一称为第5种类型,即其他道路。同理将交叉口抽象为5种类型:立体交叉口、展宽式信号灯管理平面交叉口、平面环形交叉口、信号灯管理平面交叉口和不设信号灯的平面交叉口。

二、交通阻抗的计算

交通阻抗分为针对道路路段添加的路段阻抗和针对交叉口添加的节点阻抗。阻抗是交

通设施单元的重要属性,是进行交通分配的基础。时间是影响阻抗的主要因素之一,因此常常被作为计量阻抗的主要标准。

1. 路段阻抗

路段阻抗函数常用模型有以下两种:

1)美国联邦公路局阻抗函数模型(BPR 函数模型)

函数模型如式(9-3)所示。

$$t = t_0[1 + \alpha(V/C)^\beta] \tag{9-3}$$

式中: t ——两交叉口之间的路段行驶时间(min);

t_0 ——交通量为 0 时,两交叉口之间的路段行驶时间(min);

V ——路段机动车交通量(辆/h);

C ——路段实用通行能力(辆/h);

α、β ——参数,建议取 $\alpha = 0.15$,$\beta = 4$。

2)回归阻抗函数模型

不少学者针对我国城市交通的实际情况,试图用以下形式的线性或非线性回归关系作为城市道路的阻抗函数。函数模型如式(9-4)或式(9-5)所示。

$$t = t_0[1 + k_1(V_1/C_1)^{k_3} + k_2(V_2/C_2)^{k_4}] \tag{9-4}$$

或

$$t = t_0(1 + k_1V_1/C_1 + k_2V_2/C_2) \tag{9-5}$$

式中: V_1、V_2 ——机动车、非机动车路段交通量(辆/h);

C_1、C_2 ——机动车、非机动车路段实用通行能力(辆/h);

k_1、k_2、k_3、k_4 ——回归参数。

参数 k_1、k_2、k_3、k_4 根据道路交通量、车速调查数据用最小二乘法确定,该阻抗函数考虑了机动车交通负荷、非机动车交通负荷的影响,比较符合我国城市的实际情况。

2. 节点阻抗

一般情况下节点阻抗就是交叉口延误。交叉口延误计算分为信号交叉口延误计算和其他交叉口延误计算两类。

1)信号交叉口延误计算

信号交叉口延误受信号周期的影响很大,对于已有的信号交叉口,可根据实际使用情况确定信号周期长度;对于规划的交叉口,采用最佳周期长度。

(1)最佳周期的确定

最佳周期即为车辆延误最小时对应的信号周期长度,由式(9-6)计算。

$$T_0 = \frac{1.5L + 5}{1 - Y} \tag{9-6}$$

式中: T_0 ——信号交叉口最佳周期;

Y ——组成周期的全部信号相位的最大 y 值之和,$Y = \Sigma y$(各相位 y 之和);

y ——同相位所有进口道饱和度中的较大者,$y = \max$(进口道交通量 Q/进口道通行能力 S);

L ——每个周期的总损失时间。

式(9-6)中的 L 可用式(9-7)计算。

$$L = \sum d_0 + \sum (I - A) \tag{9-7}$$

式中：d_0——车辆起动延误，一般取 2s；

I——绿灯间隔时间，可取 5s；

A——黄灯时间，可取 3s。

对于两相位信号交叉口，可取 $L = 2 \times 2 + 2 \times (5 - 3) = 8$ s。

一般情况下，若上式计算的周期长度 T_0 大于 120s 则取 $T_0 = 120$s；若周期长度 T_0 小于 40s，则取 $T_0 = 40$s。

(2)进口道延误的确定

当进口道饱和度较小时，各进口道上每辆车的平均延误可根据修正的韦伯斯特(Webster)公式计算，如式(9-8)所示。

$$d(i,j) = 0.9 \left[\frac{T(1-\lambda)^2}{2(1-\lambda x)} + \frac{x^2}{2Q(1-x)} \right] \tag{9-8}$$

式中：$d(i,j)$——在 i 交叉口与 j 交叉口相邻进口道上的车辆平均延误；

T——信号周期长度；

λ——进口道有效绿灯时间/周期长度；

Q——进口道交通量；

x——饱和度，$x = Q/(\lambda S)$，若已考虑绿信比，则取 $x = Q/S$；

S——进口道通行能力。

当进口道饱和度较小时，韦伯斯特公式计算结果是比较合理的，但当进口道饱和度较大时，韦伯斯特公式计算结果偏大。美国《道路通行能力手册》建议采用式(9-9)计算进口道延误。

$$\left. \begin{array}{l} d = d_1 + d_2 \\ d_1 = 0.38T \dfrac{(1-\lambda)^2}{(1-\lambda x)} \\ d_2 = 173x^2 [(x-1) + \sqrt{(x-1)^2 + 16x/S}] \end{array} \right\} \tag{9-9}$$

式中：d——进口道延误；

d_1——均匀延误；

d_2——过饱和延误，即随机到达的增量延误以及由于周期失效引起的延误；

其他符号含义同前。

一般认为，韦伯斯特公式的适用范围为饱和度 $x = 0 \sim 0.67$；美国《道路通行能力手册》建议公式的适用范围为饱和度 $x = 0 \sim 1.2$。

2)其他交叉口延误计算

其他交叉口延误计算包括展宽式信号灯管理平面交叉口、平面环形交叉口、不设信号灯的平面交叉口与立体交叉口延误计算。

(1)展宽式信号灯管理平面交叉口。该类交叉口在进行延误计算时可依据如式(9-8)或式(9-9)所示进行计算，但在计算过程中应考虑展宽路段对延误计算的影响。

(2)平面环形交叉口、不设信号灯的平面交叉口与立体交叉口。建议采用实测法、类比法和交通仿真法计算交叉口延误。

三、路径阻抗与最短路径

1. 路径阻抗

任意指定路径 a 的阻抗 T_a 是路径通过的所有路段行驶时间之和与所有交叉口延误之和相加,计算公式如式(9-10)所示。

$$T_a = \sum_{b=1}^{n} t_b + \sum_{c=1}^{m} d_c \tag{9-10}$$

式中:T_a——任意指定路径 a 的阻抗;

$\sum_{b=1}^{n} t_b$——任意指定路径 a 通过的所有路段行驶时间之和,n 为任意指定路径 a 包含的路段个数;

$\sum_{c=1}^{m} d_c$——任意指定路径 a 通过的所有交叉口延误之和,m 为任意指定路径 a 包含的交叉口个数。

例如在图 9-8 中从 A 点到 B 点的路径 a 的阻抗为:

$$T_a = \sum_{b=1}^{3} t_b + \sum_{c=1}^{2} d_c = t_1 + t_2 + t_3 + d_1 + d_2$$

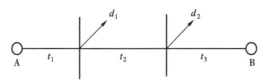

图 9-8　A 到 B 点的路径 a 的阻抗

实际计算路径阻抗时有时忽略节点阻抗的原因。依据韦伯斯特公式求得的节点阻抗针对的是不同流向车辆,即不同流向的车辆在通过不同的节点时会产生不同的延误,但目前图论等应用数学未能准确、合理地描述关于节点的具体方位与路径走向,因此在求最短路径的过程中,无法将不同流向车辆在交叉口的不同延误进行一般的数学表达。故在现有的城市道路交通流分配理论中,很多情况下只运用 BPR 函数计算城市道路网的路段阻抗,而不计算节点阻抗。

2. 最短路径

一对 OD 点之间的路径中总阻抗最小的路径为最短路径。

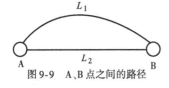

图 9-9　A、B 点之间的路径

例如在图 9-9 中,假设 A 和 B 点之间的阻抗与道路长度成正比,A 和 B 点之间只有两条道路,其中道路 L_1 长 5km,道路 L_2 长 3km。根据最短路径的定义,由于道路 L_2 的长度小于道路 L_1 的长度,因此确定 A 和 B 点之间的最短路径为 L_2。

四、其他信息化问题

在将道路网络的信息输入计算机后,还需要通过一些方法使其能被交通分配算法所识别和使用。目前已经有很多地理信息平台实现了这些方法,了解这些方法的基本思想,有助于更加深刻的理解交通分配方法。

1. 邻接矩阵

邻接矩阵 L 是 1 个 n 阶方阵(n 是道路网络中节点的个数)。其中元素 l_{ij} 表示道路网络中节点与节点的邻接关系,如式(9-11)所示。

$$l_{ij} = \begin{cases} 1, 节点 i 与 j 间有边相连 \\ 0, 节点 i 与 j 间无边相连 \end{cases} \quad (9-11)$$

2. 邻接目录表

邻接目录表采用两组数表示网络的邻接关系,一组为一维数组 $R(i)$,表示与 i 节点相连接的边的条数;另一组为二维数组 $V(i,j)$,表示与 i 节点相连接的第 j 个节点的节点号。

3. 阻抗矩阵

邻接矩阵和邻接目录表都只能表示节点之间是否相邻,未能表示相邻节点之间交通线路的阻抗,阻抗矩阵则可以弥补这个缺陷。阻抗可以是相邻节点之间的连接长度、行驶时间或行驶费用等指标,具体表示的内容可根据实际需要而定。对于带阻抗的道路网络,可定义阻抗矩阵见式(9-12)。

$$d_{ij} = \begin{cases} 0, i = j \\ \infty, 节点 i 与 j 不相邻 \\ \omega_{ij}, 相邻节点 i 与 j 间的实际阻抗 \end{cases} \quad (9-12)$$

4. 最短路径算法

1) Dijkstra 法

Dijkstra 法也称为标号法,常用于计算从某一指定点(起点)到另一指定点(终点)之间的最小阻抗。Dijkstra 法可以同时求出网络中所有节点到某一节点的全部最小阻抗。

2) 矩阵迭代法

矩阵迭代法是借助距离(阻抗)矩阵的迭代计算进行求解,该方法能一次获得任意两点之间的最短阻抗矩阵。

第三节 非平衡分配方法

对于交通分配,国内外均进行过较多的研究。数学规划方法、图论方法以及计算机技术的发展,为合理的交通分配模型的研制及应用提供了坚实的基础。国际上通常将交通分配方法分为非平衡分配方法与平衡分配方法两大类,不使用 Wardrop 原理的方法称为非平衡分配方法,使用 Wardrop 原理的方法称为平衡分配方法。本节对非平衡分配方法进行介绍。

一、非平衡分配方法的分类

非平衡分配方法根据其分配手段可分为无迭代分配方法和有迭代分配方法两类,就其分配形态可分为单路径型与多路径型两类。具体非平衡分配方法的分类如表9-7所示。

非平衡分配方法的分类　　　　　　　表 9-7

分配形态	分配手段	
	无迭代分配方法	有迭代分配方法
单路径型	最短路(全有全无)分配	容量限制分配
多路径型	多路径分配	容量限制—多路径分配

二、最短路分配方法

最短路分配是一种静态的交通分配方法。在该分配方法中,取路径阻抗为常数,即假设车辆的平均行驶车速不受交通负荷的影响。每一 OD 点对的 OD 量被全部分配在连接该 OD 点对的最短路径上,其他道路上分配不到交通量。

这种分配方法的优点是计算简便,其缺点是出行量全部集中在最短路上,从而造成出行量分布不均匀。这种分配方法是其他各种交通分配方法的基础。

由于在最短路分配过程中,每一 OD 点对的 OD 量被全部分配在连接该 OD 点对的最短路径上,因此通常采用最短路分配方法确定道路交通的主流向。最短路分配方法流程如图 9-10 所示。

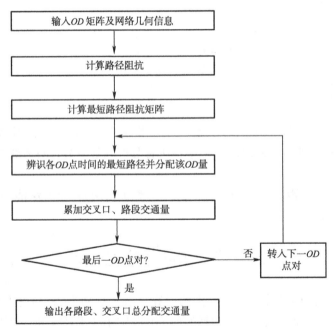

图 9-10　最短路分配方法流程

【例题 9-1】　在图 9-11 所示的道路网络中,节点 1、3 和 4 分别为 A、B 和 C 三个交通小区的形心点,三个交通小区的出行 OD 矩阵如表 9-8 所示,现假设城市道路网中路段行驶时间 $t(\min)$ 与交通小区之间的出行分布量 $q(辆/h)$ 关系如下,试用最短路分配方法分配该 OD 矩阵。

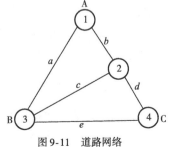

图 9-11　道路网络

交通小区 A、B 和 C 间的 OD 矩阵　　　　　　　　　　　　　　表 9-8

O＼D	A	B	C
A	0	100	300
B	100	0	200
C	300	200	0

注：表中的数据单位为辆/h。

$$t_a = 4 + 0.03 q_a$$
$$t_b = 10 + 0.04 q_b$$
$$t_c = 3 + 0.006 q_c$$
$$t_d = 5 + 0.007 q_d$$
$$t_e = 12 + 0.09 q_e$$

解：

1. 确定路段行驶时间

道路网络中因尚未进行出行分布量 q 的分配，故出行分布量 $q = 0$。由路段行驶时间 t 与交通小区之间出行分布量 q 的关系，可求得道路网络中各路段的行驶时间，如图 9-12 所示。

$$t_a = 4 + 0.03 q_a = 4 + 0.03 \times 0 = 4 (\min)$$
$$t_b = 10 + 0.04 q_b = 10 + 0.04 \times 0 = 10 (\min)$$
$$t_c = 3 + 0.006 q_c = 3 + 0.006 \times 0 = 3 (\min)$$
$$t_d = 5 + 0.007 q_d = 5 + 0.007 \times 0 = 5 (\min)$$
$$t_e = 12 + 0.09 q_e = 12 + 0.09 \times 0 = 12 (\min)$$

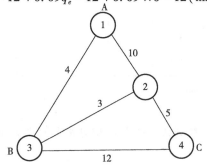

图 9-12　道路网络中各路段行驶时间（min）

2. 确定最短路径

首先确定 A、B 和 C 三个交通小区之间的所有路径，然后计算各路径的行驶时间，最后根据行驶时间确定出最短路径，如表 9-9 所示。

最　短　路　径　　　　　　　　　　　　　　表 9-9

OD 点对	路径节点号	各路径行驶时间	最短路径节点号
A—B	1—3	4	1—3
	1—2—3	13	
	1—2—4—3	27	

续上表

OD 点对	路径节点号	各路径行驶时间	最短路径节点号
A—C	1—3—2—4	12	1—3—2—4
	1—2—4	15	
	1—3—4	16	
	1—2—3—4	25	
B—A	3—1	4	3—1
	3—2—1	13	
	3—4—2—1	27	
B—C	3—2—4	8	3—2—4
	3—4	12	
	3—1—2—4	19	
C—A	4—2—3—1	12	4—2—3—1
	4—2—1	15	
	4—3—1	16	
	4—3—2—1	25	
C—B	4—2—3	8	4—2—3
	4—3	12	
	4—2—1—3	19	

注：表中各路径行驶时间的单位为 min。

3. 分配 OD 量

将各 OD 点对的 OD 量分配到该 OD 点对相对应的最短路径上，并进行累加，分配结果如图 9-13 所示。

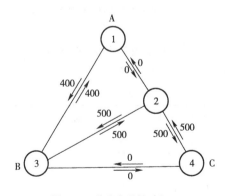

图 9-13 分配交通量（辆/h）

三、容量限制分配方法

容量限制分配是一种动态交通分配方法,它考虑了路径阻抗与交通负荷之间的关系,即考虑了道路通行能力的限制,比较符合实际情况,该方法在国际上比较通用。

采用容量限制分配模型分配出行量时,需先将 OD 表中的每一个 OD 量分解成 k 部分,即将原 OD 表($n \times n$ 阶,n 为出行产生、吸引点个数)分解成 k 个 OD 分表($n \times n$ 阶),然后分 k 次用最短路分配模型分配 OD 量,每次分配一个 OD 分表,并且每分配一次,路径阻抗修正一次,路径阻抗采用阻抗函数修正,直到把 k 个 OD 分表全部分配在道路网络上,分配过程如图 9-14 所示。

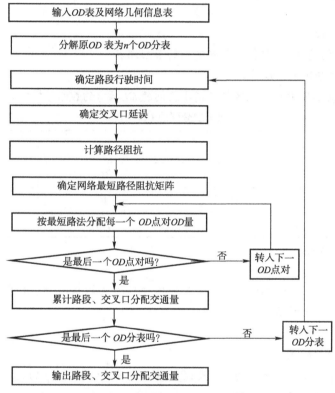

图 9-14 容量限制交通分配方法流程

在具体应用时,视道路网络的大小,根据表 9-10 所示选取分配次数 k 与每个分配阶段在整个 OD 量中的分配率。

分配次数 k 与每个分配阶段在整个 OD 量中的分配率　　表 9-10

k	分配阶段									
	1	2	3	4	5	6	7	8	9	10
1	100%									
2	60%	40%								
3	50%	30%	20%							
4	40%	30%	20%	10%						
5	30%	25%	20%	15%	10%					
10	20%	20%	15%	10%	10%	5%	5%	5%	5%	5%

【例题 9-2】 试用容量限制分配方法,求解例 9-1 所示的交通分配问题。

解:本例题采用二级分配制。分配总 OD 量(表 9-8 中交通小区与交通小区间的 OD 量)的 60%,得到的结果作为第 1 次分配的 OD 量;分配总 OD 量(表 9-8 中交通小区与交通小区间的 OD 量)的 40%,得到的结果作为第 2 次分配的 OD 量。每次分配采用最短路分配模型,每分配 1 次,阻抗(路段行驶时间)修正 1 次。

1. 第 1 次分配

1) 确定路段行驶时间

计算结果同[例题 9-1]中确定出的路段行驶时间,即 $t_a = 4\min$,$t_b = 10\min$,$t_c = 3\min$,$t_d = 5\min$,$t_e = 12\min$。

2) 确定最短路径

计算结果同[例题 9-1]中表 9-9 确定出的最短路径。

3) 确定第 1 次分配的 OD 量

分配 OD 量(表 9-8 中交通小区与交通小区间的 OD 量)的 60%,求得结果如表 9-11 所示。

第 1 次分配的 OD 矩阵　　　　表 9-11

O \ D	A	B	C
A	0	60	180
B	60	0	120
C	180	120	0

注:表中的数据单位为辆/h。

4) 分配 OD 量

将各 OD 点对的 OD 量分配到该 OD 点对相对应的最短路径上,并进行累加,得到第 1 次分配结果,如图 9-15 所示。

2. 第 2 次分配

1) 确定路段行驶时间

由[例题 9-1]中路段行驶时间 t 与交通小区之间出行分布量 q 的关系可求得道路网络中各路段的行驶时间,如图 9-16 所示。

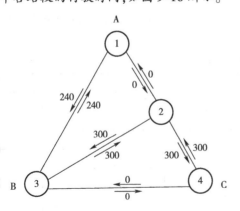

图 9-15　第 1 次分配交通量(辆/h)

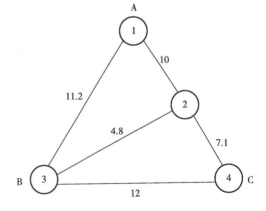

图 9-16　道路网络中各路段行驶时间(min)

$$t_a = 4 + 0.03q_a = 4 + 0.03 \times 240 = 11.2(\min)$$
$$t_b = 10 + 0.04q_b = 10 + 0.04 \times 0 = 10(\min)$$
$$t_c = 3 + 0.006q_c = 3 + 0.006 \times 300 = 4.8(\min)$$
$$t_d = 5 + 0.007q_d = 5 + 0.007 \times 300 = 7.1(\min)$$
$$t_e = 12 + 0.09q_e = 12 + 0.09 \times 0 = 12(\min)$$

2) 确定最短路径

首先确定 A、B 和 C 三个交通小区之间的所有路径,然后计算各路径的行驶时间,最后根据行驶时间确定出最短路径,如表9-12所示。

最 短 路 径　　　　表 9-12

OD 点对	路径节点号	各路径行驶时间	最短路径节点号
A—B	1—3	11.2	1—3
	1—2—3	14.8	
	1—2—4—3	29.1	
A—C	1—2—4	17.1	1—2—4
	1—3—2—4	23.1	
	1—3—4	23.2	
	1—2—3—4	26.8	
B—A	3—1	11.2	3—1
	3—2—1	14.8	
	3—4—2—1	29.1	
B—C	3—2—4	11.9	3—2—4
	3—4	12	
	3—1—2—4	28.3	
C—A	4—2—1	17.1	4—2—1
	4—2—3—1	23.1	
	4—3—1	23.2	
	4—3—2—1	26.8	
C—B	4—2—3	11.9	4—2—3
	4—3	12	
	4—2—1—3	28.3	

注:表中各路径行驶时间的单位为 min。

3) 确定第 2 次分配的 OD 量

分配 OD 量(表9-8 中交通小区与交通小区间的 OD 量)的 40%,求得结果如表9-13 所示。

第 2 次分配的 OD 矩阵　　　　　表 9-13

O＼D	A	B	C
A	0	40	120
B	40	0	80
C	120	80	0

注：表中的数据单位为辆/h。

4) 分配 OD 量

将各 OD 点对的 OD 量分配到该 OD 点对相对应的最短路径上，并进行累加，得到第 2 次分配结果，如图 9-17 所示。

3. 两次分配结果累加

得到最终分配结果如图 9-18 所示。

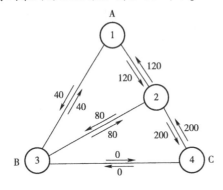

图 9-17　第 2 次分配交通量(辆/h)

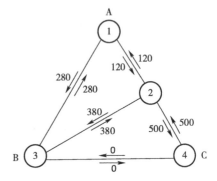

图 9-18　最终分配交通量(辆/h)

四、多路径分配方法

Dial 于 1971 年提出了初始的概率分配模型，模型中反映了出行路线被选用的概率随着该线路长度的增加而减少的规律。Florian 和 Fox 于 1976 年对 Dial 模型进行了修正，认为出行者从连接两交通小区路线的可行子系统中选用路线 k 的概率为：

$$P(k) = \frac{\exp(-\sigma T_k)}{\sum_{i}\exp(-\sigma T_i)} \tag{9-13}$$

式中：$P(k)$——选用路线 k 的概率；

T_k——路线 k 上的行程时间；

σ——交通转换参数。

该多路径概率分配模型在 20 世纪 70 年代的欧美城市交通规划及区域运输规划中被广泛采用。后续交通规划学者对该公式进行了许多改进。

多路径分配方法的优点主要体现在两个方面，一方面该方法能够体现出行者之间的差异，不同的出行者面对同样的出行起讫点，有时会因个体差异而做出不同的路径选择，这与出行者之间的社会经济条件差异、特定的出行偏好、对舒适度的敏感性差异和出行的紧迫性等诸多因素有关；另一方面在完全相同的条件下，该方法能够更好地体现实际出行中出行者选择的随机性。实际出行中，虽然大部分出行者可能会选择最短路径出行，但还有一部分出行者可能由于各种因素随机选择其他路径出行。

五、容量限制—多路径分配方法

在多路径分配模型中,认为路段行驶时间为一常数,这与实际的交通情况有一定的出入。实际上,路段行驶时间与路段交通负荷有关,在容量限制—多路径分配模型中,考虑了路径阻抗与交通负荷之间的关系及交叉口、路段通行能力的限制,使分配结果更加合理,用此方法分配时,路段交通量在不断变化,因而路径阻抗被不断修正,其分配过程是一个不断反馈的过程。容量限制—多路径分配方法的分配程序、路径阻抗修正方法以及参数确定方法与容量限制分配方法相同。所不同的是,容量限制分配方法中每次分配采用最短路分配模型,而在容量限制—多路径分配方法中,每次分配采用多路径分配模型。

第四节　平衡分配方法

本节对平衡分配方法进行介绍。将依次介绍 Wardrop 原理、用户平衡分配方法和系统最优分配方法。

一、Wardrop 原理

1952 年著名学者 Wardrop 提出了道路网络平衡定义的第一原理和第二原理,奠定了交通流分配的基础。

1. Wardrop 第一原理

在道路网的利用者都确切知道网络的交通状态并试图选择最短路径时,网络将会达到这样一种平衡状态,每对 OD 点之间各条被利用的路径的行驶时间都相同且最小,而没有被利用的路径的行驶时间都大于或等于这个最小的行驶时间。满足 Wardrop 第一原理的交通分配模型称为用户平衡模型。

2. Wardrop 第二原理

系统平衡条件下,拥挤的道路网上交通流应该按照平均或总的出行成本最小为依据来分配。满足 Wardrop 第二原理的交通分配模型称为系统最优分配模型。

与第一原理相比较,第二原理是一个设计原理。第一原理主要是建立每个出行者使其自身出行成本(时间)最小化的行为模型,而第二原理则是旨在使交通流在最小出行成本方向上分配,从而达到出行成本最小的系统平衡。第二原理作为一个设计原理,是面向交通运输规划师和工程师的。一般来说,这两个原理下的平衡结果不会是一样的,但是在实际交通中,人们更期望交通流能够按照 Wardrop 第一原理,即用户平衡的近似解来分配。

二、用户平衡分配方法

1956 年由 Beckmann 提出了一种满足 Wardrop 第一原理的数学规划模型,正是这个模型奠定了研究平衡分配方法的基础。后来的许多分配模型都是在 Beckmann 模型的基础上扩展得到的。下面简要介绍 Beckmann 用户平衡分配模型。

Beckmann 用户平衡分配模型的基本思想是在道路网络达到平衡时,所有被利用的路径具有相等而且最小的阻抗，未被利用的路径比已被利用的路径具有相等或更大的阻抗。其模型的核心是道路网络中的用户都试图选择最短路径，而最终被选择的路径的阻抗最小且相等。

Beckmann 提出的数学规划模型如式(9-14)所示。

$$\min Z(X) = \sum_a \int_0^{x_a} t_a(w) \, dw \qquad (9\text{-}14\text{a})$$

$$s.t. \begin{cases} \sum_k f_k^{rs} = q_{rs}, \forall r,s \\ f_k^{rs} \geq 0, \forall r,s \end{cases} \qquad (9\text{-}14\text{b})$$

其中

$$x_a = \sum_{r,s} \sum_k f_k^{rs} \delta_{a,k}^{rs}, \forall a \qquad (9\text{-}14\text{c})$$

式中：x_a——路段 a 上的交通量；

t_a——路段 a 上的交通阻抗；

$t_a(x_a)$——路段 a 的以交通量为自变量的交通阻抗函数；

f_k^{rs}——点对 (r,s) 间第 k 条路径的交通量；

q_{rs}——点对 (r,s) 之间的 OD 量；

$\delta_{a,k}^{rs}$——路段—路径相关变量。

$$\delta_{a,k}^{rs} = \begin{cases} 1, \text{如果路段 } a \text{ 在}(r,s) \text{ 间的第 } k \text{ 条路径上} \\ 0, \text{其他情况} \end{cases}$$

模型中约束条件(9-14b)是"出行量守恒"，即任意点对间的出行分布量等于它们之间各路径上流量之和。

Beckmann 用户平衡分配模型反映了用户对路径选择的行为准则。任何系统中有行为选择能力的个体总是以自己利益最大化来决定自己的行为。因此该原理正是反映了道路网络中用户实际选择出行路径的情况。

三、系统最优分配方法

系统最优原理比较容易用数学模型表示，其目标函数是道路网络中所有用户总的阻抗最小，约束条件与用户平衡分配模型的相同。

$$\min \tilde{Z}(X) = \sum_a x_a t_a(x_a) \qquad (9\text{-}15\text{a})$$

$$s.t. \begin{cases} \sum_k f_k^{rs} = q_{rs}, \forall r,s \\ f_k^{rs} \geq 0, \forall r,s,k \end{cases} \qquad (9\text{-}15\text{b})$$

其中

$$x_a = \sum_{r,s} \sum_k f_k^{rs} \delta_{a,k}^{rs}, \forall a \qquad (9\text{-}15\text{c})$$

其他变量含义同式(9-14)所示。

该模型称为系统最优分配模型，可简写为 SO(System Optimization)。SO 模型求解问题可分为以下 3 种情况：

(1) 当阻抗函数 $t_a(x_a)$ 为常数(用 t_a 表示)时，目标函数式(9-15)变为：

$$\min \tilde{Z}(X) = \sum_a x_a t_a \qquad (9\text{-}16)$$

这就是各路段阻抗为常数时的交通分配问题,此时采用最短路交通分配方法即可使目标函数达到最大。

(2)当阻抗函数 $t_a(x_a)$ 为线性函数时,目标函数式(9-15)转化为一个线性的数学规划模型。此时既可以用线性规划的解法去求解,也可以将其归入以下的非线性问题去求解。

(3)当阻抗函数 $t_a(x_a)$ 为非线性函数时,令

$$\bar{t}_a(x_a) = t_a(x_a) + x_a \frac{\mathrm{d}t_a(x_a)}{\mathrm{d}x_a} \tag{9-17}$$

则

$$\int_0^{x_a} \bar{t}_a(w)\mathrm{d}w = \int_0^{x_a} \left[t_a(w) + w\frac{\mathrm{d}t_a(w)}{\mathrm{d}w} \right]\mathrm{d}w$$

$$= \int_0^{x_a} [t_a(w)\mathrm{d}w + w\mathrm{d}t_a(w)]$$

$$= \int_0^{x_a} \mathrm{d}[t_a(w)w] = x_a t_a(x_a) \tag{9-18}$$

以式(9-17)定义的 $\bar{t}_a(x_a)$ 为阻抗进行用户平衡分配,得到的解就是 SO 模型的解。

第五节 城市初始道路网调整方法

城市初始道路网的调整。在确定交通需求和城市初始道路网布局之后,便可在地理信息系统上进行交通分配。如果交通分配结果不理想,则需对城市初始道路网进行调整。主要调整方法如下:

(1)在城市交通压力大的节点建立立交。合理建立立交可减少道路平面交叉,提高行车效率,减少交通事故发生率,较为明显的改善交通运行状况。

(2)进一步完善城市环路系统。环路的建设可以缓解过境交通对城市建成区尤其是中心区机动车的交通压力,同时可加快城市机动车交通的对外疏解能力,为城市提供高效的机动车交通集散通道。

(3)打通断头路。城市道路网中不同等级道路之间应相互连接,相同等级道路内部也应畅通,等级合理、规模适度的城市道路网才能发挥最佳效能,产生最大效益。对暂时无法打通的断头路,应提供指路标志,指明通向集散点的方向。

(4)合理组织单向交通。对于拥堵情况严重的双向车道,可以合理组织单向交通。单向交通的合理组织可以提高车辆运行速度,改善道路通行能力,减少交通阻滞,有效提高道路的利用率。相对于双向交通而言,单向交通中车流变动比较小,速度较为稳定,能够使得交通流均匀分布,简化交通组织。

(5)其他。除以上几种主要的方法外,还可通过调整客运走廊、建设高架路、增加展宽式信号灯管理平面交叉口的数量和进一步加密道路网密度等方法进行城市初始道路网调整。

第六节 OD 反 推

本节对 OD 反推进行介绍。将依次介绍 OD 反推基本概念、基本原理和方法。

一、OD 反推基本概念

OD 反推是交通分配的逆过程。交通分配是在已知 OD 矩阵的情况下，按照一定的原则（如最短路原则和用户平衡原则等）将其分配到道路网络上，从而得到道路网络中各路段交通量，而 OD 反推则是根据道路网络中各路段交通量推算出 OD 矩阵。

二、OD 反推基本原理

OD 反推是通过采集到的道路网络中各路段交通量进行现状 OD 矩阵的推算，由路段交通量反推 OD 矩阵的基本原理可以描述为：

$$V_a = \sum_{i,j} q_{ij} p_{ij}^a \tag{9-19}$$

式中：V_a ——路段 a 的交通量；

q_{ij} ——交通小区 i、j 间的 OD 出行分布量；

p_{ij}^a ——交通小区 i、j 小区间通过路段 a 的出行比例，其中 $0 \leq p_{ij}^a \leq 1$。

理论上讲，假如已知路段出行比例 p_{ij}^a，只要拥有足够数量的路段交通量 V_a，就可以通过解联立线性方程组(9-19)来获得 q_{ij}。但对于实际中的某城市道路网，一方面路段出行比例 p_{ij}^a 常常与路段交通量 V_a 有关，不能视为已知；另一方面即使 p_{ij}^a 与 V_a 无关，但由于独立的路段交通量的数量常常会远远小于待求的 q_{ij} 数量，此时该线性方程组就无确定解。因此由路段交通量反推 OD 矩阵的方法，其原理就是依据方程组(9-19)，当信息不足时适当补充信息，进而在方程组(9-19)的解集合中找到最能符合所有已知信息的解作为反推结果。

三、OD 反推方法

OD 反推方法根据处理对象问题的不同，或补充信息方法的不同，或确定 OD 矩阵的依据不同，将主要的 OD 反推方法从以下角度进行分类：

(1)局域的方法和广域的方法。两者分别是指以局部的网络为对象和以广域的网络为对象的 OD 反推方法。

(2)结构化方法和非结构化方法。两者分别是指是否预先赋予 q_{ij} 某种结构的方法。

(3)比例分配法和非比例分配法。两者分别是指是否用全有全无法或概率分配法来确定路段的出行比例。

(4)有现存 OD 交通量的方法和无现存 OD 交通量的方法。两者分别是指在 OD 反推过程中是否有现存的可参考 OD 交通量可以加以利用的方法。

(5)静态方法和动态方法。两者分别是指 OD 反推所依据的观测交通量与欲反推的 OD 交通量不随时间变化和随时间变化的方法。

第七节　城市道路网规划与交通分配的应用流程

本节主要介绍城市道路网规划与交通分配的应用流程。

一、确定城市初始道路网

可依据第一节中"城市初始道路网获取方法"进行城市初始道路网的确定。

二、道路网络信息化

道路网络信息化主要内容：

1. 路段阻抗

可采用实际工作中较常用的路段阻抗函数，即式(9-3)计算路段阻抗。

2. 节点阻抗

(1)展宽式信号灯管理平面交叉口和信号灯管理平面交叉口可采用式(9-8)或式(9-9)计算交叉口延误。

(2)平面环形交叉口、不设信号灯的平面交叉口和立体交叉口可采用实测法、类比法和交通仿真法计算交叉口延误。

3. 其他

确定各交通小区质心之间最短路径等信息。

三、交通分配

可采用容量限制分配方法进行城市初始道路网的交通分配。

四、城市初始道路网调整

依据城市初始道路网的分配结果，参考第五节中的相关内容，对城市初始道路网进行合理调整。

第八节　案　　例

本部分根据城市道路网规划与交通分配的应用流程对 D 县综合交通体系规划交通需求预测中的城市道路网规划与交通分配进行介绍。

一、确定城市初始道路网

依据《D 县城乡总体规划》(2016—2030 年)中关于中心城区道路交通体系的相关内容获得 D 县中心城区初始道路网。

二、道路网络信息化

1. 路段阻抗

采用路段阻抗函数，即式(9-3)计算路段阻抗。

2. 节点阻抗

(1)展宽式信号灯管理平面交叉口、信号灯管理平面交叉口采用如式(9-8)所示计算交叉口延误。

(2)不设信号灯的平面交叉口采用交通仿真法计算交叉口延误。

3. 其他

确定 D 县中心城区划分的 22 个交通小区质心之间最短路径等信息。

三、交通分配

针对 D 县中心城区初始道路网,采用容量限制分配方法进行交通分配,得到初始道路网交通流量,如图 9-19 所示。

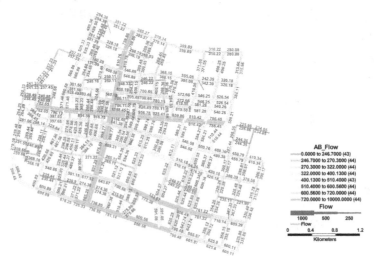

图 9-19 初始道路网交通流量(单位:pcu/h)

四、城市初始道路网调整

因初始道路网交通流量分配结果较为合理,故 D 县中心城区初始道路网不进行调整。

本章习题

1. 交通阻抗的含义是什么?
2. 非平衡分配方法大致可以分为哪几类?
3. 在图 9-20 所示的交通网络节点 A 和 B 间,OD 量为 $q=300$ 辆,各路径的行驶时间(min)与流量的关系是: $t_a = 6+0.02q_a$, $t_b = 8+0.12q_b$, $t_c = 14+0.003q_c$,试采用容量限制分配方法中的二级分配制方法求出分配结果。

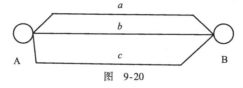

图 9-20

4. 简述 Wardrop 第一原理与第二原理的含义,以及两者的不同。
5. 试说明你所在城市的道路网络布局形式,并针对其形成原因进行分析。

第十章 公共交通系统规划

本章对城市综合交通体系规划中公共交通系统规划的基本步骤和方法进行介绍。首先介绍《城市综合交通体系规划编制导则》(以下简称《导则》)中对城市公共交通系统规划的基本要求。然后介绍公共交通系统规划主要包括的总体布局、城市轨道交通、BRT系统、常规公交场站、公共交通专用道与港湾式公交站点、出租汽车和公共交通线网规划等内容。最后结合实际案例进行说明。

第一节 城市公共交通系统规划概述

本节主要介绍《导则》中对公共交通系统规划的基本要求,以及公共交通系统规划的相关规范和标准。

一、基本要求

中华人民共和国住房和城乡建设部于2010年颁布了《导则》,其中关于城市公共交通系统规划的基本要求有:

(1)依据城市公共交通系统构成和客运系统总体布局框架,统筹规划公共交通系统设施安排和网络布局。

(2)主要内容:

①确定城市轨道交通网络和车辆基地的布局原则及控制要求。

②确定大运量快速公共汽车(BRT)网络,提出线位控制原则及控制要求,以及停车场、保养场规划布局和用地规模控制标准。

③确定公共汽(电)车停车场、保养场规划布局和用地控制规模标准,提出首末站规划布局原则。

④确定公共交通专用道设置原则和技术要求,规划公共交通专用道网络布局方案,提出港湾式公交站点的设置原则和规划建议。

⑤提出出租汽车发展策略和出租汽车驻车站规划布局原则。

二、相关规范和标准

目前,我国进行城市公共交通系统规划时,所依据的相关规范和标准如表10-1所示。

相关规范和标准 表 10-1

序　号	相　关　规　范　和　标　准
1	《城市道路公共交通站、场、厂工程设计规范》(CJJ/T 15—2011)
2	《快速公共汽车交通系统设计规范》(CJJ 136—2010)
3	《公交专用车道设置》(GA/T 507—2004)
4	《城市道路交通规划设计规范》(GB 50220—95)
5	其他有关规范和标准

在制定公共交通规划时,应依据上述相关规范和标准,结合当地实际情况综合考虑,以发展的眼光对城市公共交通系统的相关内容进行规划。

第二节　城市公共交通系统总体布局

一、城市公共交通系统构成

城市公共交通系统一般由常规公交、快速公交、微公交、地铁、轻轨和出租汽车等交通方式构成。从系统规划、建设和管理角度看,城市公共交通系统可分为公共交通工具(车辆)、线路网、场站和公共交通运营管理系统等主要组成部分。根据各子系统在公共交通系统中的地位和作用可分为四个等级:大运量捷运系统、中运量优质公交系统、常规公交系统和小运量便捷公交系统。根据服务的区域不同,可分为城市中心城区公共交通系统和城乡公共交通系统。

为适应人们出行距离和出行目的的不同,应为不同层次的交通需求者提供多种可选择的公共交通方式。在城市公共交通系统规划时,应结合当地具体情况,确定城市公共交通系统构成。

二、总体布局框架

城市公共交通系统规划应根据城市规模、用地布局和道路网规划,各种公共交通方式的技术、经济和交通特性,以及城市公共交通建设的承受能力,综合考虑社会、经济、交通和环境效益。在客流预测的基础上,合理规划城市公共交通方式、车辆数、线路网、换乘枢纽和场站设施用地等,使各种公共交通方式之间相互配合,以不同的速度、运载能力、舒适程度和价格满足乘客的不同需求,形成合理的城市客运交通结构。总体布局框架的主要原则如下:

(1)协调城市空间布局,支撑客运主走廊。

(2)城市公共交通系统应与城市道路系统、区域交通系统、对外交通系统和静态交通系统相协调。

(3)公交线网和公交场站等基础设施的规模及布局相协调匹配。

三、公共交通系统设施安排和网络布局

公共交通系统设施安排和网络布局应依据城市公共交通系统构成和客运系统总体布局框架进行合理安排。

(1) 城市公共交通系统中所有交通方式之间和交通路线之间要协同整合。交通方式之间如地铁、常规公交、快速公交、出租汽车和共享单车的设施和运营要素的有机整合,使交通资源得到充分利用。交通路线之间如干线公交和支线公交之间相互协调,整体规划。

(2) 各种交通设施在规划时应注意相互之间的配合与协调。如停车场、保养场和首末站等应合理规划,以确保停车场、保养场和首末站发挥最大的社会效益,使整个系统高效运行。

四、各类城市公交发展指标

在《城市公共交通"十三五"发展纲要》中,根据不同人口规模对城市进行分类,按照"数据可采集、同类可比较、群众可感知"原则,分别提出"十三五"期各类城市公交发展指标,如表10-2所示。

"十三五"期各类城市公交发展指标 表10-2

指标	人口规模			
	城区常住人口 500万以上	城区常住人口 300万~500万	城区常住人口 100万~300万	城区常住人口 100万以下
城市公共交通出行分担率(城市公共交通机动化出行分担率)	40%以上(60%左右)	30%以上(60%左右)	30%以上	20%以上
城市交通绿色出行分担率	75%左右	80%左右	80%左右	85%左右
城市公共交通乘客满意度	85%以上	85%以上	85%以上	85%以上
城市公共交通站点500m覆盖率	100%	100%	100%	80%以上
城市公共交通站点300m覆盖率	80%以上	70%以上	—	—
城市公共汽电车正点率	75%以上	75%以上	80%以上	85%以上
城市公共汽电车责任事故死亡率	不超过0.04人/百万车公里	不超过0.04人/百万车公里	不超过0.04人/百万车公里	不超过0.05人/百万车公里
城市轨道交通责任事故死亡率	不超过0.01人/百万车公里	不超过0.01人/百万车公里	不超过0.01人/百万车公里	
城市公共交通来车信息预报服务	建成区内全覆盖	建成区内基本全覆盖	主要客运通道全覆盖	主要客运通道基本全覆盖

第三节 城市轨道交通

一、城市轨道交通线网规划原则

城市轨道交通线网规划应综合考虑城市的社会经济发展水平、人口、用地规模的现状与发展、地质条件、城市形态和地形等因素。通常客流量越大，轨道交通的社会效益和经济效益就越好。由此提出城市轨道交通线网规划原则：

1. 轨道交通线网规划应与城市总体规划相协调

大中运量快速轨道交通对引导城市土地利用优化调整有重要的积极作用，因此进行轨道交通线网规划时，应贯彻城市总体规划的基本战略，结合用地发展方向，深入了解城市结构形态演化的过程和趋势，分析城市地理、地形和地质等因素的作用。不同的城市空间结构形态，需要有相应的和不同的轨道交通线网结构形式与之相适应。

2. 交通线网规模应与城市的经济承受能力相适应

线网规模是进行轨道交通线网规划时面临的首要问题，影响城市轨道交通线网合理规模的因素是多方面的，其中城市的经济实力是一项关键因素。经济发达的大城市常采用高密度和相对低负荷强度的轨道线网，而经济实力较弱的大城市采用的多是低密度和高负荷强度的轨道线网。

3. 轨道交通线路走向应与城市客运交通走廊相一致

将客流量尽可能地转入轨道交通系统，降低地面道路交通流量，既是城市客运交通系统建设的总体目标，也是轨道交通自身的需要。轨道交通客流量越大，其运输效率越高，越能保证其营运收入，如果达不到最低的临界客运量标准，则必然产生亏损。实践证明，轨道交通线路走向应与居民的主要出行方向和出行路径一致。

4. 轨道交通线网规划应充分考虑各交通方式衔接

首先是轨道交通换乘站的设置，应保证两条以上线路，其吸引客流量所需的用地和场站设施容量规模相适应；其次应考虑轨道交通与其他交通方式的配合。任何大城市的城市客运交通都不可能是单一的交通方式，而是多元化和多层次的交通结构，既有大中运量的快速轨道交通，又有常规的公共汽车和电车，还有其他私人交通工具。因此必须从客运交通系统出发，综合考虑各种交通方式协调发展。此外应考虑城市轨道交通和城市对外交通设施的贯通衔接，一般情况下，地铁站最好直接与火车站、轻轨高架和航空港连在一起。

二、轨道交通线网规划的基本步骤

1. 城市轨道交通需求预测

城市轨道交通需求预测基本上采用四阶段法，即利用居民出行调查资料，在城市客运总需求预测的基础上通过交通方式划分预测城市轨道交通的客流量。在城市轨道交通需求预测的基础上确定客流走廊和集散点。

2. 初始轨道交通线网构建

轨道交通初始线网架构的研究方法主要有两类，一类是以定性分析为主和定量分析为辅的线网规划方法,另一类是以定量分析为主和定性分析为辅的线网规划方法。具体方法有点线面要素层次分析法、功能层次分析法、逐线规划扩充法和主客流方向线网规划法。其中主客流方向线网规划法是在现状和规划道路网上进行交通分配,从而确定出主客流的方向,按照近期最大限度满足干线交通需求和远期引导城市空间发展的要求,提出初始线网规划方案。

3. 基于综合评分法的城市轨道交通线网方案评价

1)评价准则确定

为全面评价轨道交通线网,一般制定以下5个方面的准则:结构特征、线网的运营效果、线网的实施条件、线网的社会效益和战略发展目标。

2)评估指标遴选

为准确评价轨道交通线网,主要有以下6个评估指标:轨道线网的总长度、轨道线网所承担的日客运总量、轨道线网所承担的客运量占公交总客运量的比例、轨道线网的直达率与一次换乘率、线路的负荷强度和轨道线网平均运距。

依据城市轨道交通需求预测和轨道交通网络规划的目标,得到初始最优方案,并对该方案相关指标进行评价,依据评价结果进行细节调整,最终得到最优方案。

三、城市轨道交通车辆基地规划

车辆段及相关基地可统称为车辆基地,它是城市轨道交通系统中承担车辆检修、停放、运用以及各种运营设备维修的重要基地,是线网规划中不可缺少的关键组成部分。车辆基地相关设置往往决定了整条线路的可行性,车辆基地规划要按照以下要求进行:

(1)车辆基地规划的重点是根据规划线网进行车辆基地选址,确定各段的合理分工及建设规模,达到控制建设用地的目的。根据规范要求,每条线路宜设一个车辆段。当一条线的长度超过20km时,可设一个车辆段和一个停车场。在技术经济情况经论证合理时,可两条线路共用一个车辆段。

(2)车辆基地应靠近正线,以利于缩短出入线长度,降低工程造价;各车辆基地线路应尽可能与地面铁路线相接,以便车辆及物资运输,部分车辆基地不具备上述条件时,也可通过相邻线路过渡。

(3)各车辆基地任务和分工必须从全网角度统筹规划、合理布局和有序发展。试车线长度应根据场地条件和城市规划要求确定,在条件允许的情况下,尽量增长试车线长度。

(4)全线网车辆的大修任务应集中统一安排,可选定在几个车辆段增设车辆大修任务,不单设大修厂;培训中心可以灵活设置;车辆基地用地性质应符合城市总体规划,要求注意环境保护。

第四节 大运量快速公共汽车系统

大运量快速公共汽车又称为快速公交即BRT(Bus Rapid Transit),是一种介于快速轨道交通(Rail Rapid Transit,简称RRT)与常规公交(Normal Bus Transit,简称NBT)之间的新型公共客运形式,它综合运用现代化公交技术、智能交通技术和运营管理技术,来提升公共交通服务质量,其显著特点是运量大。

大运量快速公共汽车系统的设计应考虑社会效益、环境效益与经济效益的协调统一,遵循以人为本、运行安全、运营高效、资源节约和环境友好的设计原则。

一、线位控制原则

大运量快速公共汽车系统线位控制一般根据各城市的地形结构、土地利用情况、道路网布局和主客流方向等因素确定。典型的快速公交系统线网结构形式有3种:放射形、放射+环形和棋盘形。其线位控制原则主要有以下几个方面:

(1)线位走向应与主要交通流方向相一致,在确定不修建轨道交通的城市,其主要交通走廊在具备修建快速公交系统的条件下,应铺设线路。

(2)通过高效的线路设置,尽量减少换乘。

(3)缩短走廊中部分线路,将重点集中在高需求路段。

二、停车场、保养场规划布局和用地规模控制标准

停车场和保养场由多个部分组成,主要包括公交车停放区、加油设施、车辆清洗清洁、维护与维修区、运营行政办公室和员工设施。

1.停车场和保养场规划布局

停车场和保养场应尽量位于总站设施内部或附近,从而使非高峰期停止服务的快速公交车辆也可以停放在其中,减少车辆的额外行驶。

停车场和保养场区域的内部设计,应该使车辆能够根据自身的特点合理移动。图10-1是一个停车保养场区域的典型布局图。

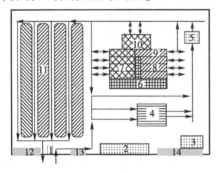

1-大门与肉眼检查区;
2、3、6-特许运营商的行政办公室;
4-加油区;
5-车辆清洗清洁区;
7、10-大修;
8、9-小修与保养;
11-快速公交车辆停放;
12、13、14-私家车辆停放

图10-1 快速公交系统停车保养场的标准布局

2.用地规模控制标准

停车场和保养场的用地规模控制标准,在很大程度上取决于需要停放车辆的数量和可能需要维修的车辆数目。停放区域的布局可以从停放效率和出入简便两方面权衡。其用地规模控制标准应符合行业标准《城市道路公共交通站、场、厂工程设计规范》(CJJ/T 15—2011)的规定,详见本章第五节第3部分公共汽车场站用地控制标准。

第五节 常规公交场站

公交场站是乘客上下车和换乘,以及为公交车辆停车、加油、保养和修理等服务的场所,

是城市重要的基础设施,并且是公交系统的重要组成部分。科学合理的场站建设不仅是公交车辆正常运营的基础和保证,同时也是乘客享受到便捷、舒适和安全公交服务的前提条件。结合中华人民共和国住房和城乡建设部2011年发布的《城市道路公共交通站、场、厂工程设计规范》(CJJ/T 15—2011)的相关规定,对公共汽车停车场、保养场和首末站等进行规划指标说明。

一、公交停车场与保养场规划布局

1. 公交停车场规划布局

停车场应具备为线路运营车辆下线后提供合理的停放空间、场地和必要设施等主要功能,并应能按规定对车辆进行低级保养和小修作业。为使停车场更好地发挥其作用,规划布局应符合以下要求:

(1)停车场应能均匀布置在各个区域性线网的重心处,与线网内各线路的距离宜控制在1~2km以内。

(2)停车场宜分散布局,可与首末站、枢纽站合建。

(3)停车场用地应安排在水电供应、消防和市政设施条件齐备的地区。

(4)停车场可通过综合开发利用,建地下停车场或立体停车场。

2. 公交保养场规划布局

保养场主要承担运营车辆的各级保养任务,包括相应的配件加工与修制,修车材料和燃料的储存与发放等。保养场规划布局应符合以下原则:

(1)大城市的保养场宜建在城市的每一个分区线网的重心处,中小城市的保养场宜建在城市边缘。

(2)保养场应距所属各条线路和该分区的各停车场均较近。

(3)保养场应避免建在交通复杂的闹市区、居住小区和主干道旁,宜选择在交通流量较小,且有两条以上比较宽敞和进出方便的次干道附近。

(4)保养场附近应具备齐备的城市电源、水源和污水排放管线系统。

二、公交首末站规划布局原则

公交首末站作为公交线路的主要控制点和若干线路的可能交汇点,在整个公交线路网中具有举足轻重的地位,规划时应遵循以下原则:

(1)公交首末站的设置应与城市道路网的建设及发展相协调,宜选择在紧靠客流集散点和道路客流主要方向的同侧,设置在城市道路以外的用地上。

(2)公交首末站的选址宜靠近人口比较集中和客流集散量较大的区域,如居住区、火车站、公园和文化体育中心等,而且该区域周围要留有一定的空地。选址应使大部分乘客处在以该站点为中心的服务半径范围内(通常为350m),最大距离不超过800m。

(3)公交首末站的规模应按其服务的运营车辆的总数来确定。一般配车总数(折算为标准车)大于50辆的为大型站点;26~50辆的为中型站点;小于26辆的为小型站点。

(4)与公交首末站相连的出入口道应设置在道路使用面积较为富裕、服务水平良好的道路上,尽量避免接近平面交叉口,必要时出入口可设置信号控制,以减少对周边道路交通的干扰。

三、公交车辆发展规划

公交车辆是承担城市公共交通运输任务的主体,城市公交车辆总规模和各条线路配车数的确定、各线路车型的选择和配备,直接关系到规划公交线网运能的发挥和线路的运输效率及经济效益,也是公交规划、站、厂以及企业规模确定的依据。科学、合理地确定城市公交车辆的总体发展规模,是城市公共交通规划中的一项重要内容,其公交车辆拥有量的计算可参考以下方法确定。

1. 依据《城市道路交通规划设计规范》(GB 50220—95)

在《城市道路交通规划设计规范》(GB 50220—95)中,城市公共汽车和电车的规划拥有量,大城市应每 800~1000 人一辆标准车,中、小城市应每 1200~1500 人一辆标准车。由于该规范发布时间较早,在考虑实际情况下,实际运用中可高于该指标。

2. 参考《交通运输"十二五"发展规划》

在"十二五"期间,国家提出《交通运输"十二五"发展规划》,此文件针对不同城市规模提出具体目标,部分内容如下:

300 万人口以上的城市、100 万~300 万人口的城市以及 100 万人口以下的城市,万人公交车辆拥有量分别达到 15、12 和 10 标台以上。

3. 运用具体公式对公交车辆拥有量进行计算

公交车拥有量主要依据车辆的载客量与满载系数、行车速度、平均运距、客流量、客流方向不均衡系数、断面不均衡系数和季节不均衡系数等参数进行计算,其计算方法可分为四个步骤:确定一辆车的生产率;计算一条营业线路需要的运营车数;计算全市公共电、汽车运营车数;计算在册车辆数。

由于该计算方法较为复杂,本书不作详细介绍。该方法具体步骤详见由王炜、陈学武编著的,2017 年由人民交通出版社股份有限公司出版的《交通规划》(第二版)一书。

在进行城市综合交通体系规划编制时,建议将《交通运输"十二五"发展规划》中"万人公共交通车辆拥有量"作为公交车辆拥有量的参考估算值。在城市公共交通专项规划中,建议参考《交通规划》(第二版)中公交车辆拥有量计算方法,将其计算结果作为公交车辆拥有量的参考估算值。无论采用哪种计算方法,其计算结果不应低于《城市道路交通规划设计规范》(GB 50220—95)中规定指标。

四、公共汽车场站用地控制标准

1. 公交停车场用地控制

在公共交通系统规划中停车场用地应符合以下规定:

(1)停车场用地面积应根据公交车辆在停放饱和的情况下,每辆车仍可自由出入而不受周边所停车辆的影响为条件进行确定。

(2)停车场用地面积宜按每辆标准车 150m² 计算。在用地特别紧张的大城市,停车用地面积不应小于每辆标准车 120m²。首末站、停车场和保养场的综合用地面积不应小于每辆标准车200m²。因用地条件限制,当停车场利用率不高时,可根据实际情况增加用地。在设计道路公共交通总用地规模时,已有夜间停车的首末站和枢纽站的停车面积不应在停车场用地中重复计算。

(3)停车场的洗车间(台)和油库用地应按有关标准的规定单独计算后再加进停车场的用地中。

(4)停车场用地按生产工艺和使用功能宜划分为运营管理、停车、生产和生活服务区。生产区的建筑密度宜为45%~50%,运营管理及生活服务区的建筑密度不宜低于28%。

2. 公交保养场用地控制

保养场应按企业运营车辆的保有量设置,并应符合下列规定:

(1)当企业运营车辆保有量在600辆以下时,可建1个综合性停车保养场;保有量超过600辆,可建1个大型保养场。

(2)中小城市车辆较少,不应分散建设保养场,可根据线网布置情况,在适当的合理位置集中建设保养场。

保养场用地应按所承担的保养车辆数计算,并应符合表10-3的规定。

保养场用地面积指标　　　　　　　　　　　　　　　　　　　　　　　表10-3

保养能力（辆）	每辆车的保养用地面积(m²/辆)		
	单节公共汽车和电车	铰接式公共汽车和电车	出租汽车
50	220	280	44
100	210	270	42
200	200	260	40
300	190	250	38
400	180	230	36

保养场应设置保养能力不小于50辆运营车辆的待保停车坪(库)。停车坪(库)用地应按停放车辆数65m²/标准车~80m²/标准车计算。

3. 公交首末站用地控制

首末站的用地规模应按线路所配运营车辆的总数确定,并应符合下列规定:

(1)线路所配运营车辆的总数宜考虑线路的发展需要。

(2)每辆标准车首末站用地面积应按100~120m²计算;其中回车道、行车道和候车亭用地应按每辆标准车20m²计算;办公用地含管理、调度、监控及职工休息和餐饮等,应按每辆标准车2~3m²计算;停车坪用地不应小于每辆标准车58m²;绿化用地不宜小于总用地面积的20%。在用地狭长或高低错落等情况下,首末站用地面积应乘以1.5倍以上的用地系数。

(3)首末站用地不宜小于1000m²。

公交枢纽站和首末站应根据其功能确定用地规模,取值可参考表10-4。

公交首末站用地规模参考值　　　　　　　　　　　　　　　　　　　　表10-4

场站分类		首末站	要　求
公交场站	总面积(m²)	1000~3000	场站以长方形为佳,出入口位于场站两侧,并与场外道路衔接
	容纳线路数(条)	1~4	—

第六节　公共交通专用道与港湾式公交站点

一、公共交通专用道的设置原则

公共交通专用道是指在特定路段上,通过物理隔离或标志标线等措施,划出一条或几条专供公共汽车行驶的车道。公共交通专用道应根据单向机动车道数量与高峰单向断面公交客流量,或单向机动车道数量与公交车流量综合考虑进行设置,其具体分为以下两种情况。

1. 城市主干道满足下列全部条件时应设置公交专用道

(1)路段单向机动车道 3 车道以上(含 3 车道),或单向机动车道路幅总宽不小于 11m。

(2)路段单向公交客运量大于 6000 人次/高峰小时,或公交车流量大于 150 辆/高峰小时。

(3)路段平均每车道断面流量大于 500 辆/高峰小时。

2. 城市主干道满足下列条件之一时宜设置公交专用道

(1)路段单向机动车道 4 车道以上(含 4 车道),断面单向公交车流量大于 90 辆/高峰小时。

(2)路段单向机动车道 3 车道,单向公交客运量大于 4000 人次/高峰小时,且公交车流量大于 100 辆/高峰小时。

(3)路段单向机动车道 2 车道,单向公交客运量大于 6000 人次/高峰小时,且公交车流量大于 150 辆/高峰小时。

二、规划公共交通专用道网络布局方案

公共交通专用道网络的合理规划,对于提高车辆运行的速度、准时性和安全性是至关重要的,公共交通专用道网络布局的基本步骤有:

(1)在公交客流预测的基础上,选取主要客运走廊作为公交专用道网络的备选方案。

(2)依据公共交通专用道网络布局原则和技术要求,删减不符合要求的路段,在考虑网络互联互通的因素下可适当增加部分路段,从而形成初步公共交通专用道网络布局方案。

(3)结合当地实际情况和各种影响因素,对公共交通专用道网络进行调整优化,从而形成最终公共交通专用道网络布局方案。

三、港湾式公交站点设置原则

港湾式公交站点(图 10-2)是指在公交站处将道路适当拓宽,将公交车辆的停靠位置设置在正常行驶的车道之外,以减少公交车辆停靠时形成的交通瓶颈对社会车辆和后到先走的公交车辆超车的影响,保证路段车流的正常运行的站点。

港湾式公交站点的设置应遵循以下原则:

(1) 港湾式公交站应突出节能环保的特点,符合以人为本和可操作性的原则。

(2) 在设置港湾式公交站点时,由于需要拓展车道,为了避免在公交站点处形成交通瓶颈,影响主线车流运行,应将公交站台与拓宽车道作一体化设计。

(3) 港湾式公交站点需要设置减速段和加速段,且由于站台与拓展车道的一体化设计,其减速段与加速段设置可参考《城市道路交通设计指南》中的相关规定。

(4) 在主干路和郊区的双车道公路,公交站推荐采用港湾式布置方式。

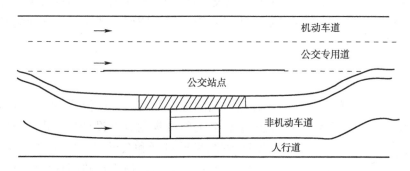

图 10-2　港湾式公交站点示意

第七节　出租汽车的发展策略与驻车站规划布局原则

一、出租汽车发展策略

出租汽车是定线公共交通系统的补充,应根据城市经济发展水平和实际需要,使其数量有控制的发展。《城市道路交通规划设计规范》(GB 50220—95)规定,出租汽车规划拥有量应根据实际情况确定,大城市每千人不宜少于 2 辆;小城市每千人不宜少于 0.5 辆;中等城市可在其间取值。在满足规范的前提下,出租汽车发展策略有以下方面:

(1) 出租汽车发展应采取"控制总量、提高质量"的发展策略。

(2) 出租汽车应向低污染和高机动性能的车型发展,加强出租汽车管理以及场站规划布局。

(3) 可应用智能运输系统(ITS)技术(如无线调度系统、交通诱导系统),提高出租汽车运营效率,节省城市道路动态交通资源。

(4) 出租汽车站点应与公交车场站和社会小汽车停车场进行统筹规划,统一用地设置。

二、出租汽车驻车站规划布局原则

出租汽车具有营业站定点服务和路抛服务两种服务方式,结合其服务方式的特性提出以下出租汽车驻车站规划布局原则。

(1) 出租汽车驻车站应与大型客流集散点相结合,如火车站和汽车站等。

(2) 由于出租汽车的公共交通属性,在交通枢纽规划布局时,出租汽车驻车站应被优先考虑。

(3)出租汽车驻车站的规模可根据交通枢纽的规模合理确定。

第八节 城市公共交通线网规划方法

城市公共交通线网规划的思路通常有两种方法:证优法和解优法,这两种方法各有利弊,实践中两种方法常结合使用。城市公共交通线网规划,不属于城市综合交通体系规划的深度要求,但城市公共交通线网规划方法对于深入学习城市公共交通系统规划具有重要意义。本节主要介绍它们的基本原理。

一、证优法

证优法又称为验算法,是对一个或几个线网备选方案进行评价,证实或选择较优方案。通常采用"理论与实践相结合"的方法,进行公交线网规划方案设计与优化。根据城市交通发展战略、发展目标和公共出行需求预测,在充分分析掌握城市建设与发展、城市道路网规划建设条件的基础上,提出多个备选线网方案,如图10-3所示。

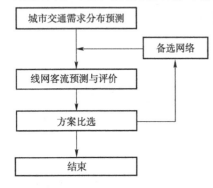

图10-3 公交线网优化的证优法

证优法的优点是过程简单,省去烦琐的数学计算,只需要在备选方案中根据经验选择合适的方案即可;缺点是得到的路网往往不是最优路网。根据优缺点的特性,证优法适用于大型及以上的城市。利用证优法来进行公交线网规划时,遵循以下步骤:

(1)确定公交干线。高峰小时客流量大于2000人次/单向的客流通道可设置公交干线。确定城市中主要的客流聚集地,如火车站、汽车站、医院和学校等,并将其连接。在城市的主要干道和环路上也可根据需要进行公交干线的布置。为减少对道路交通的干扰,公交干线宜设置港湾式公交站,在车道、交叉口、出入口的设计与管理中应优先考虑公交车通行。

(2)确定公交支线。高峰小时客流量小于2000人次/单向的客流通道可设置公交支线。在公交干线的基础上,可通过布设"L"形和"ㄣ"形等公交支线来增加线网密度,提高公共交通可达率。一般尽可能深入到居住小区内部,最大限度地接近居住、就业地点,并采用灵活的营运服务方式,为各种要求的乘客服务。公交支线的建设应考虑与居住小区、工业区、商业密集区统一规划、同步建设,站点的设置应方便换乘。

(3)形成整体公交线网。在确定公交干线和公交支线的基础上,结合城市实际情况,最终形成整体公交线网。

二、解优法

解优法又称正推法,是根据对城市公共交通需求的预测,通过求特定目标函数的最优解,获得最优线网。目前国内外提出的城市公交线网优化布局方法很多,但大多数优化方法仅限于理论研究,很难在实际工程中被应用。一种比较实用的方法是王炜教授于1989

年提出的"逐条布线、优化成网"的方法(该方法的介绍详见由王炜、杨新苗和陈学武等编著的《城市公共交通系统规划方法与管理技术》一书)。该方法的主要步骤如图10-4所示。

解优法的优点是其结果符合城市实际情况,能得到最优线网;缺点是求解最优解的过程烦琐,需要大量的数学计算过程,每个步骤之间联系紧密,上一步的结果对下一步影响较大,因此对计算者的综合素质要求很高。根据优缺点的特性,解优法适用于中小型城市。

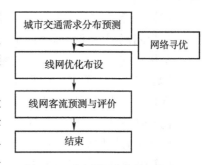

图10-4 公交线网优化的解优法

第九节 其 他

公共交通系统的组成会随着社会、经济和技术的发展而不断发展。如随着"互联网+"技术的发展,一些新形式的公共交通方式也快速发展起来,网约车和共享单车是其中的典型代表,它们的出现提升了公共交通系统的便捷性和吸引力,也为常规公共交通系统解决了"最后一公里"的难题。所以在进行公共交通系统规划时,应时刻关注相关的技术进步、社会经济的发展变化,根据实际情况,给出合理的规划方案。

第十节 案 例

城市公共交通是城市客运交通的主体,沟通着社会生产的各个环节,维系着居民的日常生活,担负着大量通勤交通和其他出行的客运任务,是城市建设和发展的重要基础设施。通过运用本章的步骤和方法,结合案例进行介绍。

一、概述

本节以D县城市综合交通体系规划中的城市公共交通规划为案例进行具体介绍。本案例突出常规公共交通规划的相关内容,同时考虑到本案例不涉及城市轨道交通、大运量快速公共汽车(BRT)和公交专用道等,因此对相关内容进行调整。

二、规划文本

D县交通规划文本"公共交通系统规划"部分。
【第01条】 公共交通系统构成
规划期内,D县公共交通系统主要由常规公交车和出租汽车等交通方式构成。根据其服务区域不同,D县公共交通系统由中心城区公交系统和城乡公交系统两部分组成。
【第02条】 城乡公交规划
预计2017年年底开通开往包装机械工业园区的公交,主要通往陈家园村、李思维庄村、孙家园村、毕家园村、郑家园村、大张村、马海庄村和渚洼村,最远为渚洼村,其距离大约是10km。

【第 03 条】 线网密度规划

在规划范围内即南起纬四街,北至纬一街,西起南运河东侧规划支路,东至京沪高速铁路。至规划期末,公交线网总体密度控制在 3.0km/km² 以上。

【第 04 条】 公交线路非直线系数规划

规划公共交通线路非直线系数不应大于 1.4。

【第 05 条】 车辆发展规模

D 县中心城区公交车拥有总量约为 153 标台。

【第 06 条】 公交首末站规划原则

(1)公交首末站的设置应与城市道路网的建设和发展相协调,宜选择在紧靠客流集散点和道路客流主要方向的同侧,设置在城市道路以外的用地上。

(2)公交首末站的选址宜靠近人口比较集中、客流集散量较大而且周围留有一定空地的位置,如居住区、火车站、公园和文化体育中心等,使大部分乘客处在以该站点为中心的服务半径范围内(通常为 350m),最大距离不超过 800m。

(3)公交首末站的规模应按所配营运车辆的总数来确定。一般配车总数(折算为标准车)大于 50 辆的为大型站点;26~50 辆的为中型站点;小于 26 辆的为小型站点。

(4)与公交首末站相连的出入口道应设置在道路使用面积较为富裕、服务水平良好的道路上,尽量避免接近平面交叉口,必要时出入口可设置信号控制,以减少对周边道路交通的干扰。

【第 07 条】 场地用地规模

每辆标准车保养场用地面积应按 220m² 计算,保养场用地规模按公交车总数量的 50% 进行考虑,则保养场用地面积不小于 1.7hm²;每辆标准车首末站用地面积应按 100~120m² 计算,且每处首末站用地不宜小于 1000m²,详见表 10-5。

【第 08 条】 场站布局

规划公交保养场位于东兴路与纬三街交叉口西北,场站总占地面积 1.8hm²。规划公交首末站 6 处,详见表 10-5。

规划公共交通场站一览表　　　　表 10-5

序号	位　置	用地面积	备　注
1	铁西路与复兴街交叉口西北	0.26	公交首末站
2	邮政路与纬二街交叉口西南	0.26	公交首末站
3	朝阳路与纬四街交叉口东北	0.24	公交首末站
4	惠泉路与河东一街交叉口西南	0.36	公交首末站
5	建新路与普照大街交叉口东北	0.39	公交首末站
6	茧城大街与工业纵二路交叉口东北	结合车站布置	公交首末站
7	东兴路与纬三街交叉口西北	1.80	公交保养场

注:表中数据的单位为 hm²。

【第 09 条】 公交枢纽布局规划

结合规划期城市用地布局和客流集散点的分布,设置综合交通枢纽 2 座,设置一般交通枢纽 1 座,见表 10-6。

公交枢纽功能表　　　　　　　　表 10-6

枢纽等级	枢纽名称	主要换乘交通方式						
		铁路	公路客运	常规公交	旅游客车	小汽车	出租汽车	非机动车
综合交通枢纽	火车站	●	●	●	—	●	●	●
综合交通枢纽	长途客运站	—	●	●	●	●	●	●
一般交通枢纽	铁佛寺	—	—	●	●	●	●	●

【第 10 条】 中途公交站点规划原则

(1)中途公交站点应设置在公共交通线路沿途所经过的各主要客流集散点上。

(2)中途公交站点应沿街布置,站址宜选择在能按要求完成车辆的"停"和"行"两项任务的地方。

(3)交叉口附近设置中途公交站点时,一般设在过交叉口 50m 以外处;在大城市车辆较多的主干道上,宜设在 100m 以外处。

(4)中途公交站点的站距受到乘客出行需求、公交车辆的运营管理、道路系统、交叉口间距和安全等多种因素的影响,应合理选择。平均站距在 500～600m 之间,市中心区站距宜选择下限值,城市边缘地区和郊区的站距宜选择上限值。百万人口以上的特大城市,站距可大于上限值。

【第 11 条】 公共交通站距规划

市区内站距控制在 500～800m;通往郊区的线路站距控制在 800～1000m。在火车站、汽车站和体育场等大型公共设施附近布置换乘枢纽。

【第 12 条】 港湾式公交站点的设置原则和规划建议

港湾式公交站应突出节能环保的特点,符合以人为本和可操作性的原则,应将停车港站台与拓宽车道作一体化设计。在主干路公交站推荐采用港湾式布置方式。到规划期末,在元曲公园附近站点建设 2 个港湾式公交站点。

【第 13 条】 出租汽车规划

按照 3.5 辆/千人的标准,中心城区出租汽车总量约为 560 辆。客运出租汽车在城市有特殊交通要求的城市道路上,必须采用定点停靠方式,其余道路可采用路抛式停靠。

三、中心城区公共交通系统规划图

依据城市公共交通规划的文本,将文本中所规划的公交首末站和公交保养场的位置,以及主要公交干线在规划图中相应体现,具体如图 10-5 所示。

图 10-5　中心城区公共交通系统规划示意

本章习题

1. 什么是 BRT(大运量快速公共汽车)?
2. 港湾式公交站点的定义是什么?
3. 简述公交首末站规划布局原则。
4. 通过查阅相关资料,结合自己对城市公共交通的理解,谈谈我国城市公共交通的特点。
5. 结合自己乘坐公交的体验及对我国城市公共交通发展状况的了解,分析优先发展城市公共交通面临的主要问题。

第十一章 停车规划

本章系统分析停车规划(Parking Plan)的相关要求和流程；停车发展策略，重点介绍停车分区策略；对停车需求影响因素进行分析，介绍停车需求预测的基本分析方法；根据停车规范对建筑物的分类，参照国内外经验，说明确定停车配建指标的方法；从公共停车场布局原则入手，介绍停车设施布局规划方法；介绍停车收费管理措施、停车诱导系统和停车地理信息管理系统在停车管理中的运用。并运用案例对相关内容进行说明。

第一节 停车规划概述

本节主要介绍《城市综合交通体系规划编制导则》《城市道路交通规划设计规范》(GB 50220—95)、《城市停车规划规范》(GB/T 51149—2016)和《关于进一步完善机动车停放服务收费政策的指导意见》(发改价格〔2015〕2975号)等相关规范对停车规划做出的相关要求，并介绍停车规划流程。

一、相关要求

2010年，住房和城乡建设部印发的《城市综合交通体系规划编制导则》对城市停车规划做出了如下要求：

(1)遵循城市停车设施的供给策略，综合利用城市土地资源和地下空间，确定各类机动车停车设施规划建设基本要求。

(2)主要内容：

①确定城市机动车停车分区和不同类别停车需求的供给目标。

②提出城市配建停车指标建议及管理对策。

③提出城市机动车公共停车场规划布局原则。

④规划文本成果。停车分区和规划供给指标、城市配建停车标准、机动车公共停车场设施规模和布局原则、设置路内停车位的基本原则和控制标准等。

⑤规划图纸成果主要为停车系统规划图。

1995年，建设部会同有关部门共同制定的《城市道路交通规划设计规范》(GB 50220—95)对停车规划内容做出了相关要求。

2016年,住房和城乡建设部与国家质量监督检验检疫总局联合发布的《城市停车规划规范》(GB/T 51149—2016)对城市停车设施专项规划做出了如下要求:
(1)现状停车调查和资料收集。
(2)估算现状停车位供需关系。
(3)预测规划年停车(位)需求总量。
(4)深化和细化城市停车发展战略和发展目标。
(5)提出区域差别化的分区停车位供应总量。
(6)确定城市公共停车场规模和分布。
(7)研究建筑物配建停车位指标。
(8)提出临时设置路内停车位的规划要求。
(9)提出近期建设规划和规划实施保障政策。

同时,《城市停车规划规范》(GB/T 51149—2016)也对总体规划和控制性详细规划的停车规划内容和深度做了相应要求。

2015年,国家发展改革委员会等3个部门印发了《关于进一步完善机动车停放服务收费政策的指导意见》(发改价格〔2015〕2975号),随后各地相继出台了实施意见,制定了停车收费管理措施。如河北省发展和改革委员会、住房和城乡建设厅、交通运输厅3个部门联合下发了《关于进一步完善机动车停放服务收费政策的实施意见》(冀发改价格〔2016〕1424号)。该指导意见重点强调了区域差别化的停车供应与管理理念,根据机动车停车分区确定不同类别停车需求的供给目标,要求充分发挥价格杠杆对供需关系的调节作用,提高停车资源利用效率。

二、停车规划流程

停车规划的内容主要包括城市停车发展策略、停车需求预测、配建停车设施规划、公共停车设施规划和停车管理措施等。具体规划流程如图11-1所示。

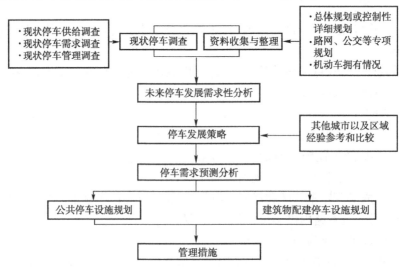

图11-1 城市停车规划流程

停车调查(包括停车供给调查、停车需求调查和停车管理调查)和资料收集与整理是停车规划的前期准备工作,为停车规划提供翔实和可靠的基础数据。通过对这些数据的分析和计算,可以识别现状问题,了解停车需求特征,定性地确定未来停车发展需求,并决定停车发展策略。停车发展策略的确定对停车设施的布局规划和停车管理措施的调整规划起到纲领性的指导作用,在停车发展策略的指导下,定量的分析和预测停车需求,得出规划年停车泊位需求总量。在停车泊位需求总量的基础上,合理分配公共停车泊位量和配建停车泊位量,提出停车场的管理措施。其中停车调查部分可参考本书的第四章。

第二节 停车规划基本原则与发展策略

一、基本原则

(1)城市停车规划应综合考虑人口规模与密度、土地开发强度、道路交通承载能力和公共交通服务水平等因素,采取停车位总量控制和区域差别化的供给原则,划分城市停车分区,提出差别化的分区停车规划策略。

(2)停车场按照规划管理方式分为城市公共停车场和建筑物配建停车场,按服务对象分为机动车停车场和非机动车停车场。

(3)城市停车位供给应以建筑物配建停车场提供的停车位为主体,以城市公共停车场提供的停车位为辅助。

(4)建筑物配建停车场按照建筑物分类划分为居住类建筑物配建停车场和非居住类建筑物配建停车场。居住类建筑物配建停车场提供的停车位是基本车位供给的主体,应以满足本建筑物业主的基本车位需求为主;非居住类建筑物配建停车场提供的停车位是出行车位的主体,应以满足本建筑物使用者和社会公众的出行车位需求为主。

二、主要发展策略

停车发展策略主要包括分区差异化供给管理策略、分类差异化供给管理策略、停车泊位共享策略、停车产业化发展策略、科技化发展策略和法制化管理策略。停车发展策略的确定对正确处理好车辆行驶与停放、缓解交通拥挤和保持良好交通秩序具有十分重要的意义。

1. 分区差异化供给管理策略

根据交通特征差异划分停车分区,采用停车设施需求调整系数来确定不同分区的停车设施供应量,制定相应的停车设施供应对策。停车设施需求调整系数定义为分区停车设施供应量与预测需求量的比值。限制供应地区的停车设施需求调整系数可取 0.8~0.9;平衡供应地区的停车设施需求调整系数可取 0.9~1.1;扩大供应地区的停车设施需求调整系数可取 1.1~1.3。

城市停车分区是对不同区域制定和实施差异化的停车设施供应策略、停车管理和经营措施,可以引导城市停车需求在时间和空间上的均衡分布。停车分区受到城市总体规划、城市交通发展战略、城市人口、就业情况、城市道路供应水平、城市交通设施状况、公共交通发展水平和城市交通枢纽等多种因素的影响,通常难以通过单一影响因素的分析来得出一种通用性的停车分区方法。

停车区域划分可采用因素法和经验法来进行。因素法适用于城市布局没有明显的物理分割界限(如河流、铁路和快速路等)或城市功能分区不够明显的情况。其优点是简单易行,缺点是停车分区仅与所考虑的因素有关,存在片面性。经验法适用于城市布局有明显的物理分割界限的情况,其方法简单易行,但是需要以因素分析为基础。综合考虑,在进行停车区域划分时,可以经验法为主,用因素法对划分结果进行分析校验,然后做必要的调整。

2. 分类差异化供给管理策略

分类差异化供给管理策略包括停车设施差异化供给策略、停放个体差异化供给策略和停放时段差异化供给策略。停车设施差异化供给策略是遵循以建筑物配建停车为主、路外公共停车设施为辅和路内公共停车设施为补充的原则,对停车设施进行不同的分类,根据实际情况合理确定各类型停车设施的供应结构比例。停放个体差异化供给策略是针对居住区、商业、服务业以及以工作为目的的停放需求所进行的管理策略。停放时段差异化供给策略是对车辆停放采取分时段的供应策略,例如在不同时段收取不同的停车费用和采取不同的停车政策等。

3. 停车泊位共享策略

相邻用地之间实施泊位共享,如公共建筑的配建停车设施可向周边居民开放,居住区停车设施可向社会停车开放,综合性建筑内停车设施也可错时使用等。泊位共享策略可以有效地缓解停车供需矛盾,有助于提高停车泊位利用率。

4. 停车产业化发展策略

停车产业化发展策略作用在于筹集停车设施建设资金,减轻政府财政负担,加快停车设施建设;引入市场机制,提高建设、管理和停车设施利用率,降低成本,改善服务;将停车作为交通需求管理的重要手段,缓解大城市交通压力。

5. 科技化发展策略

科技化发展策略能为产业发展提供良好的技术,这些技术包括停车诱导技术、立体车库技术和停车场自动收费管理技术等。

6. 法制化管理策略

法制化管理策略是建立科学合理的停车发展体系的保障。应当在现有停车相关法律法规的基础上,制定一套完整的停车规划、建设、管理的政策和法规体系,为城市停车市场的发展和停车秩序的管理建立起健全的法制环境。

第三节 停车需求预测

停车需求预测可分为微观停车需求预测和宏观停车需求预测,这两者之间并没有严格的界限。通常微观停车需求预测以某一个或几个停车场为研究对象,而宏观停车需求预测用于分析更广大区域的停车需求,其目的是确定区域未来停车需求的总量,以此为基础,确定路内公共停车场、路外公共停车场和配建停车场的规模。

一、停车需求的影响因素

停车需求是指出于各种目的的驾车者在各种停车设施中停放车辆的需求。它是城市土地利用状况、机动车保有量、出行水平、城市人口、社会经济发展状况和交通政策等众多因素综合影响的结果。

停车需求预测是停车场规划的前提和基础。停车需求预测应以城市交通发展战略和机动车发展水平为依据,在停车调查的基础上,结合城市用地规划、交通出行特征、交通服务水平和城市交通管理等因素,预测城市停车(位)需求总量和空间分布。

二、停车需求预测方法

国内外常用的停车需求预测模型有停车发生率模型和用地分析模型等。

1. 停车发生率模型

停车发生率模型是建立在停车需求与土地利用性质关系的基础上建立的回归模型。其中"停车发生率"定义为某种性质用地功能的指标(如单位土地面积或单位建筑面积)所产生的全日停放车辆数。停车发生率模型不必分门别类地详细调查和统计回归,只需按交通小区调查现状基本日停放车辆数和各类用地的工作岗位数,大大减少了工作量。模型的表达式如式(11-1)所示。

$$P_j = f(L_{ij}) = \sum_{i=1}^{m} a_i \cdot L_{ij} \tag{11-1}$$

式中:P_j——规划年交通小区 j 基本日停车泊位需求量(标准车次或泊位);

L_{ij}——规划年交通小区 j 第 i 类土地利用指标(m^2);

a_i——第 i 类用地的停车生成率指标[标准车次或泊位/$(d \cdot m^2)$];

m——交通小区 j 的用地性质分类数。

停车发生率模型的优点是:各类土地停车生成率指标的确定可以以调查研究区域内比较典型的地块为主要依据,确定其他性质相近地块的指标,既避免了调查的困难,又提高了典型资料的使用率。通过调查确定研究区域内各类土地的停车生成率指标,根据每个交通小区的各类不同性质土地的数量,即可以求出每个交通小区的基本日停车泊位需求量。该方法原理简单、计算方便,并且适用性较强。

2. 用地分析模型

用地分析模型又称商业用地停车分析模型,是基于停车需求与用地性质、停车需求与雇员数量之间的关系,对以商业为主的地区进行规划年的停车需求预测的模型。其基本的假设是:一个以商业为主的地区,长时间的停车需求是由雇员上班出行引起的,而短时间停车需求是由在该地区进行商业活动引起的。

该模型于 1984 年由美国的 H. S. Levinson 提出,并在 New Haven 城区总体交通规划研究中的停车需求预测上进行了应用。具体预测模型如式(11-2)所示。

$$d_i = A_L \cdot \frac{e_i}{\sum_{j=1}^{J} e_j} + A_S \cdot \frac{F_i}{\sum_{j=1}^{J} F_j} \tag{11-2}$$

式中：d_i——交通小区 i 高峰停车需求（泊位数）；
A_L——长时间停车总累计停车数；
A_S——短时间停车总累计停车数；
e_i——交通小区 i 雇员数；
e_j——交通小区 j 雇员数；
F_i——交通小区 i 零售与服务业的建筑面积（m^2）；
F_j——交通小区 j 零售与服务业的建筑面积（m^2）；
J——交通小区数。

该模型对数据要求简单，但对建筑面积和雇员数的准确性要求较高。该模型比较适合用地比较单一和以商业服务为主的城区，而对于用地十分复杂的大城区，停车需求分析与预测精度较差。

三、停车需求预测泊位量的分配

通过停车需求预测，可以先确定规划年停车需求的总量，然后以此为基础，根据以配建停车场为主、路外公共停车设施为辅和路内公共停车设施为补充的供给结构，合理进行停车需求预测泊位量的分配。《城市停车规划规范》（GB/T 51149—2016）中指出，建筑物配建车位是城市机动车停车位供给的主体，应占城市机动车停车位供给总量的85%以上；城市公共停车场提供的停车位可占城市机动车停车位供给总量的10%~15%。其中临时设置路内停车位的规模不应大于城市机动车停车位供给总量的5%。

城市机动车停车位供给总量应在停车需求预测的基础上确定，并应符合下列规定：

(1) 规划人口规模大于或等于50万人的城市，机动车停车位供给总量应控制在机动车保有量的1.1~1.3倍之间。

(2) 规划人口规模小于50万人的城市，机动车停车位供给总量应控制在机动车保有量的1.1~1.5倍之间。

城市非机动车停车位供给总量不应小于非机动车保有量的1.5倍。

第四节　配建停车设施规划

一、城市配建停车指标

1. 建筑物分类

配建停车场作为城市建筑物相应的停车设施，其服务的对象群体在很大程度上取决于建筑物的用途和性质，因此配建停车场的规划与建筑物的类别有着密切联系。

我国最早出现的停车设施配建标准是由公安部和建设部于1988年颁布并于1989年开始实施的《停车场规划设计规则（试行）》，该规则给出的建设项目的停车位配建标准，对当时合理引导停车资源的配置，起到了重要的指导作用。但随着我国机动化水平的不断提高，这个标准所要求的停车位配建指标在今看来已经明显不足。因此住房和城乡建设部与国家质量监督检验检疫总局于2016年6月20日联合发布了《城市停车规划规范》

（GB/T 51149—2016），并于2017年2月1日起开始实施。该规范给出了9类建设项目的停车位配建指标，分别为居住、医院、学校、办公、商业、文化体育设施、工业和物流仓储、交通枢纽和游览场所，然后又将这9种建筑大类细化为38个建筑物子类。建筑物分类可按照表11-1的规定执行，并根据城市的发展特点进行相应调整。

建筑物配建停车位指标参考值 表11-1

建筑物大类	建筑物子类	机动车停车位指标下限值	非机动车停车位指标下限值	单 位
居住	别墅	1.2	2.0	车位/户
	普通商品房	1.0	2.0	车位/户
	限价商品房	1.0	2.0	车位/户
	经济适用房	0.8	2.0	车位/户
	公共租赁住房	0.6	2.0	车位/户
	廉租住房	0.3	2.0	车位/户
医院	综合医院	1.2	2.5	车位/100m² 建筑面积
	其他医院（包括独立门诊和专科医院等）	1.5	3.0	车位/100m² 建筑面积
学校	幼儿园	1.0	10.0	车位/100 师生
	小学	1.5	20.0	车位/100 师生
	中学	1.5	70.0	车位/100 师生
	中等专业学校	2.0	70.0	车位/100 师生
	高等院校	3.0	70.0	车位/100 师生
办公	行政办公	0.65	2.0	车位/100m² 建筑面积
	商务办公	0.65	2.0	车位/100m² 建筑面积
	其他办公	0.5	2.0	车位/100m² 建筑面积
商业	宾馆和旅馆	0.3	1.0	车位/客房
	餐饮	1.0	4.0	车位/100m² 建筑面积
	娱乐	1.0	4.0	车位/100m² 建筑面积
	商场	0.6	5.0	车位/100m² 建筑面积
	配套商业	0.6	6.0	车位/100m² 建筑面积
	大型超市和仓储式超市	0.7	6.0	车位/100m² 建筑面积
	批发市场、综合市场和农贸市场	0.7	5.0	车位/100m² 建筑面积

续上表

建筑物大类	建筑物子类	机动车停车位指标下限值	非机动车停车位指标下限值	单位
文化体育设施	体育场馆	3.0	15.0	车位/100座位
	展览馆	0.7	1.0	车位/100m² 建筑面积
	图书馆、博物馆和科技馆	0.6	5.0	车位/100m² 建筑面积
	会议中心	7.0	10.0	车位/100座位
	剧院、音乐厅和电影院	7.0	10.0	车位/100座位
工业和物流仓储	厂房	0.2	2.0	车位/100m² 建筑面积
	仓库	0.2	2.0	车位/100m² 建筑面积
交通枢纽	火车站	1.5	—	车位/100高峰乘客
	港口	3.0	—	车位/100高峰乘客
	机场	3.0	—	车位/100高峰乘客
	长途客车站	1.0	—	车位/100高峰乘客
	公交枢纽	0.5	3.0	车位/100高峰乘客
游览场所	风景公园	2.0	5.0	车位/公顷占地面积
	主题公园	3.5	6.0	车位/公顷占地面积
	其他游览场所	2.0	5.0	车位/公顷占地面积

2. 停车配建指标

不同城市进行配建停车设施规划时需要结合本地区停车需求特点，依据《城市停车规划规范》(GB/T 51149—2016)中给出的建筑物配建停车位指标参考值，参考相似城市，对建筑物配建停车位指标进行制定，结合城市特点开展专题研究，最终得到适合规划区的建筑物配建停车位指标。

建筑物配建停车位指标确定后，需要定期评估建筑物配建停车位指标的执行效果。指标的制定应体现停车位总量控制和区域差别化的原则，统筹不同类别建筑物之间的差异性，并应考虑停车位的共享和高效利用。其中机场、港口、公交枢纽和体育设施等大型公共建筑可开展专项研究以确定其配建停车场的规模。

《城市停车规划规范》(GB/T 51149—2016)中给出了建筑物分类和配建停车位指标参考值，详见表11-1。

二、管理对策

本节主要对中心城区、重点商业区和住宅小区提出配建停车管理对策。

1. 针对中心城区的配建停车管理对策

从保护中心城区的生态环境角度出发，需要限制机动车进入中心城区，可采取从中心城区至周边地区依次递减的阶梯式停车收费标准。

2. 针对重点商业区的配建停车管理对策

鼓励若干单位联合建设停车场，达到高效经济地利用土地资源的目的；重点商业地区制定的停车收费价格应比周边地块的适当略高，起到缓解重点商业区停车压力的作用；促进智能停车诱导系统的建设,从而合理引导机动车停车,减少无效的地面绕行交通,提高停车资源的利用率。

3. 针对住宅小区的配建停车管理对策

新建住宅小区要严格执行停车泊位配建标准;住宅小区内部的停车收费价格总体上要比住宅小区外部的停车收费价格略低;在住宅小区周围的路边可设置夜间停车泊位,收费价格比平时略微降低;停车场产权属建设单位的,住宅小区的机动车停放服务可以由建设单位自行管理,也可以委托住宅小区停车管理单位管理,但应当以统一管理为原则;住宅小区内的停车泊位应当首先满足业主的需求。

第五节 公共停车设施规划

公共停车规划包括路内公共停车规划和路外公共停车规划。公共停车规划是城市规划的重要内容之一,也是综合交通规划的重要组成部分。公共停车规划涉及政策法规、综合规划、设施建设、管理和执法等方面。公共停车规划的编制对于处理好停车供给与需求的矛盾,调控动静态交通资源的使用,加快停车设施建设和停车策略的实施具有重要作用。

一、路内公共停车场规划

在公共停车设施中,路内停车是非常重要的组成部分。路内停车虽然周转率高,但会降低道路容量和车辆运行速度,容易发生交通事故。鉴于路内停车在一般情况下弊多利少的特点,原则上应尽量减少路内停车。在对道路交通影响不大的前提下,合理设置并规范路内停车。

1. 布局原则

(1)次干道与支路路宽在10m以上,道路交通高峰饱和度低于0.8时,容许设置路内停车,但必须以行车顺畅为原则,以该地区路外公共停车场及建筑物配建停车场泊位不足为前提。在设置有路外公共停车设施的200~300m范围内,原则上禁止设立路内停车场,已经设置的应予以清除。

(2)在城市快速路和主干道上禁止设置路内停车场。为避免造成道路交叉口的交通混乱,路内停车场的设置应尽可能地远离交叉路口。在交通量较大的道路应尽量避免因停车而产生的左转情况,高峰时段内应禁止左转。

(3)路内停车场的设置应因地制宜。在一些非机动车流量小的道路和近期新建与扩建的道路上,交通量一般较小,道路利用率低,可考虑建设路内停车场;交通管理规定机动车单向行驶的道路交通组织较为方便,可设置一定数量的停车泊位;在道路广场周围、城市高架道路和匝道下净空允许时,可设置规模适合的地面停车场;在城市步行街、公交专用道和自行车专用道等道路上,不得布设路内公共停车场。停车场布局应尽量小而分散,以每个停车场泊位量不大于30个为宜。

(4)路内停车场的设置应以现状为基础,中心区内原则上不再增加新的路内停车场和停车泊位;停车场应采用占用机动车道的路内停车场为主要供应形式,不宜采用占用人行道空间的路内停车场形式。

(5)在城市主次干道、交通量较大的支路和对居民生活影响较大的道路上,不宜设置路内停车泊位。

（6）在社会开放的大型路外停车场服务半径范围内，设置的路内停车泊位必须与路外停车管理相协调，采取相应的路内停车管理措施。

（7）当道路车行道宽度小于表11-2中禁止停放的最小宽度时，不得在路内设置停车泊位。

设置路内停车场与道路宽度的关系　　　　　　　　　　表11-2

道路类别		道路车道宽度 B	停车状况
街道	双向道路	$B \geqslant 12$	允许双侧停车
		$12 > B \geqslant 8$	允许单侧停车
		$B < 8$	禁止停车
	单向道路	$B \geqslant 9$	允许双侧停车
		$9 > B \geqslant 6$	允许单侧停车
		$B < 6$	禁止停车
巷弄或断头路		$B \geqslant 9$	允许双侧停车
		$9 > B \geqslant 6$	允许单侧停车
		$B < 6$	禁止停车

注：表中数据的单位为m。

（8）路内停车泊位主要设置在支路、交通负荷较小的次干道和有隔离带的非机动车道上。

（9）鉴于路内停车对道路交通的影响，V/C（饱和度）的比值应控制在容许范围之内（次干道 $V/C \leqslant 0.85$，支路 $V/C \leqslant 0.90$）。当 V/C 的比值超过上述规定时，如仍要设置路内停车场，则应对其影响做进一步的分析后，再确定是否设置。

（10）路内停车泊位与交叉口的距离以不妨碍行车视距为设置原则。建议与相交的城市主次干道路缘石延长线的距离不小于20m，与相交的支路路缘石延长线的距离不小于10m；单向交通出口方向，可根据具体情况适当缩短与交叉口的距离。

（11）路内停车泊位与有行车需求的巷弄出口之间，应留有不小于2m的安全距离。路内停车泊位的设置应给重要建筑物和停车库等出入口留出足够的空间；公交车站、消防栓、人行横道、停车标志、让路标志和信号灯等前后一定距离内不应设置路内停车泊位，具体参照交通部的道路交通管理条例的有关规定。

（12）依据上述原则确定路内停车泊位的设置范围；路内停车泊位设计与规划时，应根据实际情况确定停车泊位的大小和数置，且必须控制在停车泊位的设置范围之内。

（13）在一些符合条件的路段内，可以根据道路的交通特征以及当地的停车管理政策，设置全天或分时段允许停放车辆的路内停车泊位。

（14）根据停车管理的需要，路内停车场的设置应保证一定的规模，具体规模应结合道路的实际情况而定，并应满足上述停车泊位设置准则的要求。

2. 规划布局方法

路内停车布局规划的方法分为以下5个步骤：

（1）选择需要设置路内停车场的路段，选择过程要根据道路条件与交通量状况对路段能否设置路内停车场做出初步判断。

（2）确定路内停车场的设计目标。应控制路段车流的饱和度与延误，避免它们过大。同时路内停车场的设置应使其对交通出行的负面影响小于车辆停放所取得的正面收益。

（3）对设置条件进行分析，包括道路条件和交通量条件两方面。道路条件包括路段宽度和道路横断面形式（包括机动车道数和机非车道隔离方式等）。交通量条件包括路段机动车、非机动车和行人的流量。如果道路和交通量条件不满足设置路内停车场的要求，则需要对道路进行改造；如果道路难以改造或改造后还难以满足要求，则表明该路段不适合设置路内停车场，或需要重新选择其他道路。

（4）研究路内停车场合理位置的选择。分析信号交叉口、建筑物出入口、人行横道、地形条件和特殊交通环境等因素与路内停车场的间距关系，对路内停车场位置进行合理选择。

（5）对路内停车场泊位的设计方法及其适应性进行研究，并在此基础上考察路内停车场的设置是否满足设计目标，如果不满足，则还需重新设计路内停车场。

此外，应建立定期的动态评估制度，根据城市建设进度情况对设置路内停车泊位的效果进行定期动态评估，分析其设置位置和规模对道路交通流的影响程度，将分析结果作为对其是否进行调整和如何进行调整的依据。

二、路外公共停车场规划

1. 布局原则

路外公共停车设施的布局应体现以下主要原则：

（1）各停车设施在设置时，首先应考虑其设置后近期的需求大小和服务对象；另外，还应考虑其周围土地利用和道路交通状况。停车设施的设置应符合适当的停车供需关系，保证停车设施被充分利用，并且要保证停车容量与路网交通容量保持平衡。

（2）停车设施的设置应配合公共交通站点的布置（包括公交线路），使公共交通和其他交通方式之间顺利衔接；另外，设置停车设施还应与城市步行街和专用道相结合。

（3）停车场的建设应充分利用城市闲置的边角地带，对各种形式（如小型停车塔和多层停车架等）加以利用。停车场的服务半径不宜超过300m（一般为250~300m），即平均步行时间为5~6min，最长不超过7min。

（4）为了避免造成主干道和交叉口交通组织的混乱，停车场的出入口应尽量设在次干道或支路上，并尽可能地远离交叉路口。容量为50辆以上的停车场，其出入口距主干道交叉口的距离以大于100m为宜，以免车辆进出频繁时干扰主干道和交叉口的正常交通，同时也可避免交叉口为红灯时，排队车辆阻塞停车场的出入口；当容量少于50辆时，与交叉口的距离可小于该值。对一些较繁忙的交通干道，应尽量避免停放车的左转出入，根据交通饱和度的状况，可以考虑高峰时段内禁止左转。快速路附近的停车设施，其车辆进出必须通过停车场专用通道或快速路两边的慢车道。

（5）停车场征用土地范围一般包括停车楼占地面积、后退道路红线、绿化用地和代征城市道路用地等几部分，其中后退道路红线距离和绿化率按城市规划实施细则的相关规定执行。

（6）停车设施的形式应因地制宜和减少拆迁。在用地紧缺的地区应以立体停车形式为主；另外，地下车库也是主要停车形式之一，原因是地下车库有节约城市用地、利于景观、环保和组成城市立体交通体系(如与地铁相结合)等优点;大力推广高科技产品在停车设施中的应用。

(7)为了减少车辆出入停车场时,对某些要求环境安静的建筑物产生噪声和废气污染的影响,停车设施的出入口和露天停车场距某些建筑物应留有一定距离。其不同建筑性质和不同停车场规模相隔距离的建议值如表11-3所示,当达不到建议值时,应设置隔声设施。

停车场与建筑物相隔距离建议值　　　　　　表11-3

建筑物性质	停车场规模			
	>100辆	50~100辆	25~50辆	<25辆
医院和疗养院	250m	100m	50m	25m
幼儿园和托儿所	100m	50m	50m	25m
学校、图书馆和住宅	50m	25m	25m	15m

(8)城市停车场规划设计应按照相对统一的技术标准执行。

2. 布局方法

公共停车场规划布局要能够适应城市建设的不确定性、停车需求的多样性和城市机动车定量预测与实际发展产生的偏差所引起的停车需求的波动,结合规划管理的可操作性,对公共停车场的规划布局按照刚性布局、半刚性布局和弹性布局进行分类。

1)刚性布局

(1)此模式规划的停车设施用地、规模和形式等已经确定。

(2)每个刚性点均应充分考虑停车需求、建设规模、征地范围、建设用地范围、控制容积率、出入口方位、资金投入产出和实施效果综合评价等因素。

(3)采用刚性布局方法设置的停车设施应主要分布在机动车停车设施供需矛盾集中和车辆乱停乱放现象最严重的地区,这类停车设施可以直接用于指导近期建设或试点,解决急迫的停车问题。

(4)刚性布局的停车设施一经确定,原则上不得更改。

(5)刚性布局设施的供应量宜占公共停车总供应量的30%左右,主要应分布在老城区和中心城区。

2)半刚性布局

(1)指某片区域总的泊位供应量已经确定,具体停车场用地、形式或规模、控制容积率和出入口方位等基本确定,但有待根据区域开发建设的情况最后落实。

(2)半刚性停车场选址和规模具体运作时可由规划管理人员根据实际情况协调确定。

(3)该布局方法主要应用在城市建设用地尚有一定不确定性和弹性的城区,供应量宜占总供应量的20%~30%。

3)弹性布局

(1)弹性布局是指在某个较大范围的区域内,停车泊位供应规模基本确定,泊位的实现形式可以因地制宜和灵活多样,由多个分散的停车设施共同承担。

(2)停车泊位的实现更多地依赖土地开发的类别、规模和进程。拟定的点位和规模一方面作为规划管理时参考,另一方面便于控制一定的停车设施用地。

(3)停车设施实现的形式可以是地面停车场和立体车库。

(4)弹性布局设施的供应量宜占总供应量的40%~50%,主要分布在城市新建地区、外围城区和城市边缘区。

利用上述3类布局方法设置的停车设施在建设时间上没有绝对的先后顺序，任何选址方便和条件适合的停车设施均可在近期先行建设，但刚性布局停车设施所在区域的停车矛盾突出，如果停车设施的前期选址工作准备较充分，显然是最适合短期内迅速开发的热点。

第六节 管理措施

对城市停车进行科学管理，是缓解城市停车难和提高城市交通系统效率的重要手段。改革停车管理体系，理顺停车管理关系，建立新的停车管理机制，推动停车产业的发展，是停车产业规范化、科学化和现代化的必然要求。

一、停车收费管理措施

停车收费是调控停车设施供需关系的重要手段。在"区域差别化"的规划理念指导下，根据城市发展现状，除了考虑在停车设施相关成本的基础上，体现停车设施在地区、类别和使用时间上的差别外，还需考虑停车设施建设成本与运营成本、拥挤收费和政策调节费用等因素的影响，制定差别化的停车收费措施。

1. 停车收费将执行差别化政策

运用价格杠杆合理调控停车需求，加快推行差别化收费的进程。按照《关于进一步完善机动车停放服务收费政策的指导意见》（发改价格〔2015〕2975号），各地可结合实际情况，推行不同区域、不同位置、不同车型和不同时段停车服务的差别化收费政策，起到缓解城市交通拥堵，促进公共交通优先发展，提高公共道路资源利用率的作用。

机动车停放服务收费的计费方式，可根据停车条件和需要，采取计时或计次、包月和包年的计费方式。实行计时收费时，应具备电子计时设备或建立人工计时的操作程序。

2. 部分停车场可自主制定收费标准

依法放开具备竞争条件的停车设施服务收费，鼓励引导社会资本建设停车设施。社会资本投资建设的停车设施，除实行政府定价范围以外的，一律由经营者依据价格法律法规与相关规定、市场供求和竞争状况，自主制定停车服务收费标准。社会资本全额投资新建停车设施服务收费标准由经营者依法自主制定。

3. 停车收费实行市场调节价

住宅小区停车设施，由物业服务企业或停车服务企业接受业主委托，按照停车服务合同约定，向住宅小区业主或使用人提供停车场所、设施和停车秩序管理服务并收取费用。在住宅小区内，规划用于停放汽车的车位和车库应当首先满足业主需求。

占用业主共有道路或者其他场所的车位属于业主共有，其收费和管理等事项，由业主大会决定。不属于业主共有的机动车停放设施，具体收费标准由物业服务企业或停车服务企业与业主或使用人协商确定。

4. 公益性特征停车场执行政府定价

具有垄断经营和公益性特征的停车设施服务收费实行政府定价管理。

机动车停放服务收费实行"统一政策和属地管理"的原则。省价格主管部门将会同相关部门负责制定全省机动车停放服务收费政策;各市和县的价格主管部门会同相关部门,负责制定辖区内政府定价的机动车停放服务具体收费标准和机动车停放服务收费的监督管理工作。

5.加强监管,保持价格相对稳定

强化事中、事后监管,规范停车服务收费行为,保持价格相对稳定。实行市场调节价的停车服务收费政策,经营者上调停车服务收费标准时须提前一周向社会公示,不得联合涨价和串通涨价,应自觉维护市场正常价格秩序。鼓励各类经营场所附设的停车设施,在经营场所营业时间内实行免费或低收费政策。

严格执行明码标价规定。停车设施经营者要在经营场所显著位置设置标价牌,标明停放服务收费定价形式、收费标准、计费办法、收费依据和投诉举报电话等,广泛接受社会监督。

严厉查处价格违法行为。各级价格主管部门要加强对停车服务收费的监督检查,保护消费者合法权益。

二、停车诱导系统

停车诱导系统(Parking Guidance Information System,简称PGIS)是指通过智能探测技术,与分散在各处的停车场实现智能联网数据上传,实现对各个停车场停车数据进行实时发布,引导驾驶员实现便捷停车的系统。

停车诱导系统以可变和多级的信息发布电子屏为主要信息载体,向驾驶员提供停车场的方位和当前剩余车位数等信息,同时提供相关数据供管理部门进行分析和决策。

停车诱导系统作为城市智能交通的组成部分,对于调节停车需求在时间与空间上的不均匀分布,提高城市停车场使用率和整个交通系统的效率,减少由于寻找停车场而产生的道路交通流量、停车等待时间和空气污染,改善停车场的经营条件,增加商业区域的经济活动等方面均有重要的积极作用。

停车诱导规划中应当考虑的主要问题是建立停车诱导策略及分区,在空间上合理的分散交通流,以及减少停车场周边道路的交通拥堵情况。为此首先应当根据区域内停车场的规模、功能、布局和周边设施,明确每个停车场的主要服务对象(如大型商场、体育设施和其他公共设施等);然后在此基础上将诱导系统的服务范围划分成若干个小区,并力图从战略上避免由于停车诱导产生新的局部拥堵问题;最后按照停车诱导服务对象的区域,将诱导信息由简到繁,再由繁到简,分层发布,使被诱导对象处于最佳的诱导信息之中。

三、停车地理信息管理系统

地理信息系统(Geographic Information System,简称GIS)是在计算机硬件和软件系统支持下,对整个或部分地球表层(包括大气层)空间中的有关地理分布数据进行采集、存储、管理、运算、分析和可视化表达的信息处理与管理系统。

停车地理信息管理系统以电子地图为基础,城市行政区域及其功能小区、所有道路和停车场等地物都可在电子地图上准确显示其具体空间位置。利用GIS技术,建立电子地图与各种数据库的关系,从而实现系统软件可视化的查询、录入和修改,地物属性数据的更新管理,以及地图输出和卡片管理,报表和单据的打印等功能。

采用GIS技术进行停车场数据信息的管理,可以实现停车设施便捷的可视化管理,也可以实现停车设施的各类数据的定量统计分析,以及停车设施信息管理的办公自动化和智能化。

第七节 案 例

本节以 D 县综合交通体系规划中的"停车规划"章节为案例进行介绍,根据《城市综合交通体系规划编制导则》《城市道路交通规划设计规范》(GB 50220—95)、《城市停车规划规范》(GB/T 51149—2016)和《关于进一步完善机动车停放服务收费政策的实施意见》(冀发改价格〔2016〕1424 号)等相关规范对城市综合交通体系规划中的停车规划做出的要求,参照国内外经验并结合 D 县实际情况,对 D 县中心城区合理地进行停车规划。

一、案例概况

本案例中根据《城市停车规划规范》(GB/T 51149—2016)规定,结合 D 县具体情况,采取以经验法为主的停车分区划分方法,用因素法对划分结果分析校验,并对划分结果做出相应的调整。采取停车发生率模型对中心城区规划年的停车泊位进行需求预测,然后在停车分区和停车需求预测的基础上,根据以配建停车场为主、路外公共停车设施为辅和路内公共停车设施为补充的供给结构,合理进行停车需求预测的泊位量分配。

二、基本流程

本节内容主要包括 D 县中心城区的停车分区、停车需求预测、配建停车设施规划、公共停车设施规划和停车管理措施。具体规划流程如图 11-2 所示。

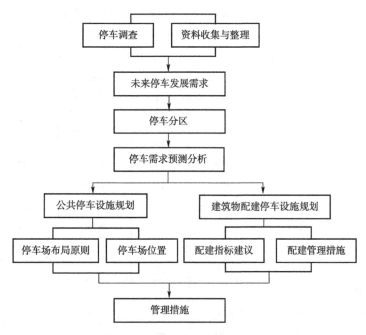

图 11-2 D 县中心城区停车规划流程

三、案例文本与规划图

以下内容是 D 县交通规划文本与规划图中的"停车规划"部分。

【第 01 条】 城市机动车停车分区

空间上,将 D 县中心城区分为 3 类停车分区。

停车一区(城市交通的中心地区):西起火车站,东至宣惠河,北起跃进渠,南至普照大街。

停车三区(工业区):西起惠源路,东至京沪高速铁路,北起茧城大街,南至纬四街。

停车二区(城市交通的一般地区):除去停车一区和停车三区余下的地区即为停车二区。

分别采取不同的停车管理措施。停车分区情况如图 11-3 所示。

图 11-3　D 县中心城区停车分区

【第 02 条】 规划期各交通小区停车泊位需求

规划期各交通小区停车泊位需求情况如表 11-4 和图 11-4 所示。

规划期各交通小区停车泊位需求　　　　表 11-4

交通小区	面积（km²）	2030 年需求（泊位）	需求密度（泊位/km²）	交通小区	面积（km²）	2030 年需求（泊位）	需求密度（泊位/km²）
1	0.90	2255	2506	13	1.79	3473	1940
2	0.66	1209	1832	14	1.33	2486	1869
3	0.98	2014	2055	15	1.51	1281	848
4	0.84	1335	1589	16	1.42	1729	1218
5	1.18	2291	1942	17	1.36	3030	2228
6	0.92	1966	2137	18	1.54	2508	1629
7	0.57	1044	1832	19	0.84	1217	1449
8	1.92	2936	1529	20	1.16	2919	2516
9	1.45	2285	1576	21	1.16	884	762
10	0.87	1748	2009	22	1.30	1017	782
11	1.06	1855	1750	合计	25.42	42448	1670
12	0.66	966	1464	—	—	—	—

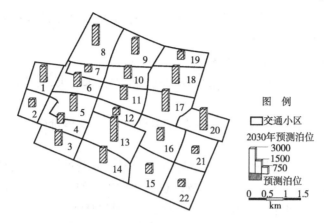

图 11-4　D 县规划期各交通小区停车泊位需求

【第 03 条】 不同类别停车需求供给目标

本次规划将 D 县中心城区停车设施按规划管理方式划分为公共停车场和配建停车场两类。由于受到路网容量和路边停车空间的限制,D 县停车设施的供应结构仍以配建停车为主。在总量控制的情况下,配建停车泊位占规划总量的 85% 以上是合理的,其他停车需求由公共停车场的方式解决,即总需求量的 10%～15% 由公共停车设施来满足,如表 11-5 所示。

2030 年各停车分区泊位需求预测结果　　　　　　　　　　　表 11-5

停车分区	公共停车泊位（泊位）	比例（%）	配建停车泊位（泊位）	比例（%）	合计（泊位）
停车一区	2575	18.89	11059	81.11	13634
停车二区	2187	9.15	21716	90.85	23903
停车三区	455	9.26	4456	90.74	4911
合计	5217	12.29	37231	87.71	42448

【第 04 条】 几类主要配建停车指标建议

根据中华人民共和国住房和城乡建设部与中华人民共和国国家质量监督检验检疫总局联合发布的《城市停车规划规范》(GB/T 51149—2016),结合 D 县实际情况,各建筑物配建停车位指标按表 11-1 控制。

【第 05 条】 针对中心城区的配建停车管理对策

从保护中心城区生态环境的角度出发,需要限制机动车进入中心城区,中心城区包括停车一区、停车二区和停车三区。从停车一区到停车二区再到停车三区,停车收费标准依次递减,具体的收费标准在停车专项调查后再定(或根据经验确定其收费比例为 1.2∶1.0∶0.8)。

【第 06 条】 针对重点商业地区的配建停车管理对策

(1)鼓励若干单位联合建设停车场。由于这些地块的土地资源十分紧张,如果每个单位都建设停车场,形成的停车场规模比较小,从有效利用土地资源的角度来看是不经济的。因此,建议该地块内的若干单位联合出资建设较大规模的停车场,停车泊位的总数量应不少于各个单位配建的泊位数量之和。

(2)收费应该比周边地块的停车收费价格适当略高,以适当缓解商业中心区的停车压力。

(3)促进智能停车诱导系统的建设。为了更好地利用这些地区的停车资源,在进入这些地区的主要道路上建设针对该地区的停车诱导系统,引导机动车进入相应的车库或者在周边地块停车,减少无效的地面绕行交通。

【第07条】 针对住宅小区的配建停车管理对策

(1)新建住宅小区的停车泊位主要依靠配建停车泊位来解决,要严格执行停车泊位配建标准。

(2)住宅小区内部的停车收费以月租制停车收费为主,总体价格上要比县内的停车收费价格略低。

(3)建议在住宅小区周围的路边设置夜间停车泊位,收费价格比平时略微降低。

(4)住宅区的机动车停放服务,停车场产权属建设单位的,可以由建设单位自行管理,也可以委托住宅区停车管理单位管理,但应当以统一管理为原则。

(5)住宅小区建筑区划内,规划用于停放汽车的车位和车库应当首先满足业主需求。

(6)占用业主共有道路或者其他场所,用于停放汽车的车位属于业主共有,其收费和管理等事项由业主大会决定;不属于业主共有的机动车停放设施,具体收费标准由物业服务企业或停车服务企业与业主或使用人协商确定。

【第08条】 公共停车场规划布局原则

(1)本次规划城市公共停车场用地面积为 17.51 hm^2,符合该规定不小于 15.60 hm^2 的要求。

(2)满足城市总体规划和地块控制性详细规划提出的土地开发强度下的停车需求,公共停车场点位的布局应与土地利用相适应。

(3)以城市停车战略和策略为指导,支持城市交通发展战略目标的实现,适应交通需求管理目标和措施的需要。

(4)确定停车场规模采用定性与定量相结合,在定性分析的指导下进行定量研究的方法。

(5)不单纯以满足停车需求为目标,还必须综合考虑公共经济、道路交通条件、土地开发利用和环境等多目标的要求。

(6)公共停车场是配建停车场泊位的补充和调节,应重点布置在综合性商业、服务与活动中心、CBD地区(中央商务区)、改造潜力小的建成区和交通换乘枢纽等地区。

(7)公共停车场布局力求符合"就近、分散和方便"的原则,停车场形式应因地制宜,在建筑密度高的中心区优先考虑立体停车库形式。

(8)遵循"远近结合"的原则,充分考虑公共停车场规划方案能实施的可行性,使停车场建设(形式和规模等)既能满足近期要求,又能为远期发展留有余地。

【第09条】 公共停车场规划

(1)由于《城市道路交通规划设计规范》(GB 50220—95)于1995年制定,当时我国城市机动化程度较低,鉴于D县机动化的快速发展,全县公共停车场规划面积应适当提高标准,规划2030年公共停车场用地面积为 17.51 hm^2。

(2)县内机动车公共停车场分为特大型、大型、中型和小型停车场,采用集中与分散相结合的布局原则。特大型停车场的停车泊位数量宜大于500个;大型停车场的停车泊位数量宜为301~500个;中型停车场停车泊位数量宜为51~300个;小型停车场停车泊位数量不宜大于50个。其中大型停车场分散地布置在城市外围,服务半径不超过300m;小型停车场布置在城市中心区及大型公共设施的附近。沿街公建和居住区内应根据国家有关规范安排地上或地下停车场库。规划期内规划建设公共停车场共9处,平均每处占地约1.95hm²。公共停车场分布情况如表11-6和图11-5所示。

公共停车场分布情况　　　　　　　　　　表11-6

序　号	位　　置	面积(hm²)
1	育才大街与棉纺路东北角	0.68
2	纬二街北侧	2.84
3	东兴路与跃进渠交叉口西南角	0.33
4	东升路东侧靠近宣惠河河边	0.36
5	茧城大街北侧高速公路东侧一	3.28
6	茧城大街北侧高速公路东侧二	7.80
7	茧城大街与惠东路交叉口西北角	0.49
8	育才大街与东升路交叉口东南角	1.20
9	普照大街与建新路交叉口东北角	0.53
合　计		17.51

图11-5　公共停车场示意

【第10条】　停车收费管理政策

(1)停车收费执行差别化政策。按照《关于进一步完善机动车停放服务收费政策的实施意见》(冀发改价格〔2016〕1424号),可结合实际情况,推行不同区域、不同位置、不同车型和不同时段停车服务的差别化收费政策。

(2)部分停车场可自主制定收费标准。按照《关于进一步完善机动车停放服务收费政策的实施意见》(冀发改价格〔2016〕1424号),依法放开具备竞争条件的停车设施服务收费,鼓励引导社会资本建设停车设施。

(3)停车收费实行市场调节价。住宅小区停车设施,由物业服务企业或停车服务企业接受业主委托,按照停车服务合同约定,向住宅小区业主或使用人提供停车场所、设施和停车秩序管理服务并收取费用。

(4)公益性特征停车场执行政府定价。具有垄断经营和公益性特征的停车设施服务收费实行政府定价管理。

(5)加强监管,保持价格相对稳定。强化事中事后监管,规范停车服务收费行为,保持价格相对稳定,严格执行明码标价规定,严厉查处价格违法行为。

本章习题

1. 简述停车规划的流程。

2. 简述《城市停车规划规范》(GB/T 51149—2016)中,对建筑物配建车位和城市公共停车场停车位的比例要求,以及城市公共停车场停车位中对临时设置路内停车位的比例要求。

3. 简述中心城区、重点商业区和住宅小区主要的配建停车管理对策。

4. 结合你身边的实际情况,谈谈你对路内停车收费的看法。

5. 随着社会经济的不断发展,人民生活水平的不断提升,汽车保有量飞速增长,城市中心城区停车问题日益突出。结合所学知识,谈谈你能想到的缓解城市中心城区停车难问题的各种对策。

第十二章 城市交通规划的其他部分

第一节 步行与自行车交通系统规划

本节对编制"步行与自行车交通系统规划"部分的方法进行介绍。首先介绍《城市综合交通体系规划编制导则》中对"步行与自行车交通系统规划"的总体要求,然后对总体要求进行分析,最后介绍 D 县的步行与自行车交通系统规划。

一、步行与自行车交通系统规划总体要求

(1)按照安全、方便和通畅的原则,结合城市功能布局,合理规划步行与自行车交通系统。

(2)主要内容包括:
①确定步行、自行车交通系统网络布局框架及规划指标。
②提出行人、自行车过街设施布局基本要求。
③提出步行街区布局和范围。
④确定城市自行车停车设施规划布局原则。
⑤提出无障碍设施的规划原则和基本要求。

二、对步行与自行车交通系统规划总体要求的分析

城市步行与自行车交通系统又可称为城市慢行交通系统,是以步行和自行车作为主要的交通方式,使行人和骑行者享有优先权并能够充分享受自由、安全和便捷的出行环境。本部分主要依据《城市综合交通体系规划编制导则》中步行与自行车交通系统规划的相关内容进行阐述。

1. 网络布局框架

步行与自行车交通系统的构建,应侧重从"点、线、面"的角度进行规划与布局,使得步行与自行车交通系统满足居民的出行需求。

(1)"点"包括步行与自行车交通系统的停驻点及衔接点。如过街设施(人行天桥和地下通道等)、自行车停车点、公共交通站点和各类交通方式之间的换乘点等。相关的规划和设计将起到慢行交通的起讫、衔接和停驻的作用。

(2)"线"是指步行与自行车交通系统的线性网络。如城市步行街、人行道和自行车专用道等,是构成和连接步行与自行车交通系统网络的主体。网络的构成应是分层次、分目标

的满足各类交通需求。

(3)"面"的概念很广泛。将步行与自行车交通系统的范围扩展到区域的范畴,不但包括以上的点和线的内容,而且还包括广场和公园等。能够满足行人步行和休憩,以及自行车停放等需求。

通过这3个角度从微观、中观和宏观3个层次对步行与自行车交通系统进行打造。

2. 步行与自行车交通系统规划相关指标

依据住房城乡建设部在2013年12月发布的《城市步行和自行车交通系统规划设计导则》,提出步行与自行车交通系统规划的相关指标。

1)步行分区规划指标

步行分区方法应结合步行系统规划发展目标,重点考虑步行交通聚集程度、地区功能定位、公共服务设施分布和交通设施条件等因素。步行分区可根据各城市具体情况确定分区类别,一般可划分为3类:

(1)步行Ⅰ类区。步行活动密集程度高,须赋予步行交通方式最高优先权的区域。应覆盖但不限于人流密集的城市中心区、大型公共设施周边(如大型医院、剧场和展馆)、主要交通枢纽(如火车站、轨道车站和公共交通枢纽)、城市核心功能区(如核心商业区、中心商务区和政务区)和市民活动聚集区(如滨海、滨河、公园和广场)等。

(2)步行Ⅱ类区。步行活动密集程度较高,步行优先兼顾其他交通方式的区域。应覆盖但不限于人流较为密集的城市副中心、中等规模公共设施周边(如中小型医院和社区服务设施)和城市一般功能区(如一般性商业区、政务区和大型居住区)等。

(3)步行Ⅲ类区。步行活动密集程度较弱,满足步行交通需求,给予步行交通基本保障的区域。主要包括除去步行Ⅰ类区和步行Ⅱ类区以外的地区。

不同分区步行道路密度和平均间距应满足表12-1的规定。对于城市建成区,步行道路密度偏低的分区宜加强步行专用路建设。

不同分区步行道路布局推荐指标　　　表12-1

步行分区	步行道路密度(km/km²)	步行道路平均间距(m)
Ⅰ类区	14~20	100~150
Ⅱ类区	10~14	150~200
Ⅲ类区	6~10	200~300

2)自行车交通分区规划指标

自行车交通分区方法应结合城市自行车系统的发展定位,重点考虑现状和规划的土地使用情况、城市空间布局、大型公共设施分布、地形地貌和天气气候等要素。自行车交通分区可根据各城市具体情况确定分区类别,一般可划分为3类:

(1)自行车Ⅰ类区。优先考虑自行车出行的区域,自行车道路网络密度高,自行车系统设施完善。应覆盖但不限于城市中心区、重要公共设施周边、主要交通枢纽、城市核心商业区和政务区,以及滨海、滨河、公园和广场等市民聚集区等。

(2)自行车Ⅱ类区。兼顾自行车和机动车出行的区域,自行车道路网络密度较高,配置一定自行车专用设施。应覆盖但不限于城市副中心、中等规模公共设施周边、城市一般性商业区和政务区以及大型居住区。

（3）自行车Ⅲ类区。对自行车出行予以基本保障的区域。主要包括除去自行车Ⅰ类区和自行车Ⅱ类区以外的地区。

不同自行车交通分区的自行车道路密度和平均间距应满足表12-2的规定。对于城市建成区，自行车道路密度偏低的分区宜加强自行车专用路建设。

不同分区自行车道路布局推荐指标　　　表12-2

自行车交通分区	自行车道路密度（km/km²）	自行车道路平均间距（m）
Ⅰ类区	12~18（其中自行车专用路的密度不低于2）	110~170（其中自行车专用路的间距不大于1000）
Ⅱ类区	8~12	170~250
Ⅲ类区	5~8	250~400

3. 行人与自行车过街设施布局基本要求

行人与自行车交通是城市交通的重要组成部分，行人与自行车过街设施是城市交通设施的重要组成部分，过街设施主要包括人行横道线、过街天桥和地下通道等。本部分主要介绍行人与自行车过街设施布局基本要求。

1）行人过街设施布局基本要求

为了防止车辆放行过程中出现机动车与行人争道，引发交通安全隐患，因此对步行过街设施布局提出以下相应的要求：

（1）过街设施包括平面过街设施和立体过街设施。其中平面过街设施一般可分为交叉口平面过街设施和路段平面过街设施，立体过街设施一般包括过街天桥和地下通道等。一般情况下应优先采用平面过街方式。

（2）居住和商业等步行密集地区的过街设施间距不应大于250m，步行活动较少地区的过街设施间距不宜大于400m。

（3）重点公共设施出入口与周边过街设施间距宜满足下列要求：

①过街设施距公交站出入口不宜大于30m，最大不应大于50m。

②学校、幼儿园、医院和养老院等门前应设置人行过街设施，过街设施距单位门口距离不宜大于30m，不应大于80m。

③过街设施距居住区和大型商业设施公共活动中心的出入口不宜大于50m，不应大于100m。

2）自行车过街设施布局基本要求

为了保障城市自行车交通系统的连续性，使自行车交通空间合理布局、顺畅衔接，并且更加符合城市自行车交通系统性的要求，因此对自行车过街设施布局提出以下相应的要求：

（1）自行车过街带应尽量遵循骑车人过街期望的最短路线布置。

（2）自行车过街带宜采用彩色铺装或喷涂，并设置醒目的自行车引导标志。

（3）鼓励将自行车过街与机动车右转信号相位分离设置，并对自行车过街实施信号优先。

（4）鼓励将交叉口处自行车停止线靠近交叉口设置；自行车有单独信号控制且实施信号

优先的,可将自行车停止线布置在机动车停止线之前。

4. 步行街区的布局

步行街区对城市发展起着很重要的作用,一方面刺激经济发展,另一方面增进社会效益。为了更好地发挥其作用,步行街区的布局形态可以是丰富多变的,其布局形态可有:

(1)线状沿街道布局。店铺沿街道两侧呈线状布置,鳞次栉比,店面凹凸,街道空间呈现一定的不规则状。

(2)线面组合布局。大部分是指步行商业街与路段上某些商业地块联系起来,形成组合布局。

(3)面状成片布局。商业街区在城市主干道一侧集中布置,形成网状形态。

5. 城市自行车停车设施规划布局原则

城市自行车停车设施规划,既要解决空间和设施的有无问题,还要解决诸如可达性和安全性等问题,由此提出城市自行车停车设施规划布局原则:

(1)自行车停车设施包括建筑物配建自行车停车场、路侧(路内)自行车停车场和路外自行车停车场。建筑物配建自行车停车场是自行车停车设施的主体。

(2)应明确规定建筑物自行车停车配建指标,新建住宅小区和建筑面积 2 万 m^2 以上的公共建筑必须配建永久性自行车停车场(库),并与建筑物同步规划、同步建设、同步投入使用。

(3)路侧(路内)自行车停车场应按照小规模和高密度的原则进行设置,服务半径不宜大于 50m。

(4)轨道车站、交通枢纽、广场、名胜古迹和公园等周边应设置路外自行车停车场,服务半径不宜大于 100m,以方便自行车驻车换乘或抵达。

(5)对于建筑工程在地块内设置公共自行车停车场的,可适当折减建筑物自行车停车配建指标。

6. 无障碍设施规划原则

建设无障碍设施是为残疾人、老年人和其他社会成员提供方便的重要措施,是现代城市建设的一项必不可少的内容。无障碍设施规划应遵循以下原则:

(1)步行与自行车交通系统的设计应满足《无障碍设计规范》(GB 50763—2012)的要求。

(2)在坡道和梯道两侧必须设置连贯的扶手,重点区域应设无障碍双层扶手。

(3)人行道路面的盲道铺装应尽量平顺,避免不必要的转折。

(4)交叉口和建筑出入口处的人行道应设置缘石坡道,并有盲道提示设施。

(5)要求满足轮椅通行需求的人行天桥及地下通道宜设置坡道,坡道的坡度不应大于 1∶12,当设置坡道有困难时,应设置无障碍电梯。

(6)轨道车站和快速公交车站设置直梯用于运送乘客时,应满足坐轮椅者和盲人使用。无障碍电梯地面入口平台与站外广场地面若有高差时,应设置轮椅坡道。

(7)公共交通系统的步行设施应符合无障碍交通的要求。公共交通枢纽出入口宜设无障碍出入口和盲文触摸信息牌,可设置声音提示等信息装置;从周边步行设施至公交站台候车处应连续铺设用于引导视觉障碍者步行的盲道;应合理设置行进盲道和提示盲道。

三、案例

本部分以 D 县综合交通体系规划中的"步行与自行车交通系统规划"章节为案例进行具体介绍。

【第 01 条】 步行与自行车交通系统网络布局框架

中心城区步行与自行车交通系统是由点、线、面所组成的一个网络系统,最终将形成"三心多点、两环四带、一网"的步行与自行车交通系统结构体系如图 12-1 所示。

图 12-1　D 县中心城区自行车与步行系统规划示意

(1)"三心"指铁佛寺景区、元曲广场和水上公园 3 处核心休闲活动区域。

(2)"多点"指散落在中心城区内的多处小型绿地。

(3)"两环"指南运河、跃进渠、宣惠河和普照大街以北水系构成的大外环,以及串联西侧水上公园、商业广场、元曲公园至宣惠河的另一条水系组成的内环。

(4)"四带"指沿南运河、宣惠河、胜利渠和跃进渠布设的绿道。

(5)"一网"指沿城市道路两侧布设的非机动车道和人行道网络系统。

【第 02 条】 步行与自行车分区

结合 D 县实际情况,依据《城市步行和自行车交通系统规划设计导则》将 D 县规划区即中心城区划为Ⅱ类区。

【第 03 条】 不同分区步行道路布局推荐指标

按步行分区划分,Ⅱ类区步行道路密度为 10～14km/km^2,步行道路平均间距 150～200m。

【第 04 条】 不同分区自行车道路布局推荐指标

按自行车交通分区划分,Ⅱ类区自行车道路密度为 8～12km/km^2,自行车道路平均间距为 170～250m。

【第 05 条】 行人过街设施布局基本要求

(1)过街设施包括交叉口平面过街设施、路段平面过街设施和立体过街设施。一般情况下应优先采用平面过街方式。

(2)居住、商业等步行密集地区的过街设施间距不应大于 250m,步行活动较少地区的过街设施间距不宜大于 400m。

(3)重点公共设施出入口与周边过街设施间距宜满足下列要求:

过街设施距公交站出入口不宜大于30m,最大不应大于50m;学校、幼儿园、医院和养老院等门前应设置人行过街设施,过街设施距单位门口距离不宜大于30m,不应大于80m;过街设施距居住区和大型商业设施公共活动中心的出入口不宜大于50m,不应大于100m。

【第06条】 自行车过街设施布局基本要求

(1)自行车过街带应尽量遵循骑车人过街期望的最短路线布置。

(2)自行车过街带宜采用彩色铺装或喷涂,并设置醒目的自行车引导标志。

(3)鼓励自行车过街与机动车右转信号相位分离设置,并对自行车过街实施信号优先。

(4)鼓励将交叉口处的自行车停止线靠近交叉口设置;自行车有单独信号控制且实施信号优先的,可将自行车停止线布置在机动车停止线之前。

【第07条】 步行街区布局和范围

规划期内无计划建设步行街区。

【第08条】 自行车停车设施布局原则

(1)自行车停车设施包括建筑物配建自行车停车场、路侧自行车停车场和路外自行车停车场。建筑物配建自行车停车场是自行车停车设施的主体。

(2)应明确规定建筑物自行车停车配建指标,新建住宅小区和建筑面积2万m²以上的公共建筑必须配建永久性自行车停车场(库),并与建筑物同步规划、同步建设、同步投入使用。

(3)路侧自行车停车场应按照小规模、高密度的原则进行设置,服务半径不宜大于50m。

(4)交通枢纽、名胜古迹和公园、广场等周边应设置路外自行车停车场,服务半径不宜大于100m,以方便自行车驻车换乘或抵达。

(5)对于建筑工程在地块内设置公共自行车停车场的,可适当折减建筑物自行车停车配建指标。

【第09条】 无障碍设施规划原则和基本要求

(1)D县步行与自行车交通系统的设计应满足《无障碍设计规范》(GB 50763—2012)的要求。

(2)在坡道和梯道两侧必须设置连贯的扶手,重点区域应设无障碍双层扶手。

(3)人行道路面的盲道铺装应尽量平顺,避免不必要的转折。

(4)交叉口和建筑出入口处的人行道应设置缘石坡道,并有盲道提示设施。

(5)要求满足轮椅通行需求的人行天桥及地下通道宜设置坡道,坡道的坡度不应大于1∶12,当设置坡道有困难时,应设置无障碍电梯。

(6)公共交通系统的步行设施应符合无障碍交通的要求。公共交通枢纽出入口宜设无障碍出入口和盲文触摸信息牌,可设置声音提示等信息装置;从周边步行设施至公交站台候车处应连续铺设用于引导视觉障碍者步行的盲道;应合理设置行进盲道和提示盲道。

第二节 客运枢纽规划

本节对编制"客运枢纽规划"部分的方法进行介绍。首先介绍《城市综合交通体系规划编制导则》中对"客运枢纽规划"的总体要求,然后对总体要求进行分析,最后介绍D县的客运枢纽规划。

一、客运枢纽规划总体要求

(1)按照人性化、一体化和节约用地的原则,优化布局客运枢纽,统筹各种交通方式的衔接。

(2)主要内容包括:

①确定客运枢纽的规划布局和用地规模控制标准。

②提出相应的配套设施规划建设要求。

二、对客运枢纽规划总体要求的分析

作为综合运输体系的重要组成部分,客运枢纽是旅客完成全程运输的重要基础设施和衔接场所,承担着旅客集散、中转和换乘等多种功能,在城市客运交通中起着重要作用。在客运枢纽规划时,需要考虑客运枢纽的规划布局、用地规模控制标准和相应的配套设施规划建设等方面。最大限度发挥客运枢纽的作用,从而实现各种运输方式的有效衔接和联系。

三、案例

本部分以 D 县综合交通体系规划中的"客运枢纽规划"章节为案例进行具体介绍。

【第 01 条】 公路客运枢纽规划

(1)规划期内,共设置综合交通枢纽 2 座,一般交通枢纽 1 座。保留位于观州路西侧的汽车客运站。新建城东汽车客运站,位于茧城大街北侧,惠泉路东侧,规划设计标准为二级客运站。

(2)规划设置公交、出租汽车、长途汽车和私家车与其接驳换乘。

【第 02 条】 铁路客运枢纽规划

(1)尽快将大部分铁路货运功能转移至 D 县北站,将铁路客运功能继续保留在京沪铁路 D 县火车站,尽快实施建设京沪铁路与邯黄铁路连接线工程,形成两条铁路互相转换贯通。同时由于现有 D 县火车站的相关线路及站场设备较为陈旧,需结合区域综合要求改造升级。

(2)京沪高速铁路客运专线远景在 D 县预留 1 座车站,位于府前东街与工业纵二路交叉处。规划设置公交、出租、长途汽车和私家车与其接驳换乘。

第三节 货运系统规划

本节对编制"货运系统规划"部分的方法进行介绍。首先介绍《城市综合交通体系规划编制导则》中对"货运系统规划"的总体要求,然后对总体要求进行分析,最后介绍 D 县的货运系统规划。

一、货运系统规划总体要求

(1)依据城市功能布局,合理规划货运交通系统。

(2)主要内容包括:

①确定城市货运枢纽、场站的规划布局、规模和用地控制指标。

②确定城市货运道路网络和管理对策。

二、对货运系统规划总体要求的分析

城市货运系统规划是集城市货运节点、货运通道、货运网络、城市交通管制和货运信息系统等为一体的综合性规划,同时要与城市规划、用地布局等相协调。货运系统规划的目标在于通过合理规划城市货运系统,从而满足社会和经济发展带来的城市货运需求,不断提高城市货物运输效率。

三、案例

本部分以 D 县综合交通体系规划中的"货运枢纽规划"章节为案例进行具体介绍。

【第 01 条】 城市货运枢纽、场站的规划

邯黄铁路线从县域北部呈东西向经过该县,穿越南霞口镇和于桥乡,在该县境内约 20km 处。邯黄铁路在 D 县境内设 D 县火车站北站,位于于桥乡辛庄村,属于货运车站,目前已建设完成,暂未投入运营。

D 县铁路货运功能整合后大部分迁移至邯黄铁路 D 县货运站,高标准配置货运站设施,提高管理水平,增强储运功能。

【第 02 条】 城市货运道路网络和管理对策

城市货运系统规划应组织储、运、销为一体的社会化运输网络,发展货物流通中心。规划对 D 县物流仓储用地进行适度调整,按交通便利、有利于物资集散的原则,布置 2 处仓储物流区,如图 12-2 所示。第 1 处仓储物流区位于铁路东侧,104 国道西侧,整合现状物流仓储用地的基础上,紧邻铁路站场布置,方便进行公路、铁路之间的联运。第 2 处仓储物流区设置相对分散,由纬一街、中兴路、致远路和观州路组成大环路,中兴路、纬二街、建新路和渠北一街组成小环路,方便货物流通。

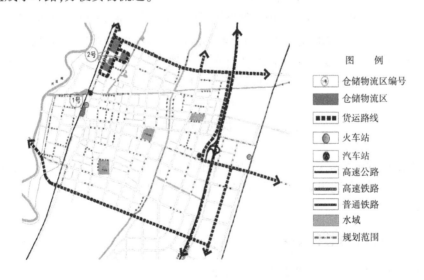

图 12-2 D 县中心城区货运系统规划示意

第四节 交通管理与交通信息化

本节对编制"交通管理与交通信息化"部分的方法进行介绍。首先介绍《城市综合交通体系规划编制导则》中对"交通管理与交通信息化"的总体要求,然后对总体要求进行分析,最后介绍 D 县的交通管理与交通信息化。

一、交通管理与交通信息化总体要求

(1)按照人性化管理、信息资源共享的要求,合理确定交通管理和交通信息化发展对策及设施规划原则。

(2)交通管理主要内容包括:

①确定交通系统管理基础设施规划布局原则和建设要求。

②提出交通需求管理的对策。

(3)交通信息化主要内容包括:

①提出交通信息化的发展模式和系统框架。

②提出交通信息共享机制和共享信息类别。

二、对交通管理与交通信息化总体要求的分析

交通管理是以现行的政策、法规和规范为编制依据,结合城市交通现状和发展需求,预测和把握未来可能出现的城市交通问题,通过合理引导和控制交通需求的方法,科学合理的组织交通参与者、交通工具和交通设施,以及合理地制定交通政策,进而实现城市交通的安全、有序、顺畅和高效运行。交通信息化是运用各种现代化的高新技术,将各类交通信息从采集、处理到提供服务并加以系统化,实现交通信息资源共享,提高城市道路交通管理的效率,为提高交通管理水平以及充分挖掘和利用公共资源提供条件,为发展智能交通系统和推动城市进步奠定基础。

三、案例

本部分以 D 县综合交通体系规划中的"交通管理与交通信息化"章节为案例进行介绍。

【第 01 条】 交通系统管理基础设施规划布局原则

应根据交通管理需要,在 D 县中心城区全部道路设置完善的交通标志、标线、隔离设施和交通安全设施;在府前大街、茧城大街、邮政路和观州路等重要道路的交叉路口设置交通信号灯和电子警察设施。交通标线应做到车道分界清晰、线向清楚、轮廓分明;交通标志的布设应结合道路线形、交通状况、沿线设施等情况;在交叉口处,要根据交通流情况,定期优化信号控制的相序、相位和周期时长等参数;交通标志和信号灯不得被其他设施或树木遮挡。

【第 02 条】 交通系统管理基础设施规划建设要求

(1)按照《城市道路交通标志和标线设置规范》(GB 51038—2015)的要求,设置 D 县中心城区交通标志和标线。近期重点补充指路标志,适当补充警示标志。

(2)共建设交通信号控制路口 88 处。目前已经建设 23 处,近期建设 2 处(具体位置详见规划说明书)。

(3)共建设闯红灯抓拍系统 88 处。目前已经建设 18 处,近期建设 2 处(具体位置详见规划说明书)。

(4)根据具体需求,建设压黄线、逆行和占用非机动车道行车等电子警察多处。

(5)根据具体需求,建设交通拥堵情况显示板多处。分别建在城市主要交叉口处。

(6)根据具体需求,建设停车诱导屏多处,分别建在信和商厦、东祥商厦、富翔商厦、信誉楼、中医院和县医院等停车问题突出处。

【第 03 条】 交通需求管理的对策

(1)优先发展公共交通。大力支持公共交通的发展,从政策、资金和税收等方面予以大力支持。

(2)限制某些占地大、运效低和公害严重的交通方式。包括摩托车、小货车和小客车等。

(3)通过由中心城区向周边阶梯降低停车费,引导人们在中心城区使用公共交通工具。

(4)在交通拥挤达到一定程度时,实施错峰上下班,诱导交通流在时间上均衡;通过实时发布交通信息系统诱导交通流在空间上平衡。

【第 04 条】 城市交通信息化的发展模式

D 县交通信息化采用"政府引导、企业参与、多元投资和市场运营"的发展模式,充分利用市场资源,多层次、多渠道的筹措资金,促进信息化项目的建设发展。针对政府行业管理、企业经营和居民服务等不同类型的信息化项目,有的放矢,分别采用不同的发展模式和可持续运营模式,使信息化深入渗透到交通行业的各个层面。

交通信息系统的建设应立足现状,结合需求,统一标准,整体筹划,分块设计,分期实施。从宏观角度分析各层面交通信息需求,包括交通规划与决策部门、交通管理部门和交通用户(出行者和货运商)信息需求。在交通信息需求分析基础上,进行总体功能控制性规划设计,确定子系统之间的衔接关系,明确子系统的外部关联,进行子系统的详细设计。

【第 05 条】 城市交通信息化的系统框架

城市交通信息化的系统框架就其结构而言,分成 4 个层次,分别为信息采集层、信息传输层、信息处理层和信息发布层;就其功能而言,面向 3 个系统,分别为面向交通决策部门系统、管理部门系统和用户系统。

【第 06 条】 交通信息共享机制和共享信息类别

建立交通信息数据库,进行交通数据的存储、管理与共享。对于已经形成数据库形式的交通信息,通过技术手段继续对各部门的数据进行整合,实现共享;对于尚未形成数据库形式的交通信息,应加强数据的资源整合。在明确共享信息平台目标与责任的基础上,建立长效信息资源管理与运营机制。交通信息共享应对各种交通方式(公路、铁路、水路和航空等)和多个管理领域(运管、车管和治安等)的交通信息资源进行统一管理。

交通信息共享标准包括基础性标准和应用性标准。基础性标准包括信息分类与编码、数据字典、数字地图标准和数据管理机制;应用性标准包括元数据标准、数据交换技术规范、数据传输协议和数据质量控制方法等。

交通信息共享类别包括道路技术数据、交通流特征数据和出行 OD 数据等。

第五节 近期规划

本节对编制"近期规划"部分的方法进行介绍。首先介绍《城市综合交通体系规划编制导则》中对"近期规划"的总体要求,然后对总体要求进行分析,最后介绍 D 县的近期规划。

一、近期规划总体要求

(1)依据城市近期发展目标和城市财政能力,制定近期交通发展策略,提出近期交通基础设施安排和实施措施。

(2)主要内容包括:

①提出近期交通发展政策与措施。

②提出近期城市交通系统规划方案。

③确定近期建设的交通项目和建设时序。

④估算近期交通建设投资。

二、对近期规划总体要求的分析

近期规划是以远期战略规划和中长期综合交通规划为指导,在现状交通调查的基础上,通过定性和定量分析,同时结合城市近期的发展动态,来了解城市道路交通系统中存在的主要问题,并明确城市交通中的主要矛盾及其发展趋势。近期规划通过对城市道路交通、公共交通和交通管理等子系统进行规划建设和合理组织,对现有道路交通网络进一步完善,充分挖掘道路交通设施的潜力,达到缓解交通压力的目的,引导城市交通的可持续发展。

三、案例

本部分以 D 县综合交通体系规划中的"近期规划"章节为案例进行介绍。

【第01条】 道路改造、新建工程

中心城区近期道路建设规划如表12-3、图12-3所示。

中心城区近期道路建设规划　　　　　　表12-3

序 号	内　　容	近 期 规 划
1	东升路中段(府前街—茧城大道)	拓宽改造
2	育才大街(东升路—104国道)	人行道改造
3	建设大街(邮政路—东兴路)	道路新修
4	崇文大街(东兴路—宣惠河)	道路新修
5	群光大街(东兴路—东升路)	道路东延
6	育才大街(东升路—宣惠河)东延	道路东延
7	惠泉路(府前街—茧城大街)	道路新修
8	府前大街(惠源路—惠东路)	道路东延
9	建设大街(宣惠河—惠东路)	道路东延

图 12-3　D 县中心城区近期建设规划示意

【第 02 条】 城乡公交

(1) 2017 年年底开通开往包装机械工业园区的公交,主要通往陈家园村、李思维庄村、孙家园村、毕家园村、郑家园村、大张村、马海庄村、渚洼村,最远为渚洼村,其距离大约是 10km。

(2) 引进 10~20 辆电动公交车,为开通新公交线路做准备。

(3) 2016 年完成县区公交车保养场建设,2017 年年底前完成周围所有公共设施的建设并投入使用,将汽车站的公交车全部迁至公交保养场,实现客运分流,交通均衡发展。

【第 03 条】 信号控制交叉口

近期建设的 2 处信号控制交叉口如表 12-4 所示。

信号控制交叉口分布　　　　表 12-4

序号	位置	序号	位置
1	邮政路与建设大街交叉口	2	东兴路与建设大街交叉口

【第 04 条】 电子警察和卡口录像

近期建设的 2 处电子警察和卡口录像如表 12-5 所示。

电子警察抓拍系统分布　　　　表 12-5

序号	位置	序号	位置
1	建新路与育才大街交叉口	2	中兴路与普照大街交叉口

第六节　规划实施保障措施

本节对编制"规划实施保障措施"部分的方法进行介绍。首先介绍《城市综合交通体系规划编制导则》中对"规划实施保障措施"的总体要求,然后对总体要求进行分析,最后介绍 D 县的规划实施保障措施。

一、规划实施保障措施总体要求

（1）遵循有利于促进规划实施和管理的原则，提出规划的实施策略和措施。
（2）主要内容包括：
①提出规划实施的管理机制和对策。
②提出保障规划实施的技术经济政策和对策。

二、对规划实施保障措施总体要求的分析

完成城市综合交通体系规划后，规划局应协同建设局和交通局等相关职能部门，建立规划实施的监控机制，明确专门机构负责监督规划的执行；建立监督制度，加强督促检查；建立规划实施考核机制，明确规划考核的责任主体；建立规划调整机制，针对各部门在规划内容方面的分歧和矛盾，举行联席会议并进行裁决。充分发挥市场配置资源的基础性作用，坚持利用市场和开放的机制，大力培育和引进多元投资主体，不断拓宽筹融资渠道，扩大投资规模。例如鼓励企业和个人积极投身于停车场配建、智能交通系统建设当中，以促进交通基础设施的建设。

三、案例

本部分以D县综合交通体系规划中的"规划实施保障措施"章节为案例进行介绍。

【第01条】 此次交通研究各项数据表明，D县总体规划的布局和路网是基本合理的，符合D县交通运输事业的发展需求，应当原则上坚持实施综合交通规划，逐步缓解D县中心区交通压力。

【第02条】 目前邮政路、府前大街和茧城大街等道路交通压力较大。随着东部城区的逐步建设，东部城区的交通流量将逐步增加，因此在新城区开发建设时，应确保道路建设红线和停车配建指标的落实。

【第03条】 作为机动化正在蓬勃发展的中心城区，交通政策的重点是大力发展公共交通，鼓励发展非机动车交通，适度发展私人汽车交通，规范发展出租车交通。

【第04条】 本次交通规划，增加了路网密度，老城区路网改造的任务繁重，同时又要建设城市新区。因此应继续加大对道路建设的投入力度，保证将规划内容落到实处。

【第05条】 加强城市交通的综合治理，建议成立综合治理领导小组（可由规划、交通、城建、公安、市容、商业等部门组成），统一领导协调城市道路交通的建设与管理。

【第06条】 加强交通管理，增加交通管理的技术含量，逐步实现交通管理的现代化。

【第07条】 坚持不懈地做好现代化交通知识的宣传教育，增强市民现代化交通意识和交通法规观念。

第七节 规划方案评价

一、规划方案评价概述

用定性的规划方案设计方法可以做出多套规划方案，不同设计者做出的方案可能完全

不同,因此有必要将各套方案进行综合对比,以评定出各个方案的优劣程度。从若干套规划方案中,用数学方法去定量的评价这些方案的优劣,从中选择最优的方案,这就是规划方案的评价。

规划方案评价的主要作用:
(1)进行优劣排序。
(2)为决策者提供政策建议的影响,是决策者进行决策的重要依据。
(3)为规划人员提供对交通系统进一步研究改进的机会。

二、规划方案评价内容

交通规划的方案评价主要包括技术评价、经济评价和社会环境影响评价3个方面。

交通规划的技术评价是从交通网络的建设水平和技术性能方面,分析其建设规模与社会经济发展的适应性,分析其交通网络的内部结构和功能。

交通规划的经济评价是以交通网络为整体的经济效益分析。通过比较各规划方案的建设、运营成本和效益,结合规划期的未来资金预测,对方案的经济合理性进行分析论证。

交通规划的社会环境影响评价是分析交通网络系统对规划区域社会环境方面的作用和影响。

三、规划方案评价流程

规划方案评价流程可分为3步。首先明确评价前提,然后研究制订评价指标体系,最后进行备选方案综合评价。其流程如图12-4所示。

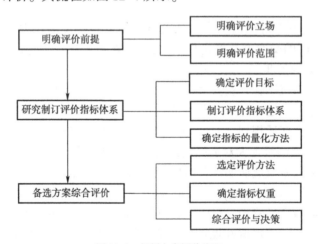

图12-4 规划方案评价流程

四、规划方案评价方法

目前规划方案评价所用的方法有多种,包括层次分析法、基本打分法、专家调查法和模糊评价法等,其中层次分析法较为常用。层次分析法由美国运筹学家Saaty提出,该方法首先将整个系统划分为目标、准则和方案3个层次;然后对方案进行相互比较,运用判断矩阵作相对评价;最终进行综合评价,从而排出各方案的优劣次序。

本章习题

1. 结合所学内容,谈谈自行车过街设施布局应遵从哪些基本要求?
2. 客运枢纽规划的主要内容有哪些?
3. 简述货运系统规划的总体要求。
4. 近期道路交通规划应重点解决哪些问题?
5. 简述交通管理与交通信息化的主要规划内容。

第十三章 区域综合交通运输体系规划

本章主要介绍区域综合交通运输体系规划的原理和方法,主要包括区域综合交通运输体系的结构、规划概念、规划原则、各种运输方式的专项规划和基本流程等,最后通过 Q 市的案例对所介绍的理论和方法进行说明。

第一节 区域综合交通运输体系规划概述

本节首先介绍区域综合交通运输体系的结构,然后介绍区域综合交通运输体系规划概念和规划原则,最后介绍区域综合交通运输体系规划总体设计的基本要求。

一、区域综合交通运输体系的结构

随着社会和经济的发展,交通运输业的各种运输方式由单独作业向相互联合和相互协作的趋势发展,从而逐渐形成区域综合交通运输体系。区域综合交通运输体系结构不仅是几种运输方式的合并,而且各种运输方式之间还存在着一定的内在联系。各方式分工合作,形成统一和协调的综合运输生产体系,实现运输高效率、经济高效益和服务高质量,充分体现各种运输方式综合利用的优越性。

区域综合运输体系的子系统包括铁路、公路、水路、航空和管道五种,这些子系统各有优势,在一定的地理环境和经济条件下有各自的合理使用范围。

铁路运输子系统具有受自然条件影响小、运输能力大、运输成本低、运输能耗小、运输速度快和通用性好等特点,是中长途客货运输的主力。

公路运输子系统具有投资少、建设周期短和机动灵活等特点,可以使城乡广大地区实现"门到门"的直达运输,是短途客货运输的中坚力量。随着公路基础设施的改善、汽车技术的进步,公路运输将成为高档工农业产品以及中距离客运的重要形式。

水路运输子系统具有投资少、运输能力大、占地少、干线运输成本低和运输能耗低等特点,在沿海和内河有水运条件的地方,既可以成为大宗货物和散装货物的重要运输方式之一,也可以承担沿海和内河客运任务。

航空运输子系统虽然成本和能耗高,但具有建设周期短、运输速度快和受地形限制较小等特点,在长途客运、精密仪器和鲜活易腐货物运输中有明显优势。

管道运输子系统具有投资少、建设周期短、运输能力大、占地少和受自然条件影响小等特点,一般适用于天然气和流向比较集中的原油与成品油等运输。

按照系统论和运输经济学的观点,要想建立合理的运输结构,不仅要科学地确定各种运输方式在综合运输体系中的地位和作用,还必须在全国范围内根据运输方式的合理分工和社会经济发展对运输的需求,做到宜铁则铁、宜公则公、宜水则水和宜空则空等要求,逐步建立一个经济协调和发展合理的区域综合交通运输体系。从不同的国家或地区来看,区域综合交通运输体系主要有以下几种结构形式。

1. 并联结构

区域综合交通运输体系的并联结构,如图 13-1 所示。一般在区域面积大和经济发达的国家或地区容易出现这种结构。区域综合交通运输体系的并联结构可能是二种、三种、四种或五种运输方式的组合。

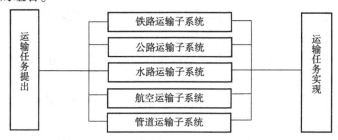

图 13-1　区域综合交通运输体系的并联结构

2. 串联结构

区域综合交通运输体系的串联结构,如图 13-2 所示。区域综合交通运输体系的串联结构可能是二种、三种、四种或五种运输方式的组合。

图 13-2　区域综合交通运输体系的串联结构

3. 串并联结构

一个国家或地区交通子系统的组成结构,大多数为串并联结构关系,如图 13-3 所示。区域综合交通运输体系的串并联结构可能又有不同运输方式的组合。

图 13-3　区域综合交通运输体系的串并联结构

二、区域综合交通运输体系规划概念

区域综合交通运输体系规划是指为了满足政治、经济、社会、军事和环境发展与变化的需要,进行区域综合交通网络与枢纽的布局,包括交通与经济发展、建设时序、技术装备水平与空间上的协调。在确定规划期限和规划目标的基础上,进行运力与运量的合理分配,分析和预测交通建设项目的效益,进行方案的评价,并结合国土规划、经济结构调整、资金来源和枢纽地区城市的发展等因素,进而制订区域综合交通运输网络与枢纽的长远计划。简而言之,区域综合交通运输体系规划是确定区域综合交通运输发展目标、方案设计和达到目标所应采取的对策,是进行区域综合交通运输体系协调发展的指导文件,是社会经济发展规划的基础之一。

区域综合交通运输体系规划旨在改进交通运输体系和合理分配交通运输资源,为区域交通运输体系发展提供一个总体规划。区域综合交通运输体系规划要确定区域综合交通运输体系近期和远期发展的蓝图,同时要符合国家、地区和城市的经济发展水平与发展状况。

三、区域综合交通运输体系规划原则

在进行区域综合交通运输体系规划时,应该遵循以下六个原则:

(1)满足社会、经济、人口、国防和环境等方面的运输需求与条件,应与国家的社会经济规划相结合。

(2)充分考虑交通运输大系统及其各个子系统的各种技术特点与环境要求,进行综合协调规划与发展,以发挥最大的综合运输效能。

(3)在交通运输规划中要努力增强交通运输体系综合运输能力,从而实现交通运输体系的整体投资效益。

(4)要根据国家政策,通过对环境的调查研究,采取定性与定量相结合的方法进行规划和设计,最后提出综合运输发展方案。

(5)特别要注意综合运输规划的整体协调,网络和枢纽系统的衔接与优化。

(6)要促进各种运输方式的综合发展,国家、地区和城市在一定的社会经济发展阶段均应有相应的多种运输方式。

四、区域综合交通运输体系规划总体设计的基本要求

一个区域的综合交通运输体系规划是一个相当复杂的系统工程。在规划编制工作开始前,必须对整个规划过程进行总体设计。

1. 区域综合交通运输体系规划的层次

区域综合交通运输体系规划一般分多个层次,按国家、省(自治区、直辖市)、地区(市)和县行政区划,由各级交通运输主管部门负责组织规划的编制。

2. 区域综合交通运输体系规划的期限

区域综合交通运输体系规划一般分近期、中期和远期三个阶段。近期以距基准年1~5年为宜,最长不超过10年;中期以距基准年5~15年为宜,最长不超过20年;远期以距基准年15~30年为宜,最长不超过50年。

3. 区域综合交通运输体系规划注意事项

编制不同层次的区域综合交通运输体系规划时,下一层次的区域综合交通运输体系应服从上一层次的区域综合交通运输体系,跨行政区的区域综合交通运输体系需在上一级交通运输主管部门指导协调下进行,避免区域综合交通运输体系规划出现不协调现象。

在进行各类区域综合交通运输体系规划时,各级交通运输部门(或规划部门)应设置交通规划的专门机构,以确保规划质量,实现规划工作不间断地深入开展。

由于区域综合交通运输体系规划涉及范围广、技术要求高和社会影响大等,在规划编制

过程中一般都要成立三个机构：规划领导小组、规划办公室和规划编制课题组。

第二节 区域综合交通运输体系规划的各种专项规划

区域综合交通运输体系规划以各专项规划为基础，随着社会的长期发展，各专项规划逐步形成各自的编制依据和基本编制原则。

一、公路网规划

1. 公路网规划的概念

所谓"公路网规划"包含了两层含义。第一层含义是指对一个国家或地区公路建设发展所作出的全面和长远的安排，即该国家或地区的公路网规划方案或文件；第二层含义则指拟定公路网规划方案或文件的过程，包括其步骤、内容、方法和模型等。

2. 公路网规划的任务和要求

公路网规划的主要任务是通过对公路网发展现状及其对社会经济发展的适应性分析，诊断公路网发展存在的主要问题，根据未来社会经济发展趋势和交通运输需求，结合工程建设条件、环境保护和土地资源等因素，确定公路网发展目标、空间布局和技术标准，并提出公路网建设总体安排。

公路网规划要以全国综合运输网、全国公路网规划和交通发展战略为依据，在认真做好社会经济调查、交通量调查和公路网现状调查的基础上，采用科学的规划、计算和分析方法做好发展预测和方案论证工作。要充分利用历史资料，建立健全数据库，重视数据采集、整理和运用的工作，做到定性分析与定量计算相结合，做好多方案比选以验证工作成果。

3. 公路网规划的编制依据

1990年交通部曾颁布了《公路网规划编制办法》，2010年3月交通运输部对原办法进行了修订，修改后的办法主要内容如下：

（1）为规范公路网规划的编制，要加强公路网规划工作管理，提高规划的科学性，并根据《中华人民共和国公路法》等相关法规，制定本办法。

（2）本办法适用于各类公路网规划的编制。

（3）公路网规划是公路建设前期工作的重要环节，是公路合理布局和协调发展的重要手段，是编制公路建设五年规划的依据，是确定公路建设项目的基础。公路网规划期限一般为10~20年。

（4）编制公路网规划必须贯彻国家的方针和政策，严格执行国家颁布的有关法规与制度和相关技术规范与标准；满足经济社会发展要求，与生产力布局、国土规划和城镇体系规划相适应，与其他运输方式相衔接；注重经济和社会效益，集约利用土地，保护环境，实现可持续发展。

（5）公路网规划的主要内容包括：评价公路网现状，研究未来经济社会和交通发展需求，明确公路发展目标，确定公路网规模、布局和技术标准，提出公路网建设总体安排和保障规划实施的政策与措施。

（6）公路网规划按公路行政等级划分，可分为国道规划、省道规划、县道规划、乡道规划和专用公路规划;按区域范围划分,可分为各级行政区域的公路网规划和特定区域的公路网规划。

(7)国道规划由国务院交通运输主管部门会同国务院有关部门并商国道沿线省、自治区和直辖市人民政府编制,报国务院批准。

省道规划由省、自治区和直辖市人民政府交通运输主管部门会同同级有关部门并商省道沿线下一级人民政府编制,报省、自治区和直辖市人民政府批准,并报国务院交通运输主管部门备案。

县道规划由县级人民政府交通运输主管部门会同同级有关部门编制,经本级人民政府审定后,报上一级人民政府批准。

乡道规划由县级人民政府交通运输主管部门协助乡、民族乡和镇人民政府编制,报县级人民政府批准。县道、乡道规划应当报批准机关的上一级人民政府交通运输主管部门备案。

专用公路规划由专用公路的主管单位编制,经其上级主管部门审定后,报县级以上人民政府交通运输主管部门审核。专用公路规划应与其他公路规划相协调。

按行政区域编制的公路网规划,由该行政区域交通运输主管部门编制,规划编就后,报该行政区域人民政府批准,并报上一级交通运输主管部门备案。跨行政区域的公路网规划可由上一级交通运输主管部门组织相关行政区域的交通运输主管部门编制。按行政区域和跨行政区域编制的公路网规划都应服从上一级公路网规划。

(8)交通运输主管部门可根据经济社会和交通发展的新形势及规划实施情况,适时组织规划调整。当出现重大调整时,须履行相关审批程序。

(9)编制公路网规划要广泛征询公众、相关部门和相邻行政区交通运输主管部门的意见。

(10)公路网规划的环境影响评价按国家相关规定执行。

(11)公路网规划研究及报告编制工作应由具有相应咨询资质的单位承担,其中承担国道和省道规划的研究单位应具备甲级咨询资质。

二、铁路网规划

1. 铁路网规划的概念

铁路网规划是区域发展规划的重要组成部分,也是综合交通运输体系规划的子规划。铁路网规划是根据土地资源、矿产资源、旅游资源和人口资源等的分布情况,结合生产力布局,以合理利用各种资源和满足经济发展为目标,统筹考虑与其他交通运输方式的衔接,确定铁路网总体规模、总投资、布局和服务水平的过程。铁路网规划是国家相关部门审计建设项目的依据,是确保铁路建设合理布局、有序实施的重要手段。

2. 铁路网规划的内容

铁路网规划是国民经济发展规划中综合交通运输体系规划的组成部分,根据社会和国民经济发展的需要,确定在一定时期内铁路发展的目标、规模布局和建设方案。铁路网规划的内容包含以下几点:

(1)确定规划区内未来铁路网络在国家经济和社会生活中的作用,即规划目标。根据研究区域生产力布局和产业结构等交通需求因素,确定一定时期内铁路建设方向。如东部地区加快建设城际快速铁路和港口通道,西部地区建设煤运通道和客货主骨架铁路。

(2)根据运输需求量确定规划区内铁路网规模和网络内铁路线路的组成、结构及布局。如铁路由主干线路和次级干路等组成主框架结构。

(3)确定铁路网内各铁路的起终点、大致线位和长度。

(4)确定铁路网内铁路建设的时序,即在规划期内铁路建设的先后次序和开工建成年限。

3. 中长期铁路网规划

从2004年国务院批准实施《中长期铁路网规划》以来,我国铁路实现了快速发展。为加快构建布局合理、覆盖广泛、高效便捷和安全经济的现代铁路网络,更好发挥铁路骨干优势作用,推进综合交通运输体系建设,支撑引领我国经济社会发展,在深入总结原规划实施情况的基础上,结合发展新形势新要求,于2016年7月13日,发展改革委、交通运输部和铁路总公司正式印发《中长期铁路网规划》。《中长期铁路网规划》主要内容分以下三个部分:

1)高速铁路网

在原规划"四纵四横"主骨架基础上,增加客流支撑、标准适宜和发展需要的高速铁路,同时充分利用既有铁路,形成以"八纵八横"主通道为骨架、区域连接线为衔接和城际铁路为补充的高速铁路网。

明确划分了高速铁路网建设标准。高速铁路主通道规划新增项目原则采用时速250km及以上标准(地形地质及气候条件复杂困难地区可以适当降低),其中沿线城镇人口稠密、经济比较发达和贯通特大城市的铁路可采用时速350km标准。区域铁路连接线原则采用时速250km及以下标准,城际铁路原则采用时速200km及以下标准。具体规划方案如下:

(1)构建"八纵八横"高速铁路主通道。"八纵"通道为:沿海通道、京沪通道、京港(台)通道、京哈—京港澳通道、呼南通道、京昆通道、包(银)海通道和兰(西)广通道;"八横"通道为:绥满通道、京兰通道、青银通道、陆桥通道、沿江通道、沪昆通道、厦渝通道和广昆通道。

(2)拓展区域铁路连接线。在"八纵八横"主通道的基础上,规划布局高速铁路区域连接线,目的是进一步完善路网,扩大高速铁路覆盖面。

(3)发展城际客运铁路。在优先利用高速铁路和普速铁路开行城际列车服务城际功能的同时,规划建设支撑和引领新型城镇化发展,有效连接大中城市与中心城镇,服务通勤功能的城市群城际客运铁路。

2)普速铁路网

重点围绕扩大中西部路网覆盖面,完善东部网络布局,提升既有路网质量,推进周边路网的互联互通。具体规划方案:

(1)形成区际快捷大能力通道。包含12条跨区域、多径路和便捷化的大能力区际通道。

(2)面向"一带一路"国际通道。从西北、西南和东北三个方向推进我国与周边路网的互联互通,完善口岸配套设施,强化沿海港口后方通道。

(3)促进脱贫攻坚和国土开发铁路。从扩大路网覆盖面、完善进出西藏与新疆通道、促进沿边开发开放等3个方面提出了一批规划项目。

(4)强化铁路集疏运系统。规划建设地区开发性铁路,以及疏港型和园区型等支线铁路,完善集疏运系统。

3）综合交通枢纽

枢纽是铁路网的重要节点。为更好发挥铁路网整体效能,配套点线能力,本次规划修编按照"客内货外"的原则,进一步优化铁路客、货运枢纽布局,形成系统配套、一体便捷、站城融合的现代化综合交通枢纽,实现客运换乘"零距离"、物流衔接"无缝化"和运输服务"一体化"等功能。

上述路网方案实现后,远期铁路网规模将达到 20 万 km 左右,其中高速铁路 4.5 万 km 左右。全国铁路网全面连接 20 万人口以上城市,高速铁路网基本连接省会城市和其他 50 万人口以上大中城市,实现相邻大中城市间 1~4h 交通圈和城市群内 0.5~2h 交通圈的目标。

4. 我国铁路行业的改革情况

1）铁道部划入交通运输部

2013 年 3 月《国务院机构改革和职能转变方案》正式对外发布,提出实行铁路政企分开,将铁道部拟订铁路发展规划和政策的行政职责划入交通运输部,交通运输部统筹规划铁路、公路、水路和民航发展,加快推进综合交通运输体系建设。

2）成立中国铁路总公司

2013 年 3 月 14 日,国务院办公厅发布了《国务院关于组建中国铁路总公司有关问题的批复》。根据国务院批复,中国铁路总公司以铁路客货运输服务为主业,实行多元化经营,负责铁路运输统一调度指挥、国家铁路客货运输经营管理和拟订铁路投资建设计划,提出国家铁路网建设和筹资方案建议。3 月 17 日清晨,中国铁路总公司正式挂牌成立。

3）改革的意义

此次交通大部制改革标志着中国铁路运输行业向市场化道路迈出了重要一步。其重要意义在于不仅有利于铁路自身的健康发展,更有利于加快建设综合交通运输体系,实现各种交通运输方式的"无缝连接",推动我国多式联运的进一步发展,使综合交通运输体系规划成为一个必然的发展趋势。

三、港口规划

由于水运系统规划情况较为复杂,目前理论体系尚在进一步发展之中,本部分介绍水运系统规划中内容较为成熟的港口规划。

1. 港口的概念

港口是各种工程建筑物(水土、房建、铁路、道路、桥梁和给排水等)以及信息基础设施所组成的综合体,是水陆运输乃至交通运输大动脉的枢纽,是各种货物换装和集散的中心,是各种运输工具的衔接点,旅客在此上下,货物在此集散、暂存和换装并改变运输方式。

随着世界经济的持续发展和科学技术的突飞猛进,现代物流作为现代经济的重要组成部分和先进的综合服务模式,正在向全球范围迅速发展。与此相适应,现代港口将不再是一个简单的货物装卸和换装场所,而是国际物流链上的一个重要环节。因此现代港口的概念也被赋予新的内涵,使港口功能有新的拓展。

2. 港口布局规划编制的主要要求

2006 年 8 月中华人民共和国交通部发布了《港口布局规划编制内容及文本格式》,主要要求如下:

(1)编制港口布局规划应当对区域经济与社会发展、区域港口发展历史、布局状况、港口资源条件等情况进行深入调查研究,收集与掌握区域经济社会发展情况、产业布局规划、综合交通体系规划和必要的自然条件等基础资料,满足编制港口布局规划的要求。

(2)编制港口布局规划应当严格依照国家颁发的有关法律、法规和政策,符合有关规划设计的技术规范和标准,采用先进的规划方法和技术手段,提高规划的科学性和前瞻性。

(3)编制港口布局规划应当认真分析区域港口布局状况和港口功能分工的合理性,剖析港口发展特点和经济发展的关系,揭示区域港口发展、布局和功能分工存在的问题;深入研究国内外及区域经济和贸易的发展趋势,采用定性分析和定量计算相结合的方法,预测经济社会发展对区域港口的需求;通过综合分析区域产业布局、综合交通运输体系布局和港口条件等因素,研究确定区域港口的服务方向和功能,提出分层次、分运输系统和分区域的港口布局规划。

(4)编制港口布局规划的期限应当不少于20年(与国民经济和社会发展五年规划期限一致),应当为港口远景发展留有余地。

3. 港口布局规划应包括的主要内容

(1)分析评价区域港口发展与布局状况;

(2)根据区域经济社会发展趋势,预测港口的运输需求;

(3)结合国内外航运发展趋势,分析区域运输格局和合理运输组织方式,预测不同货种到港船型;

(4)根据区域经济、综合交通和港口条件,确定区域港口的战略目标、服务方向和功能;

(5)省、自治区和直辖市(含省、自治区和直辖市内跨地区)的港口布局规划应根据岸线资源条件和经济发展对港口的功能及规模要求提出港口岸线利用规划;

(6)根据区域港口的战略目标、服务方向和功能定位,确定分层次、分主要货种运输系统和分区域的港口布局规划;

(7)对港口布局规划作出环境影响说明。

4. 部分已批准的布局规划概况

2015年交通运输部发布了《全国沿海邮轮港口布局规划方案》,提出在2030年前,全国沿海形成以2~3个邮轮母港为引领、始发港为主体和访问港为补充的港口布局,构建能力高、功能健全、服务优质和安全便捷的邮轮港口体系,打造一批适合我国居民旅游消费特点和国际知名的精品邮轮航线,成为全球三大邮轮运输市场之一,使邮轮旅客吞吐量位居世界前列。近年来我国邮轮经济发展较快。2014年我国沿海港口邮轮到港数量和邮轮旅客吞吐量较2006年分别增长3倍和10倍;邮轮航线由国际挂靠为主转变为始发为主,全年始发航线邮轮到港数量和邮轮旅客吞吐量比重分别达到79%和86%,较2006年分别提高57%和69%。同时我国邮轮旅游消费群体规模不断扩大,市场需求在较长时期内仍将保持快速增长,预计2030年我国沿海邮轮旅客吞吐量将达到3000万人次。

按照《全国沿海邮轮港口布局规划方案》,我国将在辽宁、津冀、山东、长江三角洲、东南、珠江三角洲和西南沿海地区布局建设始发港。在辽宁沿海地区,重点发展大连港,服务东北地区,开辟东北亚航线。在津冀沿海地区,以天津港为始发港,服务华北及其他地区,拓展东北亚等始发航线和国际挂靠航线。在山东沿海地区,以青岛港和烟台港为始发港,服务山东省,开辟东北亚航线。同时在长江三角洲地区,以上海港为始发港,服务长江三角洲及其他地区,大力拓展东北亚与台湾海峡等始发航线和国际挂靠航线,开辟环球航线,逐步构建完善的航线网络体系,健全邮轮服务功能,提升综合服务水平和邮轮要素集聚程度,同时相应发展宁波—舟山港。在东南沿海地区,以厦门港为始发港,服务海峡西岸经济区及其他地区,加快发展台湾海峡航线,拓展东北亚始发航线和国际挂靠航线,吸引邮轮要素集聚。在珠江三角洲地区,近期重点发展深圳港,开辟南海诸岛和东南亚等航线,相应发展广州港。在西南沿海地区,以三亚港为始发港,服务西南及其他地区,拓展东南亚始发航线及国际挂靠航线,加快开辟南海诸岛航线,相应发展海口港和北海港,拓展东南亚等始发航线。

河北省政府已正式批准《河北省沿海港口布局规划》。河北沿海港口将建立煤炭、原油、液体化工品、铁矿石、集装箱和粮食六大货种运输系统。该规划突出了以下四个特点:

(1)港口对区域经济的带动作用;

(2)合理有效规划和利用岸线资源;

(3)整合三大港口(秦皇岛港、唐山港和黄骅港);

(4)重点发展集装箱运输和客运。

规划的港口岸线包括现已开发的岸线、近期开发的重点岸线和远期预留的岸线,共计111.4km,其中深水港口岸线为80.7km。到2020年,河北沿海港口适应度(通过能力/吞吐量)将达到1.2以上。

四、机场规划

由于航空系统规划情况较为复杂,目前理论体系尚在进一步发展之中,本部分介绍航空系统规划中内容较为成熟的机场规划。

1. 机场的概念

机场是供飞机起飞、着陆、停驻、维护、补充给养和组织飞行保障活动所用的场所,机场、航路和机队构成了民航运输网络。机场是民航运输网络中的节点,是航空运输的起点、终点和经停点。从交通运输角度看,民航运输机场是空中运输和地面运输的转接点,它一方面要面向空中送走起飞的飞机,引来着陆的飞机;另一方面要面向陆地,供客、货和邮件进出。机场可实现运输方式的转换,因此也可以称作航空站(简称航站),大型民航运输机场又称为航空港,全国各类机场构成了国家机场系统。

2. 机场布局原则

根据《全国民用运输机场布局规划》,具体的机场布局原则如下:

(1)优化布局结构。从综合交通运输体系出发,发挥民航安全、快捷、舒适和灵活的优势,有效衔接高速铁路等交通运输方式,兼顾公平与效率,构建世界级机场群、国际枢纽和区域枢纽层次清晰、布局合理、功能完善的机场体系,提升机场服务水平。

(2)加密扩能并重。统筹东中西部机场协同发展,重点增加中西部地区机场数量,增大密度,扩大航空运输服务的覆盖面;实施繁忙机场扩能改造,提升服务保障能力,适应快速增长的航空需求,满足广大人民群众便捷出行需要。

(3)服务国家战略。按照京津冀协同发展、长江经济带和有关区域发展战略,以及国家主体功能区、新型城镇化的要求,统筹考虑经济社会发展和各种交通方式的衔接,建立与人口分布、资源禀赋相协调,与国土开发、城镇化格局等相适应的机场整体布局。

(4)绿色集约环保。牢固树立绿色低碳循环发展理念,集约节约利用资源,加强生态环境保护。合理利用现有各类机场资源,减少迁建。鼓励相邻地区打破行政区划分割,合建共用机场。

3. 布局方案

根据《全国民用运输机场布局规划》,我国机场的布局方案为完善华北、东北、华东、中南、西南和西北六大机场群,到2025年,在现有(含在建)机场基础上,新增布局机场136个,全国民用运输机场规划布局370个(规划建成约320个)。

五、管道规划

1. 管道运输的概念

管道运输是指用加压设施加压流体(液体或气体)或流体与固体的混合物,通过管道输送到使用地点的运输方式,是用管道作为运输工具的一种长距离输送液体和气体物资的运输方式。

2. 管道布局的原则

根据管道运输的特点及其在运输系统中的地位,对于管道布局除应遵循交通运输布局一般原则外,还应考虑以下几个具体原则:

(1)管道的发展和布局。要考虑产地、加工地点、换装点和消费地的分布情况,被运送货物生产的开发规模,做到管道的铺设布局与运输能力和输送物资的要求相协调。

(2)对石油输送。要根据石油的基本流向和合理运输的原则,合理布局整个管道线网。

(3)处理好管道与铁路、水路和公路的关系。各种运输方式合理分工并协调发展,在管道运输经济合理的范围内发挥各自的优势。

(4)管道设备能力和技术标准的选定。要通过可行性研究和技术经济比较,提高管道运输的经济效益。

第三节 区域综合交通运输体系规划流程

一、主要流程概述

区域综合交通运输体系规划主要流程如图13-4所示,一般包括项目概况、社会经济和交通运输发展现状分析、区域综合交通运输体系发展战略、区域综合交通运输通道和交通骨架网络布局规划、区域综合交通运输体系客运系统规划、区域综合交通运输体系货运系统规划和区域综合交通运输体系建设保障等内容。

二、项目概况

项目概况是指在介绍或论述某个项目时,首先综

图13-4 区域综合交通运输体系规划流程

合性地简要介绍项目的基本情况。一般可分为四部分内容,分别为规划背景、规划范围及年限、规划指导思想和规划原则。

三、社会经济和交通运输发展现状分析

在社会经济和交通运输发展现状分析中,一般介绍社会经济的总体概况,公路、铁路、航道、锚地、公路枢纽(客运场站和货运场站)、铁路枢纽、港口、机场和综合运输的发展现状,概述区域综合交通运输体系所存在的问题,并对未来发展形势进行预测。

四、区域综合交通运输体系发展战略

在区域综合交通运输体系发展战略中,一般可分为三部分内容进行规划,分别为战略体系、战略目标和战略重点。

五、区域综合交通运输通道和交通骨架网络布局规划

1. 区域综合交通运输通道布局规划

区域综合交通运输通道布局规划一般可分为三种级别的运输通道进行规划,分别为国家级过境综合交通运输通道规划、区域级辐射综合交通运输通道规划和城市内部组团式快速连接通道规划。

2. 公路网布局规划

在公路网布局规划中,一般可分为四部分内容进行规划,分别为主次干线公路网布局规划、小范围内交通疏导组织规划、机场公路网布局规划和向海公路网通道规划。

3. 铁路网布局规划

对区域内的铁路轨道骨架网总体布局进行规划。在铁路网布局规划中,一般可分为三部分内容进行规划,分别为区域内客运专线规划、一般国家铁路规划和城市轨道规划。

4. 水运航道航线规划

在水运航道航线规划中,一般可分为两部分内容进行规划,分别为区域内的航道规划和客运航线规划。

5. 民航航线规划

在民航航线规划中,一般可分为两部分内容进行规划,分别为国际机场航线规划和通用航空航线规划。

6. 管道网布局规划

部分区域存在运油运气等特殊情况,可进行管道规划。

六、区域综合交通运输体系客运系统规划

区域综合交通运输体系客运系统规划主要是对各类交通方式对外客运枢纽和线网的规划。对外客运枢纽是指对外交通系统和城市客运系统的客流衔接转换点,提供与城市各主要功能组团间的快速交通联系,包括机场、火车站、汽车客运站和海上客运枢纽等的规划,以及对客运系统的发展目标和线网进行规划。

七、区域综合交通运输体系货运系统规划

在货运系统规划中,一般可分为五部分内容进行规划,分别为货运站场布局规划、邮政物流发展规划、港口规划、物流公共信息平台规划和促进现代物流发展政策措施。

八、区域综合交通运输体系建设保障

在区域综合交通运输体系建设保障中,应该主要分为四部分内容进行规划,分别为人才队伍保障、体制机制保障、资金政策保障和科技创新保障。

第四节 Q市综合交通运输体系规划案例

一、主要流程

Q市综合交通运输体系规划的主要流程包括项目概况、社会经济和交通运输发展现状分析、区域综合交通运输体系发展战略、区域综合交通运输通道和交通骨架网络布局规划、区域综合交通运输体系客运系统规划、区域综合交通运输体系货运系统规划和区域综合交通运输体系建设保障等内容。

二、项目概况

1. 规划背景

1)国家层面

2011年6月交通运输部颁发了《关于推进综合交通运输体系建设的指导意见》,明确提出加快构建便捷、安全、经济和高效的综合交通运输体系,适应国民经济和社会发展的需要。

2)区域层面

国家发展改革委于2004年11月正式启动《京津冀都市圈区域规划》的编制工作,Q市作为京津冀都市圈的一个重要节点,要加快推进综合交通运输体系规划的前期工作,实现与周边地区的交通一体化衔接,提升Q市在区域内的交通枢纽地位,全面融入京津冀都市圈。

3)自身层面

由于Q市近年来经济稳步增长,产业结构不断优化,城镇化进程平稳推进,使得经济社会的发展对综合交通运输提出更高的要求。

2. 规划范围、期限、指导思想和原则

(1)规划区域范围:Q市综合交通运输体系规划的规划范围为Q市全市域范围,包括下辖的"三区四县两开发区"。

(2)规划期限:Q市综合交通运输体系规划基年为2013年,规划目标年为2030年,规划特征年为2020年、2025年和2030年,相应的规划分为近期、中期和远期三个阶段;2014—2020年为近期,2021—2025年为中期,2026—2030年为远期。

(3)规划指导思想:以邓小平理论、"三个代表"重要思想和科学发展观为指导,以升华"园林式、生态型和现代化滨海名城"为目标,坚持以环境保护为原则,以科学发展为主题,以可持续发展为导向,以加快发展为宗旨,以转型发展为主线。

(4)规划原则:全局统筹原则、适度超前原则、协调发展原则、全面开放原则、可操作性原则、经济合理性原则和可持续发展原则。

三、社会经济和交通运输发展现状分析

1. 综合交通基础设施发展现状

1)线网发展现状

(1)公路:Q市已经初步形成以、国道和省道为主骨架,县道和乡道为支线,沟通城乡和辐射周边的公路网。

(2)铁路:Q市境内铁路可分为国有铁路、地方铁路和港口铁路三种性质铁路。现有国有铁路京哈线(京秦线和秦沈客运专线)、津秦客运专线、津山线(天津—山海关段)、沈山线和大秦铁路。

(3)航道和锚地:Q港共有7条主要航道,进入西港区的航道有2条,进入东港区的航道有5条;Q港现有锚地5个,包括西锚地、油轮锚地、东锚地、十万吨级船舶重载锚地和山海关船厂锚地,锚地总面积221.7km^2。

2)枢纽发展现状

客运场站情况为Q市市内三区现有4个客运站场;Q市地区目前共有22个铁路客货车站;港口位于渤海湾中部,是我国规模最大的能源港,也是我国主要的沿海港口之一;军民两用的山海关机场一座,位于海港区与山海关区隔离绿带内。

3)综合运输发展现状

公路运输、铁路运输、航空运输和水运运输构成了Q市现代交通的综合运输体系。从运输量上看,公路运输和铁路运输在Q市综合运输体系中占有主导地位,对Q市经济社会发展具有举足轻重的作用。

2. 综合交通运输体系存在的问题分析与预测

综合运输通道能力不足,通道服务水平有待优化;空中航线通达程度不高,通用航空项目有待发展;港口功能定位有待提升,经济引擎作用有待突出;综合枢纽建设相对滞后,客货运站场布局不合理;京津冀一体化程度尚需提升,区域联乘联运有待发展。随着社会经济的进一步发展,交通需求进一步增加,以上问题会更加突出。

四、区域综合交通运输体系发展战略

1. 战略体系

完善综合交通运输体系;建设客运枢纽和货运枢纽;发展客运系统、货运系统和智能交通系统;强化制度保障、资金保障、技术保障和人才保障。

2. 战略目标

公路发展以"通海疏港,对接京津冀联通全国的高快速公路体系"为战略目标;铁路发展以"成网提速、融入环渤海城际轨道圈"为战略目标;航空发展以"扩容增效、打造滨海通用

航空城"为战略目标;海运发展以"港城联动、建设北方国际航运中心和国际重要湾区港口群"为战略目标。

3. 战略重点

完善布局结构,建设综合交通;推进低碳节能,建设绿色交通;抓好惠民实事,建设民生交通;强化科技创新,建设智能交通;深化综合整治,建设平安交通。

五、区域综合交通运输通道和交通骨架网络布局规划

1. 区域综合运输通道布局规划

(1)"三联"国家级过境综合运输通道:京哈综合运输通道、大秦综合运输通道和沿海综合运输通道。

(2)"六射"区域级辐射综合运输通道:京秦综合运输通道、津秦综合运输通道、沈秦综合运输通道、承秦综合运输通道、曹秦综合运输通道和赤秦综合运输通道。

(3)"4+2"组团快速连接通道:以公路交通运输为主,解决海港区、北戴河区、山海关区、北戴河新区、昌黎县和抚宁区之间的快速交通连接问题,构建"4+2"组团间1h交通圈。以海港区和北戴河区作为组团的核心,按照环线加连接线的快速通道布局进行规划。

2. 干线公路网布局规划

1)公路网主干线布局规划

根据Q市内外交通区位线分析,得到Q市以纵横线为主的主干线公路布局形态为"四横一纵四联",总规模约670km。

2)公路网次干线布局规划

Q市次干线公路网总体布局为"七纵七横十四联",规划总里程为1460km。其中一级公路660km,二级公路800km。

3)北戴河交通疏导组织规划

为缓解北戴河地区在暑期的交通压力,制定"疏"和"导"两种策略。"疏"是指增加对外运输通道,提升高峰期交通流的疏散能力;"导"是指利用交通基础设施的引导作用,将交通流引导至其他地区。

4)机场和港口集疏运规划

(1)北戴河机场集疏运

北戴河机场集疏运体系可分为对外集疏运通道和短途集疏运网络两个层次。对外集疏运通道规划沿海高速公路、秦唐高速公路和G205;短途集疏运网络规划沿海高速北戴河机场支线、北戴河至北戴河机场快速通道和昌黎至北戴河机场连接线。

(2)东港区集疏运规划

从运输空间范围上分析,东港区集疏运体系沿海港口集疏运网络可分为对外集疏运通道和短途集疏运网络两个层次。对外集疏运通道规划京哈高速、京秦高速和S251;短途集疏运网络规划龙港路、机场路、兴电路、船厂路和山广路,分别作为东港区、山海关港区、102国道和京沈高速公路的专用疏港联络线,同时规划海滨路、建设大街和龙源大道作为东西向沟通各港区的横向联络线。

5）向海公路通道规划

通过对Q市现有路网的疏理和河北省普通省道网调整规划，积极谋划12条向海公路通道。

3. 铁路轨道网布局规划

铁路轨道骨架网总体布局由"3条客运专线、6条一般国家铁路和4条城市轨道"构成，总里程700km（不含地方自备地铁路200km），其中客运专线里程110km，一般国家铁路470km，城市轨道120km。

（1）客运专线：秦沈客运专线、津秦客运专线和京秦客运专线。

（2）一般国家铁路：京哈线、津山线、沈山线、大秦线、承秦铁路和赤秦铁路。

（3）城市轨道：1号线（老龙头—黄金海岸）、2号线（开发区西缘—Q市火车站）、3号线（开发区—抚宁）和4号线（北戴河新区—昌黎）。

4. 水运航道航线规划

（1）航道规划：规划的航道有老航道、西航道、东航道、主航道、20万吨级航道、东港区东航道、山海关航道和新开河航道。

（2）客运航线规划：规划的航线有市内旅游客运航线、省内旅游客运航线、国内旅游客运航线和国际旅游客运航线。

5. 民航航线规划

1）北戴河国际机场航线规划

近期开通的山海关机场已开通航线，并在此基础上增加京津冀都市圈内部城市的航线。中远期可考虑开通与内蒙古、东北地区和重要旅游城市之间的航线，以及日韩和东南亚国际航线。

2）通用航空航线规划

规划在北戴河、海港区、山海关和青龙布设通用机场。

六、区域综合交通运输体系客运系统规划

1. 客运枢纽布局规划

对外客运枢纽是指对外交通系统和城市客运系统的客流衔接转换点，提供与城市各主要功能组团间的快速交通联系，包括机场、火车站、汽车客运站和海上客运枢纽等。

1）机场布局规划

规划新建Q市民用机场，积极开辟支线航线，全力打造环渤海地区区域性支线航空网络中心和河北省冀东地区航空货运中心，拉动冀东地区的经济、旅游和外贸事业的发展。

2）公路客运站布局规划

根据《Q市综合交通运输体系发展规划》，Q市共规划九个公路客运枢纽，四大组团中海港组团两个，其他组团各一个，四个县各设置一个。即Q市综合客运枢纽站、Q市客运西站、山海关客运站、北戴河长途客运站、北戴河新区客运站、抚宁客运站、昌黎客运站、卢龙客运站和青龙客运站。

3）火车站布局规划

结合津秦客运专线建设，改扩建Q市站、北戴河站和山海关站；结合京秦城际铁路建设，

改扩建昌黎站,服务昌黎县及黄金海岸组团;结合承秦铁路建设,修建青龙站;远期改扩建抚宁站。其中Q市站、北戴河站、山海关站、昌黎站和青龙站在改扩建及新建过程中,结合公路长途客运站,集城市公交枢纽和城乡公交枢纽于一体,形成综合性客运枢纽。

4)海上客运枢纽布局规划

本项目规划了一条海上公交航线,同时对航线设计、海上公交码头布局和海上公交线路进行组合,提出"一线、七段和八站"的总体布局规划。

一线即一条全程航行时间最短的航线;七段即七个以相邻两码头站之间航行时间最短的公交航线;八站即海上公交航线上的八个客运码头站,分别为七里海站、黄金海岸站、南戴河站、北戴河东山码头站、汤河码头站、求仙码头站、新港客运码头站和老龙头站。这条海上公交航线在岸线上的码头站与沿岸线的陆路公交车、小型机动车和自行车之间进行接驳,接受交通部门行业管理,享受城市公交的相关政策待遇。

本项目分别规划建设海上旅游客运与公交枢纽、旅游与公交客运码头和游艇码头三个项目。

2. 城乡公共客运一体化发展规划

1)发展目标

争取到2020年,城乡公共客运线网站点1000m半径覆盖率大于50%;到2025年,基本实现城乡公共客运线网站点1000m半径覆盖率100%。

2)城乡公共客运一体化线网规划

建立中枢轮辐式干支衔接的客运网络。核心枢纽为Q市长途客运总站,以其为中心对外形成客运干线网络,主要有三大线路:昌黎客运站—北戴河新区客运站—北戴河长途客运站—Q市长途客运总站—山海关长途客运站;卢龙客运站—抚宁客运站—Q市长途客运总站;青龙客运站—Q市长途客运总站。以上相关客运枢纽为次中心,形成与各乡镇和村的放射性客运网络。

七、区域综合交通运输体系货运系统规划

1. 货运站场布局规划

共规划了七个货运场站,分别为冀盛物流集散中心、运通物流中心、山海关临港物流园区、龙家营物流园区、北戴河新区物流园区、八达物流集散基地和空港物流园区。

2. 邮政物流发展规划

加强邮政基础网络建设,增强邮政普遍服务能力;鼓励快递企业创新运行机制,加快建设快递物流中心和快递物流园区;强化快递市场监管,注重邮政普遍服务检查工作。

3. 港口规划

1)港口性质

Q市港将以能源运输为主,积极拓展集装箱和散杂货等物资运输业务,大力发展临港工业和物流业,使其建设成为多功能和综合性的现代化港口。

2)港区划分

根据Q市港的发展格局,Q市港将划分为山海关港区、东港区、新开河港区和西港区四个港区及秦西港一个港点。

3) 港区布置规划

东港区位于新开河和沙河之间,岸线长约 7.4km;西港区位于汤河口和新开河口之间,岸线长约 4.6km;山海关港区位于崔台子和哈动力重件码头之间,岸线长约 2.8km;新开河港区位于西港区和东港区之间,向北至河北大街形成半环形,岸线长约 3.1km。

4. 物流公共信息平台规划

制定 Q 市物流相关政务信息采集体系,明确信息采集内容、来源渠道和信息交换制度;结合国家和省相关标准,制定 Q 市物流公共信息平台中政务信息服务系统的基础数据标准和数据交换规范;搭建 Q 市物流公共信息平台中政务信息服务系统的软硬件体系,完善与省级交通运输主管部门的网络通信链路;建立与省联网和数据共享的服务于物流公共信息平台的政务信息数据库;开发道路营运车辆与从业人员资质认证系统、营运船舶与经营业户的资质认证系统、运输业户诚信管理系统和异地稽查信息查询系统等应用系统;开通 Q 市物流公共信息平台中政务信息服务网站,提供交通运输行业与物流相关政务信息的发布和查询服务,并整合接入公路、站场、航道和港口运行情况的出行信息服务系统和其他相关信息系统;促进交通运输行业物流公共信息平台中商务系统的健康发展。

5. 促进现代物流发展政策措施

引进大型专业化物流企业,积极培育本地物流企业;以 Q 市港大发展为契机,大力发展港口物流业,打造临港物流园区;促进多式联运发展,继续推进铁水联运试点工作,打造集约化和高效化物流体系。

八、区域综合交通运输体系建设保障

1. 人才队伍保障

明确交通行业人才需求,建立交通行业人才分类培养制度,完善交通行业人才发展机制,重点加强交通行业专业技术人才的选拔使用,充分重视交通行业技能人才培养。

2. 体制机制保障

进一步深化交通管理体制改革,为综合交通发展营造良好的政府管理服务环境;加快投资管理体制改革,为拓展公路建设资金融资渠道提供政策依据;建立健全规划项目实施全过程监督机制;加强行业指导发挥政策性导向作用,培育综合交通发展健康的市场环境;充分重视交通行业的先导性作用,为交通行业发展提供良好的政策环境。

3. 资金政策保障

加强交通建设资金的精细化管理,提高交通建设资金使用效率,统筹市级政府财政资金,实现公路、水路、铁路和机场建设协调发展,积极培育融资环境,拓展多样化交通基础设施投资渠道。

4. 科技创新保障

建立科技成果推广机制与激励机制,加强交通建设与运营领域的科技成果应用,广泛应用科技成果实现综合交通可持续发展。

本章习题

1. 区域综合运输体系包含的子系统主要有哪些?

2. 区域综合交通运输体系规划按规划年限一般分为哪几个阶段？各阶段距基准年多少年为宜？

3. 简述区域综合交通运输体系规划的主要流程。

4. 结合自身的理解，谈谈我国铁路行业改革的意义。

5. 从乘车环境、服务质量、安全、价格、出行情况等方面，谈谈你对铁路运输与公路运输的理解。

参 考 文 献

[1] 王炜.交通规划[M].北京:人民交通出版社,2007.
[2] 王炜,陈学武.交通规划[M].2版.北京:人民交通出版社股份有限公司,2017.
[3] 邵春福.交通规划原理[M].2版.北京:中国铁道出版社,2014.
[4] 陆化普,黄海军.交通规划理论研究前沿[M].北京:清华大学出版社,2007.
[5] 刘灿齐.现代交通规划学[M].北京:人民交通出版社,2001.
[6] 裴玉龙.公路网规划[M].北京:人民交通出版社,2011.
[7] 过秀成.交通工程案例分析[M].北京:中国铁道出版社,2009.
[8] Michael D Meyer,Eric J Miller. URBAN TRANSPORTATION PLANNING:A Decision-Oriented Approach[M]. McGraw-Hill series in transportation,1984.
[9] Michael D Meyer,Eric J Miller. Urban Transportation Planning[M]. 2nd ed. McGraw-Hill Book Company,2001.
[10] C S PAPACOSTAS, P D PREVEDOUROS. TRANSPORTATION ENGINEERING AND PLANNING[M].3rd ed. Pearson Education,2015.
[11] Juan de Dios Ortúzar,Luis G. Willumsen. MODELLING TRANSPORT[M]. 4th ed. John Wiley& Sons,2011.
[12] 闫小勇,刘博航.交通规划软件实验教程(TransCAD 4.x)[M].北京:机械工业出版社,2010.
[13] 章玉,胡兴华,王佳.交通规划模型[M].北京:中国建筑工业出版社,2011.
[14] 邓建华.道路交通系统仿真技术与应用[M].北京:国防工业出版社,2013.
[15] 住房和城乡建设部.城市综合交通体系规划编制导则[S].2010.
[16] Caliper公司.TransCAD交通需求模型手册.2006.
[17] 章玉,胡兴华,王佳.交通规划模型—TransCAD的操作与应用[M].北京:中国建筑工业出版社,2015.
[18] 住房和城乡建设部.城市综合交通体系规划交通调查导则[S].2014.
[19] 中华人民共和国国家标准.GB/T 51149—2016 城市停车规划规范[S].北京:中国建筑工业出版社,2016.
[20] 刘博航,安桂江.交通仿真实验教程[M].2版.北京:人民交通出版社股份有限公司,2015.
[21] 过秀成,等.城市交通规划[M].南京:东南大学出版社,2010.
[22] 邵春福,魏丽英,贾斌.交通流理论[M].北京:电子工业出版社,2012.
[23] 徐吉谦,陈学武.交通工程总论[M].2版.北京:人民交通出版社,2008.
[24] 住房和城乡建设部.中华人民共和国城乡规划法[S].北京:中国法制出版社,2015.
[25] 中华人民共和国国家标准.GB 50220—1995 城市道路交通规划设计规范[S].北京:中国计划出版社,1995.

[26] 中华人民共和国国家标准.GB 50442—2008 城市公共设施规划规范[S].北京:中国建筑工业出版社,2008.

[27] 住房和城乡建设部.城市步行和自行车交通系统规划设计导则[S].2013.

[28] 贾佃精.基于出行链的公共交通出行需求预测研究[D].哈尔滨:哈尔滨工业大学,2015.

[29] 冉江宇,过秀成.基于出行链的OD扩样方法研究[J].交通运输工程与信息学报,2015(2).

[30] 中华人民共和国国家标准.GB 50137—2011 城市用地分类与规划建设用地标准[S].北京:中国建筑工业出版社,2011.

[31] 罗芳.土地利用数据综合结果的质量评价[D].武汉:武汉大学,2013.

[32] 关于调整城市规模划分标准的通知.http://www.gov.cn/zhengce/content/2014-11/20/content_9225.htm.

[33] 中华人民共和国国家标准.CJJ/T 15—2011 城市道路公共交通站、场、厂工程设计规范[S].北京:中国建筑工业出版社,2012.

[34] 中华人民共和国行业标准.CJJ 136—2010 快速公共汽车交通系统设计规范[S].北京:中国建筑工业出版社,2010.

[35] 中华人民共和国公共安全行业标准.GA/T 507—2004 公交专用车道设置[S].北京:中国标准出版社,2004.

[36] 朱媛媛,汪正进,苏诗琳.浅谈港湾式公交停靠站的设置[J].交通与运输(学术版),2006(02).

[37] 刘恒,石小法.中小城市公交场站用地指标研究[J].交通标准化,2012(19).

[38] 方可.公共交通系统整合与服务优化[J].城市交通,2010(05).

[39] 闫平,宋瑞.城市公共交通概论[M].北京:机械工业出版社,2011.

[40] 张生瑞,严海.城市公共交通规划的理论与实践[M].北京:中国铁道出版社,2007.

[41] 王炜,杨新苗,陈学武,等.城市公共交通系统规划方法与管理技术[M].北京:科学出版社,2002.

[42] 重庆市公交停车港设计规范(征求意见稿).http://www.ccc.gov.cn/xygl//kjjb/gcbz/zqyj/2016-05-04-8443608.html.

[43] 共享单车发展史.http://sanwen.net/a/qadwqwo.html.

[44] 网约车大事记:帮你回顾网约车的发展历程.http://news.dahe.cn/2016/07-29/107235766.html.

[45] 共享单车.http://baike.baidu.com/link?url=PIkW_roEdCP6Js1JDGB5Kt Az8N4d4IZsYDa3PSRzJePg1i-5o3e9YminJ2MgCLg0uCufxahFZbnOLTy9PqOpfU_v55YGSQmIataBWpLTL6-8jJFTiw5hKvw8rhMkI.

[46] 周爱莲.交通枢纽规划与设计[M].北京:人民交通出版社,2013.

[47] 裴玉龙,李洪萍,蒋贤才,等.城市交通规划[M].北京:中国铁道出版社,2007.

[48] 邵春福.交通规划[M].北京:北京交通大学出版社,2012.

[49] 陆化普.交通规划[M].2版.北京:清华大学出版社,2006.

[50] 牛学勤,王炜,殷志伟.城市客运交通方式分担预测方法研究[J].公路交通科技,2004(03):75-77+96.

[51] 吴瑞麟,沈建武.城市道路设计[M].2版.北京:人民交通出版社,2011.

[52] 中华人民共和国国家标准.CJJ 37—2012 城市道路工程设计规范[S].北京:中国建筑工业出版社,2012.

[53] 中华人民共和国国家标准.GB/T 50280—1998 城市规划基本术语标准[S].北京:中国建筑工业出版社,1999.

[54] 关于进一步加强城市规划建设管理工作的若干意见.http//www.gov.cn/gongbao/content/2016/content_5051277.htm.

[55] 广州市市政工程设计研究院.快速公交(BRT)规划设计指南[M].广州:广东科技出版社,2011.

[56] 关于进一步完善机动车停放服务收费政策的实施意见.http://www.sjzfgw.gov.cn/col/1453097901294/2016/11/25/1480038727985.html.

[57] 阮金梅.城市停车[M].北京:中国建筑工业出版社,2012.

[58] 中华人民共和国公安部,中华人民共和国建设部.停车场规划设计规则(试行)[S].1988.

[59] 清华大学交通研究所,廊坊市公安局交通警察支队,廊坊市规划局.廊坊市城市综合交通规划[R].2007.

[60] 邓青松.关于城区公共停车场布局规划的思考[J].建材与装饰,2016(01):109-111.

[61] 尚炜,戴帅,刘金广.城市停车政策与管理[M].北京:中国建筑工业出版社,2014.

[62] 张泉,黄富民,曹国华,等.城市停车设施规划[M].北京:中国建筑工业出版社,2009.

[63] 张秀媛,董苏华,蔡华民,等.城市停车规划与管理[M].北京:中国建筑工业出版社,2006.

[64] 邹旭东,孙震,张洪海,等.基于GIS的城市停车场规划与信息管理系统研究[D].青岛:青岛理工大学,2006.

[65] 李聪颖.城市慢行交通规划方法研究[D].西安:长安大学,2011.

[66] 中华人民共和国国家标准.GB 50763—2012 无障碍设计规范[S].北京:中国建筑工业出版社,2012.

[67] 徐世群.浅谈步行街的规划设计[J].中国水运(理论版),2007(08):53-54.

[68] 中华人民共和国国家标准.GB 51038—2015 城市道路交通标志和标线设置规范[S].北京:中国计划出版社,2015.

[69] 张孜,舒采焘.交通信息化建设中的市场化模式研究与实践[J].中国交通信息化,2014(09):18-23.

[70] 江苏省住房和城乡建设厅.江苏省城市综合交通规划导则(修订版)[M].南京:江苏人民出版社,2011.

[71] 彭辉,朱力争.综合交通运输系统及规划[M].成都:西南交通大学出版社,2006.

[72] 屈广义.铁路网规划环境影响评价方法研究及案例应用[D].哈尔滨:哈尔滨工业大学,2011.

[73] 本书编委会. 现代交通运输概论[M]. 北京:中国铁道出版社,2008.
[74] 公路网规划编制办法. http//zizhan. mot. gov. cn/sj/zongheghs/guihuagl_ghs/201407/t20140721_1652330. html.
[75] 国家发展改革委,中华人民共和国交通运输部,中国铁路总公司. 中长期铁路网规划. http://www.ndrc.gov.cn/zcfb/zcfbtz/201607/t20160720_811696.html.
[76] 中华人民共和国交通运输部,中华人民共和国财政部,国家铁路局. 国务院关于组建中国铁路总公司有关问题的批复. http://www.gov.cn/zwgk/2013-03/14/content_2354218.htm.
[77] 中华人民共和国交通运输部. 港口布局规划编制内容及文本格式. https://wenku.baidu.com/view/ad7d7c64caaedd3382c4d307.html.
[78] 中华人民共和国交通运输部. 全国沿海港口布局规划. http://www.mot.gov.cn/zhengcejiedu/hangyunchuanbotamsdj/xiangguanzhengce/201510/t20151014_1901086.html.
[79] 全国沿海邮轮港口布局规划方案. http://zizhan.mot.gov.cn/sj/zongheghs/guihuagl_ghs/201504/t20150422_1806144.html.
[80] 秦皇岛市交通运输局,交通运输部科学研究院. 秦皇岛市综合交通运输体系规划[R]. 2014.

附录　本书配套数字教学资源

序号	资源类型	项目名称	学习目的	来源	时长	大小	对应二维码
1	资源地址	人民交通出版社网址	了解本书PPT和工程文件等电子资源	原创制作	—	—	
2	资源地址	交通仿真实验教程群(261698548)	交通规划学习实时交流	原创制作	—	—	
3	资源地址	高校交通仿真教师群(233876540)	高校交通规划教师教学交流	原创制作	—	—	
4	辅助视频	第1章　知识延伸——城市拥堵原因与对策分析	了解城市拥堵原因与对策分析	采访视频	5:20	31.6MB	
5	辅助视频	第1章　知识延伸——全国10大拥堵城市排名分析	了解全国10大拥堵城市排名分析	采访视频	5:18	32.9MB	
6	辅助视频	第2章　知识延伸——交通拥堵问题及治理措施	了解城市交通拥堵问题及治理措施	采访视频	12:04	84.3MB	

续上表

序号	资源类型	项目名称	学习目的	来源	时长	大小	对应二维码
7	辅助视频	第2章 知识延伸——交通拥堵问题机理与改善	了解富强大街交通拥堵问题机理与改善	采访视频	4:30	30.9MB	
8	辅助视频	第2章 知识延伸——小学门口堵车现象及治理措施	了解小学门口堵车现象及治理措施	采访视频	7:51	68.6MB	
9	辅助视频	第4章 知识延伸——城市居民出行调查	了解城市居民出行调查内容与意义	采访视频	4:32	125.0MB	
10	辅助视频	第9章 知识延伸——城市快速路合理渠化方法	了解城市快速路合理渠化方法	采访视频	3:12	21.4MB	
11	辅助视频	第9章 知识延伸——城市道路通行规则改变的利与弊	了解城市道路通行规则改变的利与弊	采访视频	4:56	115.0MB	
12	辅助视频	第9章 知识延伸——城市"窄马路、密路网"实施利与弊	了解城市"窄马路、密路网"实施利与弊	采访视频	4:55	226.0MB	

续上表

序号	资源类型	项目名称	学习目的	来源	时长	大小	对应二维码
13	辅助视频	第10章 知识延伸——城市公交拥挤原因及改善措施	了解城市公交拥挤原因及改善措施	采访视频	6:04	34.9MB	
14	辅助视频	第10章 知识延伸——"专车"服务对车租车及乘客影响	了解城市"专车"服务对车租车及乘客影响	采访视频	4:50	25.6MB	
15	辅助视频	第10章 知识延伸——出租车行业市场化改革	了解城市出租车行业市场化改革	采访视频	4:12	19.8MB	
16	辅助视频	第10章 知识延伸——滴滴顺风车运营情况	了解城市滴滴顺风车运营情况	采访视频	4:21	108.0MB	
17	辅助视频	第10章 知识延伸——滴滴快车服务的利与弊	了解城市滴滴快车服务的利与弊	采访视频	4:27	99.2MB	
18	辅助视频	第10章 知识延伸——出租车行业改革相关问题	了解出租车行业改革相关问题	采访视频	4:59	145.0MB	

续上表

序号	资源类型	项目名称	学习目的	来源	时长	大小	对应二维码
19	辅助视频	第10章 知识延伸——出租车行业改革意见分析	了解出租车行业改革相关问题	采访视频	4:00	110.0MB	
20	辅助视频	第10章 知识延伸——共享单车在省城之火爆背后的冷思考	了解城市共享单车发展及相关问题思考	采访视频	5:49	313.0MB	
21	辅助视频	第10章 知识延伸——共享单车在省城之共享单车还能"骑"多远	了解城市共享单车发展及相关问题思考	采访视频	6:25	332.0MB	
22	辅助视频	第10章 知识延伸——共享单车在省城之新添"城市病"如何享文明	了解城市共享单车发展及相关问题思考	采访视频	7:01	493.0MB	
23	辅助视频	第10章 知识延伸——共享单车在省城之供需两旺时代产物,背后推力如火如荼	了解城市共享单车发展及相关问题思考	采访视频	5:16	292.0MB	
24	辅助视频	第11章 知识延伸——城市小区停车难问题	了解城市小区停车难问题分析	采访视频	4:34	29.2MB	

续上表

序号	资源类型	项目名称	学习目的	来源	时长	大小	对应二维码
25	辅助视频	第11章 知识延伸——城市停车难问题及对策	了解城市停车难问题及对策	采访视频	3:56	126.0MB	
26	辅助视频	第11章 知识延伸——河北省实施停车收费差异化政策	了解河北省实施停车收费差异化政策分析	采访视频	4:03	200.0MB	
27	辅助视频	第11章 知识延伸——停车设施管理相关政策	了解城市停车设施管理相关政策	采访视频	4:32	127.0MB	
28	辅助视频	第11章 知识延伸——停车收费差异化对停车需求影响	了解城市停车收费差异化对停车需求影响	采访视频	4:31	167.0MB	
29	辅助视频	第11章 知识延伸——医院停车难问题及对策	了解城市医院停车难问题及对策	采访视频	11:07	461.0MB	
30	辅助视频	第12章 知识延伸——城市绿色自行车网络建设	了解城市绿色自行车网络建设意义	采访视频	3:42	28.7MB	

续上表

序号	资源类型	项目名称	学习目的	来源	时长	大小	对应二维码
31	辅助视频	第12章 知识延伸——城市行人闯红灯专项治理	了解城市行人闯红灯专项治理	采访视频	4:21	36.0MB	
32	辅助视频	第12章 知识延伸——城市非机动车道管理措施	了解城市非机动车道管理措施	采访视频	8:29	286.0MB	
33	辅助视频	第12章 知识延伸——《快递专用电动三轮车技术》政策	了解《快递专用电动三轮车技术》政策	采访视频	4:31	300.0MB	
34	辅助视频	第12章 知识延伸——石家庄便民自行车使用情况	了解石家庄便民自行车使用情况分析	采访视频	5:12	210.0MB	
35	辅助视频	第12章 知识延伸——驾校试点先培训后付费服务模式	了解关于驾考政策分析	采访视频	8:16	256.0MB	
36	辅助视频	第12章 知识延伸——驾照考试政策改革	了解关于驾考政策分析	采访视频	5:10	266.0MB	

续上表

序号	资源类型	项 目 名 称	学 习 目 的	来源	时长	大小	对应二维码
37	辅助视频	第12章 知识延伸——道路限行政策	了解道路限行政策	采访视频	5:26	39.9MB	
38	辅助视频	第12章 知识延伸——城市小排量汽车的优势	了解城市小排量汽车的优势	采访视频	3:22	90.3MB	
39	辅助视频	第12章 知识延伸——新能源汽车的现状与发展	了解新能源汽车的现状与发展	采访视频	4:44	108.0MB	
40	辅助视频	第13章 知识延伸——铁路春运发展	了解铁路春运发展	采访视频	8:16	48.6MB	